suhrkamp taschenbuch
wissenschaft 450

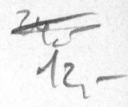

W0236715

Während in den sechziger und siebziger Jahren vor allem durch die Arbeiten von Lawrence Kohlberg die Analyse der Entwicklung moralischer Autonomie des Individuums im Vordergrund der Diskussion stand, läßt sich gegenwärtig beobachten, daß die von Durkheim und Piaget skizzierte Problemstellung der Wechselbeziehungen zwischen moralischer Autonomie und gesellschaftlichem Zwang wieder stärker in das Zentrum tritt. Das ist wesentlich darauf zurückzuführen, daß pädagogische Konsequenzen aus einem Ansatz zur individuellen Moralentwicklung nur dann gezogen werden können, wenn die hemmenden bzw. fördernden sozialen Faktoren der moralischen Entwicklung bekannt sind. Hans Bertram, geboren 1946, ist Direktor des Deutschen Jugendinstituts e.V. in München.

Gesellschaftlicher Zwang und moralische Autonomie

Herausgegeben
von Hans Bertram

Suhrkamp

CIP-Kurztitelaufnahme der Deutschen Bibliothek
Gesellschaftlicher Zwang
und moralische Autonomie / hrsg. von Hans Bertram. –
1. Aufl. – Frankfurt am Main : Suhrkamp, 1986.
(Suhrkamp-Taschenbuch Wissenschaft; 450)
(Beiträge zur Soziogenese der Handlungsfähigkeit)
ISBN 3-518-28050-3
NE: Bertram, Hans [Hrsg.]; 1. GT

suhrkamp taschenbuch wissenschaft 450
Erste Auflage 1986
© Suhrkamp Verlag Frankfurt am Main 1986
Suhrkamp Taschenbuch Verlag
Alle Rechte vorbehalten, insbesondere das
des öffentlichen Vortrags, der Übertragung
durch Rundfunk und Fernsehen
sowie der Übersetzung, auch einzelner Teile.
Satz und Druck: Wagner GmbH, Nördlingen
Printed in Germany
Umschlag nach Entwürfen von
Willy Fleckhaus und Rolf Staudt

1 2 3 4 5 6 – 91 90 89 88 87 86

Inhalt

III. GESELLSCHAFTLICHER ZWANG UND/ODER MORALISCHE AUTONOMIE

1. Einleitung

Hans Bertram
Einleitung

1. Wertwandel, Kulturkrise und moralisches Bewußtsein

Die westlichen Industriegesellschaften befinden sich in einer Krise, nämlich einer Kulturkrise (Löwenthal) und Sinnkrise (Schelsky). Diese Krisen seien darauf zurückzuführen, daß der technisch-ökonomische Wandel der letzten dreißig Jahre eine revolutionäre Veränderung in den Wertvorstellungen der Bevölkerung, insbesondere der Jugend, hervorgerufen haben soll. Diese zunächst unbemerkte, daher auch »stille Revolution« (Inglehart) der Wertvorstellungen soll sich darin äußern, daß die klassischen bürgerlichen Formen der Lebensführung auf der Basis von Leistungsorientierung, Selbstbeherrschung, Sparsamkeit und Pflichtbewußtsein zugunsten eines hedonistischen Auslebens im Konsum aufgegeben worden sind.

Die These vom Ende der bürgerlichen Kultur und des bürgerlichen Denkens, wie Daniel Bell die Revolution der Werte beschreibt, scheint ein hohes Maß an Evidenz zu besitzen, da sie inzwischen in fast allen Medien in der einen oder anderen Variante als plausible Deutung der Gegenwartskultur behandelt wird.

»In der Frühphase der kapitalistischen Entwicklung wurde der ungezügelte ökonomische Impuls durch die puritanische Enthaltsamkeit protestantischer Ethik in Schach gehalten. Man arbeitete aus Pflicht gegenüber seinem Beruf. Als die puritanische Ethik aus der bürgerlichen Gesellschaft verdrängt wurde, blieb nichts als Hedonismus zurück. Der Hedonismus ist die kulturelle, wenn nicht gar theoretische Rechtfertigung des Kapitalismus geworden, des Vergnügens als Lebensstil« (Bell 1979: 30).

Auch eine Vielzahl empirischer Studien (Kipstein/Strümpel 1984, Kmieciak 1976, Noelle-Neumann 1979) belegen, so scheint es zumindest, die Behauptung, daß das bürgerliche, arbeitsidealisierende Wertsystem in seiner Funktion der Selbstdefinition des Ichs in der spätkapitalistischen Gesellschaft an Bedeutung verloren und der nun vorherrschende Hedonismus (Konsumethik) zu einer instrumentellen Arbeitsorientierung geführt hat. Der Verfall der bürgerlichen Arbeitsethik wurde jedoch nicht nur im beruflichen Bereich konstatiert; auch für den politischen und privaten Bereich wurden entsprechende Verfallserscheinungen behauptet.

»Eine sich rasch ausbreitende Überzeugung von der Unreformierbarkeit und Unverträglichkeit des westlichen Gesellschaftssystems, aufgefaßt als totale Herrschaft des Kapitals, für die demokratische Institutionen nur als Verschleierung dienten, rechtfertigte die Wendung zur Utopie der totalen Revolution, die Abwendung von rationaler Diskussion zugunsten eines irrationalen Gewaltkults und die gleichzeitige Schwärmerei für totale, das heißt anarchische Selbstbestimmung des Individuums und für totale Unterordnung unter das Kollektiv bei Verwerfung jeder rechtlichen Grenzziehung zwischen beiden« (Löwenthal 1979: 29).

Einstellungsänderungen im Bereich der vorehelichen sexuellen Beziehungen, die Akzeptanz von Abtreibung oder der Wandel in Einstellungen zur ehelichen Treue sind für manche Autoren (Lasch 1981) Ausdruck des Zusammenbruchs des bürgerlichen Wertsystems auch im Bereich der Familie. Veränderte Vorstellungen über die Arbeitsteilung von Frauen und Männern in der Familie und die Ablehnung der traditionell bürgerlichen Vorstellung von der Selbstverwirklichung der Frau durch Selbstaufopferung für Kinder und Ehemann im Rahmen der bürgerlichen Familie werden ebenso als Indikator für den Untergang des bürgerlichen Wertsystems herangezogen wie der häufig beklagte Mangel an Respekt der Kinder vor Eltern und Lehrern (Winn 1984). Dieser Mangel wird obendrein noch häufig als Ausdruck eines fehlenden Respekts vor Erwachsenen, Familie und Staat interpretiert.

Auch wenn man den Pessimismus, der in den vorgenannten Interpretationen zum Ausdruck kommt, nicht teilt, scheint doch das Faktum bestehen zu bleiben, daß empirische Daten wie auch zeitkulturelle Deutungen belegen, daß das traditionelle bürgerliche Wertsystem in unserer Gesellschaft nicht mehr in dem Umfang verankert ist, wie dies möglicherweise früher der Fall gewesen ist.

So schlüssig solche Deutungen auch sein mögen und so gut sie auch mit bestimmten empirischen Daten übereinstimmen, so scheinen doch ernsthafte Zweifel an ihrer Gültigkeit angebracht.

Man braucht beispielsweise in der Geschichte der Soziologie nur dreißig Jahre zurückzugehen, um ganz ähnliche Aussagen über den Untergang der bürgerlichen Kultur und der bürgerlichen Werte in der damaligen Zeit zu entdecken.

Der »außengeleitete Charakter« Riesmans oder der »Massenkonsument« Fromms in den fünfziger Jahren sollen, ähnlich den heutigen Diagnosen, durch das hedonistische Ausleben ihrer Bedürfnisse charakterisiert gewesen sein. Weiterhin seien sie ohne verinnerlichte Prinzipien nur am Massenkonsum orientiert und völlig von den Massenmedien beeinflußbar gewesen. Und schon damals beklagte Helmut Schelsky in seinem Vorwort zu Riesmans Arbeit, daß in den Schulen nicht mehr auf der Basis des Leistungsprinzips erzogen werde, eine Klage, die auch heute noch zu hören ist.

Setzt man zu diesen pessimistischen Zeitdeutungen der fünfziger Jahre das Wirtschaftswachstum der späten fünfziger und frühen sechziger Jahre in Beziehung, das nur möglich war, weil eine Vielzahl von Individuen auf eine unmittelbare Bedürfnisbefriedigung und Konsumorientierung verzichtet hatte, dann muß man die erwähnten Thesen aufs eindrücklichste als falsifiziert betrachten, weil man davon ausgehen kann, daß diese Individuen, angetrieben von einer bürgerlichen Pflichtethik, im Sinne des Kapitalismus gearbeitet haben.

Ähnlichkeiten in den zeitkulturellen Deutungen und in den düsteren Prophezeiungen vom Ende des bürgerlichen Denkens sollten daher zu einer gewissen Skepsis gegenüber solchen Interpretationen führen, selbst dann, wenn sie scheinbar von empirischen Daten gestützt werden.

Die hier nur sehr kursorisch dargestellten Veränderungen in Politik, Kultur und Ökonomie, die sich auch in den Veränderungen der Wertmaßstäbe der Gesellschaft äußern sollen, können nur dann als Kultur- und Sinnkrise der westlichen Gesellschaft interpretiert werden, wenn diese Veränderungen gesellschaftsbedrohende Konsequenzen haben.

1. Die negative Interpretation der Betonung individueller Rechte und individueller Ansprüche auf Selbstverwirklichung sowie die These, daß zwischen Selbstverwirklichung und traditioneller Pflichtethik ein Gegensatz bestehe, ist nur vor dem Hintergrund eines ganz spezifischen Konzepts des Individualismus plausibel. Nur wenn Individualismus und Vorstellungen über

Selbstverwirklichung im Sinne eines utilitaristischen Individualismus interpretiert werden, der die Befriedigung eigennütziger Wünsche als handlungsleitende Maxime postuliert, läßt sich dieser Gegensatz zwischen Individualismus und gesellschaftlichen Erwartungen konstruieren. Bevor man aber zu einem solchen Ergebnis kommen kann, muß man zunächst prüfen, ob dieser utilitaristische Individualismus oder sogar der damit zusammenhängende Hedonismus im Bewußtsein der Individuen das dominante Leitbild darstellt, an dem sie ihre Handlungen ausrichten. Werden in unserer Gesellschaft Handlungen von Individuen tatsächlich danach beurteilt, inwieweit sie vor allem dem einzelnen nützen? Hat sich das kollektive Bewußtsein, die Basis unserer gesellschaftlichen Moralvorstellungen, tatsächlich im Sinne dieses utilitaristischen Individualismus gewandelt?

Um diesen Fragen nachgehen zu können, genügt es nicht, den Wandel bestimmter Einstellungsmuster von Individuen zu konstatieren und zu deuten. Zur Analyse und Interpretation des Wandels der dominanten handlungsleitenden Wertmaßstäbe und Wertvorstellungen braucht man eine soziologisch und psychologisch fundierte Theorie, die die Soziogenese des Wandels und die Entwicklung gesellschaftlicher Wertvorstellungen beschreibt und die zudem in der Lage ist, die Individualgenese der individuellen Bewertungsmaßstäbe von Handlungen zu rekonstruieren.

Sicherlich ist dies eine sehr weit gespannte Programmatik, aber ohne den Versuch der gleichzeitigen Analyse des gesellschaftlichen Wandels und der Wertmaßstäbe sowie der individuellen Lernprozesse in bezug auf diese Wertmaßstäbe verfällt man entweder einem unangemessenen soziologischen Reduktionismus oder einem gleichfalls unangemessenen psychologischen Reduktionismus. Diese Behauptung läßt sich an einigen einfachen Beispielen verdeutlichen.

Wenn Individuen als Richtschnur ihres Handelns ihre individuelle Selbstverwirklichung thematisieren und Pflicht und Pflichtbewußtsein als Richtschnur ablehnen, so kann man das zwar im Sinne eines utilitaristischen Individualismus interpretieren. Es ist aber nicht auszuschließen, daß die Selbstverwirklichung des Individuums immer schon Basis des Handelns insbesondere der bürgerlichen Subjekte gewesen ist und die konstatierten Änderungen nicht auf die veränderten Wertmaßstäbe der Individuen zurückzuführen sind, sondern auf die veränderten sozialstrukturellen Handlungsbedingungen, denen die Individuen unterworfen sind.

Der preußische Beamte, der an Pflichterfüllung und Vaterland glaubte, konnte darin sicherlich ebenso die Möglichkeit sehen, sich selbst zu verwirklichen, wie dies heute der Zivildienstleistende tun kann, der Alte und Gebrechliche pflegt und im Gegensatz zum preußischen Beamten Pflichterfüllung nicht als sein oberstes Leitmotiv ansieht. In beiden Fällen ist die Selbstverwirklichung des Individuums möglicherweise Richtschnur des Handelns. Nur haben sich die Rahmenbedingungen geändert, unter denen Selbstverwirklichung thematisiert werden kann.

Denkbar ist auch, daß der preußische Beamte wie der Zivildienstleistende aufgrund ihrer sozialen Einbettung in bestimmte Gruppierungen so handeln, wie sie es tun, und ihre Handlung auch damit begründen würden. Hier wäre nicht die Frage der Selbstverwirklichung des Individuums, sondern die Einbettung in einen bestimmten sozialen Kontext Wertmaßstab des Handelns.

Es lassen sich sicherlich andere Beispiele finden, aber hier wird schon deutlich, daß ein sozialer Wandel von handlungsleitenden Wertmaßstäben nicht notwendigerweise mit einer individuellen Veränderung von Wertmaßstäben und Moralvorstellungen einhergehen muß und daß die Analyse von Wandlungen im Wertbereich immer den sozialen *und* individuellen Wandel berücksichtigen muß, will sie theoretisch und empirisch ernst genommen werden.

2. Dieses an sich schon schwer zu lösende Problem einer sozialwissenschaftlichen Wertforschung wird nun zusätzlich dadurch erschwert, daß Entwicklungstendenzen, die in den kulturkritischen Interpretationen so evident aufscheinen, sich empirisch keinesfalls in dieser Eindeutigkeit rekonstruieren lassen.

Während es zunächst außerordentlich beeindruckend ist, mit welcher Stringenz Zeitphänomene wie etwa die veränderte Einstellung zur Arbeit als Indikator für das Versinken der puritanischen Leistungsethik herangezogen werden, so stellt sich bei genauerer Untersuchung doch die Frage, ob diese evidenten Deutungen einer empirischen Überprüfung standhalten können.

So könnte die vorgeblich beobachtete geringe Wertschätzung von Arbeit auch darauf zurückgeführt werden, daß bestimmte Trägergruppen dieser Einstellungen verschwunden sind. Unterstellt man beispielsweise, daß insbesondere die Selbständigen die puritanische Leistungsethik als Richtschnur ihres Handelns herangezogen haben, so könnte man die heutige geringe Wertschätzung von Arbeit auch darauf zurückführen, daß diese Trägergruppe prozentual sehr klein geworden ist und somit auch die von ihr vertretenen Einstellungsmuster in unserer Gesellschaft nur noch eine untergeordnete Bedeutung haben. Es ist aber auch möglich, daß sich die Struktur der Arbeitsorganisation selbst so gewandelt hat, daß Pflichterfüllung weniger bedeutungsvoll geworden ist als beispielsweise Kreativität und Flexibilität.

Daraus folgt, daß der Wandel von Wertmaßstäben in einer Gesellschaft nur dann angemessen analysiert werden kann, wenn zusätzlich noch die konkreten Bedingungen sozialen Handelns untersucht werden. Die konkreten Arbeitsbedingungen, die Lebensverhältnisse, die Sozialisation und die sozialen Beziehungsgefüge, die zum Aufbau sozialmoralischer Orientierungsmuster oder Wertmaßstäbe beitragen, müssen Gegenstand der Analyse sein, wenn Aussagen darüber gemacht werden sollen, ob sich tatsächlich diese Wertmaßstäbe gewandelt oder ob nicht allein die konkreten Bedingungen oder auch bestimmte soziale Gruppierungen sich so geändert haben, daß damit auch die entsprechenden Orientierungsmuster an Bedeutung verloren haben.

3. Als drittes schließlich kann Wertwandel oder der Wandel sozialmoralischer Orientierungen auch nur dann angemessen analysiert werden, wenn man ein Konzept der Wertmaßstäbe bzw. ein theoretisches Konstrukt sozialmoralischer Orientierungen vorlegen kann. Es muß nämlich geklärt werden, ob Wertmaßstäbe ähnlich wie Einstellungen zu ganz konkreten Problemen theoretisch konzipiert und entsprechend empirisch konstruiert werden können oder ob es sich dabei um umfassende Entwürfe kognitiver Orientierungsmuster handelt, mit deren Hilfe ganz unterschiedliche Handlungsvollzüge bewertet werden.

Im Konzept der puritanischen Ethik von Max Weber ist dies eindeutig entscheidbar. Die puritanische Ethik war ein religiös abgeleitetes System von Bewertungsmaßstäben, die für Handlungsvollzüge von Individuen in ganz unterschiedlichen Kontexten eine Rolle spielten. Einen Wertwandel oder den Wandel von Bewertungsmaßstäben auf der Basis der Analyse von Einstellungsänderungen zur Arbeit zu konstatieren setzt aber voraus, daß mit der Analyse des Einstellungswandels tatsächlich ein solches umfassendes theoretisches Konzept erfaßt wird.

Mit der Frage, welches theoretische Konstrukt hinter der Analyse des Wertwandels steht, hängt aber auch die Frage zusammen, wie solche Bewertungsmaßstäbe oder sozialmoralischen Orientierungsmuster individuell entwickelt werden. Wenn es sich nämlich tatsächlich um passende kognitive Orientierungsmuster handelt, mit deren Hilfe Individuen soziale Handlungen beurteilen, so müssen diese Orientierungsmuster von den einzelnen Individuen entwickelt oder aber gelernt werden. Dann ist aber Gegenstand der Analyse, wie sich solche Entwicklungs- oder Lernprozesse vollziehen. Nur mittels eines solchen Konzeptes kann entschieden werden, ob es sich hier um reine Veränderungen von Einstellungen handelt oder tatsächlich um die Veränderung von Handlungsentwürfen.

Faßt man diese drei Problemkreise zusammen, lassen sich relativ klar die Forderungen formulieren, die für eine Analyse des Wertwandels von Wertmaßstäben in einer Gesellschaft erfüllt sein müssen, um angemessene Aussagen zu kulturellen Wandlungstendenzen formulieren zu können. Die Analyse des Wandels von Wertmaßstäben in einer Gesellschaft sollte zum einen den Versuch unternehmen, Soziogenese und Individualgenese von Bewertungsmaßstäben aufeinander zu beziehen. Sie sollte darüber hinaus die konkreten Lebens- und Arbeitsbedingungen der sich wandelnden Gesellschaft analysieren und schließlich versuchen, das theoretische Konstrukt, das den vorherrschenden Wertmaßstäben zugrunde liegt, zu explizieren und die individualpsychologischen Bedingungen zu kennzeichnen, die die Entwicklung bzw. das Lernen dieser Bewertungsmaßstäbe steuern.

2. Gesellschaftliche Differenzierung und sozialmoralische Orientierungsmuster

Wenn auch nicht davon ausgegangen werden kann, daß Soziologie und Psychologie heute bereits über umfassende theoretische Modelle verfügen, die den oben formulierten Ansprüchen genügen, so wurden die Texte in diesem Reader doch so zusammengestellt, daß zumindest die theoretischen und empirischen Bemühungen deutlich werden, die es möglicherweise erlauben, den Wertwandel in industriellen Gesellschaften angemessen zu analysieren.

Der hier gewählte Ansatz versucht nun einerseits, die sozial-strukturellen Bedingungen bestimmter empirisch nachweisbarer Veränderungen individueller Orientierungsmuster herauszuarbeiten, ohne aber *a priori* in den Gegensatz von Individualismus und gesellschaftlichen Strukturzwängen zu verfallen. Zudem soll versucht werden, die Fortschritte der psychologischen Forschung auch für die Analyse von individuellen Wertmustern im Rahmen soziologischer Fragestellungen fruchtbar zu machen.

Dabei ist die Kernthese in der Auswahl der vorliegenden Texte, daß die mit Durkheim einsetzende Entwicklung einer moral-soziologischen Konzeption des modernen Individualismus durch die Ergänzungen, Erweiterungen und kritischen Rekonstruktionen von Piaget und Kohlberg zu einem Konzept geführt hat, das es ermöglicht, Soziogenese und Individualgenese von Bewertungsmaßstäben aufeinander zu beziehen und in relativ klarer und eindeutiger Weise theoretische Konstrukte und empirische Übersetzungen zu explizieren.

Wir können zwar davon ausgehen, daß viele der heutigen Thesen und Überlegungen einer weiteren Differenzierung und in manchen Punkten sicherlich auch einer weiteren kritischen Rekonstruktion bedürfen; doch hoffe ich, daß die Texte in diesem Reader deutlich machen, welch fruchtbare und interessante Entwicklung die moralsoziologische und moralpsychologische Diskussion seit Durkheim genommen hat und wie tragfähig sich bei aller Kritik an diesem Autor manche seiner Grundannahmen erwiesen haben.

3. Disziplin, Anschluß an die soziale Gruppe und die Autonomie des Willens als Elemente eines Moralbewußtseins spätindustrieller, hochdifferenzierter Gesellschaften

Man versteht unter Moral »eine Gesamtheit von Urteilen, die die Menschen individuell oder kollektiv über ihre eigenen Handlungen sowie über die ihresgleichen fällen in der Absicht, ihnen einen besonderen Wert beizumessen« (Durkheim 1972: 79).

Die eingangs erwähnten Thesen zum Wandel gesellschaftlicher Wertmaßstäbe implizieren, daß die Gesamtheit gesellschaftlicher

Urteile, aber auch die individuelle Achtung vor bestimmten Regeln einem tiefgreifenden Wandel unterworfen sind.

Als Émile Durkheim Ende des vorigen Jahrhunderts seine moralsoziologischen Studien durchführte, diagnostizierte er, ganz ähnlich wie heute die Theoretiker des Wertwandels, eine Wertkrise (Müller 1983) der französischen Gesellschaft. Traditionelle Lebens- und Wertvorstellungen wie der Patriarchalismus, die religiöse Bindung des Schulsystems, der Vorrang der Staatsräson gegenüber individuellen Freiheitsrechten wurden damals nach Durkheims Auffassung ebenso in Frage gestellt wie die traditionellen Formen der Arbeitsteilung. Die politische Diskussion um die Bedeutung individueller Freiheitsrechte und individueller Selbstverwirklichung gegenüber dem Anspruch des Staates und der Gesellschaft auf Pflichterfüllung seiner Bürger klingt in dem hier wiederabgedruckten Aufsatz von Émile Durkheim zur Dreyfus-Affäre an. Durkheim versucht herauszuarbeiten, daß die Ablehnung einer überkommenen traditionellen Moral und die Betonung der individuellen Freiheitsrechte sowie der individuellen Selbstverwirklichung eben nicht notwendigerweise zu einem gesellschaftlich verantwortungslosen Individualismus führen müssen, den er als einen utilitaristischen Egoismus bezeichnet.

Auch in dem folgenden Text – als Einleitung zu einem Buch über die Soziologie der Moral konzipiert und durch seinen frühen Tod nur in Fragmenten fertiggestellt – führt uns Durkheim vor Augen, daß die Analyse des moralischen Individualismus keinesfalls durch den simplen Gegensatz von traditionellen Formen gesellschaftlicher Verpflichtung oder einer gesellschaftlichen Pflichtethik einerseits und Egoismus oder gar Hedonismus andererseits geführt werden kann. Vielmehr ist es erforderlich, die soziologischen Fundierungen der verschiedenen Varianten des Individualismus in modernen Gesellschaften zu analysieren und sie vor allem mit der Entwicklung der Organisation gesellschaftlicher Arbeit in Beziehung zu setzen.

Die Position Durkheims ist in vielen Punkten von späteren Autoren kritisiert worden, so insbesondere von Jean Piaget. Aber auch Piaget bezieht sich in seiner soziologischen Analyse der Moralentwicklung und der Entwicklung moderner Gesellschaften auf Émile Durkheim, wie der Aufsatz zur moralischen Entwicklung von Jugendlichen in primitiven und modernen Gesellschaften zeigt. In Anlehnung an Durkheim unterscheidet Piaget eine traditionale Form der Gesellschaft von hochdifferenzierten modernen Gesellschaften, und entsprechend dem Ausmaß der Differenzierung beschreibt er unterschiedliche Formen gesellschaftlich gültiger Wertmaßstäbe.

Traditionale Gesellschaften garantieren durch die Ähnlichkeit der Lebensverhältnisse von Eltern- und Kind-Generationen sowie verschiedener sozialer Gruppen, daß die durch die Tradition überlieferten Regeln richtigen oder falschen Verhaltens von allen Gesellschaftsmitgliedern zur Beurteilung von Handlungen herangezogen werden. Aufgrund des geringen Differenzierungsgrades solcher Gesellschaften und wegen der damit verbundenen Ähnlichkeit der Lebensverhältnisse genügt die Orientierung an tradierten Regeln, um angemessen zu handeln. Die Bereitschaft zur Zusammenarbeit und das Bewußtsein der Gruppenzugehörigkeit basieren auf der gemeinsamen Lebenserfahrung, die sich an einer quasi natürlichen Ordnung orientiert. Diese Form des gesellschaftlichen Zusammenhalts hatte schon Durkheim als mechanische Solidarität bezeichnet. Sie basiert auf einem fast perfekten Sozialisationszirkel von kultureller Überlieferung von den Eltern auf die Kinder.

Diesen Idealzyklus der traditionalen Gesellschaft kontrastiert Piaget, wie schon Durkheim, den industriellen Gesellschaften. Aufgrund der zunehmenden Bevölkerungsdichte, der zunehmenden Größe der Staaten, der zunehmenden technologischen Entwicklung und der Verbesserung der Kommunikationsmöglichkeiten innerhalb solcher Gesellschaften zerfällt die Einheitlichkeit des sozialen Lebens von Gemeinschaften, und damit verfallen auch die für alle gültigen, gesellschaftlich akzeptierten Wertmaßstäbe der mechanischen Solidarität.

Gesellschaftliche Differenzierung mit dem Funktionswandel und der Funktionsverlagerung vieler Aufgaben der Familie und Verwandtschaft auf andere, teilweise neue Institutionen und die sich daraus ableitende Vielfalt der Lebensverhältnisse befreien den einzelnen auch von der unmittelbaren Kontrolle gesellschaftlicher Autoritäten oder sozialer Gruppierungen. Das Entstehen unterschiedlicher Lebensbereiche, die teilweise unabhängig voneinander sind und zum Teil auch unterschiedliche oder gar widersprüchliche Wertmaßstäbe kennen, eröffnet dem einzelnen Verhaltensspielräume, die Gesellschaften der mechanischen Solidarität nicht kannten. Damit ergibt sich die Möglichkeit, sich der

Autorität und der Kontrolle einer Gruppe zu entziehen und an anderen Gruppen zu partizipieren.

Diese Autonomie des einzelnen ist aber in hochdifferenzierten industriellen Gesellschaften notwendig. Verschiedene Lebensbereiche wie Familie, Schule und Beruf werden nach unterschiedlichen Regeln der Zusammenarbeit organisiert, und es ist Aufgabe des einzelnen Handelnden, eine glaubhafte individuelle Synthese zu entwerfen, die die Werte aus unterschiedlichen Bereichen integriert, ohne daß er sich den unterschiedlichen Verhaltenserwartungen in einzelnen Bereichen perfekt anpassen muß.

In solchen Gesellschaften lassen sich nicht mehr spezifische Werte einzelner Lebensbereiche sozialisieren. Es muß den Kindern und Jugendlichen vielmehr die Fähigkeit vermittelt werden, trotz differierender Herkunft, trotz unterschiedlicher Lebenserfahrungen und Wertvorstellungen die wechselseitigen Abhängigkeiten von Individuen einer Gesellschaft zu erkennen und die Notwendigkeit gesellschaftlicher Kooperation zu begreifen, da die gesellschaftliche Kooperation nicht mehr durch den externen Zwang der mechanischen Solidarität sichergestellt werden kann.

Achtung für gesellschaftliche Regeln zu entwickeln, die eine solche Kooperation ermöglichen, ist nun die Aufgabe für die Sozialisation der nachwachsenden Generation in differenzierten Gesellschaften. Um diese Form einer organischen Solidarität zu entwickeln, müssen Kinder lernen, Regeln zu achten, das heißt, sie müssen Disziplin entwickeln. Ferner müssen sie in der Lage sein, Bindungen an soziale Gruppen einzugehen, das heißt, sie müssen die Bereitschaft zu solidarischem und altruistischem Handeln erwerben. Schließlich müssen sie die Fähigkeit entwickeln, autonom zu handeln, das heißt die Fähigkeit, gesellschaftliche Wertmaßstäbe unterschiedlicher Lebensbereiche zu reflektieren und zu prüfen, inwieweit sie der Kooperation dienen. Ernest Wallwork wird genau diesen Gesichtspunkt des Durkheimschen und Piagetschen Werks herausarbeiten und den Nachweis versuchen, daß die Frage nach der Fähigkeit zur Kooperation im späteren Werk von Kohlberg vernachlässigt wird.

Wie die Entwicklung der Fähigkeit zu kooperativem Handeln auch empirisch nachgezeichnet werden kann, zeigt Monika Keller in ihrem Bericht über ein Forschungsprojekt auf der Basis von Freundschaftsbeziehungen.

Ist nun die These von Durkheim und Piaget richtig, daß in

hochindustriellen Gesellschaften aufgrund ihres Ausmaßes an interner Differenzierung ein allgemein gültiger Bewertungsmaßstab für Handeln nicht mehr vorausgesetzt werden kann, sondern daß davon ausgegangen werden muß, daß die Individuen nur noch über bestimmte Prinzipien verfügen, nach denen sie sehr unterschiedliche Verhaltenserwartungen in unterschiedlichen Lebensbereichen bewerten und den Versuch unternehmen, sie individuell zu integrieren, so kann man gegenüber der These des Wertwandels in spätindustriellen Gesellschaften als erstes den Einwand formulieren, daß der Wandel von bestimmten Verhaltenserwartungen und Einstellungen keinesfalls zu den weitreichenden Schlußfolgerungen berechtigt, die eingangs skizziert wurden.

Die Einstellung zur Arbeit kann nicht notwendigerweise etwas darüber aussagen, in welcher Weise Individuen gesellschaftliche Regeln achten. Im Konzept von Durkheim und Piaget könnte beispielsweise die Veränderung der Arbeitszufriedenheit auch darauf zurückgeführt werden, daß der Arbeitsbereich sich zunehmend von den anderen Lebensbereichen der Individuen fortentwickelt, so daß eine individuelle Synthese der unterschiedlichen Wertvorstellungen zunehmend schwierig wird.

Es ist aber auch möglich, daß die veränderte Einschätzung der Arbeit einfach davon abhängt, daß der Stellenwert der Arbeit im Lebenszusammenhang eines Individuums an Bedeutung verliert und daher das Individuum sich zu einer neuen Synthese unterschiedlicher Wertvorstellungen veranlaßt sieht, die den Stellenwert der Arbeit relativiert. Obwohl sich also die Einstellungen der Individuen zur Arbeit geändert haben könnten, läßt sich aus einer Durkheim-Piagetschen Perspektive dennoch die These formulieren, daß die Individuen ihre Handlungen im Bereich der Arbeit immer noch in der gleichen Weise mit einem besonderen Wert belegen wie früher, da sie immer noch über dieselbe Achtung vor gesellschaftlichen Regeln, dieselbe Bereitschaft zur Zusammenarbeit und dieselbe Form der Autonomie verfügen. Einstellungswandel und der Wandel von Bewertungsmaßstäben müssen nicht notwendigerweise konvergieren, sondern können differieren und zudem höchst unterschiedliche Ursachen haben, die sich jedenfalls nicht notwendigerweise als Wertwandel von Individuen interpretieren lassen.

In den folgenden Aufsätzen, insbesondere von Hans-Peter Müller, der obige Anmerkungen ausführlicher entwickelt, wird deutlich, daß eine Analyse des Wandels von Wertmaßstäben in Gesellschaften nicht ohne die von Durkheim formulierten Ausgangsüberlegungen auskommt, daß nämlich zum einen die gesellschaftliche Entwicklung im Ausmaß ihrer Differenzierung in hochindustriellen Gesellschaften zu berücksichtigen ist und daß zum anderen der spezifische Umgang der Individuen mit gesellschaftlichen Regeln einbezogen werden muß.

Nun eröffnet zwar Durkheims Modell eine theoretische Perspektive, die sowohl einen sozialstrukturellen wie individuellen Zugriff auf die Analyse der Wertmaßstäbe in industriellen Gesellschaften ermöglicht, aber es sagt nur wenig hinsichtlich der Genese der individuellen Achtung vor moralischen Regeln.

4. Zur Genese moralischer Regeln: Von der Heteronomie zur Autonomie

Diese explizierte Schwäche an Durkheims Modell hat Piaget in unnachahmlicher Weise herausgearbeitet und den Versuch unternommen, durch Eliminierung der Schwächen eine Theorie des moralischen Urteilens zu entwickeln.

Der Beitrag von Ann Colby und Lawrence Kohlberg liefert eine hinreichend genaue und gute Beschreibung des Piagetschen Modells, und die in diesen Reader aufgenommenen Texte von Piaget zeigen in knapper, aber doch deutlicher Form seine Position in bezug auf die moralische Entwicklung, so daß ich hier nur wenige Grundprinzipien zu nennen brauche.

In Anlehnung an Durkheims Unterscheidung der mechanischen und organischen Solidarität differenziert Piaget auf der individuellen Ebene zwei Stufen der moralischen Entwicklung, die Stufe des obligatorischen Konformismus, die nach dem Übergangsstadium der beginnenden Kooperation durch die Stufe der moralischen Autonomie abgelöst wird. Kleine Kinder, etwa im Alter von 5 Jahren, begründen die Bewertung sozialer Handlungen überwiegend damit, daß die Bewertungsmaßstäbe und Regeln absoluten Geltungsanspruch haben. Verstöße gegen diese Maßstäbe werden immer bestraft, und die Strafe orientiert sich an den Konsequenzen der Handlung. Nicht die Intention des Handelnden ist wichtig, sondern lediglich das Ergebnis der Handlung.

Eine solche Vorstellung von der Achtung vor Regeln bezeichnet Piaget als heteronome Moral, das heißt, sie wird von außen durch Autoritäten auferlegt und zwingt den einzelnen ohne Einsicht – nur aus Gehorsam vor diesen Autoritäten – zum regelkonformen Handeln. Diese moralische Heteronomie oder dieser moralische Realismus hängt nach Piaget mit der Unfähigkeit des kindlichen Egozentrismus zusammen, sich in den Interaktionspartner hineinzuversetzen, das heißt aus der Perspektive des anderen die Welt wahrzunehmen. Das Phänomen, daß Kinder die Welt nur vom eigenen Standpunkt aus betrachten können, manifestiert sich in verschiedensten kognitiven Aspekten. Selbst im kindlichen Spiel läßt sich zeigen, daß die Unfähigkeit zum Perspektivenwechsel verhindert, daß Kinder wirklich kooperieren. Die Übernahme einer anderen Perspektive und damit die Fähigkeit zu Kooperation ist im Stadium einer heteronomen Moral auch nicht notwendig, da die Furcht vor Sanktionen oder der Gehorsam Autoritäten gegenüber den entscheidenden Beurteilungsmaßstab für Handlungen darstellt.

Erst im Stadium der beginnenden Zusammenarbeit überwindet das kindliche Individuum den Egozentrismus und naiven Realismus und damit auch den moralischen Realismus. Die Veränderungen des Denkens und Urteilens werden durch Interaktionen mit Gleichaltrigen insbesondere im kindlichen Spiel stimuliert. Bei der zunehmenden Partizipation in der Spielgruppe ist das Kind an Entscheidungen über die Spielregeln und an den Regeln der Interaktion beteiligt und erlebt in dieser Partizipation die Veränderbarkeit von Regeln und die Konsequenzen der Regelachtung für die Kooperation mit anderen. Es erfährt aber darüber hinaus, daß die Legitimität solcher Regeln durch Nichtbefolgen in Frage gestellt wird; das heißt, die Geltung von Regeln ist nicht absolut, sondern im wesentlichen von der Wechselseitigkeit und Achtung durch alle beteiligten Handelnden abhängig. Werden aber solche Regeln und Wertmaßstäbe als abhängig von der gegenseitigen Achtung erfahren, so können sie auch nicht mehr als äußerlich oder als von den erwachsenen Autoritäten auferlegt interpretiert werden, sondern sind das Ergebnis diskursiver Willensbildung.

Das Zusammenspiel zwischen der zunehmenden kognitiven Entwicklung und der Erfahrung von Kooperation und Interaktion mit Gleichaltrigen führt vom moralischen Realismus zur moralischen Autonomie. Durch die Fähigkeit, von den einzelnen Situationen zu abstrahieren, ist das Kind in die Lage versetzt, moralische Regeln sinngemäß zu interpretieren und moralische Regelverletzungen nicht mehr in bezug auf die Folgen des Verstoßes, sondern in bezug auf die Intentionen des Akteurs zu bewerten.

Piaget nennt drei Umweltbedingungen, die zur Stimulierung moralischer Autonomie notwendig sind.

Als erstes formuliert er das Theorem des Vertrauens in den Interaktionspartner als wesentliche Grundlage der moralischen Entwicklung, wie Rawls (1977) herausgearbeitet hat. Moralische Heteronomie basiert demzufolge im wesentlichen auf dem Respekt des Kindes vor den Eltern, das heißt, die Eltern oder andere Autoritäten müssen dem Kind auch die Möglichkeit geben, sie zu respektieren, das Kind muß die Eltern lieben und achten können. Denn Liebe und Achtung gegenüber der erwachsenen Autorität sind für Piaget die Voraussetzungen für Respekt.

Zum zweiten nennt Piaget das Theorem der Differenzierung. Die Umwelt des Kindes muß hinreichend differenziert sein, denn das kognitive Ungleichgewicht, das die Entwicklung der moralischen Reife stimuliert, setzt natürlich voraus, daß das Kind mit widersprüchlichen Erwartungen konfrontiert wird. Das geschieht beispielsweise durch Partizipation an unterschiedlichen sozialen Netzwerken.

Als drittes führt Piaget das Theorem der Gleichheit ein. Die Umwelt muß die Erfahrung von Gleichheit ermöglichen, denn nur durch die Erfahrung von Gleichheit und Reziprozität wird das Kind stimuliert, die wechselseitige Abhängigkeit der Interaktionspartner zu erkennen und zu erfahren, daß Regeln nicht absolut sind, sondern Ergebnis von Kooperation.

Vertrauen, Differenzierung und Gleichheit sind in meinen Augen schon recht genaue Beschreibungen jener Sozialisationsbedingungen, die die moralische Entwicklung von Kindern stimulieren können, und damit gelingt es Piaget nicht nur, den soziologischen Reduktionismus des Moralbewußtseins bei Durkheim zu überwinden, sondern er ist zudem in der Lage, Indikatoren zu benennen, die es uns ermöglichen, die konkreten Lebensbedingungen der Kinder zu analysieren.

Die Betonung der Eigenaktivität des Kindes bei der Entdeckung moralischer Regeln und die Annahme, daß es unterschiedliche individuelle Formen der Achtung vor gesellschaftlichen Regeln gibt, hat nun weitgehende Rückwirkungen auf die eingangs diskutierte Frage des Wertwandels. Geht man davon aus, daß Individuen bei der Ausbildung von Wertmaßstäben Eigenaktivität entwickeln, so folgt daraus, daß makrosoziologisch zu beobachtende Wandlungstendenzen sich nicht notwendigerweise auf alle Individuen in der gleichen Weise auswirken, wie dies die Theoretiker des Wertwandels formulieren. Es kommt auch darauf an, wie das Individuum mit solchen Wandlungstendenzen umgeht.

Darüber hinaus macht das Modell aber auch deutlich, daß die Annahme oder Ablehnung bestimmter ethischer Vorstellungen in einer Gesellschaft nicht in Form einer einfachen Zustimmung oder Ablehnung zu gesellschaftlichen Regeln interpretiert werden kann, da ganz offensichtlich Formen gesellschaftlicher Regeln von den Individuen in unterschiedlicher Weise, je nach ihrer individuell entwickelten Konzeption des Wertmaßstabes bzw. des moralischen Urteils, interpretiert werden können.

So könnte beispielsweise die Ablehnung einer traditionalen Pflichtethik darauf zurückzuführen sein, daß Individuen auf der Stufe der moralischen Autonomie im Piagetschen Sinne erkannt haben, daß das Befolgen einer traditionalen Pflichtethik den gegenwärtigen gesellschaftlichen Bedingungen nicht mehr angemessen ist und daher neue Formen von Kooperation mit Interaktionspartnern gesucht werden. Es könnte aber auch sein, daß aufgrund von Konsumbedürfnissen und Hedonismus die bürgerliche Pflichtethik abgelehnt wird.

An diesem Beispiel läßt sich gut verdeutlichen, daß der makrosoziologisch zu beobachtende oder behauptete Wertwandel auf der Ebene der Individuen aus geradezu entgegengesetzten Bewertungsmaßstäben heraus erklärt werden kann. Dies unterstreicht noch einmal, warum es wichtig ist, die makrosoziologische Perspektive durch die Analyse der Individualgenese von Moral bzw. Bewertungsmaßstäben zu ergänzen.

5. Moralische Entwicklung als Stufenfolge logisch unterscheidbarer Formen moralischen Urteilens

Auch wenn das Modell von Piaget gegenüber Durkheims Ansatz eine bedeutsame Weiterentwicklung darstellt, darf doch nicht verkannt werden, daß insbesondere die Analyse der Individualgenese, wie sie Piaget vorgenommen hat, weiterer Systematisierungen bedarf. So ist beispielsweise in dem Modell von Piaget nicht genau definiert, wie das Übergangsstadium der beginnenden Zusammenarbeit von den beiden anderen Stadien der Verhaltenskonformität und dem Stadium der Autonomie unterscheidbar ist. Darüber hinaus hat Piaget noch keinen Versuch unternommen, sein Modell der Prinzipien moralischer Achtung auch auf konkrete gesellschaftliche Probleme anzuwenden. Hinzu kommt, daß im Piagetschen Ansatz andere Aspekte der menschlichen Entwicklung, wie etwa die kognitive Entwicklung oder die Entwicklung der Interaktionsfähigkeit, nur sehr partiell behandelt werden.

Noch zu einer Zeit, als das Piagetsche Modell überwiegend aus lerntheoretischer Perspektive kritisiert wurde, hat Lawrence Kohlberg (1958) erkannt, welches Potential darin enthalten ist, wenn man nur bestimmte Begrenzungen überwindet.

Das Modell von Lawrence Kohlberg stellt gegenüber Piaget und Durkheim den Versuch dar, Moral nicht in Dichotomien zu konstruieren, sondern die logisch denkbaren Reaktionsformen auf moralische Konflikte in systematisch-hierarchisch-logischer Abfolge zu definieren. Das Stufenmodell Kohlbergs zeigt klar die Unzulänglichkeiten des Piagetschen Ansatzes. Einerseits kann Kohlberg nachweisen, daß Heteronomie und Autonomie nur zwei mögliche Reaktionsformen auf moralische Konflikte darstellen, aber daneben noch weitere Reaktionsformen denkbar sind, andererseits macht er deutlich, daß die Selbständigkeit des Kindes von den Eltern oder anderen Autoritäten nicht notwendigerweise moralische Autonomie impliziert. Insbesondere aber scheint mir das von Kohlberg entwickelte Modell gegenüber Piaget den Vorzug zu haben, daß es die kognitiv-moralische Entwicklungstheorie von Piaget auch für andere Theorietraditionen öffnet und somit ein integratives Modell moralpsychologischer Konzepte darstellt.

Traditionellerweise wurde die behavioristische Definition des moralischen Verhaltens als Widerstand gegen Versuchung oder die psychoanalytische Definition des Gewissens als mit Schuldgefühlen behaftete Unterwerfung des einzelnen unter die gesellschaftlichen Regeln angenommen, und beide Vorstellungen wurden als gegensätzliche Konzepte in der Psychologie interpretiert.

Die systematische Definition der Stufen durch Kohlberg zeigt aber, daß es sich hier keinesfalls um einander ausschließende Definitionen unterschiedlicher Theorierichtungen handelt, sondern daß diese Definitionen des moralischen Bewußtseins unterschiedliche, logisch eindeutig abgrenzbare Stufen eines Entwicklungsprozesses darstellen. Denn es ist unverkennbar, daß die Definition des Behaviorismus, moralisches Verhalten als Widerstand gegen Versuchung zu interpretieren, mit der Kohlbergschen Stufe 1 übereinstimmt, wohingegen die psychoanalytische Definition des Gewissens als mit Schuldgefühlen behaftete Unterwerfung des einzelnen unter die gesellschaftlichen Regeln mit der Kohlbergschen Definition der Stufe IV korrespondiert. Vermutlich liegt in dieser integrativen Perspektive auch die hohe Attraktivität dieses Modells, das nicht nur im Rahmen entwicklungspsychologisch und entwicklungstheoretisch orientierter Konzepte und Theorietraditionen aufgenommen und bearbeitet wurde, sondern das auch Wissenschaftler aus dem Bereich anderer Theorietraditionen so überzeugt hat, daß sie mit diesem Modell intensiv gearbeitet haben.

Gegenüber Durkheim hat Kohlbergs Modell den unbestreitbaren Vorzug, daß durch die Betonung der Entwicklung des moralischen Urteils vermieden wird, moralisches Bewußtsein im Sinne eines reinen Anpassungsmodells zu interpretieren und somit Gefahr zu laufen, ein übersozialisiertes Modell des Menschen zu entwerfen. Nicht zu unterschätzen ist schließlich, daß Kohlberg sich anders als viele andere Autoren bemüht hat, ein empirisch überprüfbares Modell zu entwickeln. Daher spricht meines Erachtens die häufig geäußerte Kritik an Kohlbergs Modell nicht notwendigerweise gegen sein Konzept, sondern ist ein starker Indikator dafür, daß dieses Konzept auch empirisch so fruchtbar ist, daß durch Falsifikation einzelner Hypothesen oder auch bestimmter Theoreme eine Modifikation und Weiterentwicklung der ursprünglichen Theorie möglich wird. Die folgenden verschiedenen Versuche zeigen sehr deutlich das Bemühen, Schwächen bzw. mangelnde Ausformulierung einzelner theoretischer Konzeptionen des Kohlbergschen Modells theoretisch und empirisch zu überwinden.

Trotz seiner Vorzüge darf natürlich nicht übersehen werden, daß in diesem Modell noch eine Vielzahl von Annahmen stecken, die einer intensiven Überprüfung und Diskussion bedürfen. Ich will hier nicht die einzelnen Kritikpunkte thematisieren, sondern nur auf zwei Aspekte hinweisen, die auch für die anderen Aufsätze in diesem Reader von Bedeutung sind. Wenn man in der Nachfolge von Piaget Moral als ein System von gesellschaftlichen Regeln interpretiert und Sittlichkeit als die individuelle Achtung vor diesen gesellschaftlichen Regeln ansieht, so muß man doch feststellen, daß der gesellschaftstheoretische Bezug, der in der Piagetschen Konzeption klar zum Ausdruck kommt, im Kohlbergschen Modell weitgehend verlorengegangen ist.

Während Piaget, noch ganz in der Durkheim-Tradition stehend, den Zusammenhang zwischen der Entwicklung bestimmter Formen gesellschaftlicher Autorität und der individuellen Achtung vor diesen Autoritäten herausgearbeitet hat, fehlen solche Bezüge bei Kohlberg bzw. sind lediglich als sehr abstrakte Prinzipien formuliert.

Deshalb ist es zunächst sehr viel einfacher, mit Hilfe des Piagetschen Ansatzes Wertwandeltheoreme, wie ich sie eingangs skizziert habe, sowohl auf einer soziologischen wie auf einer psychologischen Ebene zu kritisieren, wohingegen Kohlberg zwar mit seiner Konzeption herangezogen werden kann, um die psychologische Fragwürdigkeit von Wertwandelhypothesen der eingangs erwähnten Form zu diskutieren, aber nur sehr wenig Aussagen darüber zuläßt, wie die gesellschaftstheoretische Interpretation des Wandels von einer mehr bürgerlich orientierten Pflichtethik zu einer mehr individualistischen Form der Ethik auszusehen habe. Mit dieser Fragestellung der Verknüpfung von gesellschaftlicher Entwicklung und individuell-moralischer Entwicklung befassen sich die Beiträge von Wolfgang Lempert, James Garbarino und Urie Bronfenbrenner, Rainer Döbert und Gertrud Nunner-Winkler, Fritz Oser und Wolfgang Althof.

Während Wolfgang Lempert vor dem Hintergrund der konkreten Analyse von Arbeitssituationen die Explikation von Wertmaßstäben und Beurteilung von betrieblichen Konfliktsituationen beschreibt und den Versuch unternimmt, berufliche Sozialisationsprozesse zu der Entwicklung des moralischen Bewußtseins in Beziehung zu setzen und moralpädagogische und arbeitspolitische Konsequenzen zu beschreiben, beziehen sich Rainer Döbert und Gertrud Nunner-Winkler zunächst explizit auch auf die hier eingangs dargestellten Hypothesen zum Wertwandel. Am Beispiel zweier in unserer Gesellschaft außerordentlich kon-

trovers interpretierter Bereiche, nämlich der Frage der Kriegsdienstverweigerung und der Frage der Schwangerschaftsunterbrechung, prüfen sie dann, ob die sehr einfache Hypothese des
Verschwindens einer bürgerlichen Pflichtethik plausibel ist.

Ich glaube, daß sowohl in dem Aufsatz von Wolfgang Lempert
wie aber auch in dem Aufsatz von Gertrud Nunner-Winkler und
Rainer Döbert deutlich wird, daß Kohlbergs Modell der Moralentwicklung bei einer angemessenen gesellschaftstheoretischen
Interpretation vorzüglich dazu geeignet ist, solche zunächst rein
soziologischen Fragen, wie sie in der Wertwandeldiskussion auf-
geworfen wurden, theoretisch und empirisch angemessener zu
behandeln, als dies im Rahmen anderer Theorietraditionen bisher
geschehen konnte. Denn es werden auf der einen Seite sowohl der
gesellschaftliche Kontext und die gesellschaftliche Entwicklung
mitreflektiert, aber auch die konkreten Arbeitsbedingungen werden Berücksichtigung finden. Hier zumindest wird die eingangs
erhobene Forderung ernst genommen, eine soziologische Analyse der gesellschaftlichen Entwicklung mit der individualpsychologischen Konzeption der Entwicklung individueller Achtung
vor gesellschaftlichen Regeln zu verknüpfen.

Die Aufsätze von Monika Keller sowie Fritz Oser und Wolfgang Althof sind zwar eher auf unmittelbare Interaktionsbezie-
hungen konzentriert und damit stärker sozialpsychologisch oder
auch sozialpädagogisch ausgerichtet; aber auch hier wird gezeigt,
wie moralische Entwicklung in konkreter Interaktion mit der
Umwelt ausgebildet und entwickelt werden kann. Dabei refor-
muliert Monika Keller das schon bei Durkheim aufgestellte Ko-
operationstheorem, die Basis moralischer Autonomie, als ein
sozialpsychologisches Konzept von Freundschaft, was zur Stimulierung der moralischen Sensibilität und damit auch zur Wahrnehmung des Interaktionspartners als eines moralischen Subjekts
beiträgt. In ihrer empirischen Untersuchung wird aber ähnlich
wie bei Oser und Althof deutlich, daß es sehr wohl auch empirisch nachvollziehbare Wege gibt, um moralische Entwicklung
anders als durch reine Einstellungsmessungen zu analysieren.

Fritz Oser und Wolfgang Althof, die in ihrem Aufsatz Kohlbergs
Entwicklungsmodell in den Kontext der erzieherischen Beein-
flussung stellen und damit wieder eine Brücke schlagen von
Kohlbergs Entwicklungstheorie hin zur Moralsoziologie und
Moralpädagogik Émile Durkheims, wollen nicht nur das Wech-

selverhältnis zwischen Entwicklung und Umweltstimulation an konkreten Lebenssituationen von Lehrlingen und jugendlichen Bauern deutlich machen, sondern sie versuchen darüber hinaus, auch das erzieherische Handlungsfeld zu berücksichtigen. Denn sie gehen davon aus, daß unter einer pädagogischen Perspektive die Veränderung und die Verbesserung der sozialmoralischen Kompetenz auch Gegenstand theoretischer und empirischer Bemühungen sein muß. Sowohl der gesellschaftliche Wandel wie auch der individuelle Wandel werden ja nicht nur von den Gesellschaftsmitgliedern passiv hingenommen, wie die Wertwandelhypothese unterstellt, sondern von den handelnden Subjekten aktiv gestaltet.

Ein wesentliches Element der Durkheimschen Moralsoziologie und Moralpädagogik war die aktive Gestaltung der gesellschaftlichen Umwelt durch den Soziologen und Erzieher. Dieses Element findet sich auch bei Oser und Althof wieder und macht deutlich, daß selbst dann, wenn bestimmte gesellschaftliche Entwicklungen theoretisch und empirisch Probleme mit sich bringen, dies nicht schicksalhaft hingenommen werden muß, sondern daß der Wissenschaftler die Möglichkeit hat, aufgrund der wissenschaftlichen Analyse solcher Entwicklungen auch Vorschläge zu unterbreiten, wie solche Entwicklungsprozesse beeinflußt werden können.

So hoffe ich, daß dem Leser in allen Aufsätzen des Readers nahegebracht werden kann, daß die hier rekonstruierte Entwicklung einer bestimmten Theorietradition im Bereich der Entwicklung gesellschaftlicher Regeln und Wertmaßstäbe sowie deren individualpsychologische Rekonstruktion im Vergleich zu den eingangs erwähnten Ansätzen fruchtbarer sind, weil sie die formulierten drei Bedingungen zwar nicht in jedem einzelnen Fall erfüllen, aber doch zumindest reflektieren. Alle Aufsätze machen deutlich, daß es bei der Analyse von Wertmaßstäben immer darum geht, Soziogenese und Individualgenese aufeinander zu beziehen, sie machen deutlich, daß die individuelle Entwicklung von Wertmaßstäben in konkreten Kontexten durch konkrete Anregungsbedingungen stimuliert wird, und sie explizieren die theoretischen Konstrukte, mit deren Hilfe diese Entwicklungsprozesse analysiert werden.

Literatur

Bell, D. (1979), *Die Zukunft der westlichen Welt. Kultur und Technologie im Widerstreit*, Frankfurt/M.

Durkheim, É. (1972), *Erziehung und Soziologie*, Düsseldorf.

Inglehart, R. (1977), *The Silent Revolution. Changing Values and Political Styles among Western Publics*, Princeton/New York.

Kipstein, M. v./B. Strümpel (1984), *Der Überdruß am Überfluß*, München/Wien.

Kmieciak, P. (1976), *Wertstrukturen und Wertwandel in der Bundesrepublik Deutschland. Grundlagen einer interdisziplinären Wertforschung mit einer Sekundäranalyse von Umfragedaten*, Göttingen.

Kohlberg, L. (1958), *The development of modes of moral thinking and choices in the years 10 to 16.* Unveröffentlichte Dissertation, Universität Chicago.

Lasch, C. (1981), *Geborgenheit. Die Bedrohung der Familie in der modernen Welt*, München.

Löwenthal, R. (1979), *Gesellschaftswandel und Kulturkrise*, Frankfurt/M.

Müller, H.-P. (1983), *Wertkrise und Gesellschaftsreform. Émile Durkheims Schriften zur Politik*, Stuttgart.

Noelle-Neumann, E. (²1979), *Werden wir alle Proletarier? Wertewandel in unserer Gesellschaft*, Zürich.

Rawls, J. (1977), *Gerechtigkeit als Fairness*, Freiburg/München.

Schelsky, H. (1951), »Vorwort« zu D. Riesman, *Die einsame Masse. Eine Untersuchung der Wandlungen des amerikanischen Charakters*, Darmstadt/Berlin/Neuwied.

Schelsky, H. (1975), *Die Arbeit tun die anderen. Klassenkampf und Priesterherrschaft der Intellektuellen*, Opladen.

Weber, M. (²1969), *Die protestantische Ethik und der Geist des Kapitalismus*, hg. von J. Winckelmann, München/Hamburg.

Winn, M. (1984), *Kinder ohne Kindheit. »Laßt Kinder wieder Kinder sein«*, Reinbek.

II. Der Geist der Disziplin, der Anschluß an die soziale Gruppe und die individuelle Autonomie auf der Basis universalistischer Prinzipien

Émile Durkheim
Einführung in die Moral[1]

I

[81] Das Wort Moral hat landläufig zwei verschiedene Bedeutungen. Man versteht darunter eine *Gesamtheit von Urteilen,* die die Menschen individuell oder kollektiv über ihre eigenen Handlungen sowie über die ihresgleichen fällen in der Absicht, ihnen einen ganz *besonderen Wert* beizumessen, der ihnen mit anderen menschlichen Werten nicht vergleichbar erscheint. Das ist der *moralische Wert.*

Eine *technische Fertigkeit,* sei sie auch noch so groß, hat niemals den Rang einer Tugend erhalten; es ist niemals vorgekommen, daß ein Akt der Unehrlichkeit hätte ausgeglichen werden können durch einen glücklichen Einfall, durch ein geniales Bild oder durch eine wissenschaftliche Entdeckung. Worin besteht dieser Wert, was charakterisiert ihn? Am Anfang der Untersuchung können wir das noch nicht sagen; wir werden versuchen, die Frage in diesem Buch zu beantworten. Aber schon jetzt reicht die Unvergleichbarkeit moralischer Werte aus, um festzuhalten, daß die moralischen Urteile eine Sonderstellung in der Gesamtheit der menschlichen Urteile einnehmen, und das vor allem ist es, was für uns wichtig ist.

Diese Urteile sind im Bewußtsein des normalen Erwachsenen verankert; wir finden sie vollkommen fertig in uns vor, ohne uns in den meisten Fällen darüber bewußt zu sein, daß wir sie auf reflektiertem oder gar methodischem oder wissenschaftlichem Wege erarbeitet haben. Hinsichtlich des moralischen oder unmoralischen Handelns reagiert der Mensch spontan und sogar unbewußt. Er hat den Eindruck, daß diese Reaktion aus den Tiefen seiner Natur aufsteigt; wir loben oder tadeln aus einer Art Instinkt heraus und ohne die Möglichkeit, anders zu handeln. Deshalb stellen wir uns das moralische Bewußtsein oft als eine Art Stimme vor, die wir in uns hören, ohne daß wir in den meisten Fällen wissen, welches diese Stimme ist und woher sie ihre Autorität nimmt.

Man versteht unter Moral aber auch jede *methodische und*

systematische Spekulation über die Gegenstände der Moral. Die Denker sind weit davon entfernt, genau bestimmt zu haben, was diese Spekulation ist, was ihr Gegenstand und welches ihre Methode ist. Diese Spekulation hat sehr wohl, zum Teil, denselben Gegenstand wie die Urteile, die das moralische Bewußtsein spontan liefert. Im einen wie im anderen Fall handelt es sich darum, Handlungsweisen einzuschätzen, zu [82] loben oder zu tadeln, positive oder negative moralische Wertungen zu verteilen, Verhaltensformen aufzuzeigen, die der Mensch befolgen soll, andere, von denen er sich abwenden soll. Aber in zwei wesentlichen Punkten ist die Methode der Wertschätzung nicht dieselbe.

1. Die von den Denkern ausgesprochenen Urteile beruhen auf *Prinzipien*: sie sind koordiniert und systematisiert. Der Moralist weiß oder glaubt zu wissen, warum er lobt oder tadelt: er verbietet es sich, einem blinden Instinkt zu folgen; er nennt seine Gründe. Auf eine allgemeine Art werden diese Gründe abgeleitet aus einer bestimmten Weise, den Menschen zu begreifen. Er wird dargestellt als ein vernunft- oder gefühlsgeleitetes Wesen, als ein individuelles Wesen oder, im Gegenteil, als seinem eigentlichen Wesen nach soziabel, als jemand, der allgemeine und unpersönliche Ziele im Auge hat, oder als jemand, der ganz besondere, nur ihn betreffende Ziele verfolgt, usw. Und auf diese Konzeption stützt man sich, um ihm zu empfehlen, diese oder jene Handlungsmaxime einer anderen vorzuziehen.

Welches auch immer diese Gründe sein mögen, sie werden vom Moralisten mit der strengsten Methode ausgearbeitet, deren er fähig ist. Daher kommt es, daß diese Spekulationen wissenschaftlichen Charakter haben oder zu haben beanspruchen, durch den sie im Gegensatz zu den spontanen Urteilen des allgemeinen Bewußtseins stehen.

2. Die *Regeln der gängigen Moral* werden angewandt auf menschliche Handlungen; sie beurteilen, bestätigen oder tadeln sie. Die Lehren der Moralisten werden angewandt auf die moralischen Regeln selbst, sie beurteilen, akzeptieren oder verwerfen sie, je nachdem, ob sie den Prinzipien, von denen man ausgeht, entsprechen oder nicht. Der Moralist betrachtet sich selbst überhaupt nicht als jemand, der sich dafür einsetzt, der öffentlichen Meinung zu folgen; er gesteht sich im Gegenteil das Recht zu, diese Meinung zu kritisieren, sie neu zu formen, sie eventuell zu ändern; auf jeden Fall macht er sie sich erst nach einer methodi-

schen Untersuchung zu eigen. Er läßt sich dabei von keiner einzigen der Vorschriften aufhalten, denen die Menschen folgen, für wie heilig sie auch gelten mögen. Er wird Praktiken, die einmütig respektiert werden, für kriminell erklären und Handlungsweisen, über die mitnichten Einigkeit besteht, als verpflichtend bezeichnen. Kant war nicht mit allen seinen Zeitgenossen einverstanden; die Theoretiker des Sozialismus verurteilen streng die Ideen, die den gängigen Begriffen des Eigentumsrechts zugrunde liegen.

Wie auch immer sie aussehen mag, jede Moral hat ihr Ideal: die Moral, die die Menschen in jedem Augenblick ihrer Geschichte befolgen, hat somit eines, [83] das sich in den Institutionen, in den Traditionen und in den Vorschriften verkörpert, die üblicherweise das Verhalten regeln. Aber über dieses Ideal hinaus gibt es immer andere Ideale, die dabei sind, sich neu zu bilden. Denn das moralische Ideal ist nicht unveränderbar; es lebt, entwickelt und wandelt sich unaufhörlich, trotz der Achtung, von der es umgeben ist. Das Ideal von morgen wird nicht das von heute sein. Ideen, neue Ansprüche tauchen auf, die Veränderungen und sogar tiefgreifende Revolutionen in der vorhandenen Moral bewirken. Die Aufgabe des Moralisten ist es, diese notwendigen Veränderungen vorzubereiten. Da er sich nicht durch die institutionalisierte Moral aufhalten läßt, da er für sich ja das Recht beansprucht, *tabula rasa* zu machen, wenn seine Prinzipien es von ihm verlangen, kann er ein völlig eigenständiges Werk schaffen, am Neuen arbeiten. Alle möglichen Strömungen, die die Gesellschaft durchziehen und an denen sich die Geister scheiden, werden durch ihn sich ihrer selbst bewußt und schaffen es schließlich, sich auf reflektierte Art und Weise auszudrücken. Es sind gerade diese Strömungen, die die moralischen Lehren hervorbringen; um jene zu befriedigen, werden diese geboren. Einzig die Zeiten, die moralisch gespalten sind, sind auf dem Gebiet der Moral kreativ. Wenn die traditionelle Moral nicht in Frage gestellt wird, wenn man keine Notwendigkeit verspürt, sie zu erneuern, verkümmert die moralische Reflexion.

Die moralische Spekulation, von der wir zunächst den Eindruck hatten, sie habe wissenschaftlichen Charakter, richtet sich zugleich auch auf praktische Ziele. Sie ist das Werk des Denkens und der Überlegung; aber sie ist auch ein Element des Lebens. Deshalb sagt man von ihr, daß sie zugleich Kunst und Wissenschaft sei. Sie neigt dazu, sowohl das Handeln der Individuen als auch das der Gesellschaft zu lenken. Aber sie behauptet, die Orientierung, die sie empfiehlt, auf Fakten zu stützen, auf mehr oder weniger positive Gegebenheiten. Diese Mischform der Spekulation ist im übrigen keine Besonderheit der Moral. Die Pädagogik, die Politik haben noch heute denselben Charakter, wie die Medizin und die Alchimie ihn früher hatten. Diese Doppeldeutigkeit entspricht sicherlich nicht den Erfordernissen der strengen Logik. Die wissenschaftliche Methode entspricht nicht der künstlerischen: zwischen beiden besteht sogar ein fundamentaler Gegensatz. Die Domäne der Wissenschaft erstreckt sich auf die Vergangenheit und die Gegenwart, um deren möglichst genaue Darstellung sie sich bemüht; die Kunst ist auf die Zukunft gerichtet, die sie zu antizipieren und im Vorgriff zu bilden versucht. Aber jedesmal, wenn das Denken sich auf eine neue Ordnung von Phänomenen richtet, so tut es das deshalb, um auf bestimmte, mehr oder weniger drängende, vitale Notwendigkeiten zu antworten: [84] wenn das Denken sich nun so in den Dienst des Handelns stellt, entlehnt es ihm Gegebenheiten und verbindet sie mit seinen eigenen. Daraus resultieren die Kombinationen, von denen uns die Moral, wie sie landläufig verstanden wird, noch ein weiteres Beispiel liefert.

II

Man dürfte wohl kaum der Feststellung widersprechen, daß die moralische Spekulation sich nur schwierig von jeglichem praktischen Charakter trennen läßt. Die Regeln der Moral sind vor allen Dingen dazu bestimmt, handlungsfähig zu machen. Die Spekulation über die Regeln der Moral dürfte also am Handeln nicht ganz uninteressiert sein. Es gibt keine Wissenschaft, die dieses Namens würdig ist, die nicht in Kunst endet: anders gesagt, sie wäre nichts als Spiel, intellektueller Zeitvertreib, schlicht und einfach Gelehrsamkeit. Aus naheliegendem Grund gilt dies für eine Spekulation, die das Handeln selbst zum Gegenstand und als ihr Gebiet hat. Sich damit zu unterhalten, über die Praxis nachzudenken, aus Vergnügen daran, darüber nachzudenken, scheint beinahe wider die Natur zu sein; ein Moralist, der sich darauf beschränken würde, die Moral als Theoretiker zu untersuchen, ohne zu versuchen, die ideale Form vorwegzunehmen, zu deren Verwirklichung sie aufgerufen ist, würde somit nur einen Teil seiner Aufgabe erfüllen.

Aber wie kann, wie muß dieses praktische Problem behandelt werden? Im folgenden wird dargelegt, wie die Moralisten bis heute, gleich welcher Schule sie angehören, vorgegangen sind. Im Prinzip nehmen sie an, daß das vollständige System der moralischen Regeln in einem *Zentralbegriff* enthalten ist, aus dem es sich lediglich entwickelt hat. Sie versuchen, diesen Begriff zu erfassen, und wenn sie ihn einmal entdeckt zu haben glauben, brauchen sie aus ihm nur noch die einzelnen Vorschriften abzuleiten, die er beinhaltet, um so zur idealen und perfekten Moral zu gelangen. Es spielt keine Rolle, ob diese Moral mit derjenigen übereinstimmt, die die Menschen tatsächlich ausüben, oder ob sie dieser widerspricht: es steht ihr zu, über die Sitten zu herrschen, ihr Gesetz zu verfassen; die ideale Moral braucht den Sitten nicht zu folgen. Sie braucht sich nicht auseinanderzusetzen mit der Ethik, so wie sie ist, sondern ausschließlich mit der Ethik, so wie sie sein soll. Wie aber erhält man diesen grundlegenden Begriff? Nach einer Schule, die eine bedeutsame Rolle gespielt hat in der Geschichte des Denkens, aber die heute nur noch eine kleine Zahl von Vertretern zählt, sollte die Idee der Moral [85] bekanntlich zu unserer ursprünglichen Beschaffenheit gehören. Wir sollten sie fertig in uns vorfinden; sie sollte ins tiefste Innere unseres Bewußtseins eingeprägt sein. Um sie zu entdecken, genüge es, in uns selbst hineinzuschauen, uns sorgfältig zu prüfen und uns zu analysieren. – Aber angenommen, der Begriff der Moral habe diesen Ursprung, so können wir ihn inmitten anderer Ideen, die unseren Geist bevölkern, nur dann wiedererkennen, wenn wir schon eine Vorstellung von dem haben, was Moral ist, und von dem, was sie nicht ist, das heißt, wenn wir schon den Begriff haben, den es doch zu entdecken gilt. Das Problem ist verschoben, aber nicht gelöst worden.

Ganz allgemein verlangt der Moralist von der Psychologie diesen Initialbegriff. Man nimmt als selbstverständlich an, daß die Moral als oberste Regel für das Verhalten natürlicherweise einbegriffen sein muß in der *Idee*, die man sich von der *menschlichen Natur* macht, und daß man sie aus ihr ableiten muß. Wenn man weiß, was der Mensch ist, so weiß man *ipso facto*, wie er sich in den wichtigsten Lebensumständen verhalten muß, und ist es nicht das, was die Moral ausmacht? Diese erscheint also als einfache Anwendung der Gesetze, die die Psychologie aufgestellt zu haben glaubt.

Aber zunächst einmal verkennt diese Konzeption von Moral als angewandte Psychologie eines der entscheidenden Wesensmerkmale der Moral. Die angewandte Physik oder Chemie, die Hygiene oder die Therapeutik leiten aus den von den zugehörigen Wissenschaften aufgestellten Leitsätzen Handlungsinstrumente ab, die sie den Menschen zur Verfügung stellen, um ihnen zu gestatten, ihre Entwürfe zu verwirklichen und die Ziele zu erreichen, die sie verfolgen. Der Ingenieur zum Beispiel holt aus der Mechanik die Hilfsmittel, um Brücken zu bauen; der Arzt bezieht aus den Gesetzen der Biologie oder Pathologie die Mittel, um zu heilen usw. Aber keine einzige dieser Techniken stellt selbst die Ziele auf. Sie sehen diese Ziele als gegeben an, setzen voraus, daß der Mensch ihnen Bedeutung beimißt, und beschäftigen sich ausschließlich mit den einfachsten und effizientesten Vorgehensweisen, um diese Ziele zu erreichen. Anders bei der Moral. Die Moral besteht vor allem darin, Ziele zu setzen; sie diktiert dem Menschen Ziele, die er verfolgen soll, und von daher unterscheidet sie sich von den sogenannten angewandten Wissenschaften.

Erste Fassung[2]

[86] Wie könnten, andererseits, die moralischen Ziele aus der Psychologie abgeleitet werden? Der Mensch, den die Psychologie untersucht, ist der Mensch zu allen Zeiten und in allen Ländern, immer und überall identisch mit sich selbst. Die Gesetze der Psychologie sind unveränderlich, genauso wie die Gesetze der physischen Welt. Das moralische Ideal hingegen wandelt sich mit den Orten und Epochen. Das Ideal Roms war nicht das Griechenlands, das des Mittelalters entsprach nicht dem unseren. Und diese Vielfalt beruht nicht auf einer Art grundlegender Verirrung, die den Menschen daran hindern würde, sein wirkliches Schicksal wahrzunehmen; sie ist in der Natur der Dinge begründet. Die Moral eines Volkes drückt sich aus in seinem Temperament, in seiner Mentalität, in den Bedingungen, unter denen es lebt: sie ist ein Produkt seiner Geschichte. Sie ist ein integraler Bestandteil jeglicher Zivilisation; selbst wenn jedoch alle Zivilisationen einen gemeinsamen Ursprung haben, ähneln sie sich doch nur in den

allgemeinsten Wesenszügen. Jede Zivilisation hat ihre eigene individuelle Ausprägung, und infolgedessen hängt sie nur zum Teil von den allgemeinen menschlichen Fähigkeiten ab. Gleiches gilt für die Moral.

Aber der entscheidende Einwand, den diese Methode aufwirft, ist der folgende. Vorausgesetzt, daß die Moral wirklich die Natur des Menschen ausdrückt, kann sie auf jeden Fall nur einem bestimmten und sehr speziellen Gesichtspunkt dieser Natur entsprechen: das ist der moralische Gesichtspunkt. Die Entwicklung unserer spekulativen ästhetischen Fähigkeiten, der technischen Fertigkeiten aller Art, der Körperkraft usw. ist sicherlich ein menschliches Interesse von erstem Rang, aber die Moral ist daran nicht interessiert. Die Moral darf nicht vorschreiben, wie man die Intelligenz ausbilden, wie man den Körper trainieren muß, wie man den Geschmack verfeinert, wie man den Menschen zu einem geschickt Handelnden macht; [87] sie darf nicht einmal alle Formen des Handelns leiten, auch nicht alle praktischen Fähigkeiten; sondern nur jene, die moralisch sind. Man hat manchmal von der Moral gesagt, sie sei die Regelungsinstanz des Verhaltens; aber der Ausdruck ist zu allgemein, die Moral herrscht nur über bestimmte Verhaltensweisen, das heißt über jene, die moralische Ziele beinhalten. Und welche haben nun diesen Charakter? So wichtig auch das Element der Moral im Menschen sein mag, so ist es doch nicht alles. Aber was unterscheidet nun dieses Element von den anderen? Woran erkennt man es? Durch welche Eigenschaften zeichnet es sich aus? Durch welche Zeichen wird es sichtbar? Die Psychologie ignoriert diese Fragen, die scheinbar von der Moral selbst zu lösen sind.

Man argumentiert im allgemeinen in diesen Bereichen so, als ob sich die Frage von selbst löse, als ob die ganze Welt die Lösung auf dieselbe Art und Weise begreifen würde. Verstehen sich nicht alle anständigen Menschen hinsichtlich der Natur des Guten und des Bösen und infolgedessen hinsichtlich der distinktiven Wesensmerkmale des Moralischen? »Sind«, sagt Fouillée, »lange Studien der Geschichte, der vergleichenden Rechtswissenschaft, der vergleichenden Religion notwendig«, um zu verstehen, »warum wir nicht töten dürfen, nicht stehlen, nicht vergewaltigen, usw.«; woher kommt die »brüderliche Zuneigung, der Respekt der Kinder..., die Zuverlässigkeit, ein Versprechen einzulösen«? Das sind evidente Wahrheiten, die sich unverzüglich der

Intuition des Bewußtseins erschließen. Man weiß gewiß sehr wohl, daß die Philosophen voneinander divergieren hinsichtlich der Art, wie die Moral formuliert und umgesetzt werden muß in Konzepte: von daher rühren die Auseinandersetzungen, die schon andauern, seit das philosophische Denken auf moralische Dinge angewandt wird. Und trotz dieser Divergenzen glaubt man unterdessen, daß die Moral gänzlich in einer sehr einfachen Formel aufgeht, daß sie auf einem grundlegenden Begriff beruht, der überhaupt keine umfangreiche methodische und wissenschaftliche Untersuchung voraussetze, der auch nicht die Möglichkeit wirklicher Entdeckungen in sich trage. Sagt man nicht landläufig, daß die Moral die Sache aller ist, daß sie jedem Bewußtsein gegeben ist, daß man sie nicht entdecken kann?

Aber mit welchem Recht gesteht man dem moralischen Leben diese privilegierte Situation in der Gesamtheit des Wirklichen zu? Für die Wissenschaft gibt es keine Wirklichkeit, die aus sich selbst unmittelbar offensichtlich wird. Es ist nicht so, daß man die Moral zuerst wie eine Unbekannte behandeln müsse, deren innere Natur sich erst allmählich offenbart. Man beginnt damit, zunächst die äußerlichsten Zeichen aufzuschreiben, in denen sie sich manifestiert [88], dann ordnet man zu diesen Zeichen andere, von denen man sagt...[3] ihres Wesens, und es ist nicht die Psychologie, die allein auf alle diese Fragen zu antworten in der Lage wäre.

Zweite Fassung[4]
Man wird sagen, daß das Ziel dieser Praktiken ist, die Natur des Menschen zu verwirklichen, und daß sie in diesem Zusammenhang nur praktische Folgerungen und Anwendungsmethoden der Psychologie sind. Aber zunächst wäre die Art und Weise, in der sie sich gebieterisch aufdrängen – ihr obligatorischer Charakter, der, wie wir noch sehen werden, ihnen innewohnt und ihr Wesen ausmacht –, diese Art und Weise wäre unerklärlich, wenn sie wirklich diesen Ursprung hätten. Wenn sie nur der menschlichen Natur zum Ausdruck verhelfen würden, wenn sie nur ihre Entwicklung wären, wären sie ihr nicht aufgezwungen: wenn sie der menschlichen Natur aufgesetzt sind, so deshalb, weil sie anderes zum Ausdruck bringen als den Menschen, weil sie eine andere Ordnung der Wirklichkeiten wiedergeben, weil sie in gewissem Sinne mehr als nur menschlich sind. Denn sie stehen in Verbin-

dung mit einer anderen Welt, und diese verlangt eine andere Wissenschaft.

Im übrigen: Wenn man von der Moral sagt, daß sie den Menschen ausdrücke, die Ziele des Menschen, so ist damit unterstellt, daß der Mensch eine bestimmte und unveränderliche Natur besitzt, die sich immer und überall gleichbleibt: eben dieses bleibende Wesen, das weder zeitlich noch räumlich eingegrenzt ist, wird von der Psychologie studiert. Nun läßt sich aber das lebende Wesen, das der Mensch ist, [89] in keine einzige bestimmte und feste Formel einschließen. Das Leben, jedes Leben besitzt einen unendlichen Reichtum an Keimen jeglicher Art, von denen einige zur Zeit aktualisiert sind, die in besonderem Maße den gegenwärtigen Notwendigkeiten und Ansprüchen des Milieus entgegenkommen, aber von denen viele schlummern, vorübergehend nicht benutzt werden, latent bleiben, vielleicht morgen unter anderen Umständen zur Existenz erwachen werden. Alles Leben ist Wandel und widerstrebt statischen Zuständen. Ein lebendes Wesen ist nicht nur für ein einziges Ziel geschaffen; es kann sich für sehr verschiedene Ziele einsetzen und sich mannigfachen Situationen anpassen. Es ist immer verfrüht, von ihm zu sagen, es sei für eine einzige Existenzform gemacht, und es von vornherein auf eine feste Seinsweise zu fixieren, an der es nichts zu ändern vermöchte. Diese Fixierung ist die Negation des Lebens. Man könnte nie ein für allemal von ihm sagen: das hier, das ist es und kann nicht anders werden.

Aus naheliegendem Grund gilt gleiches für die menschliche Natur: die Geschichte ist nicht nur der natürliche Rahmen des menschlichen Lebens, der Mensch ist ein Produkt der Geschichte. Wenn man ihn aus der Geschichte herauslöst, wenn man versucht, ihn außerhalb der Zeit zu erfassen, fixiert und unbeweglich, denaturiert man ihn. Dieser unbewegliche Mensch ist nicht mehr der Mensch. Es sind nicht nur zweitrangige Gesichtspunkte, beiläufige Charakterzüge seiner Natur, die im Verlauf der Zeit hervortreten; es sind vielmehr tiefliegende und wesentliche Qualitäten, Handlungsarten und grundlegende Gedanken. Der Primitive stellt sich die Zeit, den Raum, die Kraft, den Grund usw. nicht auf die gleiche Art und Weise vor wie der Mensch heute. Die Begriffe, die seiner Mentalität zugrunde liegen, haben sich in den verschiedenen Augenblicken der Geschichte gewandelt. Das Gefühl der Persönlichkeit, das die Wurzel unseres jetzigen moralischen Lebens ist, taucht spät auf; die Römer kannten es erst nur in verschleierter und verdeckter Form. Die Art und Weise, wie der Mensch sich einrichtet in der Welt, die Art und Weise, wie er seine Beziehungen mit den anderen Wesen und mit seinesgleichen auffaßt, ändern sich jeweils nach den zeitlichen und örtlichen Bedingungen. Somit hängt das moralische Ideal immer eng von der Konzeption ab, die die Menschen von sich selbst und von ihrer Stellung im Universum machen. Man könnte dieses Ideal also nicht von den abstrakten Gesetzen der Psychologie ableiten, die unveränderlich sind. Ist es schließlich nicht eine geschichtlich anerkannte Wahrheit, daß die Moral eines der wesentlichen Elemente der Zivilisation ist, und weiß man nicht, daß die Zivilisation [90] etwas ist, dessen Wesen der Wandel ist, das jedoch, soweit es sich auf die allgemeinsten Gattungseigenschaften des Menschen erstreckt, die verschiedensten Formen und Modalitäten aufweist; und daß die Zivilisation infolgedessen von irgendeiner Ursache abhängen muß, die ihrem Wesen nach selbst wiederum veränderlich ist und sich folglich nicht direkt und ausschließlich an die menschlichen Fähigkeiten im allgemeinen binden könnte?[5]

Wollte man schließlich voraussetzen, daß die Moral die Natur des Menschen ausdrückt, könnte sie nur einem sehr begrenzten Gesichtspunkt dieser Natur entsprechen: nämlich der moralischen Natur. Die Entwicklung der spekulativen und ästhetischen Fähigkeiten, der technischen Fertigkeiten jeglicher Art, der Körperkraft usw. hat sicherlich ein menschliches Interesse ersten Ranges, interessiert aber die Moral nicht. Die Moral braucht nicht vorzuschreiben, wie man die Intelligenz entwickeln muß, wie man den Körper trainiert, wie man den Geschmack verfeinert, wie man Geschicklichkeit erwirbt; sie braucht nicht einmal sämtliche Kräfte des Handelns, sämtliche praktischen Fähigkeiten zu lenken, sondern nur solche, die moralisch sind. Aber welche haben denn diesen Charakter? Das müßte man wissen. So wichtig auch das moralische Element im Menschen sein mag, es ist nicht das Ganze. Aber was unterscheidet denn dieses Element von den anderen? Woran erkennt man es wieder? Durch welche besonderen Eigenschaften zeichnet es sich aus? In welchen Zeichen zeigt es sich? Solange man nicht auf diese Fragen geantwortet hat, ist es nicht möglich, die Moral aus der Natur des Menschen abzuleiten, selbst wenn dieses Ideal dort wirklich vollständig enthalten wäre.

Denn man weiß nicht, worin die moralische Natur des Menschen besteht, was aus ihm ein moralisches Wesen macht.

Man argumentiert sehr allgemein in diesen Dingen, als ob die Frage sich von selbst lösen würde und gar keine wäre; als ob die Lösung sich von selbst ergäbe; als ob alle Welt sie auf die gleiche Art und Weise begreifen würde. Verstehen sich nicht alle anständigen Menschen hinsichtlich der Natur des Guten und des Bösen und infolgedessen hinsichtlich der distinkten Wesensmerkmale der Moral (Zitat von Fouillée)? Ohne Zweifel weiß man sehr wohl, daß die Philosophen darüber uneinig sind, wie die Moral formuliert, in ein Konzept übertragen, charakterisiert werden muß: von daher rühren die Auseinandersetzungen, die bestehen, seit das philosophische Denken sich moralischen Angelegenheiten zugewandt hat. Und dennoch, trotz dieser Divergenzen, die gleichwohl bezeichnend sind, die gut bezeugen, [91] daß es eine Wirklichkeit gibt, die nicht durch sich selbst manifest wird, sind sich alle Denker darin einig zu glauben, die gesamte Moral bestehe in einer sehr einfachen Formel und beruhe auf einem grundlegenden Begriff, der aus sich selbst heraus evident ist und der jedenfalls nicht die Schlußfolgerung aus methodischen und intensiven, im eigentlichen Sinne wissenschaftlichen Untersuchungen sein könnte; man sieht dort lediglich eine Evidenz. Worin diese Evidenz besteht, ist zwar nicht allen Menschen in der gleichen Weise zugänglich; wenn sie jedoch Probleme aufwirft, ist sie nicht als solche das Ergebnis oder der Anlaß der Probleme. Das ganze Geheimnis ist, gründlich diese Evidenz anzupacken; sie nicht zu verwechseln mit einer anderen; sie angemessen zu benennen. Aber daß sie nur gesetzt werden kann, das erkennt jedermann an.

Was bedeutet in Wahrheit eine Evidenz über eine Natur, über die man sich nicht einig ist? Über deren Ausdruck die Menschen uneins sind? Allgemein gesprochen, mit welchem Recht geht man davon aus, daß eine Evidenz, daß die moralische Wirklichkeit sich von selbst dem Beobachter offenbart? Für den Wissenschaftler gibt es keine Wirklichkeit, die aus sich selbst heraus evident wäre, die am Anfang der Untersuchung nicht behandelt würde und nicht behandelt werden müßte wie ein x, als vollständig unbekannt. Um die Wirklichkeit zu erfassen, bedient man sich zunächst der äußeren Zeichen, in denen sie sich am offenkundigsten manifestiert. Dann ersetzt man diese äußeren, sichtbaren

Zeichen durch andere, entsprechend dem jeweiligen Stand der Untersuchung. Aber erst wenn man den Kreis der sichtbaren Erscheinungen verlassen hat, ist es möglich, die eigentlichen Merkmale der Sache zu erfassen, diejenigen nämlich, die zu ihrem Wesen gehören, soweit man dieses Wort überhaupt in der Wissenschaftssprache anwenden kann. Die Wissenschaftler, die anfangen, das Licht oder die Elektrizität zu untersuchen, wissen davon nur das, was ihre Sinne erfassen, sie sehen darin eine zu untersuchende Sache; erst wenn sie die Analyse weiter und tiefer vorantreiben, gelingt es ihnen, davon einen anderen Begriff zu entwickeln. Warum sollte das anders sein für die moralische Wirklichkeit? Man sagt uns, daß sie sich in der menschlichen Natur findet. Aber die menschliche Natur ist eine komplexe Angelegenheit. Was drückt sie vom Menschen aus? Das Individuum oder das kollektive Wesen? Und wenn es das eine oder das andere ist, welchen Aspekt bringt sie zum Ausdruck? Wenn wir uns in die Geisteshaltung versetzen wollen, die die wissenschaftliche Methode verlangt, müssen wir uns sagen, daß wir an diesem Punkt der Untersuchung nichts darüber wissen und nichts darüber wissen können; wir wissen überhaupt nicht, was aus dem [92] Menschen ein moralisches Wesen macht, welches die Ursachen sind, die die verschiedenen Bewußtseinszustände, Ideen und Gefühle und die Sittlichkeit hervorgebracht haben. Warum weist der Mensch diese Gesamtheit auf, diese so besondere Geistes- und Willenshaltung, die das Tier nicht oder jedenfalls nur in indirekter und bloß analoger Form kennt? Womit korrespondieren diese Zustände, diese Haltungen in der Wirklichkeit? Was gibt es in diesem Milieu, in dem das menschliche Wesen lebt, das es bestimmt und bewußt macht?

Ohne Zweifel verstehen und müssen die Menschen die moralischen Wahrheiten in der Praxis als gegeben verstehen, als Gemeinplätze, über die man nicht diskutiert. Sie sind so fest in jedem gesunden Bewußtsein verwurzelt, daß sie über jeden Zweifel erhaben sind. Sie dienen als Grundlage für das Handeln, aber sie liegen außerhalb der Reflexion oder werden dafür gehalten. Damit sie das Verhalten effizient lenken können, müssen sie als Axiome, als Evidenzen akzeptiert werden. Wenn es in der Geschichte vorkommt, daß die Ideen, die Prinzipien, auf denen eine Moral beruht, keinen ausreichenden Vertrauensvorschuß mehr genießen, um ihre Autorität aufzuzwingen, wenn man anfängt, sich nach ihrer Legitimität zu fragen, wenn man sie nach ihren Ansprüchen fragt, so bedeutet das, daß diese Moral erschüttert ist, daß sie Zweifel an sich selbst hat; und sie kann nicht an sich selbst zweifeln, ohne an ihrer Herrschaft Einbuße zu erleiden. Aber wir leben von praktischen Evidenzen dieser Art, die nur dem Namen nach Evidenzen sind, die nur auf bestimmte Notwendigkeiten des Handelns antworten. Um uns so bewegen zu können, wie es sich gehört, inmitten der Dinge der fühlbaren Welt, machen wir uns von ihnen bestimmte Vorstellungen: wir stellen uns die Sonne vor als eine flache Scheibe von einigen Zentimetern Dicke, das Licht als einen hauchdünnen Körper, unfühlbar, leicht, der die Luft blitzartig durchschneidet, den Wind als einen Hauch usw. Der Wissenschaftler macht sich frei von dieser angeblichen Evidenz. Er ersetzt diese falschen, in der Praxis nützlichen Begriffe durch völlig andere, die nach völlig anderen Methoden ausgearbeitet sind. Wir haben allen Grund zu der Annahme, daß dasselbe für die moralischen Dinge gelten muß. Die Vorstellung, die man sich gewöhnlich davon macht, braucht mit der Wirklichkeit nicht übereinzustimmen. Die Vorstellung kann auf die Erfordernisse der gängigen Praxis antworten; aber sie kann nicht den Grund der Dinge zum Ausdruck bringen, und infolgedessen könnte sie auch keine neuen Praktiken entwickeln.

[93] Wenn es, alles in allem, in der Tat wahr ist, daß das oberste Ziel aller Moral darin besteht, ein Ideal aufzubauen, eine höhere Moral als die, die von den Menschen tatsächlich praktiziert wird, so setzt diese Konstruktion zumindest einen Begriff voraus, der nicht postuliert werden könnte, den wir nicht fertig in uns vorfinden, sondern der nur die Schlußfolgerung eines ganzen Bündels von Untersuchungen, einer ganzen Wissenschaft sein kann: das ist der Begriff von dem, was Moral ist. *Wie kann diese Wissenschaft aussehen?*

Der Begriff des Lebens läßt sich nur aus der Wissenschaft vom Leben gewinnen: er folgt aus ihm und faßt deren Fortschritte zusammen. Der Begriff des Moralischen kann nur aus der Wissenschaft der moralischen Phänomene konstruiert werden, wenn er nicht einfach eine Vorgabe des gesunden Menschenverstandes sein soll. Gleich wie man das moralische Ideal auch auffaßt, die Moral ist eine existente, in der Beobachtung gegebene Wirklichkeit; obwohl wir an dem Punkt, an dem wir sind, noch nicht wissen, worin die moralischen Phänomene bestehen, so kann man doch als sicher annehmen, daß dieses Wort Moral, das sich in verschiedenen Formen in allen Sprachen wiederfindet, Phänomene bezeichnet, die sich von allen anderen menschlichen Phänomenen durch bestimmte und homogene Wesenszüge unterscheiden.[6]

Zu welcher Wirklichkeitsordnung gehören sie nun, die moralischen Fakten? Das können wir gegenwärtig noch nicht sagen. Sind sie Ausfluß des individuellen Bewußtseins oder Produkte der kollektiven Mentalität? Das müssen wir im weiteren Verlauf dieser Arbeit präzisieren. Aber alles gibt uns das Recht, anzunehmen, daß sie eine Kategorie der natürlichen Dinge sind, daß sie eine solche Kategorie ausmachen. Sie können und müssen also, wie man schon im vorhinein sagen kann, Gegenstand der Wissenschaft sein, auf welche Art und Weise auch immer diese Wissenschaft aufzufassen wäre. Es muß ein Mittel geben, sie zu analysieren, sie zu klassifizieren, sie nach Arten und Gattungen zu ordnen, ihren Platz in der Gesamtheit der anderen Phänomene zu bestimmen, die Ursachen, von denen sie abhängen, usw. Und aus diesen Beschreibungen, Analysen, aus diesen Klassifikationen und Erklärungen kann man diesen Begriff des Moralischen herausarbeiten, den die Lehren der Moralisten voraussetzen, sich vorgeben, aber nicht rechtfertigen. In einem Wort, allein die Untersuchung des moralischen Lebens kann uns diese distinkten Eigenschaften offenbaren, dieses Wesen des moralischen Phänomens, von dem man dann jedes Detail des moralischen Ideals meint [94] ableiten zu können. Auch wenn man voraussetzt, daß die moralische Idee vollständig in uns ist, wie man so oft angenommen hat; daß sie uns mit unserer angeborenen Konstitution gegeben ist, können wir sie doch nur entdecken, wenn wir von der Analyse der moralischen Phänomene ausgehen. Denn in diesen und durch diese Phänomene verwirklicht sich die Idee; durch diese kann man sie erfassen. Um sie von allen Ideen zu unterscheiden, die unter verschiedenen Namen in unserem Bewußtsein neben ihr existieren, muß man von diesen Phänomenen, von diesen Vorschriften, von diesen Praktiken ausgehen, die diese Idee ausdrücken, die sie mehr oder weniger adäquat umsetzen, um anschließend Schritt für Schritt bis zu der grundlegenden Konzeption zurückzugehen, aus der sie stammen. Wenn wirklich diese innere Quelle des moralischen Lebens real in uns vorhanden ist, so kann uns ihre Entdeckung jedenfalls nur auf diesem Weg gelingen.

So setzt die *Kunst der Moral*, die Konstruktion des moralischen

Ideals eine *vollständige positive und induktive Wissenschaft* voraus, die jede Einzelheit der moralischen Phänomene umfaßt.

Diese Wissenschaft ist viel weitgehender und komplexer, als man nach der ersten Skizze glauben könnte, die wir gerade von ihr entworfen haben. Wenn man sich an das eben Gesagte hielte, würde sie sich auf ein einziges Problem beschränken: ihre einzige Aufgabe wäre, die distinkten Züge dessen, was moralisch ist, zu bestimmen; wenn sie dann einmal über diesen Begriff verfügt, würde die Kunst der Moral versuchen, den Plan der idealen Moral zu entwerfen. Aber in Wirklichkeit bleibt eine Wissenschaft niemals völlig bei einem Problem stehen: die Fragen, die sie sich stellt, sind immer genauso vielfältig wie die Fakten, die sie untersucht. Und in der Tat, das Problem, das sich bezüglich der Moral in seiner Gesamtheit stellt, wiederholt sich unter verschiedenen Formen und unter verschiedenen Bedingungen hinsichtlich eines jeden Bereichs des moralischen Lebens. Wenn der Moralist wissen muß, was die Moral im allgemeinen ist, kann er zum Beispiel die familiale Moral nur behandeln, wenn er damit anfängt, die vielfältigen Vorschriften zu bestimmen, die diesen Teil der Moral ausmachen; wenn er sich fragt, welches die Ursachen für ihre Entstehung und die Ziele sind, denen sie entsprechen. Erst dann ist es möglich, zu erforschen, wie diese Vorschriften verändert, berichtigt, idealisiert werden müssen. Um sagen zu können, wozu die familiale Moral werden soll, muß man außerdem wissen, wie die Familie sich konstituiert hat, wie sie die Form erhalten hat, die sie zur Zeit annimmt, welche Funktion [95] sie in der Gesamtheit der Gesellschaft hat, wie die verschiedenen *familialen* Pflichten zu dieser Funktion in Beziehung stehen, usw. Und dieselben Untersuchungen müssen angestellt werden hinsichtlich der *beruflichen* Moral, der *staatsbürgerlichen* Moral, der *internationalen* Moral, in einem Wort, hinsichtlich *jeder Kategorie von Pflichten.*

Im übrigen ist es einfach zu verstehen, daß der ursprüngliche Begriff des Moralischen nur eine Zusammenfassung, eine Synthese aller dieser gesonderten Begriffe sein kann: der erste ist nur so viel wert wie die folgenden. Um sich eine Vorstellung davon zu machen, was es Wesentliches in den moralischen Phänomenen gibt, genügt es nicht, einen schematischen und mehr oder weniger zusammenfassenden Überblick zu gewinnen. Ohne Zweifel ist es am Anfang der Untersuchung möglich und sogar, wie wir sehen werden, notwendig, diese Phänomene durch ihre äußeren und sichtbaren Merkmale zu definieren, um den Gegenstand der Untersuchung zu bestimmen und zu umschreiben. Aber wenn auch diese anfänglichen und vorläufigen Definitionen unbedingt notwendig sind, um genau zu bezeichnen, wo die Dinge liegen, auf die die Wissenschaft sich richten muß und woran man sie wiedererkennt, so sagen sie doch nichts über die innere und tiefere Natur aus. Diese läßt sich jeweils nur in dem Maße entdecken, wie man mit der Wirklichkeit in Kontakt tritt, wie man deren vielfältige Aspekte analysiert und wie man in der Untersuchung der besonderen Phänomene vorankommt. Man kann nicht mit summarischen Allgemeinheiten über das moralische Ideal spekulieren: man muß eine ganze Welt erforschen.

Die Methode, der die Moralisten im allgemeinen folgen, muß also erheblich verändert werden.

Gewöhnlich gehen sie aus von einer Formel der Sittlichkeit, die – wie wir gesehen haben – mit Hilfe schlecht definierter Methoden erstellt wurde und die im Grunde nur die eigenen Gefühle des Moralisten ausdrückt. Dann leiten sie aus dieser Formel – oder glauben es zumindest – die moralischen Praktiken ab, die sie den Menschen zu empfehlen beabsichtigen. Aber diese Formel, was sie auch immer wert sein mag, kann nur das Ergebnis einer ganzen Wissenschaft sein, die ihr Augenmerk auf das Detail der moralischen Regeln richtet; ein Ergebnis, das im übrigen nur vorläufig sein kann und das immerfort dazu bestimmt ist, in dem Maße revidiert zu werden, wie die Wissenschaft, aus der es hervorgeht, voranschreitet. Obwohl diese Wissenschaft erst dabei ist, sich zu bilden: sie datiert erst von gestern. Bis heute haben nur einige Soziologen auf diesem Gebiet einen Beitrag geleistet. Es gibt jedoch keine dringlichere Aufgabe, denn die Antizipationen der moralischen Kunst haben keine andere Grundlage – und können keine andere haben – als diese Wissenschaft der erworbenen und verwirklichten moralischen Phänomene. [96] Dieser Wissenschaft geben wir landläufig den Namen *Wissenschaft* oder *Physik der Sitten* [*physique des mœrs*].[7] Das Wort *Sitten* bezeichnet in unserem Gedankengang die Moral, die in jedem Augenblick der Geschichte von den Menschen tatsächlich beachtet wird; die die Autorität der Tradition für sich hat, im Gegensatz zu jener, die der Moralist als Moral der Zukunft versteht. Aber der Ausdruck ist nicht ohne Doppeldeutigkeit und hat in der Tat

Anlaß zu Mißverständnissen gegeben. Zweifelsohne findet sich die Moral der jeweiligen Zeit in den Sitten wieder, aber in abgeschwächter, der menschlichen Mittelmäßigkeit erreichbarer Form. Das, was diese zum Ausdruck bringen, ist die Art, wie der durchschnittliche Mensch die Regeln der Moral anwendet, und er wendet sie niemals kompromißlos oder lückenlos an. Die Beweggründe, denen er gehorcht, sind gemischt: es gibt edle und reine, aber auch vulgäre und niedrige. Im Gegensatz dazu beabsichtigt die Wissenschaft, deren Plan wir skizzieren, die moralischen Vorschriften in ihrer Reinheit und Unpersönlichkeit zu erfassen. Ihr Gegenstand ist die Moral selbst, die ideale Moral, die über den menschlichen Handlungen schwebt, nicht die Deformationen, denen sie in der Verkörperung der geläufigen Praktiken ausgesetzt ist, die sie nur unvollkommen zum Ausdruck bringen können.[8] Wie sie dahin kommen kann, das werden wir uns fragen müssen. Aber wenn das ihr Gegenstand ist, so ist es das Beste, ihr einen Namen zu geben, der an das Gebiet erinnert, von dem sie handelt: wir werden sie deshalb *Wissenschaft von der Moral* oder *Wissenschaft der moralischen Phänomene* nennen. Wir verstehen darunter die Behandlung moralischer Phänomene, der moralischen Wirklichkeit, wie sie sich der Beobachtung darbietet, sei es nun in der Gegenwart oder in der Vergangenheit, analog zu der Behandlung, die die Physik und die Physiologie den von ihnen untersuchten Phänomenen zukommen lassen. Was die Spekulationen über die Zukunft angeht, so sind sie lediglich angewandte Wissenschaft.

Das Werk, dessen ersten Band wir heute vorlegen, hat in seiner Gesamtheit zum Ziel, den Zustand darzulegen, in dem sich diese Wissenschaft befindet, infolgedessen die hauptsächlichen Phänomene des moralischen Lebens zu beschreiben und zu erklären, soweit es unser Wissen erlaubt, und aus den theoretischen Untersuchungen die praktischen Schlußfolgerungen herauszuarbeiten, die diese beinhalten.

Aber bevor diese Phänomene im einzelnen behandelt werden, müssen mehrere Vorfragen [97] geprüft werden. Das wird der Gegenstand dieses Einführungsbandes sein.

Diese Fragen sind die folgenden:

1. Um die moralischen Phänomene zu untersuchen, muß man noch wissen, wo sie angesiedelt sind, das heißt, aus welcher

Wirklichkeitsordnung sie hervorgegangen sind. Es sind offensichtlich Bewußtseinsphänomene, aber des individuellen oder des kollektiven Bewußtseins? Und wenn sie dem einen wie dem anderen Bewußtsein zugehören, welches ist der Anteil und welches die Rolle jedes einzelnen von ihnen? (Buch ɪ)

2. Wenn die moralischen Phänomene, wie wir behaupten wollen, wesentlich sozial sind; wenn sie vor allem in ihrer sozialen Ausformung die wissenschaftliche Untersuchung auf sich ziehen müssen, an welchen Zeichen lassen sie sich unter den anderen moralischen Phänomenen erkennen? (Buch ɪɪ)

3. Welches ist ihr Stellenwert in der Gesamtheit des kollektiven Lebens? (Buch ɪɪɪ)

4. Und wenn man sie schließlich situiert, lokalisiert, charakterisiert und zu den anderen Phänomenen in Beziehung gesetzt hat, mit denen sie am unmittelbarsten verwandt sind, wird es an der Zeit sein zu untersuchen, wie, nach welcher Methode sie wissenschaftlich zu behandeln sind und wie aus diesen wissenschaftlichen und theoretischen Untersuchungen praktische Schlußfolgerungen abgeleitet werden können.

Editorische Anmerkungen
von Marcel Mauss

1 Die wenigen Seiten, die wir hier veröffentlichen, sind die letzten schriftlichen Äußerungen Émile Durkheims. Sie wurden zwischen März und September 1917 verfaßt, in einer Zeit, in der ihm die Ärzte zu arbeiten erlaubten. Die Handschrift ist feiner und zittriger als je zuvor. Obwohl es sich bereits um eine Abschrift handelt, fehlen an manchen Stellen die Endsilben der Wörter. Die Ausdrucksweise verrät manchmal die Krankheit; aber die Entwicklung der Gedanken ist vollständig, und es gibt nur wenige Absätze – in der Mitte des ɪɪ. Abschnitts –, die Durkheim noch einmal schrieb.

So bruchstückhaft und unvollendet diese Veröffentlichung auch sein mag, so glauben wir doch, daß sie zeigen wird, in welcher gedanklichen Richtung und in welchem Stil Durkheim seine »Moral« geschrieben hätte. Sie beginnt mit diesen Seiten. Er hatte tatsächlich in einer letzten Anstrengung des Willens und des Pflichtbewußtseins mit der Niederschrift angefangen – obwohl er zugleich wußte, daß er das Werk nicht würde abschließen können. Wir werden sie voraussichtlich im Rahmen seiner Vorlesung über die »Physik der Sitten« – wo er sie zum vorletzten Mal vortrug – zusammen mit seiner Vorlesung über die »familiale Moral« veröffentlichen können. Diese Vorlesungen sind in der Tat vollständig ausgearbeitet.

Nun gilt für ein Buch nicht dasselbe wie für mündlich gehaltene Vorlesungen. Deshalb ist es ohne Zweifel sinnvoll, diese beiden ersten Abschnitte der »Einführung in die Moral« zu lesen, die den ersten Teil der »Moral« bilden sollte.

Andererseits legt Durkheim hier den Plan dieses ersten Bandes dar. Man wird also eines Tages zwischen diesem als Einführung gedachten Text und dem entsprechenden Abschnitt in der Vorlesung über die »Physik der Sitten« vergleichen können.

Ein Wort noch, um deutlicher zu zeigen, was im ersten Band dieses großen Werks hätte folgen sollen. Das Manuskript lag auf dem Tisch Durkheims geordnet, in einem Ordner zusammen mit einer Reihe von Zusammenfassungen von Vorlesungen, deren er sich offensichtlich bedienen wollte. Einige allerdings haben mit dem Thema wenig zu tun. Aber sie müssen aus einer Vorlesung über Moral stammen, die er vor dem Krieg an der Sorbonne gehalten hat. Er begann dort, in einer schon bewährten Reihenfolge die Gedanken der folgenden Kapitel abzuhandeln.

Wir lassen die Überschriften für sich selbst sprechen.
– *Gegenstand der Vorlesung. Traditionelle Konzeption der Moral* (entspricht den hier veröffentlichten Seiten)
– *Kritik der traditionellen Moral*
– *Kritik der Konzeption, die aus der Moral etwas völlig Subjektives werden läßt*
– *Kritik der Theorie von Tarde*
– *Die Kantsche Frage und Lösung*
– *Kritik der Kantschen Moral*
Alle diese Vorlesungen beziehen sich auf die Einführung dieses ersten Bandes. Das Buch 1 war ohne Zweifel dazu bestimmt, die folgenden Vorlesungen aufzunehmen, deren Titel lauten:
– *Werturteil und Ideal (Der soziologische Idealismus)*
– *Das individuelle moralische Bewußtsein und die objektive Moral (Moral und moralisches Bewußtsein)*
– *Objektiver und subjektiver Standpunkt (Rechtsgefühl, Rechtsgedanke)*
– *Beziehung zwischen der öffentlichen und der individuellen Moral (Die Autonomie und die Kantsche Lösung)*
– *Kollektiver Typus und durchschnittlicher Typus*
– *Einheit der beiden Elemente (Das Ideal und die Pflicht)*
– *Wie können wir uns an die Gesellschaft binden?*
Darüber hinaus stammen einige Zusammenfassungen von Vorlesun-

gen aus ganz anderen Teilen der Gesamtvorlesung. Durkheim hatte
wahrscheinlich die Absicht, ihnen einige Fakten und Ideen zu entneh-
men, um diese Einführung zu ergänzen. Es sind:
– *Eröffnungsvorlesung des Vorlesungszyklus über die familiale Mo-*
ral
– *Die Scheidung*
– *Die drei Bereiche der Verwandtschaft*
Sie sind der Vorlesung über die familiale Moral entnommen. Vier
andere stammen aus der Vorlesung über Moral. Es sind:
– Zwei Vorlesungen über *Das Eigentum. Die Theorie Kants*
– Zwei Vorlesungen über *Der konsensuelle Vertrag und die Sanktio-*
nen.

2 Hier liegt die einzige Schwierigkeit, die das Manuskript Durkheims
bietet. Alle folgenden Absätze werden zu Beginn der von uns so
genannten Zweiten Fassung des Manuskripts fast in genau derselben
Reihenfolge wiederaufgenommen.

Aber das Manuskript geht weiter bis S. 88 und endet dort, wie man
weiter unten sehen wird; dann beginnt es neu und schließt an mit der
zweiten Fassung.

Wir haben dem Leser beide Texte vorlegen wollen. Aber es ist
offensichtlich, daß die zweite Fassung die endgültige sein sollte. Der
Hinweis indessen auf das »Zitat von Fouillée« (S. 90, Bezug zu S. 87) –
der die Sorgfalt zeigt, mit der Durkheim seine Manuskripte abfaßte –
beweist, daß er die Absicht hatte, Schnitte und Zusammenstellungen
vorzunehmen, die durch die Änderung seines Plans nötig wurden.

Es wird leicht sein, dieses Kapitel zu lesen, wenn man einfach alle
Abschnitte überspringt, die mit »Erster Fassung« überschrieben sind
und bei »Man wird sagen« auf S. 88 weiterliest.

3 Hier besteht eine Lücke, und der unvollendete Satz endet unten auf
der Seite. Aber der Satz findet eine Fortsetzung auf einer anderen,
unabgeschlossenen Seite, die sich weiter unten im Manuskript findet.
Es genügt, die drei letzten Worte »von denen man sagt« und die drei
ersten der Korrektur »Schritt für Schritt« wegzulassen. Dann liest
man: »ihnen andere zuzuordnen in dem Maße, wie man vorankommt«, usw. Hier der Text:

»... Schritt für Schritt, in dem Maß, wie man in der Untersuchung
vorankommt. Erst wenn man den Kreis der sichtbaren Erscheinungen
verlassen hat, ist es möglich, die tieferen Merkmale der Sache zu
erfassen, die ihr Wesen ausmachen, soweit man diesen Ausdruck im
wissenschaftlichen Bereich verwenden kann. Der Wissenschaftler, der
damit beginnt, das Licht oder die Elektrizität zu untersuchen, weiß
davon einzig und allein so viel, wie seine Sinne wahrnehmen. Er sieht
nur eine zu untersuchende Sache, von der er nichts weiß, und nur,
wenn er die Analyse weiter und tiefer vorantreibt, gelingt es ihm,

davon einen anderen Begriff zu entwickeln. Warum sollte das anders sein für die moralische Wirklichkeit?«

Dieser Abschnitt befindet sich weiter hinten in der Form, die er in der zweiten Fassung bekommen hat.

4 Diese zweite Fassung fängt mit einer Lücke an, die nicht sehr lang sein kann, und sollte ungefähr anschließen an der Stelle, an der Durkheim (wie wir zu S. 86 angemerkt haben) mit seiner Bearbeitung neu ansetzt.

5 An den Rand schreibt Durkheim die folgenden Worte: »Es gibt den Menschen im allgemeinen. Aber das ist nicht der ganze Mensch. Der Mensch ist sich immer ähnlich, identisch mit sich und immer verschieden.«

6 Am Rand die Worte: »Das sind die Vorschriften einer bestimmten Art, deren besondere Eigenheiten jedermann genau fühlt.«

7 Der Ausdruck, den wir im Unterricht gebraucht haben, war Physik oder Wissenschaft der Sitten und des Rechts. Erklärung der beiden Worte. [Anmerkung Durkheims]

8 Am Rand die Worte: »Gegensatz zwischen Sitten und Moral.«

Émile Durkheim
Der Individualismus und die Intellektuellen

Die Frage, die seit sechs Monaten das Land so schmerzlich spaltet, ist dabei, sich zu wandeln: ursprünglich eine einfache Faktenfrage, ist sie allmählich verallgemeinert worden. Die kürzliche Intervention eines bekannten Schriftstellers[1] hat viel zu diesem Ergebnis beigetragen. Es scheint, daß man den Augenblick für gekommen hält, mit einer aufsehenerregenden Tat eine Polemik erneut aufleben zu lassen, die allmählich verebbte. Deshalb hat man sich, statt von neuem die Diskussion über die Fakten aufzunehmen, mit einem Schlag zu den Prinzipien aufschwingen wollen: Man beruft sich auf die Geisteshaltung der »Intellektuellen«[2], auf die grundlegenden Ideen, und nicht mehr auf die Einzelheit ihrer Argumentation, an die man sich herangewagt hat. Wenn sie sich verbissen weigern, »ihre Logik dem Wort eines Armeegenerals zu beugen«, so offensichtlich deshalb, weil sie sich das Recht herausnehmen, selbst über diese Frage zu befinden; weil sie ihre Vernunft über die Autorität stellen und weil ihnen die Rechte des Individuums unantastbar erscheinen. Es ist also ihr Individualismus, der ihr Schisma bestimmt hat. Aber dann, hat man gesagt, wenn man den Frieden in den Gemütern wiederherstellen und die Wiederkehr ähnlicher Streitigkeiten vermeiden will, muß man sich mit diesem Individualismus unmittelbar auseinandersetzen. Man muß ein für allemal diese unerschöpfliche Quelle innerer Spaltungen austrocknen. Und ein regelrechter Kreuzzug hat gegen diese öffentliche Plage begonnen, gegen »diese große Krankheit unserer Zeit«.

Gern nehmen wir die Auseinandersetzung in diesem Rahmen auf. Auch wir glauben, daß die bisherigen Kontroversen nur oberflächlich eine tieferliegende Meinungsverschiedenheit ausgedrückt haben; daß die Geister sich viel eher an einer Prinzipien- als an einer Faktenfrage geschieden haben. Lassen wir also die Gelegenheitsargumente beiseite, die von der einen wie von der anderen Seite ausgetauscht worden sind; vergessen wir die Geschichte selbst und die traurigen Schauspiele, deren Zeugen wir waren. Das Problem, das man uns stellt, geht unendlich weit über die aktuellen Ereignisse hinaus und muß davon losgelöst werden.

Zunächst einmal muß man sich von einer ersten Doppeldeutigkeit freimachen. Um dem Individualismus leichter den Prozeß machen zu können, verwechselt man ihn mit dem kleinlichen Utilitarismus und dem utilitaristischen Egoismus von Spencer und den Ökonomisten. Das heißt, sich das Spiel sehr leicht zu machen. Es ist in der Tat ein leichtes, diesen kleinlichen Kommerzialismus bloßzustellen als ein Ideal ohne Größe, der die Gesellschaft auf nichts als einen riesigen Handels- und Tauschapparat reduziert, und es ist allzu deutlich, daß jedes gemeinschaftliche Leben unmöglich wird, wenn nicht höhere als die individuellen Interessen vorhanden sind. Wenn derartige Doktrinen als anarchisch gescholten werden, so gibt es nichts Verdienstvolleres, und wir unterstützen das. Aber unannehmbar ist die Unterstellung, dieser Individualismus sei der einzige, der existierte oder möglich wäre. Er wird ganz im Gegenteil mehr und mehr zur Seltenheit und zur Ausnahme. Die praktische Philosophie Spencers ist von einer solchen moralischen Dürftigkeit, daß sie kaum noch Vertreter zählt. Was die Ökonomisten betrifft, so haben sie seit langem, wenn sie sich früher auch durch die Einfachheit dieser Theorie verführen ließen, die Notwendigkeit verspürt, die Orthodoxie ihrer ursprünglichen Theorie zu mäßigen und sich großzügigeren Gefühlen zu öffnen. In Frankreich ist M. de Molinari ziemlich der einzige, der unerbittlich geblieben ist, und ich wüßte nicht, daß er großen Einfluß auf die Ideen unserer Zeit ausgeübt hätte. Wenn der Individualismus in Wahrheit nicht andere Vertreter hätte, wäre es reichlich unnütz, Himmel und Erde so in Bewegung zu setzen, um gegen einen Feind zu kämpfen, der dabei ist, in aller Ruhe eines natürlichen Todes zu sterben.

Aber es gibt einen anderen Individualismus, über den man weniger leicht siegen kann. Er ist seit einem Jahrhundert von der weitaus größten Mehrheit der Denker gelehrt worden: es ist derjenige Kants und Rousseaus, derjenige der Spiritualisten, derjenige, der mehr oder weniger glücklich in der Erklärung der Menschenrechte formuliert worden ist, derjenige, den man gemeinhin in unseren Schulen lehrt und der die Grundlage unseres moralischen Katechismus geworden ist. Man glaubt, das ist wahr, ihn im Gewand des ersten zu erfassen, aber er unterscheidet sich tiefgreifend davon, und die Kritiken, die auf den einen zutreffen, gelten nicht für den anderen. Weit davon entfernt, aus dem persönlichen Interesse das Ziel des Verhaltens zu machen, sieht der Individualismus in allem, was persönlicher Beweggrund ist, die eigentliche Quelle des Bösen. Wenn ich Kant folge, so bin ich nur sicher, richtig zu handeln, wenn die Motive, die mich bestimmen, nicht an die besonderen Umstände, in die ich gestellt bin, sondern an meine Qualität als Mensch *in abstracto* gebunden sind. Umgekehrt ist mein Handeln schlecht, wenn es sich logisch nur aus meinen Eigentumsverhältnissen oder meiner gesellschaftlichen Lage, meinen Klassen- oder Kasteninteressen, meinen Leidenschaften usw. rechtfertigen kann. Deshalb erkennt man das unmoralische Verhalten an diesem Merkmal, weil es eng verknüpft ist mit der Individualität des Handelnden, und es kann nicht verallgemeinert werden ohne offenkundige Absurdität. Wenn ebenso nach Rousseau der allgemeine Wille, der die Grundlage für den Gesellschaftsvertrag ist, unfehlbar ist, wenn er der authentische Ausdruck der vollkommenen Gerechtigkeit ist, so deshalb, weil er das Ergebnis aller Einzelwillen ist; folglich stellt er eine Art unpersönlichen Durchschnitt dar, aus dem alle individuellen Einschätzungen ausgeschieden werden, weil sie sich, da sie divergierend und sogar antagonistisch sind, neutralisieren und gegenseitig aufheben.[3] So sind sowohl für den einen (Kant) wie für den anderen (Rousseau) die einzigen moralischen Handlungsweisen jene, mit denen alle Menschen ohne Unterschied übereinstimmen, das heißt solche, die im Begriff des Menschen im allgemeinen enthalten sind.

Wir sind hier weit entfernt von dieser Apotheose des privaten Wohls und Interesses, von diesem egoistischen Kult des Ichs, den man gerade dem utilitaristischen Individualismus vorwerfen konnte. Diesen Moralisten folgend besteht die Aufgabe ganz im Gegenteil darin, die Blicke abzuwenden von dem, was uns persönlich betrifft, von allem, was unserer empirischen Individualität Wert beimißt, um einzig und allein zu untersuchen, was unsere Stellung als Mensch bedingt, wie sie uns mit allen unseresgleichen gemeinsam ist. Dieses Ideal geht sogar so weit über die Ebene der utilitaristischen Ziele hinaus, daß es den gewissenhaften Menschen, die es erreichen wollen, vorkommt, als sei es völlig von Religiosität geprägt. Diese menschliche Person, deren Definition gleichsam der Prüfstein ist, an dem sich das Gute vom Schlechten unterscheiden muß, wird als heilig betrachtet, sozusagen in der rituellen Bedeutung des Wortes. Sie hat etwas von der transzendenten Majestät, welche die Kirchen zu allen Zeiten ihren Göttern verleihen; man betrachtet sie so, als wäre sie mit dieser mysteriösen Eigenschaft ausgestattet, die um die heiligen Dinge herum eine Leere schafft, die sie dem gewöhnlichen Kontakt und dem allgemeinen Umgang entzieht. Und genau daher kommt der Respekt, der der menschlichen Person entgegengebracht wird. Wer auch immer einem Menschen nach dem Leben trachtet, die Freiheit eines Menschen oder seine Ehre angreift, erfüllt uns mit einem Gefühl der Abscheu, in jedem Punkt analog zu demjenigen Gefühl, das der Gläubige zeigt, der sein Idol profanisiert sieht. Eine solche Moral ist also nicht einfach eine hygienische Disziplin oder eine weise Ökonomie der Existenz; sie ist eine Religion, in der der Mensch zugleich Gläubiger und Gott ist.

Aber diese Religion ist individualistisch, da ja ihr Gegenstand der Mensch und der Mensch seiner Definition nach ein Individuum ist. Mehr noch: es gibt kein System, in dem der Individualismus unbeugsamer wäre. Nirgendwo werden die Rechte des Individuums mit größerem Nachdruck bekräftigt, denn hier wird das Individuum in den Stand der sakrosankten, unantastbaren Dinge erhoben. Nirgendwo wird es eifersüchtiger geschützt gegen Übergriffe von außen, woher sie auch kommen. Die Doktrin des Nützlichen kann leicht jede Art von Kompromittierung akzeptieren, ohne ihr grundlegendes Axiom zu verraten; sie kann zugestehen, daß die individuellen Freiheiten jedesmal aufgehoben werden, wenn das Interesse der Mehrheit diese Opfer verlangt. Ein Prinzip dagegen, das außerhalb und über alle zeitbedingten Interessen gestellt wird, läßt sich nicht derart korrumpieren. Es gibt keine Staatsraison, die einen Angriff gegen die Person entschuldigen könnte, wenn die Rechte der Person über dem Staat stehen. Wenn demnach der Individualismus aus sich selbst heraus ein Ferment der moralischen Auflösung besitzt, dann muß man hier seinen antisozialen Gehalt sich manifestieren sehen. – Man begreift in diesem Punkt den Ernst der Frage. Denn dieser Liberalismus des 18. Jahrhunderts, um den der ganze Streit im Grunde geht, ist nicht einfach eine Kabinettstheorie, eine philosophische Konstruktion; er ist eingeflossen in die Fakten, er hat unsere Institutionen und unsere Sitten durchdrungen, er ist mit unserem ganzen Leben verwoben, und wenn wir uns wirklich von ihm befreien müßten, so müßten wir gleichzeitig unsere gesamte moralische Organisation umstürzen.

II

Nun ist es aber schon eine bemerkenswerte Tatsache, daß alle diese Theoretiker des Individualismus gegenüber den Rechten der Kollektivität nicht weniger sensibel sind als gegenüber denen des Individuums. Niemand hat heftiger als Kant auf dem supraindividuellen Charakter der Moral und des Rechts bestanden; er macht daraus eine Art Imperativ, dem der Mensch gehorchen muß, weil die Moral imperativisch befiehlt und nicht hinterfragt werden darf; und wenn man Kant manchmal vorgeworfen hat, die Autonomie der Vernunft überspannt zu haben, so hat man ebenso und nicht ohne Grund sagen können, daß er seiner Moral einen Glaubensakt und eine irrationale Unterwerfung zugrunde gelegt hat. Im übrigen werden die Doktrinen immer nach ihren Ergebnissen beurteilt, das heißt nach dem Geist der Doktrinen, den sie hervorrufen; nun sind aber aus der Kantschen Lehre die Ethik Fichtes, die schon ganz vom Sozialismus durchdrungen ist, und die Philosophie Hegels hervorgegangen, dessen Schüler Marx war. Was Rousseau anbetrifft, so weiß man, wie sein Individualismus durch eine autoritäre Gesellschaftskonzeption ergänzt wird. Im Anschluß an ihn haben die Männer der Revolution mit der Verkündung der berühmten Erklärung der Menschenrechte das eine, einige und zentralisierte Frankreich geschaffen, und vielleicht muß man in dem revolutionären Werk vor allem eine großartige Bewegung nationaler Einigung sehen. Schließlich ist der Hauptgrund, weshalb die Spiritualisten immer gegen die utilitaristische Moral gekämpft haben, der, daß sie ihnen unvereinbar erschien mit den sozialen Erfordernissen.

Wird man sagen, daß dieser Eklektizismus nicht unwidersprochen bleiben kann? Gewiß denken wir nicht daran, die Art und Weise zu verteidigen, mit der die verschiedenen Denker diese beiden Aspekte ihrer Systeme vermischt haben. Wenn man mit Rousseau damit beginnt, aus dem Individuum eine Art Absolutum zu machen, das sich selbst genügen kann und muß, so ist es offensichtlich schwierig, dann zu erklären, wie sich der Gesellschaftszustand konstituieren konnte. Aber gegenwärtig handelt es sich nicht darum zu zeigen, wie es diesem oder jenem Moralisten gelungen ist, die beiden Tendenzen zu versöhnen, sondern ob sie in sich selbst verträglich sind oder nicht. Die Gründe, die man zum Beweis ihrer Einheit angeführt hat, können wertlos sein, und doch ist diese Einheit wirklich; und schon die Tatsache, daß sich die beiden Aspekte gemeinhin in denselben Köpfen getroffen haben, bedeutet zumindest, daß sie vermutlich derselben Epoche angehören; woraus folgt, daß sie vom selben sozialen Zustand abhängen müssen und diesen offensichtlich nur aus verschiedenem Gesichtswinkel betrachten.

Und wenn man in der Tat aufgehört hat, den Individualismus mit seinem Gegenteil zu verwechseln, das heißt mit dem Utilitarismus, so lösen sich alle diese vorgeblichen Widersprüche wie durch ein Wunder auf. Diese Religion der Menschheit hat alles, was nötig ist, um zu ihren Gläubigen in einem nicht minder imperativen Ton zu sprechen wie die Religionen, die sie ersetzt. Weit davon entfernt, nur unseren Instinkten zu schmeicheln, weist sie uns ein Ideal zu, das unendlich weit über die Natur hinausgeht; denn wir haben nicht von Natur aus diese weise und reine Vernunft, die, frei von jeglichen persönlichen Beweggründen, ins Abstrakte hinein Gesetze über ihr eigenes Verhalten erlassen würde. Hätte die Würde des Individuums ihre Wurzel in seinen individuellen Charakterzügen, in den Besonderheiten, die es von allen anderen unterscheidet, könnte man ohne Zweifel befürchten, daß sie das Individuum in einer Art moralischen Egoismus einschlösse, der jegliche Solidarität unmöglich machte. Aber in Wirklichkeit empfängt das Individuum seine Würde aus einer höheren Quelle, die es mit allen Menschen gemeinsam hat. Wenn es ein Recht auf diese religiöse Achtung hat, dann deshalb, weil es ein Stück von der Menschheit in sich trägt. Es ist die Menschheit, die verehrungswürdig und heilig ist; freilich ist sie nicht allein in ihm. Sie erstreckt sich auf alle seinesgleichen; folglich kann sie dem Individuum nur dann als Ziel seines Verhaltens gelten, wenn es sich selbst überschreitet und über sich selbst hinausgeht. Der Kult, dessen Gegenstand und Akteur es zugleich ist, wendet sich nicht an das Individuum als einzelnes Wesen, das seinen Namen trägt, sondern an die menschliche Person, wo auch immer sie vorkommen mag, in jedweder Form, in der sie sich verkörpert. Unpersönlich und anonym schwebt ein solches Ziel also wohl über jedem individuellen Bewußtsein und kann ihnen so als gemeinsame Mitte dienen. Auch wenn uns das Ziel nicht fremd ist (allein weil es menschlich ist), beherrscht es uns doch. Nun besteht aber alles, was Gesellschaften für ihren Zusammenhalt brauchen, darin, daß ihre Mitglieder ihre Augen auf dasselbe Ziel richten, daß sie sich in demselben Glauben treffen; jedoch braucht der Gegenstand dieses gemeinsamen Glaubens nicht im mindesten durch irgendwelche Bande an die individuellen Naturen geknüpft zu sein. Der so verstandene Individualismus ist definitiv die Glorifizierung nicht des Ichs, sondern des Individuums im allgemeinen. Seine Triebfeder ist nicht der Egoismus, sondern die Sympathie für alles, was Mensch ist, ein größeres Mitleid für alle Schmerzen, für alle menschlichen Tragödien, ein heftigeres Verlangen, sie zu bekämpfen und sie zu mildern, ein größerer Durst nach Gerechtigkeit. Ist das nicht genug, um in allen Menschen guten Willens das Gefühl einer Gemeinsamkeit zu wecken? Ohne Zweifel kann es passieren, daß der Individualismus in ganz anderem Geiste ausgeübt wird. Einige benutzen ihn für ihre persönlichen Ziele, verwenden ihn als Mittel, um ihren Egoismus zu verstecken und sich so leichter ihrer gesellschaftlichen Aufgaben zu entledigen. Aber dieser Mißbrauch des Individualismus ist kein Beweis gegen ihn, sowenig die utilitaristischen Lügen der religiösen Heuchelei etwas gegen die Religion beweisen.

Aber ich will schnellstens von hier auf den großen Einwand kommen. Dieser Kult des Menschen kennt als oberstes Dogma die Autonomie der Vernunft und als obersten Ritus die freie Prüfung. Wenn nun aber alle Meinungen frei sind, durch welches Wunder sollten sie dann miteinander harmonisieren? Wenn sie sich bilden, ohne sich zu kennen und ohne sich gegenseitig Rechenschaft geben zu müssen, wieso sollten sie dann einen Zusammenhang bilden? Die intellektuelle und moralische Anarchie wäre also die unvermeidbare Folge des Liberalismus. Das ist das immer wieder widerlegte und dauernd neu vorgetragene Argument, das die ewigen Widersacher der Vernunft mit unerschütterlicher Beharrlichkeit periodisch wieder aufnehmen, wann immer sich der menschliche Verstand durch vorübergehende Nachlässigkeit ihnen ausliefert. Ja, es ist sehr wohl wahr, daß der Individualismus nicht ohne einen gewissen Intellektualismus funktioniert; denn die Gedankenfreiheit ist die wichtigste aller

Freiheiten. Aber wo hat man schon je gesehen, daß er diese absurde Selbstgefälligkeit zur Folge hatte, die jeden einzelnen in sein eigenes Urteilsvermögen einschlösse und zwischen den Intelligenzen ein Vakuum schüfe? Was der Liberalismus beansprucht, ist das Recht, daß jedes Individuum die Dinge kennt, die es legitimerweise kennen kann; aber er erhebt keinerlei Anspruch auf Dinge, die über die Kompetenz eines Individuums hinausgehen. In einer Frage, zu der ich mich aufgrund meines Sachwissens nicht äußern kann, kostet es meine intellektuelle Unabhängigkeit nichts, einer kompetenteren Meinung zu folgen. Die Zusammenarbeit der Wissenschaftler ist überhaupt nur dank dieser wechselseitigen Achtung möglich; jede Wissenschaft entlehnt den ihr benachbarten Wissenschaften fortwährend Lehrsätze, die sie ohne Überprüfung akzeptiert. Nur muß meine Vernunft Gründe haben, damit sie sich vor der eines anderen beugt. Der Respekt vor der Autorität ist mit dem Rationalismus nicht unvereinbar, vorausgesetzt, daß die Autorität eine rationale Grundlage hat.

Wenn sich daher bestimmte Menschen zu einem gemeinsamen Gefühl zusammenfinden sollen, das ihnen nicht eigen ist, genügt es – um sie zu überzeugen – noch nicht, wenn man an den Gemeinplatz banaler Rhetorik erinnert, daß die Gesellschaft nicht möglich sei ohne gegenseitige Opfer und ohne einen gewissen Unterordnungsgeist; man muß darüber hinaus die Gelehrigkeit, die man von ihnen verlangt, *im einzelnen* rechtfertigen, indem man ihnen ihre Inkompetenz nachweist. Handelt es sich dagegen um eine jener Fragen, die schon ihrer Definition nach dem Urteil der Allgemeinheit unterliegen, ist eine solche Abtretung vernunft- und daher pflichtwidrig. Um aber nun zu wissen, ob ein Gericht einen Angeklagten verurteilen kann, ohne seine Verteidigung gehört zu haben, bedarf es keiner besonderen Erleuchtungen. Das ist ein Problem der praktischen Moral, für das jeder Mensch mit gesundem Verstand kompetent ist und an dem niemand das Interesse verlieren darf. Wenn also in letzter Zeit eine Reihe von Künstlern, vor allem aber Wissenschaftlern geglaubt haben, ihre Einwilligung zu einem Urteil verweigern zu müssen, dessen Legalität ihnen suspekt schien, so taten sie das nicht, weil sie sich in ihrer Eigenschaft als Chemiker oder Philologen, als Philosophen oder Historiker irgendwelche Privilegien oder gleichsam ein besonderes Kontrollrecht über die beurteilte Angelegenheit herausnähmen. Sie taten es vielmehr deshalb, weil sie als Menschen alle ihre Menschenrechte ausüben und ihre Zuständigkeit für eine Angelegenheit behalten wollten, die allein der Vernunft untersteht. Es ist wahr, daß sie eifersüchtiger als der Rest der Gesellschaft über dieses Recht gewacht haben; aber das liegt einfach daran, daß es ihnen von Berufs wegen mehr am Herzen liegt. Durch den Umgang mit der wissenschaftlichen Methode sind sie daran gewöhnt, ihr Urteil zurückzuhalten, solange sie sich über eine Frage noch nicht klar sind; daher ist es natürlich, daß sie weniger schnell den Verführungen der Masse und dem Ansehen der Autorität nachgeben.

III

Der Individualismus bedeutet nicht nur keine Anarchie, sondern stellt fortan das einzige Glaubenssystem dar, das die moralische Einheit des Landes sicherstellen kann.

Man hört heute oft die Behauptung, daß einzig und allein eine Religion diese Harmonie herstellen könne. Dieser Vorschlag, den moderne Propheten in mystischem Ton entwickeln zu müssen glauben, ist im Grunde ein einfacher Gemeinplatz, dem jedermann zustimmen kann. Denn man weiß heute, daß eine Religion nicht unbedingt Symbole und Riten im eigentlichen Sinne, Tempel und Priester impliziert; dieser ganze äußerliche Apparat ist nur der oberflächliche Teil. Im wesentlichen ist eine Religion nichts anderes als die Gesamtheit von Glaubenshaltungen und kollektiven Praktiken von besonderer Autorität. Sobald ein Ziel von einem ganzen Volk verfolgt wird, gewinnt es infolge dieser einmütigen Zustimmung eine Art moralischer Überlegenheit, die es deutlich über die privaten Ziele heraushebt und ihm damit einen religiösen Charakter gibt. Andererseits ist evident, daß eine Gesellschaft keinen Zusammenhalt besitzen kann, wenn nicht eine gewisse intellektuelle und moralische Gemeinsamkeit bei ihren Mitgliedern besteht. Nur ist man nicht viel weiter gekommen, wenn man ein weiteres Mal an diese soziologische Evidenz erinnert hat; denn wenn es wahr ist, daß eine Religion in bestimmter Hinsicht unentbehrlich ist, so ist es nicht weniger gewiß, daß die Religionen sich wandeln, daß die Religion von gestern nicht die von morgen sein kann. Wichtig wäre also, uns zu sagen, was die Religion von heute beinhalten soll.

Alles spricht nun aber dafür, daß die einzig mögliche Religion die der Menschheit sei, deren rationaler Ausdruck die individualistische Moral ist. Woran könnte sich, in der Tat, das kollektive Empfinden halten? In dem Maße, wie die Gesellschaften umfangreicher werden und sich auf größeren Territorien ausbreiten, sind die Traditionen und Praktiken, um sich an die Vielfalt der Situationen und die Veränderlichkeit der Umstände anpassen zu können, dazu gezwungen, in einem Zustand der Formbarkeit und Inkonsistenz zu verbleiben, der den individuellen Variationen nicht mehr genügend Widerstandskraft bietet. Diese treten offener auf und vermehren sich, wenn sie weniger gut unterdrückt werden: das heißt, daß jeder seinem eigenen Urteilsvermögen folgt. Gleichzeitig findet sich infolge einer weitergehenden Arbeitsteilung jeder Kopf auf einen anderen Punkt des Horizonts gerichtet, jeder reflektiert einen anderen Gesichtspunkt der Welt; infolgedessen unterscheiden sich die Einstellungen von einem Subjekt zum nächsten. So bewegt man sich Schritt für Schritt auf einen Zustand zu, der jetzt schon fast erreicht ist und in dem die Mitglieder derselben gesellschaftlichen Gruppe nichts Gemeinsames mehr haben werden außer ihrer Eigenschaft als Mensch, außer den für die menschliche Person im allgemeinen konstitutiven Merkmalen. Diese Idee der menschlichen Person, je nach der Verschiedenartigkeit der nationalen Temperamente verschieden nuanciert, ist also die einzige, die in der wechselnden Flut der einzelnen Meinungen unabänderlich und unpersönlich erhalten bleibt; und die Gefühle, die sie erweckt, sind die einzigen, die sich annähernd in allen Herzen wiederfinden. Die Gemeinschaft der Gedanken kann sich nicht mehr länger auf bestimmte Riten und Vorurteile stützen, weil diese Riten und Vorurteile durch den Lauf der Dinge abgetragen werden; in der Folge bleibt dann nichts mehr übrig, was die Menschen gemeinsam lieben und ehren könnten, abgesehen vom Menschen selbst. Das zeigt also, wie der Mensch ein Gott für den Menschen geworden ist und warum er, ohne sich selbst zu belügen, sich keine anderen Götter mehr schaffen kann. Und da jeder von uns etwas von der Menschheit in sich verkörpert, hat jedes individuelle Bewußtsein in sich etwas Göttliches und findet sich so mit einem Merkmal versehen, das es für die anderen heilig und unverletzlich macht. Hier liegt der ganze Individualismus; und das ist es, was aus ihm eine notwendige Doktrin macht. Denn um dessen Aufschwung anzuhalten, müßte man die Menschen daran hindern, sich zunehmend voneinander zu differenzieren, müßte man ihre Persönlichkeiten nivellieren, sie zu dem alten Konformismus früherer Zeiten zurückführen; man müßte infolgedessen die Tendenz der Gesellschaft, immer ausgedehnter und zentralistischer zu werden, aufhalten und die nicht endenden Fortschritte der Arbeitsteilung verhindern. Ein solches Unterfangen geht aber, ob wünschenswert oder nicht, unendlich weit über die menschlichen Kräfte hinaus.

Was schlägt man uns im übrigen anstelle dieses verunglimpften Individualismus vor? Man rühmt uns die Verdienste der christlichen Moral und lädt uns diskret ein, uns ihnen anzuschließen. Aber hat man vergessen, daß die Eigentümlichkeit des Christentums gerade in einer bemerkenswerten Entwicklung des individualistischen Geistes beruht? Während die Religion des antiken Stadtstaates einzig aus materiellen Praktiken bestand, denen der Geist fremd war, hat das Christentum den inneren Glauben und die persönliche Überzeugung des Individuums als wesentliche Voraussetzung für die Frömmigkeit aufgezeigt. Vor allem hat es gelehrt, daß der moralische Wert von Handlungen an der Absicht gemessen werden muß, an etwas Innerem *par excellence*, das sich von Natur aus allen äußeren Urteilen entzieht und das nur der Handelnde kompetent einschätzen kann. Das Zentrum des moralischen Lebens selbst ist so von außen nach innen verlegt und das Individuum zum souveränen Richter seines eigenen Verhaltens erhoben worden, ohne anderen außer sich selbst und seinem Gott Rechenschaft ablegen zu müssen. Indem schließlich der Christ die definitive Trennung des Geistigen und des Zeitlichen vollzogen und die Welt dem Disput der Menschen überlassen hat, hat er die Welt gleichzeitig der Wissenschaft und der freien Forschung ausgeliefert: von daher erklären sich die raschen Fortschritte, die der wissenschaftliche Geist von dem Tag an gemacht hat, an dem sich die christlichen Gesellschaften konstituiert haben. Man fange also nicht an, den Individualismus als Feind anzuprangern, gegen den man um jeden Preis kämpfen muß! Man bekämpft ihn nur, um wieder auf ihn zurückzukommen, weil es so unmöglich ist, ihm zu entkommen. Man stellt ihm nichts anderes entgegen als ihn selbst; aber die einzige Frage besteht darin, zu erfahren, welches für ihn das rechte Maß ist und ob es etwa von Vorteil wäre, ihn mit Symbolen zu verkleiden. Wenn er nun aber so gefährlich ist, wie man sagt, erkennt man nicht, wie er allein dadurch harmlos und segensreich werden könnte, daß man seine wirkliche Natur mit Hilfe von Metaphern verheimlichte. Und wenn andererseits dieser beschränkte Individualismus, den das Christentum darstellt, vor achtzehn Jahrhunderten notwendig war, so gibt es Aussichten dafür, daß heute ein höher entwickelter Individualismus unentbehrlich ist; denn die Dinge haben sich seitdem gewandelt. Es ist also ein einzigartiger Irrtum, die individualistische Moral als Gegenspieler der christlichen Moral darzustellen; ganz im Gegenteil ist sie daraus hervorgegangen. Wenn wir uns an die erste binden, so verleugnen wir nicht unsere Vergangenheit; wir sorgen nur dafür, daß sie fortgesetzt wird.

Jetzt können wir eher verstehen, warum bestimmte Köpfe glauben, einen starrsinnigen Widerstand all dem entgegensetzen zu müssen, was sie für eine Bedrohung der individualistischen Anschauung halten. Wenn sie jegliches Unterfangen rebellisch macht, das gegen die Rechte eines Individuums gerichtet ist, so geschieht das nicht nur aus Sympathie für das Opfer; es geschieht auch nicht aus Angst davor, selbst ähnliche Ungerechtigkeiten erleiden zu müssen, sondern deshalb, weil derartige Angriffe nicht ungestraft bleiben können, ohne die nationale Existenz aufs Spiel zu setzen. In der Tat ist es unmöglich, daß sie ungehindert geschehen, ohne die Gefühle aufzurühren, die sie verletzen; und da diese Gefühle die einzigen sind, die wir gemeinsam haben, können sie sich nicht abschwächen, ohne den Zusammenhalt der Gesellschaft zu erschüttern. Eine Religion, die Sakrilegien toleriert, gibt jede Herrschaft über die Gewissen auf. Die Religion des Individuums kann sich also nicht widerstandslos verhöhnen lassen, sonst wird ihre Glaubwürdigkeit zerstört; und da sie das einzige Band ist, das uns miteinander verbindet, kann solch eine Schwäche nicht ohne eine beginnende soziale Auflösung vonstatten gehen. So verteidigt der Individualist, der die Interessen des Individuums verteidigt, zugleich die vitalen Interessen der Gesellschaft; denn er verhindert, daß man sträflich diese letzte Reserve von Ideen und Gefühlen verarmen läßt, die die eigentliche Seele der Nation sind. Er erweist seinem Vaterland denselben Dienst, den der alte Römer vor Zeiten seiner Stadt erwies, als er die traditionellen Riten gegen verwegene Neuerer verteidigte. Und wenn es ein Land unter all den anderen gibt, in dem die Sache des Individuums wirklich Sache der Nation ist, dann ist es das unsere;

denn es gibt kein anderes, das sein Schicksal so eng mit dem Schicksal dieser Ideen verknüpft hat. Wir sind es, die ihnen die neueste Formel dafür gegeben haben, und von uns haben die anderen Völker sie erhalten; und deshalb galten wir bis heute als ihre autorisiertesten Vertreter. Wir können diese Ideen also heute nicht verleugnen, ohne uns in den Augen der Welt herabzusetzen, ohne echten moralischen Selbstmord zu begehen. Unlängst wurde gefragt, ob es nicht angemessener wäre, einer vorüberge-henden Aufhebung dieser Prinzipien zuzustimmen, um nicht das Funktionieren der öffentlichen Verwaltung zu stören, die jeder-mann im übrigen als unentbehrlich für die Sicherheit des Staates anerkennt. Wir wissen nicht, ob die Antinomie sich wirklich in dieser scharfen Form stellt. Wenn wirklich eine Wahl notwendig wird zwischen diesen beiden Übeln, so wäre es jedenfalls am schlimmsten, wenn das geopfert würde, was bis auf den heutigen Tag unsere Existenz historisch gerechtfertigt hat.

Ein Organ des öffentlichen Lebens, so wichtig es auch sein mag, ist nur ein Instrument, ein Mittel zu seinem Zweck. Was nützt es, mit soviel Sorgfalt das Mittel zu erhalten, wenn man sich vom Zweck löst? Und was für eine armselige Rechnung ist es, wenn man, um zu leben, auf alles verzichtet, was den Wert und die Würde des Lebens ausmacht? *Et propter vitam vivendi perdere causas*!

IV

In Wahrheit befürchten wir, daß es eine gewisse Sorglosigkeit gegeben hat in der Art, wie diese Kampagne eröffnet worden ist. Eine sprachliche Ähnlichkeit hat den Eindruck entstehen lassen, daß der *Individualismus* notwendigerweise aus den *individuellen*, folglich egoistischen, Gefühlen hervorgehe. In Wirklichkeit ist die Religion des Individuums eine gesellschaftliche Institution wie alle bekannten Religionen. Es ist die Gesellschaft, die uns dieses Ideal als einzigen gemeinsamen Zweck zuweist, der heute die Willenskräfte miteinander verbinden kann. Uns dieses Ideal zu nehmen, während man nichts anderes hat, um es an seine Stelle zu setzen, bedeutet also, uns in die moralische Anarchie zu stürzen, die man gerade bekämpfen will.[4]

Allemal wäre es weit gefehlt, wenn wir die Formel, die das

18. Jahrhundert dem Individualismus gegeben hat, für vollkommen und endgültig hielten und den Irrtum begingen, sie fast ohne Veränderungen zu übernehmen. Reichte sie vor einem Jahrhundert aus, so muß sie heute ausgeweitet und vervollständigt werden. Sie stellt den Individualismus nur von seiner negativsten Seite dar. Unsere Väter hatten sich ausschließlich zur Aufgabe gemacht, das Individuum von den politischen Fesseln zu befreien, die seine Entwicklung behinderten. Die Gedankenfreiheit, Schriftfreiheit und das Wahlrecht wurden also von ihnen in den Rang der wichtigsten Güter erhoben, die es zu erobern galt, und diese Emanzipation war sicherlich die notwendige Voraussetzung für alle späteren Fortschritte. Im Eifer des Gefechts richteten sie die Augen fest auf das Ziel, das sie verfolgten, sahen dann allerdings nichts mehr darüber hinaus und betrachteten schließlich dieses nächstliegende Ziel ihrer Anstrengungen als eine Art Endziel. Nun ist aber die politische Freiheit ein Mittel, kein Ziel; sie erweist ihren Wert nur in der Art und Weise, wie sie in Gebrauch genommen wird; wenn sie nicht einer Sache dient, die über sie hinausgeht, ist sie nicht nur unnütz, sie wird gefährlich. Sie ist eine Waffe im Kampf, und wenn diejenigen, die sie handhaben, sie in den Schlachten nicht wirksam zu verwenden wissen, dann zögern sie nicht, sie gegen sich selbst zu richten.

Und gerade deshalb ist die politische Freiheit heute in einen gewissen Mißkredit geraten. Die Menschen meiner Generation erinnern sich noch, wie groß unser Enthusiasmus war, als wir endlich vor ungefähr zwanzig Jahren die letzten Barrieren fallen sahen, die unsere sehnlichsten Erwartungen im Zaume hielten. Aber ach! Die Ernüchterung ließ nicht auf sich warten; denn man mußte sich bald eingestehen, daß man nicht wußte, was man mit dieser so mühsam erworbenen Freiheit anfangen sollte. Diejenigen, denen wir sie verdankten, bedienten sich ihrer nur, um sich gegenseitig zu zerreißen. Und schon von diesem Moment an fühlte man, daß sich ein Wind der Traurigkeit und Entmutigung über dem Land erhob, der tagtäglich heftiger blies und schließlich darin gipfelte, daß er die schwächsten Hoffnungen zerstörte. Daher können wir uns nicht an dieses negative Vorbild halten. Man muß über die erreichten Ergebnisse hinausgehen, und wäre es auch nur, um sie zu erhalten. Wenn wir nicht endlich lernen, die Handlungsmittel einzusetzen, die wir in Händen halten, so ist es unvermeidbar, daß sie an Wert verlieren. Benutzen wir also unsere Freiheiten dazu, zu erkennen und zu tun, was zu tun ist, um die gesellschaftliche Maschinerie, die den Individuen noch immer so starr gegenübertritt, geschmeidiger funktionieren zu lassen; um ihnen alle verfügbaren Mittel an die Hand zu geben, ihre Fähigkeiten unbehindert zu entwickeln; um schließlich daran zu arbeiten, daß die berühmte Maxime Wirklichkeit wird: Jedem nach seiner Leistung! Erkennen wir sogar an, daß die Freiheit ganz allgemein ein empfindliches Instrument ist, dessen Bedienung gelernt werden muß; bilden wir unsere Kinder darin aus! Jede moralische Erziehung sollte sich an diesem Ziel ausrichten. Man sieht, daß der Gegenstand nicht Gefahr läuft, an unserer Aktivität zu scheitern. Allein, wenn sicher ist, daß wir für die Zukunft neue Ziele, die über die erreichten hinausgehen, vorschlagen müssen, wäre es töricht, auf die zweiten zu verzichten, um die ersten besser zu verfolgen: die notwendigen Fortschritte werden nur möglich dank der verwirklichten Fortschritte. Es handelt sich darum, den Individualismus zu vervollständigen, zu erweitern und zu organisieren, nicht, ihn zu beschränken und zu bekämpfen. Es dreht sich darum, die Reflexion zu benutzen, nicht darum, ihr Schweigen aufzuerlegen. Sie allein kann uns helfen, aus den gegenwärtigen Schwierigkeiten herauszukommen; wir sehen nicht, was sie ersetzen könnte. Wir werden jedoch niemals das ökonomische Leben organisieren und mehr Gerechtigkeit in die Vertragsbeziehungen einführen können, wenn wir über die *Politik nach den Grundsätzen der Heiligen Schrift* meditieren.

Erscheint unter diesen Voraussetzungen die Aufgabe nicht deutlich vorgezeichnet? Alle diejenigen, die an die Nützlichkeit oder auch nur an die Notwendigkeit der moralischen Veränderungen glauben, die seit einem Jahrhundert erreicht worden sind, haben dasselbe Interesse: sie müssen die Divergenzen vergessen, die sie trennen, und ihre Anstrengungen vereinigen, um die erreichten Positionen zu halten. Ist die Krise einmal überwunden, ist es sicherlich an der Zeit, die Lehren aus der Erfahrung zu ziehen, um nicht in diese unfruchtbare Inaktivität zurückzufallen, deren Last wir zur Zeit tragen; aber das ist das Werk von morgen. Für heute besteht die dringliche Aufgabe, die vor allen anderen getan werden muß, darin, unser moralisches Erbe zu retten; ist es einmal in Sicherheit, werden wir dafür sorgen, daß es erblüht. Möge die gemeinsame Gefahr uns wenigstens dazu dienen, unsere

Erstarrung zu erschüttern und uns unseren Geschmack an der Tat wiederzugeben! Und tatsächlich sieht man schon im ganzen Land Initiativen erwachen und Menschen guten Willens einander suchen. Möge jemand kommen, der sie zusammenschließt und sie in den Kampf führt, und der Sieg wird wohl nicht auf sich warten lassen. Denn es muß uns in gewisser Hinsicht beruhigen, daß unsere Widersacher nur durch unsere Schwäche stark sind. Sie haben weder den tiefen Glauben noch die großzügigen Leidenschaften, die die Völker unwiderstehlich zu großen Reaktionen wie zu großen Revolutionen antreiben. Natürlich denken wir nicht daran, an ihrer Aufrichtigkeit zu zweifeln! Aber wie könnte einem entgehen, was ihre Überzeugung alles an Unüberlegtem hat? Sie sind weder Apostel, die vor Wut und Enthusiasmus überschäumen, noch Gelehrte, die uns das Ergebnis ihrer Untersuchungen und Reflexionen bringen; es sind Gebildete, die von einem interessanten Thema verführt worden sind. Es scheint daher unmöglich, daß es diesen Spielen von Dilettanten gelingen könnte, die Massen lange zurückzuhalten, wenn wir zu handeln wissen. Aber welche Erniedrigung wäre es andererseits auch, wenn die Vernunft, die es mit keinem stärkeren Gegner zu tun hat, schließlich unterliegen würde, und wäre es auch nur vorübergehend!

Anmerkungen

1 Vgl. den Artikel von M. de Brunetière, »Nach dem Prozeß«, in: *Revue de Deux Mondes,* 15. März 1898.
2 Bemerken wir am Rande, daß dieses sehr bequeme Wort nicht die anmaßende Bedeutung hat, die man ihm allzu boshaft gegeben hat. Der Intellektuelle hat nicht das Monopol der Intelligenz; es gibt keine gesellschaftlichen Funktionen, in denen die Intelligenz nicht notwendig wäre. Aber es gibt solche, in denen sie zugleich Mittel und Zweck, Instrument und Ziel ist; man setzt die Intelligenz dort ein, um sie auszuweiten, das heißt in der Absicht, sie um neues Wissen, neue Ideen oder neue Empfindungen zu bereichern. Sie ist also die Gesamtheit dieser Berufe (Kunst, Wissenschaft), und um diese Besonderheit auszudrücken, ist man ganz natürlicherweise dazu gekommen, den Menschen intellektuell zu nennen, der sich ihr verschrieben hat.
3 Vgl. J. J. Rousseau, *Der Gesellschaftsvertrag,* Buch II, Kap. III.

4 Das zeigt, wie man unwidersprochen Individualist sein und zugleich sagen kann, daß das Individuum eher Produkt der Gesellschaft als dessen Ursache ist. Und zwar deshalb, weil der Individualismus wie alle Moralen und Religionen selbst ein gesellschaftliches Produkt ist. Das Individuum erhält von der Gesellschaft selbst die moralischen Anschauungen, die es heiligen. Das ist es, was Kant und Rousseau nicht verstanden haben. Sie haben ihre individualistische Moral nicht aus der Gesellschaft, sondern aus dem Begriff des isolierten Individuums ableiten wollen. Das Unterfangen war undurchführbar, und von daher rühren die logischen Widersprüche ihrer Systeme.

Hans-Peter Müller
Gesellschaft, Moral und Individualismus
Émile Durkheims Moraltheorie

> »Ein Ideal ist nicht höher, weil es transzen-
> denter ist, sondern weil es uns größere Per-
> spektiven bietet. (...) Wir fühlen nur zu sehr,
> wie schwer es ist, diese Gesellschaft zu bauen,
> wo jedes Individuum seinen Platz hat, den es
> verdient, wo jeder nach seinem Verdienst
> belohnt wird, wo folglich alle Welt spontan
> zum Wohlergehen eines jeden beiträgt.«
> *Émile Durkheim (1978: 404, dt. 1977: 449)*

1. Einleitung

Kaum ein Sozialwissenschaftler hat der Moral in seinem Denken[1]
größere Bedeutung beigemessen als Émile Durkheim (1858-
1917). Der Begründer der akademischen Soziologie in Frankreich[2] setzt sich schon zu Beginn seiner wissenschaftlichen Laufbahn mit der vorherrschenden Moralphilosophie seiner Zeit, dem
britischen Utilitarismus von Jeremy Bentham, John Stuart Mill
und Herbert Spencer und dem deutschen Idealismus von Immanuel Kant, kritisch auseinander und entwirft ein Programm für
eine soziologische Moralwissenschaft.[3] Dieses Programm setzt
drei Akzente und sucht Antwort auf folgende Fragen: 1. Wie
muß eine Moraltheorie aussehen, die der sozialen Differenzierung und Arbeitsteilung moderner industrieller Gesellschaften
Rechnung trägt? 2. Mit welchen Methoden lassen sich moralische
Phänomene analysieren? 3. Welche Ziele verfolgt eine fortschritt-
liche individualistische Moral, und mit welchen Mitteln verhilft
man ihr in allen gesellschaftlichen Lebensbereichen zu ihrem
Recht? Theoretische, methodische und praktische Akzente mün-
den in Durkheims Forderung ein: »Unsere erste Pflicht besteht
heute darin, uns eine neue Moral zu bilden« (1978: 406, dt.
1977: 450). Diese Forderung ist Ausdruck für sein tiefes moralisches Krisenbewußtsein[4], denn er führt das weitverbreitete Unbehagen in den europäischen Gesellschaften auf den raschen sozia-

len Wandel von einer ständisch-traditionalen zu einer industriellen Gesellschaft zurück; mit der industriellen Revolution und der Durchsetzung einer kapitalistischen Wirtschaftsordnung, der politischen Revolution und der Heraufkunft demokratischer Verhältnisse sowie der ethischen Revolution und der Entstehung einer individualistischen Moral hat aber das gesellschaftliche Bewußtsein nicht Schritt halten können. Das ständige Auf und Ab von Revolution und Restauration[5] im Frankreich des 19. Jahrhunderts ist in seinen Augen der beste Beweis dafür. Dieser historische Zick-Zack-Kurs gesellschaftlicher Entwicklung läßt sich nur begradigen, so Durkheim, wenn die beiden Krisenherde in der Dritten Republik durch geplanten sozialen Wandel und institutionelle Reformen beseitigt werden: die sogenannte *soziale Frage*[6], indem die drückende soziale Ungleichheit in der Ökonomie abgebaut und soziale Gerechtigkeit in den Beziehungen zwischen Unternehmern und Arbeitern geschaffen werden; das *Erziehungssystem*, indem der konservative Einfluß der katholischen Kirche in den Schulen zurückgedrängt und durch den Aufbau eines laizistischen Systems[7] den nachwachsenden Generationen ein demokratisches Bewußtsein, der notwendige gesellschaftliche Zusammenhalt und eine individualistische Moral vermittelt werden. Nur so kann die »organische(n) Einheit« (1970: 109, dt. 1981 b: 51) der Gesellschaft gestärkt und die Bildung einer neuen Moral gefördert werden.

Trotz des konstatierten Krisenbewußtseins und des weitgehend synonymen Sprachgebrauchs von Sozialwissenschaften und Moralwissenschaften im 19. Jahrhundert[8] hat Durkheims starke Betonung moralischer Fragen schon einige seiner Zeitgenossen[9] merkwürdig berührt. Weit größere Schwierigkeiten bereitete dann die Rezeption in Deutschland, zumal »Moral« im deutschen Sprachgebrauch eher einen eng umgrenzten, zum Teil auf die Privatsphäre eingeschränkten Bedeutungsgehalt besitzt, während »morale« und »moralité« im französischen Sprachverständnis eher auf gesellschaftliche Werte, Normen und Regeln zielten und sich eine Moralwissenschaft demnach mit Struktur und Entwicklung von Wertsystemen befaßt. Das unterschiedliche Sprachverständnis mag ein Grund dafür sein, daß Durkheims Ansatz von deutscher Seite stets Soziologismus, Antiindividualismus und politischer Konservativismus vorgeworfen und erst jüngst wieder die Abkehr von seinem Paradigma[10] gefordert wurde.

Bevor einer solchen Empfehlung gefolgt wird, ist jedoch zu prüfen, ob diese Einwände wirklich stichhaltig sind oder eher auf einer einseitigen Rezeption beruhen. Die nachfolgende systematische Darstellung von Durkheims Moraltheorie[11] soll zeigen, daß die Vorwürfe in dieser Form nicht aufrechterhalten werden können. Zwar enthält sein kollektivistischer Ansatz eine eigenwillige Interpretation gesellschaftlicher Ideale und personaler Autonomie, die zu einer Art *kollektivistischem Individualismus* führt. Dennoch, so meine These, ist Durkheim der soziologische Theoretiker einer individualistischen Moral, der die Beziehungen zwischen sozialer Ordnung und individueller Freiheit[12] untersucht. Meiner Auffassung nach entwickelt er in seinem moralwissenschaftlichen Programm drei Argumente, die die Entstehung, Aufrechterhaltung und Idealisierung einer individualistischen Moral begründen. Zunächst zeigt er, daß eine funktional differenzierte, pluralistische Gesellschaft *strukturell* gezwungen ist, ihren Mitgliedern individuelle Handlungs- und Dispositionsspielräume zu eröffnen (strukturtheoretisches Argument); sodann verdeutlicht er, daß individuelle Freiheit selbst nur das *sozialisatorische* Produkt eines komplexen Erziehungs- und Bildungsprozesses ist, der auf die vielfältigen Rechte und Pflichten vorbereitet und zu individueller Lebensführung in der modernen Gesellschaft erst befähigt (sozialisationstheoretisches Argument); schließlich demonstriert er, daß die moralische Einheit in der Heterogenität sozialer Regeln durch das neue gemeinschaftliche Ideal, den *religiösen* Kult des Individuums, zustande kommt, das den Anspruch auf persönliche Autonomie mit der Forderung nach mehr sozialer Gerechtigkeit verbindet (religionssoziologisches Argument).

Diese drei Argumente sollen im folgenden ausführlicher entwickelt werden, indem wir zunächst die Grundlagen von Durkheims moralsoziologischem Programm, die historische Entwicklung von Moralsystemen, ihre Konsequenzen für die moderne Moralerziehung und seine Lösung für die moralische Krise betrachten. In diesem Licht läßt sich abschließend die Güte seines Vorschlags, die Konzeption des »kollektivistischen Individualismus«, prüfen und seine Verhältnisbestimmung von sozialer Ordnung und individueller Freiheit kritisch beurteilen.

2. Das Programm einer Moralwissenschaft

In seinen ersten beiden Artikeln über die Philosophie und Sozial-wissenschaften in Deutschland[13], die Durkheim schlagartig in Frankreich bekannt machen und ihm zu einem Lehrauftrag für Sozialwissenschaften an der Universität Bordeaux verhelfen, kommt die zentrale Absicht seiner Moralwissenschaft bereits deutlich zum Ausdruck. »Was alle philosophischen Lehren anbe-trifft, die Deutschland hervorgebracht hat, so ist der Kantianis-mus diejenige, die sich – klug interpretiert – noch am besten mit den Erfordernissen der Wissenschaft in Einklang bringen läßt« (1887 a: 330 bzw. 1975 c: 456, H.-P.M.). Diese »kluge Interpreta-tion« vorzunehmen und die Erkenntnisse des philosophischen Idealismus in den Rahmen einer soziologischen Moraltheorie zu übertragen, ist die *Leitidee von Durkheims Soziologie.* Sein Pro-gramm eines *soziologischen Kantianismus* zielt nicht auf eine Metaphysik, sondern auf eine *Physik der Sitten und des Rechts*[14], welche die bestehenden Moralregeln – wie Werte, Sitten, Bräuche und Konventionen – erfaßt, vergleicht, klassifiziert und ihren Einfluß auf das soziale Leben untersucht.

Auch wenn Durkheim an der Kantschen Beschreibung morali-scher Phänomene – dem kategorischen Imperativ, der Freiheit und Autonomie des Willens und dem Pflichtcharakter der Moral – festhalten will, so lehnt er doch dessen philosophische *Erklä-rung* ab. Seiner Ansicht nach gibt es drei Gründe, warum aus der idealistischen Moralphilosophie bislang keine soziologische Mo-raltheorie entstehen konnte: die dualistische Naturauffassung, die Methode der Deduktion und die Universalität der Morallehren.[15]

Die mit der Aufklärung einsetzende Säkularisierung des Den-kens hatte zwar erwiesen, daß Gesellschaften keine gottgewollten Ordnungen sind, sondern von Menschen gemacht werden; doch hatte diese Einsicht zu der umgekehrten Illusion verleitet, daß Sozialordnungen jederzeit und nach individuellem Belieben kon-struiert werden könnten und der Mensch als der alleinige Archi-tekt seiner sozialen Organisation zu gelten habe. Jeder Versuch, nach Gesetzmäßigkeiten im sozialen Leben zu forschen, muß von *ethischer* Warte aus als Angriff auf die *menschliche Willensfreiheit* angesehen werden. Unter diesen Voraussetzungen können Fra-gen der sozialen Ordnung und der Moral nicht wissenschaftlich behandelt werden. Vielmehr erwächst aus diesem Stand des Denkens die *dualistische Naturauffassung*, wie sie dem *cartesianischen Rationalismus* mit seiner Trennung von Geist und Materie eigentümlich ist: die Wirklichkeit zerfällt in ein Reich der Ideen und Ideale, die nur philosophischer Reflexion zugänglich sind, und die Welt der Natur, welche wissenschaftlich untersucht werden kann. Dem Korsett der dualistischen Konstellation kann man nur entkommen, so Durkheim (1978: XXXVII, dt. 1977: 72), wenn man die Einheit der Natur behauptet, die Idee des *Determinismus* auch auf Sozialordnungen überträgt und den Versuch macht, »Tatsachen des moralischen Lebens nach der Methode der positiven Wissenschaften zu behandeln«.

Zu dem ethischen Postulat menschlicher Willensfreiheit kommt freilich ein weiteres, *ontologisches* Argument, das die dualistische Naturkonzeption und die philosophische Moralbetrachtung nahelegt. Da Sozialordnungen von Menschen vereinbart werden, ist das Resultat dieser Vereinbarung, die Gesellschaft, selbst nur ein menschliches Kunstprodukt: »Ein Willensentschluß hat sie geschaffen, ein anderer Entschluß kann sie umformen« (1983: 120, dt. 1976a: 202). Wenn Gesellschaften gänzlich künstliche Einrichtungen sind, muß sich die Moralphilosophie auf die einzig reale Entität, die *menschliche Natur*, stützen. Das ist der tiefere Grund für das deduktive Verfahren aller moralphilosophischen Ansätze: aus der Analyse der menschlichen Natur wird das oberste Moralprinzip formuliert und aus diesem obersten Prinzip die gesamte Morallehre abgeleitet. Eine solche *normative Deduktion* führt jedoch nur zu einem abstrakten Begriffssystem, das axiomatisch gesetzt und intern logisch integriert ist, mit der Komplexität und Vielfalt des moralischen Lebens aber nichts zu tun hat. Sie läßt sich nur durch *empirische Induktion* erfassen. »Man kann nicht die Moral in allen Stücken konstruieren, um sie dann den Dingen aufzuerlegen, sondern man muß die Dinge beobachten, um aus ihnen eine Moral induktiv abzuleiten« (1887b: 42 bzw. 1975a: 278, H.-P. M.).

Das gilt noch mehr für die *Universalität* der Moralphilosophie, denn der Anspruch auf raum-zeitliche Unabhängigkeit mag zwar die *ethische Geltung* der Lehre unterstreichen, mindert aber regelmäßig deren *empirische Erklärungskraft*. Behauptet sie etwa Freiheit als oberstes Moralprinzip, so kann Sklaverei nicht mehr aus den sozialen Bedingungen der antiken Gesellschaft erklärt, sondern nur noch auf das niedrige ethische Niveau der Römer zurückgeführt werden. Statt von moralphilosophischer Universalität geht Durkheim (1974 b: 74, dt. 1973 b: 135) deshalb von einem *moralsoziologischen Relativismus* aus, der auf der Annahme beruht, »daß die Moral eines jeden Volkes in direkter Beziehung mit der Struktur des Volkes steht, die sie praktiziert. (…) Jeder soziale Typus hat die Moral, die er braucht, wie jeder biologische Typus das Nervensystem hat, das ihm erlaubt, sich zu erhalten. Daraus folgt, daß die Moral durch die Gesellschaft selbst erarbeitet wird, deren Strukturen sie getreu widerspiegelt«. Diese Annahme ermöglicht es erst, den historischen Wandel der Moralvorstellungen in Abhängigkeit von der gesellschaftlichen Entwicklung zu untersuchen und zu prüfen, ob Gesellschaftstyp und Moralniveau korrespondieren. Wo diese Korrespondenz existiert, besteht ein Gleichgewicht, wo sie fehlt, gerät die Gesellschaft in eine moralische Krise, wie zum Beispiel das zeitgenössische Frankreich, in der das Moralbewußtsein hinter dem gesellschaftlichen Entwicklungsniveau zurückbleibt. Durkheims moralsoziologischer Relativismus, der zwischen *normaler* (Gleichgewicht) und *pathologischer* (Krise) Entwicklung zu unterscheiden erlaubt, behauptet jedoch nicht, daß die neuzeitliche Moral keine oder nur noch »relative« Geltung besitzt; das ist nur in einer Krise der Fall. In normalen Gleichgewichtsperioden entfaltet sie ihre imperative Kraft und hat »die Funktion (…), die soziale Ordnung zu sichern« (1887 b: 56 bzw. 1975 a: 295, H.-P. M.).

Durkheims moralsoziologischer Ansatz geht demnach erkenntnistheoretisch von einer monistischen Naturkonzeption aus, betont die Einheit der Natur- und Sozialwissenschaften und bedient sich des methodischen Verfahrens der empirischen Induktion, um die vielfältigen Moralphänomene in ihrer Entstehung und Funktionsweise zu erfassen und Normalität oder Abweichung ihrer Entwicklung zu beurteilen. Sein Programm einer »Physik der Sitten und des Rechts« (1978: xxxvii, dt. 1977: 72) will demnach »die Moral nicht aus der Wissenschaft ableiten, sondern die Wissenschaft der Moral treiben, was etwas ganz anderes ist. Die moralischen Tatsachen sind Phänomene wie alle anderen auch. Sie bestehen aus Verhaltensregeln, die man an bestimmten Unterscheidungsmerkmalen erkennen kann. Es muß also möglich sein, sie zu beobachten, sie zu beschreiben, sie zu klassifizieren und die Gesetze zu suchen, die sie erklären«.

Aber woran erkennt man moralische Regeln, welche Merkmale zeichnen sie aus? Ohne mit einer Generalformel sogleich das Wesen der Moral ausdrücken zu wollen, gibt Durkheim eine vorläufige Definition in der *Bestimmung der moralischen Tatsache*[16], einer Diskussionsvorlage für die Französische Gesellschaft für Philosophie aus dem Jahre 1906. Diese Vorlage einschließlich der beigefügten Diskussionsbeiträge ist der prägnanteste und – neben dem hier abgedruckten Fragment über *Moral*[17] und seiner Vorlesung über *Moralische Erziehung*[18] – der reifste Text von Durkheim zu Fragen der Moral.

Ausgehend von der methodischen Unterscheidung, daß man Moral sowohl wissenschaftlich untersuchen als auch praktisch beurteilen kann, wählt er den theoretischen Zugang und definiert: »Jede Moral stellt sich uns dar als ein System von Verhaltensregeln« (1974a: 51, dt. 1976b: 84). Diese Verhaltensregeln »bestimmen, wie man sich in bestimmten Fällen verhalten muß: Gut handeln heißt, gut gehorchen« (1974b: 21, dt. 1973b: 78). Aber wenn man in der Bundesrepublik deutsch spricht, seine Einkäufe in DM tätigt und als Unternehmer in einer wettbewerbsorientierten Marktwirtschaft dem Gesetz von Angebot und Nachfrage »gehorcht«, handelt man dann moralisch? Zwar teilen Sprache, Währung und Produktionsmethoden[19] mit moralischen Geboten einen gewissen sozialen Zwang, den sie auf den Betroffenen ausüben; doch bei dem »sozialen Druck« in den ersten drei Fällen handelt es sich nicht um moralische Normen im engeren Sinne, sondern um Techniken und Mittel, deren man sich bedienen muß, um seine Ziele zu erreichen.

Um diese verschiedenen Tatbestände auseinanderhalten zu können, unterscheidet Durkheim zwischen *technischen* und *moralischen Regeln* und gelangt dadurch zum ersten Merkmal der Moral: der *Obligation*. Gegen bestehende Regeln zu verstoßen, hat immer schädliche Konsequenzen für den Betroffenen, doch ist die Natur der Konsequenzen bei den beiden Regelarten grundverschieden. Die Verletzung der technischen Vorschrift zieht unmittelbar und mechanisch negative Konsequenzen nach sich. Mißachtet man, so Durkheims (1974a: 59 ff., dt. 1976b: 93 ff.) Beispiel, elementare Gebote der Hygiene, so *wird* man krank. Begeht man hingegen einen Totschlag, so *soll* man bestraft werden, das heißt, man kann von der Tat allein nicht auf die Folge, sprich: Art und Umfang der Strafe, schließen, sondern man muß die soziale Situation (Notwehr oder geplanter Mord) und die kollektive Regel für Totschlag (das Gesetz) mit berücksichtigen. So bedeutet, den Feind im Krieg zu töten, Ruhm und Ehre, in Friedenszeiten hingegen einen heimtückischen Anschlag auf die Unverletzlichkeit der menschlichen Person. Im Falle technischer Regeln sind Handlung und Folge *unmittelbar* und *analytisch* miteinander verknüpft, im Falle moralischer Regeln hingegen nur *vermittelt* durch ein *synthetisches* Band, das Durkheim als *Sanktionen* bezeichnet. Der obligatorische Charakter moralischer Regeln zeigt sich darin, daß sie Gebote und Verbote aussprechen, die bei Verletzung gesellschaftliche Sanktionen nach sich ziehen. Die Sanktionierung ist dabei »eine Folge der Handlung, die nicht aus dem Inhalt der Handlung resultiert, sondern daraus, daß die Handlung einer bestehenden Regel nicht entspricht« (1974a: 60, dt. 1976b: 94). Moralische Regeln sind »mit einer besonderen Autorität ausgestattet (...), kraft deren sie befolgt werden, weil sie gebieten« (1974a: 52, dt. 1976b: 85).

Indem er den Pflichtcharakter der Moral unterstreicht, folgt Durkheim getreu der Kantschen Analyse, erklärt ihn jedoch nicht *transzendental* über die menschliche Natur, der das Pflichtbewußtsein innewohnt, sondern *empirisch-analytisch* über die Untersuchung vorfindbarer Regelarten und ihrer Wirkungsweise.

Die Obligation ist indes nur die *eine* Seite der Moral, zu der der Charakter des *Erstrebenswertseins* hinzukommen muß. »Einen Zweck zu verfolgen, der uns kalt läßt, der uns nicht *gut* erscheint, der unser Gefühl nicht berührt, ist etwas psychologisch Unmögliches« (1974a: 62, dt. 1976b: 96). Eine reine Pflichtethik, wie sie Kant vorschwebte, ist nach Durkheims Auffassung in der Praxis kaum vorstellbar, und es ist nur schwer einzusehen, warum jemand eine Regel befolgen soll, nur weil sie gebietet. Es fehlt das Motiv, das Eigeninteresse, ja die Lust an der Regelbefolgung, die sich nur einstellen kann, wenn das Individuum die Zielsetzung der Regel als gut »empfindet«.

Durkheim greift an dieser Stelle auf die Einsichten der utilitaristischen Ethik zurück, daß die Regelkonformität immer dann am besten gewährt wird, wenn die Betroffenen die Regel wollen und dieses Wollen wiederum von dem jeweiligen Nutzen abhängt, den der Regelmechanismus spendet. Wenn ein Händler etwa dank der Regeln des Marktes gut verdient, wird er auch ein überzeugter Anhänger der Marktwirtschaft sein.

Über der richtigen Einsicht in das Gute, das gewollt werden muß, vergessen Utilitaristen in der einseitigen Überbetonung des hedonistischen Elements jedoch den Grundcharakter moralischen Handelns: die *Achtung* vor Regeln, welche mit einer gewissen Anstrengung, ja einer Selbstüberwindung verbunden ist, die der Pflicht stets anhaftet.

Zwang, Selbstüberwindung und Pflicht sowie altruistisches Gefühl, Erstrebenswertsein und das Gute bilden zwei zentrale Eigenschaften der Moral, die nach Durkheims Ansicht einander ergänzen und durchdringen und die im beobachtbaren individuellen Verhalten ohnehin miteinander verschmelzen. Was Idealisten und Utilitaristen als unversöhnliche Gegensätze oberster Moralprinzipien hingestellt haben, das fließt in seine Konzeption als konstitutive und gleichrangige Elemente der Moralität ein. Die *Pflicht* und das *Gute* bezeichnen eine spannungsreiche, aber keineswegs widersprüchliche Einheit und sind in seinen Augen nur die beiden Seiten einer jeden Moralregel.

Die enge Beziehung zwischen den nur scheinbar antagonistischen Elementen der Moralität verdeutlicht Durkheim am Begriff des *Heiligen,* der einen vergleichbaren dualistischen Charakter besitzt. Einerseits flößt das Heilige dem Gläubigen wenn nicht Furcht, so doch Achtung ein; andererseits ist es ein Wunschobjekt, das ihn anzieht, fasziniert und dessen Kontakt er sucht. Diese Parallelen zwischen Moral und Religion entspringen seiner Auffassung nach nicht nur oberflächlicher Analogie, sondern sind Ausdruck einer tieferen Wesensverwandtschaft. Jahrhundertelang war die Moral religiöser Natur, und Religion und Moral waren noch nicht voneinander getrennt. Es ist daher nur natürlich, »daß sich die Moral uns unter zwei Gesichtern vorstellt: Hier als eine befehlende Gesetzgebung, die unseren ganzen Gehorsam erheischt, dort als ein großartiges Ideal, dem unser Gefühl spontan zuneigt« (1974 b: 82, dt. 1973 b: 144).

Die Pflicht und das Gute – das signalisiert schon die Verwandtschaft zum Heiligen – sind zwei Elemente, an denen man ganz allgemein moralische Phänomene erkennen kann und die für religiöse als auch weltliche Moralsysteme gelten. Aber wer verkörpert die gebieterische Autorität, wer ist die Sanktionsinstanz, wer tritt an die Stelle der Götter in einer *säkularen* Moral? Das einzelne Individuum kommt nicht in Frage, denn es vermag eine kollektiv verbindliche Moral nicht durch Introspektion aus sich hervorzuzaubern, noch haben egoistische Interessen jemals eine Ethik begründet; ähnliches gilt auch für die partikularen Interessen mehrerer Individuen, so daß nur die Gesellschaft übrigbleibt. »Also sind moralisch jene Ziele, die *eine Gesellschaft* zum Objekt haben. Moralisch handeln heißt, im Hinblick auf ein Kollektivinteresse handeln« (1974 b: 51, dt. 1973 b: 111).

»Die Gesellschaft ist also nicht, wie man oft geglaubt hat, der Moral fremd oder etwas, das nur zweitrangige Rückwirkungen auf sie hat. Im Gegenteil, sie ist die notwendige Bedingung ihrer Existenz. Sie ist keine einfache Aneinanderreihung von Individuen, die bei ihrem Eintritt in die Gesellschaft eine vollständige Moral mitbringen; sondern der Mensch ist nur ein moralisches Wesen, weil er in Gesellschaft lebt, da die Moralität darin besteht, mit einer Gruppe solidarisch zu sein, und sich wie diese Solidarität verändert. Bringt man das soziale Leben zum Stillstand, dann bringt man auch das moralische Leben zum Stillstand, da kein Bezugspunkt mehr für es besteht« (1978: 394, dt. 1977: 439 f., H.-P. M.).

Fassen wir zusammen: Eine Moral besteht aus einem System von Verhaltensregeln, das Achtung gebietet und zugleich anziehend und erstrebenswert ist. Auf der Grundlage dieser allgemeinen Beschreibung läßt sich die Frage nach der Entstehung einer individualistischen Moral, ihrer Aufrechterhaltung durch einen komplexen Erziehungs- und Sozialisationsprozeß und ihrer Religiosität als Kollektivideal stellen.

3. Gesellschaft, moralisches Milieu und Individuum

In der *Arbeitsteilung*[20] untersucht Durkheim die gesellschaftlichen Bedingungen für die Entstehung einer individualistischen Moral. Die wachsende Arbeitsteilung und Differenzierung haben die moralischen Regeln der gesellschaftlichen Zusammenarbeit grundlegend verändert. Er beschreibt diesen Wandel von einer kollektivistisch-religiösen zu einer individualistisch-weltlichen Moral über die Veränderungen des Kollektivbewußtseins und der Solidarität, wie er den moralischen Charakter einer Gesellschaft auch bezeichnet. Um Bedeutung und Tragweite dieses Wandels zu verdeutlichen, unterscheidet Durkheim idealtypisch zwei Gesellschaftsformen – archaische und moderne Gesellschaften.

Archaische Gesellschaften bestehen aus kleinen, leicht überschaubaren Sozialverbänden, deren Zusammenleben durch die heilige Tradition religiöser Normen und Praktiken verbindlich geregelt ist. Technische und ökonomische Entwicklung, Arbeitsteilung, sowie das Kommunikations- und Verkehrswesen sind nur schwach ausgebildet. Durkheim bezeichnet diese Stammesgesellschaft als *segmentären Typ*, weil diese homogenen Sozialverbände über ein weites Territorium verstreut liegend und mit wenig Verbindungen untereinander angeordnet sind. »Solange jedes Segment sein eigenes Leben hat, bildet es eine kleine Gesellschaft in der großen« (1978: 201, dt. 1977: 262). Angesichts der geringen Größe und Komplexität wird dieses Leben fast vollständig durch das *Kollektivbewußtsein* der Gemeinschaft, das heißt durch »die Gesamtheit der gemeinsamen religiösen Überzeugungen und Gefühle« (1978: 46, dt. 1977: 121) bestimmt. Es fungiert zum einen als kollektives Gedächtnis, soweit es die Traditionen und Erfahrungen des Stammes von einer Generation auf die andere weiterreicht; es stiftet zum anderen die gesellschaftliche Identität, soweit es den gesamten Komplex moralischer Regeln umfaßt, der die einheitliche Lebenserfahrung aller Stammesangehörigen garantiert und ähnliche Lebensverhältnisse über Generationen hinweg aufrechterhält. Diese übermächtige Tradition ist zwangsläufig religiöser Natur, zumal »die Religion einer sehr zentralen Region des Kollektivbewußtseins entspricht. (...) Am Anfang umfaßt sie alles; alles, was sozial ist, ist religiös; die beiden Wörter sind Synonyme« (1978: 143, dt. 1977: 210).

Folglich bilden allein die Gleichförmigkeit und Routine des sozialen Lebens den einzelnen nach den Charakterzügen des Kollektivs. Dazu ist nicht einmal eine gesonderte und zwanghafte *Erziehung* notwendig, denn Erziehung in der Stammesordnung, so Durkheim (1980: 74, dt. 1972: 55), zeichnet sich durch »Diffusität« aus: »Es gibt keine bestimmten Lehrer, keine besonderen Aufseher, die mit der Ausbildung der Jugend betraut sind; alle Älteren, die Gesamtheit der älteren Generation spielen diese Rolle.«

Durkheim (1978: 74, dt. 1977: 147) charakterisiert die soziale Integration des einzelnen in die Gemeinschaft als *mechanische Solidarität*, »die, aus Ähnlichkeiten erwachsen, das Individuum direkt an die Gesellschaft bindet«. Je perfekter die Sozialisation, desto höher ist der Grad an sozialer Konformität, und um so größer ist die Homogenität zwischen individuellem und gesellschaftlichem Moralbewußtsein. »Die Solidarität, die aus den Ähnlichkeiten kommt, erreicht ihr Maximum, wenn das Kollektivbewußtsein unser ganzes Bewußtsein genau deckt und in allen Punkten mit dem übereinstimmt: aber in diesem Punkt ist unsere Individualität gleich Null« (1978: 99 f., dt. 1977: 170).

Demgegenüber zerfällt die Ähnlichkeit der Lebensverhältnisse und die gemeinschaftliche Lebenserfahrung in *fortgeschrittenen Gesellschaften.* Moderne Industriegesellschaften sind große Nationen mit einem hohen Urbanisierungsgrad und einem ausgeprägten Stadt-Land-Gefälle, einem ausgebauten Kommunikations- und Verkehrswesen, einem hohen technischen Entwicklungsstand, einer entwickelten Verkehrswirtschaft mit Produktion für den Weltmarkt. Die Größe und die hohe materielle und moralische Dichte, wie Durkheim Kommunikations- und Verkehrsverbindungen auch bezeichnet, begünstigen die Arbeitsteilung, soziale Differenzierung und funktionale Spezialisierung. Es entstehen unterschiedliche gesellschaftliche Lebensbereiche und diverse soziale Milieus, die durch ein gemeinschaftliches Kollektivbewußtsein nicht mehr geregelt werden können. Vielmehr müssen die neuen Lebensbereiche – wie die Großindustrie, der moderne Staat und die Verwaltung – eigenständigen, spezifischen Regelungen unterworfen werden. »Die Arbeitsteilung führt zu Rechtsregeln, die die Natur und Beziehungen der geteilten Funktionen bestimmen, aber deren Verletzung nur Reparationsmaßnahmen ohne Sühnecharakter nach sich ziehen« (1978: 206, dt. 1977: 266). Sie führt daher zu einer neuartigen Solidarität aus der Zusammenarbeit, der *organischen Solidarität*, die das Individuum nicht direkt an die Gesamtgesellschaft bindet, sondern an die Lebensbereiche und Milieus, in denen es tätig ist. Angesichts der Verschiedenheit der Lebensverhältnisse kann der einzelne nicht mehr durch ein gemeinschaftliches Bewußtsein als Reproduktion einer einheitlichen Kollektivmentalität sozialisiert werden. Vielmehr schreibt die organische Solidarität die Bildung autonomer Persönlichkeiten zwingend vor, wobei die individuelle Freiheit aus der Partizipation an diversen sozialen Kontexten resultiert. Gerade die Verankerung in verschiedenen moralischen Milieus verhindert erfolgreich die Unterordnung des Individuums unter den despotischen Einfluß *einer* Gruppe, weil der einzelne Rollenverpflichtungen aus verschiedenen Bereichen nachkommen muß.

Das gelingt nur einer individuellen Persönlichkeit, welche die unterschiedlichen Verhaltensanforderungen koordiniert und auf der Basis einer eigenständigen Lebensführung sinnvoll abstimmt. Durkheim (1978: 6, dt. 1977: 83, im Original kursiv) bringt daher den »kategorische(n) Imperativ des moralischen Bewußtseins« moderner Gesellschaften auf die Formel: »Bereite dich vor, einen bestimmten Beruf nützlich auszufüllen.«

Eine individualistische Moral ist jedoch nur funktionstüchtig, wenn das Individuum einem langwährenden Erziehungs- und Bildungsprozeß unterworfen wird, der es zu autonomer Lebensführung erst befähigt. Eine arbeitsteilig differenzierte Industriegesellschaft wird daher nur dann eine Solidarität der Zusammenarbeit entwickeln, wenn es gelingt, der nachwachsenden Generation die nötige Selbstbeherrschung und Achtung vor Regeln auch ohne die Sanktionen erzürnter Götter beizubringen, das Wissen um das komplexe Regelwerk einer modernen Gesellschaft mit ihrer vielfältigen Gruppenzugehörigkeit zu vermitteln und Chancen und Risiken einer individuellen Lebensführung zu verdeutlichen.

4. Rationale Moralerziehung in der säkularen Gesellschaft

In *Erziehung, Moral und Gesellschaft*[21] unternimmt Durkheim den Versuch, die Erkenntnisse der Moralsoziologie auf eine rein *laizistische* Moralerziehung anzuwenden. »Darunter versteht man eine Erziehung, der jede Anleihe auf die Prinzipien untersagt ist, auf denen die offenbarten Religionen beruhen, die sich vielmehr auf die Ideen, die Gefühle und die Praktiken stützt, die von der Vernunft allein abhängen. Mit einem Wort, eine reine vernunftmäßige Erziehung« (1974b: 3, dt. 1973b: 59). Wenn auch die Pflicht und das Gute Elemente einer jeden Moral sind, so muß eine individualistische Moral, die auf keiner anderen Autorität als der Vernunft beruht, noch ein weiteres Element aufweisen, was sie radikal von einer sakralen Moral unterscheidet: die begründete Einsicht oder das, was Durkheim gern als *Reflexion*[22] bezeichnet. In seiner Vorlesungsreihe beschreibt er drei Bildungs- und Sozialisationsprozesse, in deren Verlauf der einzelne die moralischen Werte, Regeln und Normen internalisiert: das Pflichtbewußtsein soll durch den *Geist der Disziplin* geweckt werden, denn die Selbstbeherrschung ist die Grundlage jeglicher Persönlichkeitsbildung; das Erstrebenswertsein gesellschaftlicher Ideale soll über den *Anschluß an die sozialen Gruppen* vermittelt werden, denn die soziale Integration des einzelnen in die verschiedenen Gruppen ist die Voraussetzung für organische Solidarität; Einsichts- und Reflexionsfähigkeit werden über *Autonomie* gebildet, die individuelle Lebensführung erst ermöglicht. Geist der Disziplin, Anschluß an die sozialen Gruppen und Autonomie sind demnach die drei Prozesse, die zu Personalität im Sinne von Menschwerdung, Solidarität im Sinne von Soziabilität und Individualität im Sinne von Individuierung führen und die spezifischen Charakterzüge einer individualistischen Moral ausmachen.

4.1 Disziplin und die Persönlichkeitsentwicklung des Menschen

Auf den ersten Blick ist es schon bemerkenswert, daß die Entwicklung moralischer Autonomie mit einer Diskussion über die Disziplin eingeleitet wird. Schließen sich nicht individuelle Selbstentfaltung und moralische Disziplin wechselseitig aus? Schreitet nicht die Individualität in dem Maße voran, in dem man den moralischen Druck sozialer Regelungen und Einschränkungen hinter sich läßt? Utilitaristen wie Hobbes und Bentham betrachten Disziplin als Vergewaltigung der individuellen Natur, die jedoch sozial notwendig ist, weil die egoistischen Leidenschaften sonst in den Kampf aller gegen alle einmünden müßten; die soziale Ordnung wird demnach um den Preis eingeschränkter individueller Freiheit erkauft.

In Durkheims Augen ist die Auffassung nicht nur grundfalsch, weil sie in der Disziplin lediglich einen negativen Ordnungsfaktor sieht, sondern weil sie auch die positive Rolle für das soziale Zusammenleben *und* für die moralische Entwicklung der Persönlichkeit verkennt. Zunächst ist soziale Zusammenarbeit unmöglich, sofern individuelles Verhalten völlig willkürlich erfolgt und nicht kalkulierbar ist. Der erste Vorzug der Disziplin besteht darin, den Sinn für Regelmäßigkeit und Gewohnheiten zu wecken, so daß unter gleichen Umständen die gleichen Handlungen erfolgen. Insofern ist die Funktion der Moral, das Verhalten durch ihre gebieterische Autorität zu bestimmen, sozial zu kontrollieren und der individuellen Willkür zu entziehen. Neben der Aufrechterhaltung der sozialen Ordnung erfüllt die Disziplin zwei weitere Funktionen für die Sozialisation der Persönlichkeit: »Eine gewisse Regelmäßigkeit im Verhalten der Individuen zu erreichen und ihnen bestimmte Ziele anzuweisen, die zu gleicher Zeit ihren Horizont begrenzen« (1974 b: 41, dt. 1973 b: 100). Wo diese Regelmäßigkeit und Zielsetzung fehlen, ist der einzelne seinen wechselnden Interessen hilflos ausgesetzt. Ist ein solcher Mensch autonom? Ist ein Despot, der allmächtig ist und keine äußeren Schranken kennt, grenzenlos frei? Nach Durkheims Einschätzung wird er sehr schnell der Sklave seiner tyrannischen Leidenschaften, degeneriert zum Spielball seiner launischen Neigungen, und seine Allmacht verkehrt sich in traurige Ohnmacht. Die literarische Gestalt, welche die Sehnsucht nach Unendlichkeit im 19. Jahrhundert am reinsten verkörpert, ist Goethes Faust. Faust ist in Durkheims Augen moralisch unvollständig, weil er sich keine äußeren Grenzen auferlegt, weil er sich nicht für eine bestimmte Wissenschaft entscheiden und alle seine Kräfte darauf konzentrieren kann, weil er Zielen nachstrebt, die *ex definitione* unerreichbar sind. »Die Selbstherrschaft ist die erste Bedingung einer jeden wirklichen Macht, einer jeden Freiheit, die dieses Namens würdig ist«, so daß »moralisch handeln (heißt, H.-P. M.), sich folgerichtig benehmen, nach beständigen Prinzipien, die über den Trieben und zufälligen Anregungen stehen. In der Schule der Pflicht bildet sich also im allgemeinen der Wille« (1974 b: 39 f., dt. 1973 b: 97, 99).

Die Vorstellung einer sinnvollen Begrenzung und eines moralischen Gleichgewichts im individuellen und sozialen Leben drückt einen Kerngedanken von Durkheims Moralsoziologie aus. Wie die *Arbeitsteilung* bereits gezeigt hat, ist es das Schicksal des modernen Menschen, eine bestimmte Funktion zu bekleiden und Teil eines größeren Ganzen zu sein. Wo immer der Mensch versucht, diese Begrenzungen zu transzendieren und sich über seine eigene Natur hinwegzusetzen – so demonstriert er im *Selbstmord* (1969 a, dt. 1973 a) –, geraten seine Fähigkeiten und Möglichkeiten, seine Ziele und Mittel aus dem Lot, und er verstrickt sich in eine gefährliche Krise. Der ungezügelte Drang nach Höherem setzt das individuelle Lebensglück leichtfertig aufs Spiel, denn es ist nach Durkheims (1974 b: 43, dt. 1973 b: 102)

Überzeugung eine gefährliche Illusion, zu glauben, »daß das Glück grenzenlos mit der Macht, mit dem Wissen oder dem Reichtum wächst«.

Fassen wir zusammen: »Die Disziplin ist also nicht nur im Interesse der Gesellschaft nützlich und das unentbehrliche Mittel, ohne das keine geregelte Zusammenarbeit möglich ist, sondern auch im Interesse des Individuums selbst. Denn durch sie lernen wir jene Zurückhaltung der Wünsche, ohne die der Mensch nicht glücklich sein könnte. Damit trägt sie zu einem großen Teil dazu bei, das zu bilden, was in uns das Wesentliche ist, nämlich unsere Persönlichkeit« (1974 b: 42, dt. 1973 b: 101).

4.2 Anschluß an die soziale Gruppe und die Pluralität der Gruppenzugehörigkeit in differenzierten Gesellschaften

Mit dem Geist der Disziplin und der Selbstbeherrschung als Grundlage allen moralischen Handelns ist ein erster Bildungs- und Erziehungsprozeß benannt, der ohne den Anschluß an die soziale Gruppe nicht bewerkstelligt werden kann. Der Mensch ist zweifellos ein soziales Wesen, und er bedarf der moralischen Atmosphäre eines Kollektivs in gleicher Weise wie des Sauerstoffs zum Atmen. Die Gesellschaft ist nach Durkheims Auffassung die oberste Instanz moralischer Autorität, doch findet der einzelne im Sozialisationsprozeß stets Anschluß in mehreren sozialen Gruppen. Nur der archaische Mensch wird direkt in das Stammeskollektiv integriert; der moderne Mensch ist Mitglied einer Familie, der Schule, einer Berufsgruppe, einer Gesellschaft und der gesamten Menschheit. Diese verschiedenen sozialen Milieus besitzen Regeln unterschiedlicher Reichweite und Allgemeinheit und sind daher auf verschiedenen Ordnungsniveaus angesiedelt. Da eine Regel um so allgemeiner ist, je unpersönlicher sie ist, bilden Familie, Profession, Staat und Menschheit nach Durkheims Auffassung eine *Hierarchie*. Auf der untersten Ebene sorgt die *Familie* für die primäre Sozialisation des Kindes, stiftet die Wärme und moralischen Gefühle, die den Anschluß an die erste soziale Gruppe ermöglichen. Anhand seines Kontraktionsgesetzes[23] verweist Durkheim jedoch auf den quantitativen und qualitativen Funktionsverlust der modernen Kernfamilie, die nicht nur wirtschaftliche, politische und rechtliche Aufgaben an andere gesellschaftliche Lebensbereiche abgeben mußte, sondern auch in ihrer verbliebenen Funktion der Sozialisation starke Konkurrenz bekommen hat. Die öffentliche Erziehung und hier vor allem die *Schule* leitet die sekundäre Sozialisation, die zweite Periode der Kindheit ein, welche den Jugendlichen auf das soziale Leben in einer arbeitsteiligen Gesellschaft vorbereitet.

Wenn der kategorische Imperativ des modernen Moralbewußtseins in der Ausübung eines *Berufs* besteht, erhält die professionelle Moral wachsende Bedeutung als wichtiges Zwischenglied zwischen familialer und staatsbürgerlicher Moral. Während im öffentlichen Bereich – Staat, Verwaltung und Militär – Berufsgruppen bereits weit verbreitet sind, fehlen sie in Industrie und Handel gänzlich, nachdem alle intermediären Korporationen während der Französischen Revolution abgeschafft worden waren. Angesichts der drückenden Anomie in der Wirtschaft und der »sozialen Frage« schlägt Durkheim[24] vor, Berufsgruppen als autonome Regelungsorgane einzurichten, um die Konflikte zwischen Arbeitgebern und Arbeitnehmern durch Interessenausgleich beizulegen.

Die allgemeinste und höchste Stufe der Moral bilden jedoch *Staat* und *Menschheit,* und Durkheim prüft die Frage, ob Nationalismus oder Kosmopolitismus das oberste Ideal einer staatsbürgerlichen Ethik sein sollten. Gegen den Kosmopolitismus spricht, daß keine Weltgesellschaft existiert, welche die Einhaltung des Ideals verbürgen könnte, auch wenn im Ideal der menschlichen Brüderlichkeit und im Kult des Individuums Gattungs- und Individualtyp verschmelzen. Trotz der Möglichkeit einer europäischen Gesellschaft ist »der Staat (...) augenblicklich die am höchsten organisierte menschliche Gruppe, die existiert«, und Durkheim (1974 b: 64, dt. 1973 b: 125) plädiert deshalb für einen reflektierten, nach innen orientierten Patriotismus, dem die französische Nation folgen solle. Darunter versteht er keinen aggressiven, nach außen gerichteten Nationalismus und Imperialismus, sondern die Verwirklichung kosmopolitischer Ideale auf der Ebene staatlicher Organisation, so daß die französische Nation nach größtmöglicher sozialer Gerechtigkeit und der besten moralischen Organisation streben und damit allen anderen Staaten zum Vorbild werden solle.

In dem Maße, in dem der einzelne während des Sozialisationsprozesses in die Gesellschaft hineinwächst, in die verschiedenen sozialen Gruppen integriert wird und die Hierarchie moralischer Rechte und Pflichten internalisiert, in dem Maße wird er auch die unpersönlichen Ideale als erstrebenswert ansehen und die moralische Verantwortung für eine Solidarität aus der Zusammenarbeit tragen können. Aber ist er dann auch schon autonom?

4.3 Persönliche Autonomie und moralischer Individualismus

Wie wir bereits anhand der ersten beiden Prozesse gesehen haben, darf Autonomie nicht verwechselt werden mit grenzenloser Selbstentfaltung und gesellschaftlich losgelöster, autochthoner Selbstverwirklichung. Vielmehr ist Disziplin die wichtigste Grundlage für die Selbstbeherrschung, durch die wir erst moralfähig werden, und der Anschluß an die sozialen Gruppen ist der Prozeß, in dem wir allmählich die zivilisatorischen Errungenschaften der Gesellschaft erwerben und damit den Aufbau unserer Persönlichkeit vorantreiben.

Recht besehen, sind die ersten beiden Komponenten des Sozialisations- und Bildungsprozesses – der Disziplinierungs- und Internalisierungsprozeß – vollkommen heteronome Vorgänge, die nur schwer mit der Forderung nach Autonomie zu vereinbaren sind. Wie ist der Äußerlichkeits- und Zwangscharakter von moralischen Regeln, der im Laufe der Persönlichkeitsentwicklung zwar nicht mehr spürbar ist, nichtsdestoweniger aber wirklich bleibt, mit der Forderung des modernen Moralbewußtseins nach persönlicher Autonomie zu versöhnen? Wie trägt eine rationale Moral dem Anspruch auf Selbstbestimmung Rechnung, eine Regel nur dann moralisch zu nennen, wenn sie ohne Zwang, in Freiheit und als Akt freiwilliger Zustimmung zustande gekommen ist? Kurz: Wie sind moralischer Determinismus und menschliche Willensfreiheit miteinander vereinbar?

Durkheim erklärt die Möglichkeit persönlicher Autonomie zunächst über das Verhältnis von Mensch und Natur. In dem Maße, in dem die Naturwissenschaft voranschreitet und immer mehr Gesetzmäßigkeiten im physischen Leben zutage gefördert werden, wächst der Eindruck, daß die Menschen die Natur beherrschen. Wir fühlen uns nicht als Sklaven, sondern als Herren der Natur, obgleich wir die Gesetze des Universums nicht geschaffen haben und bei aller Erkenntnis den Naturgesetzen auch weiterhin unterworfen bleiben. Allein die Einsicht in »den Plan der Natur«, den die Wissenschaft erlaubt, gibt uns das Bewußtsein von Freiheit. Nicht anders, so Durkheim (1974 b: 97 f., dt. 1973 b: 160 f.), steht es mit dem moralischen Leben. »Da die Moral die Natur der Gesellschaft ausdrückt und da sie genausowenig direkt bekannt ist wie die physische Natur, so kann die Vernunft des Individuums ebensowenig die Gesetzgeberin der Moralwelt sein wie die der materiellen Welt.« Doch besiegelt das nicht notwendig die Kapitulation der menschlichen Vernunft. Im Gegenteil: je weiter die Moralwissenschaft entwickelt ist und je klarer die moralischen Gesetzmäßigkeiten der sozialen Ordnung zutage treten, desto größer werden die Erkenntnisse von Sinn und Zweck moralischer Regeln. Schon diese *kognitive* Repräsentation der Regeln im eigenen Bewußtsein eröffnet »einen ersten Grad von Autonomie« (1974 b: 97, dt. 1973 b: 160). Darüber hinaus fordert die Vernunft die kritische Prüfung und *evaluative* Analyse einer moralischen Regel daraufhin, ob sie mit den Prinzipien einer individualistischen Moral übereinstimmt. Erkenntnis- und Beurteilungsprozeß fördern die Einsicht in die Notwendigkeit der gesellschaftlichen Moral, und die freiwillige Zustimmung zur moralischen Welt ist kein Ausdruck der Unterwerfung, sondern ein *voluntativer* Akt persönlicher Autonomie. »Und damit werden wir wieder unsere Herren. Der Gedanke befreit den Willen. Dieser Satz, dem alle Welt gerne zustimmt, wenn es sich um die physische Welt handelt, bleibt für die Moralwelt genauso wahr« (1974 b: 100, dt. 1973 b: 164).

Durkheims rationalistische Argumentation provoziert drei Fragen, die das Verhältnis von gesellschaftlicher und individueller Moral betreffen: Was geschieht, wenn das Ergebnis kritischer Prüfung nicht in freiwillige Zustimmung, sondern in begründete Ablehnung einmündet? Unter welchen Umständen darf das individuelle Moralbewußtsein gegen die herrschende Moral rebellieren? Wieso vermögen intellektuell und moralisch reife Persönlichkeiten nicht, ihre eigenen Moralprinzipien zu entwerfen?

Dieser Problemkomplex läßt sich am ehesten lösen, wenn man auf seine *dualistische Konzeption der menschlichen Natur*[25] zurückgreift. Er unterscheidet zwischen Körper bzw. *Organismus* als Sitz der Sensibilität mit allen individuellen Neigungen, Trieben, Leidenschaften einerseits und Geist bzw. *Persönlichkeit* als

Sitz der Intelligibilität mit allen sozialen Erkenntnissen, moralischen Regeln und Gefühlen andererseits. Aus dieser Gegenüber-
stellung zwischen *individuellem* und *sozialem* Wesen folgt zwingend, daß die Persönlichkeit ein Produkt der Gesellschaft ist.
»Auch die individuelle Moral (...) ist sogar im höchsten Grad
gesellschaftlich bedingt. Denn was zu verwirklichen sie uns vor-
schreibt, ist der Idealtypus des Menschen, wie die betreffende
Gesellschaft ihn auffaßt; ein Ideal aber macht sich jede Gesellschaft nach ihrem Bilde« (1974 a: 76, dt. 1976 b: 110). Nach dieser
Konzeption kann in der Regel niemand die gesellschaftliche
Moral in allen Zügen ablehnen, weil die beurteilende Instanz, die
Persönlichkeit, selbst nur eine Kopie vom kollektiven Typus des
Individuums ist. Zwar konzediert Durkheim die Existenz einer
individuellen Moral, weil es immer »Kopierfehler« gibt, der
Sozialisationszirkel nie völlig geschlossen ist und jeder eine etwas
andere Vorstellung der gesellschaftlichen Moral entwickelt. Doch
eröffnen diese Variationen keine großen individuellen Spielräume
für moralische Eigeninitiative, sondern bedeuten nur, daß »jeder
von uns (...) in gewissen Punkten immoralisch« (1974 a: 100, dt.
1976 b: 135), weil unvollständig sozialisiert ist.

Grund zur individuellen Ablehnung von bestehenden Regeln
hat die Persönlichkeit daher nur, wenn die geltende Moral hinter
den Möglichkeiten zurückbleibt, welche die strukturelle Entwicklung der Gesellschaft eröffnet. In diesem Fall bedeutet die
individuelle Rebellion jedoch keine Ablehnung der Gesellschaft,
sondern den Versuch, sie weiterzuentwickeln. In diesem Sinne
beschreibt Durkheim die moralischen Innovationen von Sokrates
und Jesus als Versuch genialer Persönlichkeiten, das in der Gesellschaftsstruktur bereits erkennbare Ideal auf den Begriff zu
bringen und den Zeitgenossen das Bild künftiger Entwicklung
vor Augen zu führen. Doch wäre es falsch anzunehmen, daß
Sokrates und Jesus ihre Morallehre raum-zeit-unabhängig und
losgelöst von den spezifischen gesellschaftlichen Bedingungen
hätten entwickeln können. Durkheim hält daher auch nichts von
utopischen Moralentwürfen, die mit dem bestehenden Zustand
der Gesellschaft völlig unvereinbar sind, da sie ihn an die Illusion
des Wilden erinnert, »der glaubt, durch einen Willensakt, durch
einen ausgesprochenen Wunsch, durch einen energischen Befehl
den Lauf der Sonne aufhalten, den Sturm fesseln oder die Winde
lösen zu können« (1974 b: 101, dt. 1973 b: 164).

Ganz so irreal und unsinnig wie die magische Praxis des Wilden ist jedoch der Versuch des modernen Menschen nicht, Prinzipien individueller Lebensführung autonom zu entwickeln. Sein strukturtheoretisches Argument verweist ja auf die Heterogenisierung der Moralregeln und den Zwang zur Individuierung hin; in seiner sozialisationstheoretischen Argumentation hingegen versucht er, die neu entstandenen Freiheitsspielräume wieder moralisch einzugrenzen und individueller Gestaltung durch kollektiv(istisch)e Regelung zu entziehen. Diese Spannung zwischen strukturtheoretischem und sozialisationstheoretischem Argument entspringt seiner überzogenen Parallelisierung von archaischer und moderner Moral, die das Element der Autonomie zu ersticken droht. Eine archaische Moral beinhaltet stets einen obligatorischen Konformismus (Piaget 1973: 385 ff.), der auf einer asymmetrischen Beziehung zwischen religiös überhöhtem Kollektiv und gläubigem Individuum beruht; dagegen fordert der Autonomieanspruch der säkularen Moral, daß die Individuen selbst als Gleiche unter Gleichen die Regeln ihrer Zusammenarbeit festlegen, was eine symmetrische Beziehung zwischen Kollektiv und Individuum begründet. In beiden Fällen gehen Individuen soziale Verpflichtungen ein; doch im ersten Fall erwachsen sie aus einer oktroyierten Zwangsmoral, im zweiten Fall aus einer freiwillig vereinbarten Moral der Zusammenarbeit. Darüber hinaus bedeutet moralische Autonomie, daß ein Mensch im Konfliktfall zwischen universalistischer Moralregel und gesellschaftlicher Norm dem universalistischen Prinzip folgt und die gesellschaftliche Begründungsbasis, die Durkheim im Auge hat, transzendiert.

Die problematische Verhältnisbestimmung von gesellschaftlicher und individueller Moral resultiert letztlich aus seiner soziologischen Einseitigkeit, individuelle Moral und Persönlichkeit aus der Perspektive der Gesellschaft zu entwerfen. Das zeigt auch seine unausgearbeitete Persönlichkeitstheorie, denn der Dualismus der menschlichen Natur wird zwar in seinem Spannungsfeld beschrieben, jedoch ohne daß Durkheim eine Vorstellung davon unterbreitet, wie eine Metainstanz im Individuum die divergierenden Kräfte von Organismus und Persönlichkeit zu sinnvoller Lebensführung integrieren könnte. Es fehlt eine Konzeption wie Freuds (1971) Instanzenlehre, in der das Ich die konkurrierenden Ansprüche von Es und Über-Ich ausbalanciert, oder ein Identitätstheorem wie Goffmans Ich-Identität (1975), das personale und soziale Identität in Einklang bringt. Vor diesem Hintergrund beruht seine Verhältnisbestimmung von sozialer Ordnung und individueller Freiheit auf einem *kollektivistischen Individualismus,* der auf einen holzschnittartigen Typus[26] abzielt, nicht jedoch Unverwechselbarkeit und Einmaligkeit einer menschlichen Biographie betont, wie es neuere Subjekt- und Identitätstheorien versuchen.

Die Parallelisierung von archaischer und moderner Moral durch die Analogie zum Heiligen führt Durkheim schließlich über den engeren Kreis moralischer Erziehungs- und Bildungsprozesse hinaus zu der *religionssoziologischen* Frage, wie der Inhalt des modernen Kollektivbewußtseins, der moralische Individualismus, zu einem »heiligen« Kollektivideal und zu einer modernen staatsbürgerlichen Religion werden könnte.

5. Moralische Krise, Dreyfus-Affäre und der Kult des Individuums

Die enge Verwandtschaft von Religion und Moral, die Durkheim stets betont, bleibt auch nach dem Säkularisierungsprozeß bestehen und legt die Frage nahe, wie in einer rationalen Moral individualistischen Zuschnitts die sakralen Grundlagen verkörpert sind und durch welche Prozesse sie funktionale Wirksamkeit erhalten. Dahinter steht im Grunde genommen eine alte Fragestellung der französischen Aufklärung, wie die Vernunftfortschritte des Denkens mit den Glaubensgrundlagen einer säkularisierten Gesellschaft verknüpft werden können. Rousseau (1762, dt. 1974) schlägt für diesen Zweck die Schaffung einer staatsbürgerlichen Religion bzw. einer Zivilreligion vor, welche die Integration der sozialen Ordnung leistet, ohne dabei die Rechte der Vernunft zu verletzen.

Durkheim (1979, dt. 1981 a) hat sich zeit seines Lebens nur mit *archaischen* Religionssystemen beschäftigt, ohne seine Erkenntnisse auf moderne Gesellschaften zu übertragen – mit einer Ausnahme, dem hier abgedruckten Aufsatz *Der Individualismus und die Intellektuellen*[27], seiner prinzipiellen Stellungnahme zur Dreyfus-Affäre. Insofern ist dieser Aufsatz, der Durkheims Soziologie einmal mehr als *Krisenwissenschaft* aufweist, historisch und systematisch aufschlußreich: er beleuchtet die Hintergründe der schwersten Krise in der Dritten Republik und macht an der tiefen Kluft zwischen Anhängern und Gegnern von Dreyfus das ganze Ausmaß der Zerrissenheit der französischen Gesellschaft deutlich; zugleich enthält er Durkheims *Bild einer wohlgeordneten Gesellschaft*[28], so daß mit der abschließenden Betrachtung des moralischen Individualismus als säkularer Religion seine Vision der Versöhnung von sozialer Ordnung und individueller Freiheit abgerundet werden kann.

Schon kurz nach der Verurteilung von Hauptmann Dreyfus geht es in der öffentlichen Diskussion nicht mehr allein um die Rechtmäßigkeit dieses Urteils, sondern um den Vorwurf der Dreyfus-Gegner, die Intellektuellen würden mit ihrem egoistischen und gottlosen Individualismus die Staatsräson untergraben und die französische Gesellschaft in moralische und geistige Anarchie treiben. Durkheim (1970: 264 ff., dt. in diesem Band, S. 54 ff.) wehrt sich entschieden gegen diese Unterstellung, indem er zwischen utilitaristischem und moralischem Individualismus unterscheidet. Der *Utilitarismus* huldigt in der Tat dem »egoistischen Kult des Ichs«, kennt nur ein *Dogma,* die »Apotheose des Wohlergehens und der Privatinteressen«, und einen *Ritus,* die »Lehre der Nützlichkeit«. Davon völlig zu trennen ist jedoch der *moralische Individualismus* mit seinem »Kult des Individuums«, seinem einzigen *Dogma,* der »Autonomie der Vernunft«, und seinem *Ritus,* der »Lehre von der freien Prüfung«. Während die erste Auffassung tatsächlich in moralische Anarchie einmündet, führt die zweite zu organischer Solidarität und sozialer Ordnung. Aber wie kommt diese Ordnung zustande, wenn alle individuellen Meinungen frei sein dürfen und Regeln nur bei freiwilliger Vereinbarung akzeptiert werden?

Zunächst einmal ist der moralische Individualismus in der Tat ohne ein gewisses Maß an Intellektualismus undenkbar, weil die Gedankenfreiheit Grundlage einer rationalen Moral ist. Doch bedeutet diese Freiheit nicht, daß das Individuum sein Denken und Handeln zum alleinigen Maßstab aller Dinge machen würde. Im Gegenteil: So wie der Wissenschaftler laufend ungeprüft Wissensbestände aus anderen Gebieten übernimmt, beugt sich auch das Individuum dem Rat seiner Mitmenschen, sofern sie *gute Gründe* dafür vorbringen. Die guten Gründe selbst stiften die notwendige wissenschaftliche und moralische Autorität, die dem Grundprinzip organischer Solidarität, Reziprozität auf der

Basis von Gleichheit, zugrunde liegt. Ferner erzeugt die soziale Kooperation die notwendigen gemeinsamen Ideen und Gefühle, die sich in modernen Gesellschaften auf den Kult des Individuums verdichtet haben. Der moralische Individualismus ist Ausdruck für die *Heiligkeit der Person*: »Diese menschliche Person (...) wird als heilig betrachtet, sozusagen in der rituellen Bedeutung des Wortes. Sie hat etwas von der transzendenten Majestät, welche die Kirchen zu allen Zeiten ihren Göttern verliehen (...) Und genau daher kommt der Respekt, der ihr entgegengebracht wird. (...) Eine solche Moral ist also nicht einfach eine hygienische Disziplin oder eine weise Ökonomie der Existenz; sie ist eine Religion, in der der Mensch zugleich Gläubiger und Gott ist« (1970: 264, dt. in diesem Band, S. 56 f.).

Dieser religiöse Aspekt erklärt, warum das öffentliche Bewußtsein so empfindlich auf die rechtlich fragwürdige Behandlung von Hauptmann Dreyfus reagiert. Das Ereignis wird als Sakrileg gegen das heilige Kollektivideal, die Freiheit und Unverletzlichkeit der menschlichen Person, angesehen. Die öffentliche Empörung geschieht daher nicht nur aus Mitleid mit dem Betroffenen, sondern gilt auch der Reinigung und Wiederherstellung des religiösen Ideals. Die engagierte Parteinahme für *individuelle* Interessen ist somit nichts anderes als die nachhaltige Stärkung des *gemeinschaftlichen* Kollektivideals. Bleibt sie aus, wird die organische Solidarität so geschwächt, daß diese Fahrlässigkeit auf lange Sicht einem regelrechten »moralischen Selbstmord« (1970: 274, dt. in diesem Band, S. 66) gleichkommen würde.

Rationalismus, Individualismus und Liberalismus stellen schließlich nach Durkheims Auffassung das moralische Erbe europäischer Gesellschaftstradition dar, in dem die Forderung nach moralischer Autonomie des Individuums auch mit dem Wunsch nach sozialer Gerechtigkeit einhergeht. Dieses moralische Erbe darf nicht nur verteidigt, sondern muß engagiert weiterentwickelt werden. Nur so wird eine wahrhaft demokratische Gesellschaft entstehen, in der der Staat oberster Hüter des individualistischen Kollektivideals, Berufsorganisationen die Regelungsorgane der Wirtschaft und ein rationaler Erziehungs- und Bildungsprozeß die beste Gewähr für autonome Persönlichkeiten werden.

In dem Maße, in dem das gelingt, wird das Programm der Französischen Revolution am Ende doch noch verwirklicht, und es werden mehr Eigeninitiative und Lebenschancen (*Freiheit*), Reziprozität (*Gleichheit*) und organische Solidarität (*Brüderlichkeit*) in den sozialen Beziehungen entstehen.

6. Der Soziologe als Individualist und Moralist

Ausgehend von seiner Diagnose einer moralischen Krise haben wir Durkheims Moraltheorie auf seine Verhältnisbestimmung von sozialer Ordnung und persönlicher Autonomie untersucht. Im Rahmen seines soziologischen Kantianismus unterbreitet er dazu drei Argumente: zunächst demonstriert er, warum eine funktional differenzierte, pluralistische Gesellschaft strukturell gezwungen ist, individuelle Freiheit bei der Koordination der verschiedenen Rechte und Pflichten zu gewähren (strukturtheoretisches Argument); sodann prüft er die Bedingungen, die zur Bildung von persönlicher Autonomie vonnöten sind. In einer rein vernunftmäßigen Erziehung werden die Elemente einer individualistischen Moral – das Pflichtbewußtsein, das Erstrebenswertsein gesellschaftlicher Ideale und die Reflexionsfähigkeit – über Prozesse vermittelt, in denen der Geist der Disziplin zugunsten von Verhaltensregelmäßigkeit und Zielorientierung geweckt wird, der Anschluß an die sozialen Gruppen über die Integration in die verschiedenen sozialen Milieus (Familie, Schule, Beruf, Nation, Menschheit) sowie durch Internalisierung der verschiedenen Regeln erfolgt und die Autonomie durch rationale Einsicht gefördert wird (sozialisationstheoretisches Argument). Schließlich überzeugt eine laizistische Erziehung mit dem Ziel moralischer Autonomie nicht allein durch ihre Vernunftorientierung, sondern in dem Maße, wie sie zum Gegenstand moralischer Gefühle einer Gesellschaft wird. Die notwendige moralische Autorität erhält eine individualistische Ethik nur, wenn sie ein heiliges Kollektivideal wird. In seiner Auseinandersetzung mit der Dreyfus-Affäre demonstriert Durkheim, daß der Kult des Individuums in der Tat das neue heilige Kollektivideal ist und daß deshalb die Sicherheitsinteressen des Staates in einer demokratischen Gesellschaft niemals über den Persönlichkeitsrechten eines Individuums stehen dürfen (religionssoziologisches Argument).

Durkheims soziologischer Kantianismus, der auf den drei geschilderten Argumenten beruht, mündet allerdings in eine Art »kollektivistischen Individualismus« ein, der aus drei Gründen problematisch[29] ist. Da ist erstens sein doppeldeutiges Konzept der *Gesellschaft,* das die soziale Wirklichkeit *und* das moralische Ideal umfaßt, mithin empirische und normative Verwendung des Begriffs konfundiert. Nach Art des Kantschen Gottesbeweises geht Durkheim (1974 a: 70, dt. 1976 b: 104) von einer unabhängigen Instanz Gesellschaft aus, um eine säkulare Moral zu postulieren. »Wenn es eine Moral, ein System von Pflichten und Obligationen gibt, muß die Gesellschaft eine moralische Person sein, die sich von den individuellen Personen, die sie umfaßt und aus deren Synthese sie hervorgeht, qualitativ unterscheidet. (...) Wir postulieren eine von den Individuen spezifisch sich unterscheidende Gesellschaft, weil andernfalls die Moral keinen Gegenstand, die Pflicht keinen Fixpunkt hätte.« Der gewählte Fixpunkt sind nun nicht die bestehenden Gesellschaften mit ihrer sozialen Ungleichheit und Ungerechtigkeit, sondern deren Ideal. »Die Zivilisation aber ist die Gesamtheit all der Güter, die wir am höchsten bewerten, sie ist die Gesamtheit der höchsten menschlichen Werte. Da die Gesellschaft zugleich die Quelle und Hüterin der Zivilisation ist, da sie der Kanal ist, durch den die Zivilisation zu uns gelangt, erscheint sie uns als eine unendlich reichere und höhere als die unsere« (1974 a: 73 f., dt. 1976 b: 107). Der schwerste Einwand gegen diese Konstruktion ist, daß sie keine echte Solidarität der Zusammenarbeit, in der die Regeln der Kooperation von den Individuen autonom festgelegt werden, zuzulassen scheint. Durch seine Parallelisierung von archaischer und moderner Moral übernimmt Durkheim das Muster asymmetrischer Sozialbeziehungen – das Machtgefälle von Kollektivbewußtsein und Individuum – für moderne Gesellschaften, so daß ein »heiliges«, wenn auch individualistisches Kollektivbewußtsein stets die gesellschaftlichen Regeln stiftet. Diese archaische Begründung einer modernen Moral untermauert Durkheim mit drei Argumenten, welche die *logische Priorität* der Gesellschaft gegenüber dem Individuum begründen: In *zeitlicher* Hinsicht bestehen Gesellschaften bereits, wenn ein neues Individuum in sie hineingeboren wird, und im allgemeinen überdauern sie auch die Lebenserwartung eines einzelnen Menschen; in *sachlicher* Hinsicht existiert in der Regel ein größerer Wissensvorrat, als ein einzelner erwerben kann; und in *sozialer* Hinsicht übersteigt der Einfluß der Gesellschaft auf das Individuum dessen Anstöße zur Steuerung gesellschaftlicher Entwicklung.

Von den zutreffenden Argumenten zur logischen Priorität darf man jedoch nicht auf die *moralische Überlegenheit* der Gesellschaft schließen und die Individuen damit zu einer Haltung passiver Moralrezeption verurteilen. Ein solcher Schluß ist überzogen, denn charismatische Propheten und Philosophen wie Jesus und Sokrates haben eben nicht nur die »Zeichen der Zeit« erkannt und der zeitgenössischen Gesellschaft ihre moralischen Zukunftsaussichten vor Augen geführt, sondern eine völlig neuartige Morallehre in betontem Gegensatz zur herrschenden Gesellschaftsstruktur hervorgebracht. Ferner schließt die logische Priorität der Gesellschaft keineswegs spontane Gruppenneubildungen mit autonomer Regelung aus, noch ist sie damit unvereinbar, daß das Muster echter Zusammenarbeit allmählich auf die Gesamtgesellschaft übertragen wird.

Diese Doppeldeutigkeit schlägt zweitens auch auf seine *Moralkonzeption* durch. Ursprünglich als eine *empirische* Klassifikation bestehender Regeln konzipiert, überführt er sie in eine *normativ* verbindliche Hierarchie von gesellschaftlichen Rechten und Pflichten. Die wissenschaftliche Erfassung einer Phänomenologie der Moral erlaubt allerdings nur einen Rückschluß auf die *empirische Geltung* konkreter Moralregeln, nicht jedoch auf deren *ethische Gültigkeit*, wenn nicht Sein und Sollen unzulässig vermischt werden sollen. Durkheims Annahme, daß eine Regel um so allgemeiner ist, je größer ihr Geltungsbereich ist und je höher sie in der logischen Ordnung von Moralregeln steht, verleitet ihn dazu, von dem größeren Geltungs*bereich* einer Regel auf ihre Geltungs*kraft* zu schließen. Sein Trugschluß besteht darin, die logische Ordnung eines moralphilosophischen Systems auf die soziologische Ordnung eines Gesellschaftssystems abzubilden und anzunehmen, daß die philosophische Hierarchie von Rechten und Pflichten auch der gesellschaftlichen Hierarchie von moralischen Regeln entspricht. Soziologisch betrachtet, ist genau das Gegenteil der Fall: Je weiter eine Regel sich von dem unmittelbaren Wirkungskreis individueller Interessen entfernt, desto weniger wird ihre Verpflichtung vom einzelnen gespürt und desto weniger selbstverständlich ist ihre Einhaltung – folglich muß die Regelerfüllung durch eine ausgebaute Sanktionsinstanz garantiert werden, welche die Individuen im Zweifelsfall an ihre Pflichten und Rechte »erinnert«.

Im Rahmen dieser Moralkonzeption schrumpft drittens auch die Autonomie des *Individuums* auf die rationale Einsicht in die gesellschaftliche Notwendigkeit moralischer Regeln. Die Analogie zwischen Natur- und Moralwissenschaften, die Durkheim in diesem Zusammenhang bemüht, ist jedoch unzutreffend, denn Naturgesetze sind unübertretbar und unabänderlich; moralische Regeln können nicht nur bewußt übertreten werden, sondern sie lassen sich auch auf individuelle Initiative hin verändern. Durkheims soziologisch einseitige Konzeption, Moral stets aus der Perspektive der Gesellschaft zu betrachten, führt zu einer tendenziellen Unterschätzung von individueller Kreativität und Spontaneität. Diese Einseitigkeit resultiert aus seiner unausgearbeiteten Persönlichkeitstheorie; er beschreibt zwar den spannungsreichen Dualismus der menschlichen Natur, identifiziert jedoch fälschlicherweise Organismus mit individuellem Wesen und Persönlichkeit mit gesellschaftlichem Wesen, ohne eine Vermittlungsinstanz wie etwa eine Ich-Identität vorzusehen. In dieser Konstellation heißt dann menschliche Person stets Primat der gesellschaftlich gebildeten Persönlichkeit über die triebhaften individuellen Neigungen. Zwei unterschiedliche Bedeutungen von moralischer Sozialisation (Wrong 1974: 290) werden auf diese Weise unzulässig in eins gesetzt: zum einen Sozialisation ganz *allgemein* als Prozeß der »Menschwerdung«, die nur durch Interaktion mit anderen möglich ist; zum anderen als Übertragung der *besonderen* Kultur einer Gesellschaft. Nur bei Beachtung dieser Unterscheidung läßt sich vorstellen, daß man zwar als Franzose geboren und in Frankreich aufgewachsen ist, als autonomer Mensch sich jedoch von der französischen Mentalität betont distanzieren kann.

Dieser Einwand ist jedoch nicht gleichbedeutend damit, seine Konzeption als antiindividualistische und konservative Anpassungsethik zu verurteilen. Durkheim selbst weist auf die moralischen Innovationen von Sokrates und Jesus hin und betont die Notwendigkeit individueller Rebellion, wenn die Gesellschaft hinter ihren moralischen Möglichkeiten zurückbleibt. Wie anders könnte er auch sonst das Recht für sich beanspruchen, seiner eigenen Gesellschaft den Spiegel moralischer Anomie vor Augen zu halten und die Bildung einer neuen Moral zu fordern.

Betrachtet man abschließend die drei Einwände gegen seine Konzeption von Gesellschaft, Moral und Individuum, so trifft die Kritik an seinem *kollektivistischen Individualismus* weniger seine theoretische Perspektive als vielmehr seine praktischen Folgerungen. Wir können daher getrost seine inhaltlichen Vorschläge zu einer staatsbürgerlichen Moral ablehnen und zugleich an der fruchtbaren theoretischen Perspektive festhalten, den Zusammenhang zwischen Gesellschaftsstruktur und moralischem Bewußtsein zu untersuchen. Erst wenn wir den Moralisten Durkheim vergessen, werden wir den Individualisten Durkheim wieder für uns entdecken.

Anmerkungen

Für diesen Artikel habe ich auf französische und deutsche Durkheim-Ausgaben zurückgegriffen und im Text zuerst die französischen, dann die deutschen Jahreszahlen (dt.) sowie den Wiederabdruck (repr.) angegeben. Unübersetzte oder schlecht übersetzte Teile habe ich selbst (H.-P. M.) übertragen.

1 So auch Aron (1971: 80 ff.), Bellah (1973: ix ff.), Bertram (1980: 717 ff.), Davy (1919, 1920: 71, 1960), Fauconnet (1973: 11 ff., dt. 1973 b: 7 ff.), König (1976 a: 329 ff., 1978), Lukes (1973: 410 ff.), Nisbet (1975: 187 ff.), Piaget (1973: 369 ff.), Pickering (1979: 3 ff.), Vogt (1982: 29 ff.), Wallwork (1972). Diese Autoren geben zugleich einen guten Einblick in Durkheims Moraltheorie und -erziehung.

2 Siehe zur Institutionalisierung der französischen Soziologie durch Durkheim: Besnard (1983), Clark (1968: 37 ff., 1981: 157 ff.), Filloux (1970: 8 ff.), Geiger (1981: 149 ff.), Karady (1981: 206 ff.), Müller (1983: 61 ff.), Pollak (1978: 7 ff.), Tiryakian (1979: 187 ff.).

3 Dieses Programm wird in seinen Grundzügen bereits in den ersten Artikeln Durkheims (1887 a bzw. 1975 c; 1887 b bzw. 1975 a; 1888 a bzw. 1970 a, dt. 1981) entwickelt und allmählich ausgearbeitet; vgl. 1895 bzw. 1983, dt. 1976 a.

4 Sein Krisenbewußtsein führt ihn zur Soziologie und bestimmt auch den morali(sti)schen Anspruch, den er an diese neue Wissenschaftsdisziplin richtet. Siehe dazu Davy (1919) und vor allem Mauss (1971) sowie König (1976 a: 312 ff.) und Müller (1983: 11 ff.).

5 Zwischen der Französischen Revolution 1789 und der Kriegsniederlage gegen die Deutschen und der Gründung der Dritten Republik 1871 erlebte Frankreich acht politische Regime, darunter drei Monar-

chien, zwei Kaiserreiche und zwei Republiken mit insgesamt vierzehn verschiedenen Verfassungen.

6 »La question sociale« stand im Zentrum der zeitgenössischen politischen Diskussion und hat Durkheims Entscheidung für die Soziologie beeinflußt. Vgl. Mauss (1971: 27).

7 Ein laizistisches Schulwesen ist seit der Aufklärung ein bis heute ungelöstes Politikum in Frankreich, da die Privatschulen, die sogenannten *écoles libres*, sich noch heute in der Hand der katholischen Kirche befinden und Versuche, die staatlichen Subventionen für diesen Schultyp zu streichen, stets massive Proteste hervorrufen.

8 Der synonyme Sprachgebrauch erklärt sich daraus, daß im 19. Jahrhundert sogenannte Moralstatistiken als systematische Sammlungen von Geburts-, Heirats-, Verbrechens-, Selbstmord- und Todesdaten aufgestellt wurden, die von den ersten empirischen Sozialforschern – angefangen von Adolphe Quetelet bis zu Frederic Le Play, einem Zeitgenossen Durkheims – als Datenbasis für soziologische Erklärungsversuche des sozialen Lebens benutzt wurden.

9 Vgl. etwa Celestin Bouglés (1930: 283) Verwunderung über das starke moralische Engagement Durkheims.

10 Vgl. exemplarisch Adorno (1976) und Hofmann (1973); so etwa Lindenberg (1983: 139), der behauptet, daß »Durkheims Programm (...) ein Hindernis für die Entwicklung der Soziologie« war und ist. Gegen diese These spricht jedoch der fruchtbare Einfluß des Durkheimschen Programms für eine strukturell-empirische Makrosoziologie. Was anderes als die Fruchtbarkeit der Heuristik eines Programms macht den Erfolg eines Paradigmas aus?

11 Alle Fragen nach den Einflüssen auf sein Denken, der komplizierten Problematik seiner Werkentwicklung und der Position seiner Moraltheorie im Spektrum der zeitgenössischen Wissenschaften müssen ausgespart werden. Vielmehr soll die systematische Darstellung nur einen Überblick geben und den Zusammenhang zu den beiden hier abgedruckten Artikeln von Durkheim herstellen.

12 So neuerdings auch Alexander (1982: 119 ff.), Habermas (1981 b: 86 ff.) und Münch (1982: 281 ff.).

13 Vgl. 1887 a bzw. 1975 c; 1887 b bzw. 1975 a.

14 Durkheims Projekt ist demnach als soziologisches Pendant zu der philosophischen *Grundlegung zur Metaphysik der Sitten und des Rechts* (1785) von Kant (1983) angelegt. Gleichzeitig spricht er jedoch auch von der *Physiologie des Rechts und der Sitten*, was eher an Comtes Soziologie erinnert. Vgl. in diesem Zusammenhang den Überblick über moralsoziologische Vorlesungen in Bordeaux und Paris bei Lukes (1973: 617 ff.).

15 Siehe Wallwork (1972: 5 ff.) und Müller (1983: 22 ff.).

16 *La Determination du fait moral* wurde zusammen mit den Diskus-

sionsbeiträgen in *Soziologie und Philosophie* abgedruckt (1974a, dt. 1976b).

17 Siehe in diesem Band, S. 33 ff.

18 Vgl. Durkheim (1974b, dt. 1973b).

19 Das sind Beispiele, die Durkheim (1983, dt. 1976a) selbst für die Erscheinungsformen sozialen Zwangs anführt, bevor er die Unterscheidung von technischen und moralischen Regeln einführt.

20 Durkheims französische Dissertation *De la division du travail social* aus dem Jahre 1893 trug ursprünglich den Untertitel: *Étude sur l'organisation des sociétés supérieures,* der sein vorrangiges Interesse an der modernen Gesellschaft zum Ausdruck bringt.

21 *L'Éducation morale* (1974b, dt. 1973b) ist eine Vorlesungsreihe, die Durkheim ziemlich regelmäßig zwischen 1889 und 1902 in Bordeaux und in Paris ab 1902 gehalten hat und die die Grundbausteine zu einem laizistischen Erziehungssystem enthält. Vgl. auch Schriewer (1983: 74).

22 »Réflexion« gebraucht Durkheim nicht nur in der Bedeutung von Denken, »sondern einmal im Sinne von ›kritisch über etwas nachdenken‹ und im Sinne des französischen Wortes ›réfléchir‹, das heißt ›zurückdenken‹«. Das ist gleichbedeutend mit: »den gesellschaftlichen Bezug in das Denken über den sozialen Tatbestand mit einbeziehen« (Krisam 1972: 18).

23 Siehe 1888b bzw. 1975c: 9ff., 1921 bzw. 1975c: 35ff. und König (1976b: 60ff.).

24 Siehe das zweite Vorwort von Durkheim 1978: 1ff., dt. 1977: 39ff. sowie 1969b: 41ff.; vgl. auch Müller (1983: 146ff.).

25 Siehe Durkheim (1912 bzw. 1979: 314ff., dt. 1981a: 368ff.).

26 Georg Simmel (1983: 267ff.) hat darauf bereits 1917 aufmerksam gemacht, indem er zwischen *germanischem Individualismus,* der bei allem äußeren Zwang auf die Einmaligkeit des Menschen zielt, und *romanischem Individualismus,* der auf einen allgemeinen Typus hin angelegt ist, unterschieden hat.

27 Siehe in diesem Band, S. 54ff.

28 Im Sinne von Rawls (1979: 493ff.).

29 Vgl. dazu Aron (1971: 85ff.), Bellah (1973: IX), Ginsberg (1951: 210ff.), Gouldner (1958: XXI), Lukes (1973: 296ff., 497ff.), Müller (1983: 88f.), Parsons (1968: 376ff.), Piaget (1973: 391).

Literatur

Adorno, T.W. (1976), »Einleitung«, in: Durkheim 1976b: 7-44.

Alexander, J.C. (1982), *Theoretical Logic in Sociology. The Antinomies of Classic Thought: Marx and Durkheim,* Berkeley–Los Angeles.

Aron, R. (1971), *Hauptströmungen des soziologischen Denkens*, Bd. 2, Köln.

Bellah, R. N. (1973), »Introduction« zu É. Durkheim, *On Morality and Society*, hg. von R. N. Bellah, Chicago, ix-x.

Bertram, H. (1980), »Moralische Sozialisation«, in: *Handbuch der Sozialisationsforschung*, hg. von K. Hurrelmann und D. Ulich, Weinheim und Basel, 717-744.

Besnard, P. (Hg.) (1983), *The Sociological Domain. The Durkheimians and the Founding of French Sociology*, Cambridge–Paris.

Bouglé, C. (1930), »L'œuvre sociologique d'Émile Durkheim. Quelques souvenirs«, in: *Europe* 22: 281-304 (weitere Beiträge von Davy, Granet, Lenoir, Maublanc).

Clark, T. N. (1968), »Émile Durkheim and the Institutionalization of Sociology in the French University System«, in: *Europäisches Archiv für Soziologie* 9: 37-71.

Clark, T. N. (1981), »Die Durkheim-Schule und die Universität«, in: W. Lepenies 1981 b: 157-205.

Davy, G. (1919), »Émile Durkheim: l'homme«, in: *Revue de métaphysique et de morale* 26: 181-198.

Davy, G. (1920), »Émile Durkheim: l'œuvre«, in: *Revue de métaphysique et de morale* 27: 71-112.

Davy, G. (1960), »Émile Durkheim«, in: *Revue française de sociologie* 1: 3-24.

Durkheim, É. (1887 a), »La Philosophie dans les universités allemandes«, in: *Revue internationale de l'enseignement* XIII: 313-338, 423-440 (repr. 1975 c: 437-486).

Durkheim, É. (1887 b), »La Science positive de la morale en Allemagne«, in: *Revue philosophique* 24: 33-58, 113-142, 275-284 (repr. 1975 a: 267-343).

Durkheim, É. (1888 a), »Cours de science sociale: leçon d'ouverture«, in: *Revue internationale de l'enseignement* XV: 23-48 (repr. 1970 a: 77-110; dt. 1981: 25-51).

Durkheim, É. (1888 b), »Introduction à la sociologie de la famille«, in: *Annales de la Faculté des Lettres de Bordeaux* 10: 257-281 (repr. 1975 c: 9-34, dt. 1981: 53-76).

Durkheim, É. (1921), »La famille conjugale. Conclusion du cours sur la famille«, hg. von M. Mauss mit einer Vorbemerkung, in: *Revue philosophique* 90: 2-14 (repr. 1975 c: 35-49).

Durkheim, É. (1969 a) (1897), *Le Suicide*, 3. Aufl., Paris (dt. 1973 a: *Der Selbstmord*, Darmstadt–Neuwied).

Durkheim, É. (1969 b) (1950), *Leçons de sociologie. Physique des mœurs et du droit*, 2. Aufl., Paris.

Durkheim, É. (1970), *La science sociale et l'action*, hg. und eingeleitet von J. C. Filloux, Paris.

Durkheim, É. (1974a) (1924), *Sociologie et philosophie*, 4. Aufl., Paris; deutsch (1976b), *Soziologie und Philosophie*, mit einer Einleitung von T. W. Adorno, Frankfurt/M.

Durkheim, É. (1974b) (1925), *L'Éducation morale*. Neue Aufl., Paris; deutsch (1973b), *Erziehung, Moral und Gesellschaft. Vorlesung an der Sorbonne 1902/1903*, Neuwied–Berlin.

Durkheim, É. (1975), *Textes*, hg. und eingeleitet von V. Karady, 3 Bde., Paris.

   (1975a), Éléments d'une théorie sociale. Bd. I.

   (1975b), Religion, morale, anomie. Bd. II.

   (1975c), Fonctions sociales et institutions. Bd. III.

Durkheim, É. (1978) (1893), *De la division du travail social*, 10. Aufl., Paris; deutsch (1977), *Über die Teilung der sozialen Arbeit*, eingeleitet von N. Luhmann, Frankfurt/M.

Durkheim, É. (1979) (1912), *Les formes élémentaires de la vie religieuse*. 6. Aufl., Paris; deutsch (1981a), *Die elementaren Formen des religiösen Lebens*, Frankfurt/M.

Durkheim, É. (1980) (1922), *Éducation et sociologie*, eingeleitet von P. Fauconnet, 4. Aufl., Paris; deutsch (1972), *Erziehung und Soziologie*, hg. und eingeleitet von R. Krisam, Düsseldorf.

Durkheim, É. (1981b), *Frühe Schriften zur Begründung der Sozialwissenschaft*, hg., eingeleitet und übersetzt von L. Heisterberg, Darmstadt–Neuwied.

Durkheim, É. (1983) (1895), *Les règles de la méthode sociologique*, 21. Aufl., Paris; deutsch (1976a), *Die Regeln der soziologischen Methode*, hg. und eingeleitet von R. König, Darmstadt–Neuwied.

Fauconnet, P. (1973), »Das pädagogische Werk Durkheims«, Einführung zu Durkheim (1973b: 7-33).

Filloux, J. C. (1970), »Introduction«, in: Durkheim (1970: 5-68).

Freud, S. (1971), *Abriß der Psychoanalyse. Das Unbehagen in der Kultur*, 20. Aufl., Frankfurt/M.

Geiger, R. L. (1981), »Die Institutionalisierung soziologischer Paradigmen: Drei Beispiele aus der Frühzeit der französischen Soziologie«, in: W. Lepenies (1981b: 137-156).

Ginsberg, M. (1951), »Durkheim's Ethical Theory«, in: *British Journal of Sociology* 2: 210-218.

Goffman, E. (1975), *Stigma. Über Techniken der Bewältigung beschädigter Identität*, Frankfurt/M.

Gouldner, A. W. (1958), »Introduction« zu É. Durkheim, *Socialism and Saint-Simon*, übersetzt von C. Sattler, London.

Habermas, J. (1981), *Theorie des kommunikativen Handelns*, 2 Bde., Frankfurt/M. (zit. als 1981 a und b).

Hofmann, I. (1973), *Bürgerliches Denken. Zur Soziologie Durkheims*, Frankfurt/M.

Kant, I. (1785), *Grundlegung zur Metaphysik der Sitten*, in: ders. (1983: 11-102).

Kant, I. (1983), *Schriften zur Ethik und Religionsphilosophie*, in: *Werke*, hg. von W. Weischedel, Bd. 4, Darmstadt.

Karady, V. (1981), »Strategien und Vorgehensweisen der Durkheim-Schule im Bemühen um die Anerkennung der Soziologie«, in: W. Lepenies (1981 b: 206-262).

König, R. (1976 a), »Émile Durkheim. Der Soziologe als Moralist«, in: D. Käsler (Hg.), *Klassiker des soziologischen Denkens*, München, 1: 312-364.

König, R. (1976 b), »Soziologie der Familie«, in: ders. (Hg.), *Familie – Alter. Handbuch der empirischen Sozialforschung*, Stuttgart, 7: 1-217.

König, R. (1978), *Émile Durkheim zur Diskussion. Jenseits von Dogmatismus und Skepsis*, München–Wien.

Krisam, R. (1972), »Vorwort« zu Durkheim (1972: 7-19).

Lepenies, W. (Hg.) (1981), *Geschichte der Soziologie. Studien zur kognitiven, sozialen und historischen Identität einer Disziplin*, 4 Bde., Frankfurt/M. (zit. als Lepenies 1981 a-d).

Lindenberg, S. (1983), »Zur Kritik an Durkheims Programm für die Soziologie«, in: *Zeitschrift für Soziologie* 12, 2: 139-151.

Lukes, S. (1973), *Émile Durkheim. His Life and Work. A Historical and Critical Study*, London.

Mauss, M. (1971), »Introduction« zu É. Durkheim, *Le Socialisme*, 2. Aufl., Paris, 27-31 (1. Aufl. 1928).

Müller, H.-P. (1983), *Wertkrise und Gesellschaftsreform. Émile Durkheims Schriften zur Politik*, Stuttgart.

Münch, R. (1982), *Theorie des Handelns*, Frankfurt/M.

Nisbet, R. A. (1975), *The Sociology of Émile Durkheim*, London.

Parsons, T. (1968), *The Structure of Social Action. A Study in Social Theory with special reference to a group of recent European writers*, 2 Bde., mit einem neuen Vorwort zur Paperback-Ausgabe, New York.

Piaget, J. (1973), *Das moralische Urteil beim Kinde*, Frankfurt/M.

Pickering, W. S. F. (Hg.) (1979), *Essays on Morals and Education. Introduction*, Boston: Henley.

Pollak, M. (1978), *Gesellschaft und Soziologie in Frankreich. Tradition und Wandel in der neueren französischen Soziologie*, Königstein/Ts.

Rawls, J. (1979), *Eine Theorie der Gerechtigkeit*, Frankfurt/M.

Rousseau, J.-J. (1974) (1762), *Der Gesellschaftsvertrag oder Die Grundsätze des Staatsrechtes*, Stuttgart.

Schriewer, J. (1983), »Pädagogik – ein deutsches Syndrom? Universitäre Erziehungswissenschaft im deutsch-französischen Vergleich«, in: *Zeitschrift für Pädagogik* 29, 3: 359-389.

Simmel, G. (1983), *Schriften zur Soziologie. Eine Auswahl*, hg. und eingeleitet von H.-J. Dahme und O. Rammstedt, Frankfurt/M.

Tiryakian, E. A. (1979), »Émile Durkheim«, in: T. Bottomore, R. Nisbet (1979: 187-236).

Vogt, W. P. (1982), »Relativistic absolutism in moral education«, in: *New York University Education Quarterly* 13, 3: 29-33.

Wallwork, E. (1972), *Durkheim, Morality and Milieu*, Cambridge, Mass.

Wrong, D. (1974), »Das Theorem der Übersozialisation in der modernen Soziologie«, in: C. Mühlfeld, M. Schmid (Hg.), *Soziologische Theorie*, Hamburg, 281-291.

Jean Piaget
Die moralische Regel beim Kind

Die psychologische Untersuchung der Entwicklung der moralischen Begriffe beim Kind ist für den Erzieher genauso wichtig wie für den Psychologen. Das versteht sich von selbst, hat sich aber noch nicht genügend herumgesprochen, denn man betrachtet das Kind immer zu sehr als einen kleinen Erwachsenen. Infolgedessen hält man es für einfach, ihm Verhaltensregeln beizubringen, von denen es in Wirklichkeit vielleicht nicht viel begreift und die deshalb sein Bewußtsein verbilden. Außerdem verlaufen die Entwicklungen der Moral und der Logik parallel: Die Moral ist ebenso eine Logik der Handlung, wie die Logik eine Moral des Denkens ist. Die moralische Entwicklung des Kindes zu verstehen bedeutet also zugleich, seine logische Entwicklung zu verstehen. Insofern ist die gesamte Pädagogik bei der Untersuchung, die wir in Angriff nehmen, im Spiel.

Beschreiben wir zunächst unsere Methode näher. Die ersten Psychologen, die sich mit dem empirischen Ursprung des moralischen Verhaltens auseinandergesetzt haben, haben versucht, das Pflichtbewußtsein oder das Bewußtsein für das Gute auf Phänomene wie das Vergnügen, die Sympathie oder die Gewohnheit usw. zurückzuführen. Diese Versuche haben sich als gehaltlos erwiesen. Den Grund dafür haben Baldwin in seinen Werken über die geistige Entwicklung und vor allem P. Bovet in einer gelungenen Untersuchung über die Genese des Pflichtbewußtseins[1] aufgezeigt: Das moralische Bewußtsein ist im individuellen Bewußtsein nicht von vornherein angelegt. Das Pflichtgefühl ist dem Individuum nicht als solches angeboren. Das moralische Pflichtbewußtsein ist ein Phänomen *sui generis*, das eine Beziehung zwischen mindestens zwei Individuen voraussetzt: das eine, das einen Befehl, ein Gebot erteilt, und das andere, das dieses Gebot akzeptiert. Damit das Gebot verpflichtend wird, genügt es, daß dasjenige Individuum, das es akzeptiert, Respekt gegenüber demjenigen zeigt, der das Gebot erteilt.

Was nun das Kind angeht, so wird die Genese der moralischen Regeln die folgende sein: Jedesmal, wenn das Kind von Personen, vor denen es Respekt hat (insbesondere vor seinen Eltern), dieses oder jenes Gebot erhält, nimmt es diese Gebote als heilig und verpflichtend an, und das moralische Bewußtsein ist zu Beginn nichts anderes als die Gesamtheit der so akzeptierten Gebote.

Mit einer völlig anderen Methode sind die Soziologen der Schule Durkheims zum selben Schluß gekommen: Der Begriff der Regel ist kein individueller, sondern ein sozialer. Ich weiß sehr wohl, daß die Soziologen, die die Gesellschaft mit einer völlig objektiven und historischen Methode untersuchen und die das individuelle Bewußtsein nicht berücksichtigen, in allem Bovet zu widersprechen scheinen, für den das Regelbewußtsein lediglich die Beziehung zweier individueller Bewußtseinshaltungen voraussetzt. Aber nachdem wir lange das Gegenteil angenommen haben, können wir jetzt zwischen diesen beiden Thesen lediglich einen methodischen und sprachlichen Unterschied sehen. In der Tat stimmen beide im Grundsatz überein: nämlich darin, daß das Gefühl für die Regel nicht aus dem Individuum als solchem hervorgeht, sondern aus einer Beziehung zwischen Individuen. Ob man nun unter dieser Voraussetzung die Regel von außen untersucht, indem man die Individuen nicht berücksichtigt, oder von innen, indem man die Geschichte der Gesellschaften außer acht läßt, so sind dies doch zwei leicht miteinander zu vereinbarende Methoden, die nicht einmal in Konflikt miteinander geraten können, weil sie parallel verfahren. Dort, wo sie einander begegnen, gibt es zwischen der Soziologie und der Psychologie die gleiche Parallelität wie zwischen der Psychologie und der Physiologie.

Kehren wir nach dem Gesagten zur psychologischen Methode zurück, und fragen wir uns, worauf dieser Respekt zurückzuführen ist, auf den sich Bovet beruft, um die Entstehung der Regeln zu erklären. Der Haupteinwand, den man gegen Bovet erhoben hat, lautet: Wenn die Annahme jeglicher Regel (der moralischen, juristischen, Gebrauchs- oder Spielregel usw.) mit der Achtung vor den erhaltenen Geboten zu begründen ist und nicht *a priori* auf einem intrinsischen Element beruht, ist dann nicht Tür und Tor geöffnet für einen absoluten Relativismus? Bleibt es weiterhin möglich, die »guten« von den »schlechten« Regeln zu unterscheiden? Es ist klar, daß der Psychologe kein Moralist ist. Aber er muß die Tatsache erklären, daß das Bewußtsein im allgemeinen bestimmte Dinge annimmt und andere verurteilt. Erklärt die These von der Achtung vor den Geboten diese Wahl?

In meinen Augen ist der Einwand unbegründet, und Bovet hat ihn im vorhinein widerlegt, indem er die Überschneidung der aufgenommenen Einflüsse mit dem entstehenden Gewissen beschrieben hat. Solange das Kind Gebote nur von den einzigen Menschen akzeptiert, die es kennt – seinen Eltern –, so erscheint ihm jede Regel als gut. Aber sobald sich die Einflüsse vervielfältigen und sich widersprechen, muß es eine Wahl treffen (nach Bovet greift hier die Vernunft in die Erweiterung des Regelbewußtseins ein), und von nun an unterscheidet es den »guten« vom »schlechten« Respekt.

Das Problem, das sich daher stellt und mit dem wir uns besonders befassen wollen, ist das folgende: Wenn das moralische Bewußtsein ganz zu Anfang im wesentlichen heteronom ist, wenn das Gute sich vermischt mit dem Gehorsam gegenüber den Eltern, wie gelangt das Bewußtsein dann zur Autonomie?

1. Die beiden Formen der Achtung
Untersuchung von Spielregeln

Im Anschluß an die von Bovet begründeten Untersuchungen, die für das Verständnis der kindlichen Moral so fruchtbar sind, sollte man sich als erstes die Frage stellen, ob es nur eine Art von Achtung gibt. Wäre es nicht wichtig, zwei Typen von Achtung zu unterscheiden, die einseitige und die gegenseitige Achtung, um zu sehen, welche Regelkategorien diese beiden Typen hervorbringen? Vielleicht werden wir so herausfinden, daß eine dieser Arten von Achtung vor allem die Heteronomie oder Moral des Gehorsams erzeugt und die andere vor allem die Autonomie oder die Moral, in der das Gute der reinen Pflicht im Vordergrund steht. Unter einseitiger Achtung verstehen wir im wesentlichen die Achtung des Kindes vor dem Erwachsenen, das heißt die Beziehung zwischen ungleichen Individuen, von denen das eine sich unterordnet und das andere einen Gewissenszwang ausübt. Mit diesem Typ ist auch die Achtung des Jüngeren vor dem Älteren verknüpft. Unter gegenseitiger Achtung verstehen wir die Anerkennung der Konventionen zwischen moralisch gleichen Individuen, zum Beispiel zwischen gleichaltrigen Kindern. Die Frage stellt sich also folgendermaßen: Gibt es zwei Typen von Regelbewußtsein, einen, der sich aus dem Gewissenszwang ergibt, der von einem Individuum auf ein anderes ausgeübt wird, und den anderen, der aus der Zusammenarbeit zwischen gleichen Individuen hervorgeht?

Eine kleine Untersuchung über Spielregeln hat uns von der Existenz und sogar vom Gegensatz dieser beiden Typen überzeugt. Es handelte sich darum zu erfahren:

1. Wie werden die Spielregeln je nach Alter der Kinder angewandt?

2. Wie machen sich die Kinder diese Regeln klar?

Nun war das Ergebnis aber widersprüchlich und erklärt sich, wie wir meinen, nur durch die Hypothese dieser Dualität möglicher Regeltypen. In dem Alter, in dem die Kinder die Regel am wenigsten genau anwenden, bringen sie das Maximum an Achtung für sie auf, und in dem Alter, in dem sie sie sehr gut anzuwenden wissen, halten sie sie nicht mehr für heilig und unantastbar. Es gibt also zwei Arten von Achtung.

Schauen wir uns die Tatsachen näher an. Fragen wir beispielsweise die Jungen nach den Regeln für das Murmelspiel. Bis zum Alter von etwa 7 bis 8 Jahren ist das Kind unfähig, irgendeiner Regel zu folgen. Es spielt für sich, während es zugleich mit den anderen spielt, und glaubt, daß alle so spielen wie es selbst. Es ist also eingeschlossen in seinem Ich, während es zugleich glaubt, am Leben der Gruppe teilzunehmen. Zwischen dem 8. und 10. bis 11. Lebensjahr beginnt das Kind, Übereinstimmung zu suchen und sich an bestimmte Gemeinschaftsregeln zu halten, aber noch ist diese Anstrengung selten von Erfolg gekrönt. Wenn man beispielsweise alle Kinder derselben Klasse befragt, nennt jedes die Regel, die es für allgemeingültig hält, aber man bemerkt, daß diese Regeln noch auffällig von Fall zu Fall schwanken. Mit etwa 10 bis 11 Jahren wird demgegenüber die Regel fixiert und genau in allen Einzelheiten festgehalten. Die Position der Murmeln, die Art zu werfen, die Entfernungen, der Spielwert der Murmeln, das zu befolgende Vorgehen im Fall eines Widerspruchs, alles ist vorgesehen, und diese Rechtsprechung ist so komplex, daß für den Psychologen einige Wochen Geduld nicht zu viel sind, bevor er den Anspruch erheben kann, das Problem zu beherrschen.

Fragen wir nun dieselben Kinder, woher diese Regeln stammen, vor allem, ob es möglich ist, sie zu ändern, neue Gebräuche einzuführen, usw. Merkwürdigerweise neigen die Kleinen bis zum Alter von etwa 10 oder 11 Jahren fast einmütig dazu, die

Regel für heilig und unantastbar zu halten, obwohl sie sie in Wirklichkeit sehr schlecht anwenden. Die Regeln, so hat man uns gesagt, sind dem Kind von allem Anbeginn, seit Adam und Eva, vom lieben Gott, von den ersten Schweizern, von den »Herren der Stadt« und so weiter vorgegeben worden. Man könnte sie sicherlich ändern, aber »das wäre nicht recht«. Wenn alle Kinder eine neue Regel übernehmen und die alte vergessen würden, würde diese doch die einzige »richtige« bleiben. Die Regel hat eine in sich selbst ruhende Wahrheit, unabhängig vom Gebrauch.

Im Gegensatz dazu halten die über 10- oder 11jährigen – eigentlich die einzigen, die sie wirklich anwenden können – die Regel nicht mehr für heilig. Sie ist ganz neu, sagen sie uns. Früher hat man anders gespielt. Jede Generation verändert sie. Es reicht, daß man sich versteht, und der Gebrauch hat die Macht des Gesetzes. Die Kinder selbst haben die Spielregeln erfunden, und wenn man sie morgen ändern würde, wären es die neuen, die die einzig »richtigen« wären.

Kurzum, es findet sich dort zumindest ein Hinweis auf zwei Typen von Achtung. Das kleine Kind, das beherrscht wird von der einseitigen Achtung, hat für die Regel, die es von außen erhält, dasselbe mystische Gefühl wie der den Soziologen teure australische Ureinwohner für die Tradition seiner Vorfahren. Das große Kind, das frei ist (für das es keine Älteren mehr gibt, die ihm diese oder jene Form des Spielens aufzwingen, denn das Murmelspiel hört mit 12 bis 13 Jahren auf), kennt nur noch die gegenseitige Achtung und betrachtet mit der Einstellung des zivilisierten Intellektuellen gegenüber den Gesetzen seines Landes die Regeln, die es anwendet, als Ausdruck von Meinungen, die fortwährend der Überprüfung unterworfen sind.

Diese Umfrage lehrt uns gleichzeitig, auf welchen Faktoren diese beiden Typen von Achtung beruhen. Die einseitige Achtung beruht auf den Beziehungen des Gewissenszwangs: Zwang der Älteren gegenüber den Jüngeren oder des Erwachsenen gegenüber dem Kind. Die gegenseitige Achtung ist gebunden an die Zusammenarbeit zwischen gleichaltrigen Kindern.

Ist es aber nun nicht überraschend, festzustellen, daß der Kleine, der das größte Maß an Achtung gegenüber der Regel aufbringt, genau derjenige ist, der in Wirklichkeit egozentrisch und undiszipliniert bleibt? Wäre das nicht der Hinweis darauf, daß der Zwang des Erwachsenen oder des Älteren das individuelle Bewußtsein nicht so sehr verändert, wie es von außen den Anschein hat? Und ist es nicht überraschend, festzustellen, daß die intellektuelle Freiheit, die die Älteren dank des Sieges der gegenseitigen Achtung über die einseitige Achtung und der Zusammenarbeit über den Zwang errungen haben, gerade zusammengehört mit einer wesentlich strikteren Befolgung der Regel in der Praxis? Wir sind somit jetzt im Besitz einer Arbeitshypothese: Die einseitige Achtung, die dem Gewissenszwang des Erwachsenen eigen ist, genügt nicht, um das Kind aus seinem spontanen Egozentrismus herauszuführen. Heteronomie reicht nicht aus für moralische Bildung. Allein die Zusammenarbeit läßt das Kind zur Selbständigkeit finden und formt wirklich sein Gefühl für das Gute.

Es geht jetzt darum, diese Hypothesen wieder aufzunehmen und sie mit Hilfe von Untersuchungen zu verifizieren, die uns dem Kern der moralischen Wirklichkeit näherbringen.

II. Der Zwang und der moralische Realismus

Versuchen wir zunächst, den ersten Teil unserer Hypothesen zu überprüfen: daß der Gewissenszwang des Erwachsenen nur zu einer buchstabengetreuen Moral führt, die noch nicht den Kern des egozentrischen Bewußtseins des Kindes ändert.

Wir werden in der Tat sehen, daß das Kind sehr wohl die von den Eltern übertragenen Gebote akzeptiert, aber daß diese Gebote, die dem Bewußtsein des Kindes äußerlich bleiben, wortwörtlich aufgefaßt werden und ebenso viele »Tabus« oder »rituelle Verpflichtungen« begründen. Gut ist, was dem Gebot entspricht, schlecht, was ihm nicht gemäß ist, und die eigentliche Absicht des Akteurs hat keine Bedeutung für das Kind. Dieses werden wir den »moralischen Realismus« nennen.

Das Kriterium für dieses Phänomen muß, so scheint uns, in den Werturteilen gesucht werden, die sich auf die Verantwortung beziehen. Für eine Moral des Gewissens oder eine Moral der Autonomie ist die Verantwortung vollständig an die Absicht gebunden: Eine äußere Handlung wird nur in dem Maße für schuldhaft oder für tugendhaft gehalten, wie die Absicht, aus der sie entstanden ist, eine schlechte oder eine gute Absicht war. Die Soziologen, über deren Arbeiten das kürzlich erschienene Buch von P. Fauconnet über Verantwortung einen guten Überblick liefert, sind bekanntlich der Auffassung, Verantwortung in den sogenannten primitiven Gesellschaften sei nicht »subjektiv«, sondern »objektiv«: Ein objektiv abweichendes Verhalten wird für ein Verbrechen gehalten, gleich welche Absicht derjenige hatte, der es begangen hat. Das Gute und das Böse sind eindeutig streng definiert als der Gehorsam gegenüber den Regeln oder als Ungehorsam, selbst bei unfreiwilligem Verstoß. Eine solche Interpretation von Verantwortung ist gewiß ein Hinweis auf eine Moral, die noch völlig außerhalb des Individuums existiert, eine Moral, die die soziale Gruppe den einzelnen Mitgliedern aufzwingt wie einen Brauch oder eine Mode, die sich das individuelle Bewußtsein aber nicht zu eigen macht.

Wie sieht das beim Kind aus? Gelangt es zu einem subjektiven Begriff von Verantwortung, oder zeugen seine Werturteile von der Existenz der »objektiven Verantwortung«, die von den Soziologen beschrieben worden ist?

Wir haben deshalb besonders die Vorstellungen der Kinder von der Lüge untersucht, indem wir uns der Methode Fernalds[2] bedienten und Erzählungen auf ihre moralische Bedeutung hin vergleichen ließen. Die Lüge stellt in dieser Hinsicht ein hervorragendes Beispiel dar, weil die Regeln, die sich auf Lügen beziehen, nicht von den Kindern selbst erfunden sein können und vollständig durch den Erwachsenen aufgezwungen sind.

Wie die meisten Beobachter gezeigt haben (Stern und andere), empfindet das Kind in der Tat nicht spontan die moralische Notwendigkeit, die Wahrheit zu sagen. Bis zum Alter von 7 bis 8 Jahren lügt das Kind so, wie es spielt: aus dem Bedürfnis heraus, die Wirklichkeit seinen Wünschen entsprechend zu verändern. Wie Stern sehr richtig erkannt hat, handelt es sich hier um Pseudolügen, um »Scheinlügen«, da das Kind sich des Lügens nicht bewußt ist und oft von seinen eigenen Versicherungen betrogen wird. Eine solche Einstellung scheint uns für das Denken des Kindes sogar konstitutiv zu sein. Wir haben in speziellen Untersuchungen über das kindliche Denken[3] zu zeigen versucht, daß dieses seine Wesensmerkmale der Tatsache verdankt, daß es egozentrisch und nicht sozialisiert ist. Nun ist aber Wahrheit nur für die anderen wichtig. Das egozentrische Denken strebt also nicht nach Wahrheit, sondern nach persönlicher Befriedigung. Die Lüge erscheint ihm demnach natürlich. Nun lehrt man die

Kinder jedoch frühzeitig, daß man nicht lügen dürfe und daß die Lüge ein Übel sei. Was wird geschehen? Das Kind akzeptiert den Auftrag. Es sieht ihn als heilig und verpflichtend an. Es setzt ihn in die Tat um, so gut es kann, tatsächlich eher schlecht, aber ernsthaft, wenn es rechtzeitig daran denkt. Nur versteht es ihn nicht. Es macht ihn sich so weit wie möglich zu eigen, aber er bleibt für es äußerlich. Es wird ihn wortwörtlich ausführen, seine Bewertungen hinsichtlich der Verantwortung bleiben jedoch völlig objektiv: Eine Lüge wird ihm um so »häßlicher« erscheinen, wie deren Inhalt unwahrscheinlich wird, und das unabhängig von der Absicht.

Hier nun Beispiele. Ich erzähle Kindern von 6 bis 8 Jahren die beiden folgenden Geschichten: 1. »Jean hat seiner Mami erzählt, daß die Lehrerin ihm eine gute Note gegeben und ihm gratuliert hat. Aber das ist nicht wahr.« 2. »Henri ist spazierengegangen. Er hat einen großen Hund getroffen, der ihm schreckliche Angst machte. Als er nach Hause kommt, erzählt er seiner Mami, daß er einen Hund gesehen habe, der so groß wie eine Kuh sei.« Das Kind sagt zu mir, daß das zwei Lügen sind. Ich frage einfach: »Sind sie gleich häßlich?« – »Nein.« – »Nun, welche ist die häßlichere?« Fast alle Kleinen antworten mir, die zweite, die mit dem Hund, ist eine häßlichere Lüge als die erste. Sie versichern, daß man deren Urheber mehr bestrafen muß als den Urheber der ersten, und so weiter. Und dennoch verstehen sie gut das Warum dieser Lügen. Der erste, sagt uns das Kind, lügt, »um nicht bestraft zu werden«. Der zweite lügt, »um ein Bonbon zu kriegen«, und so weiter. Dennoch ist die zweite Lüge eine »dickere Lüge«, »häßlicher«, die härter bestraft zu werden verdient.

Der Grund dafür ist einfach. »Es gibt überhaupt keine Hunde, die so groß sind wie Kühe«, sagt uns das Kind, wohingegen »es vorkommt, daß man gute Noten hat«. Das Schlimme an der zweiten Lüge ist also, daß sie unglaubwürdig ist, daß ihr Inhalt weiter von der Wirklichkeit entfernt ist als der der ersten. Man kann sich keine Moral vorstellen, die buchstabengetreuer und weiter entfernt von der in ihr versteckten Absicht ist!

Im Alter von über 8 Jahren – im Durchschnitt – dreht sich die Versicherung um, und das Kind beginnt, die beiden Lügen so zu beurteilen, wie wir selbst es tun würden.

Merken wir ferner an, daß es für die Kleinen völlig normal ist, Kameraden zu belügen: nur wenn man mit erwachsenen Personen spricht, ist es verboten zu lügen. Wenn man ein Kind fragt, warum man nicht lügen darf, begnügt es sich damit, zu antworten: »weil man uns bestraft«. Im Gegensatz dazu meinen die Erwachsenen, daß man auch Kinder nicht anlügen darf und daß es dafür einen Grund gibt. Wenn man lügen würde, wäre keine Gerechtigkeit mehr möglich: man würde die Unschuldigen anstelle der Schuldigen bestrafen, und so weiter. So befinden wir uns, was die Spielregeln angeht, vor zwei Arten von Achtung: die erste ist die Achtung vor der Regel selbst, die als heilig an sich betrachtet wird und von der ein völlig objektiver Begriff der Verantwortung rührt; die zweite ist die gegenseitige Achtung der einzelnen Gewissen mit einer Verantwortung, die auf der verborgenen Absicht beruht. Zunächst die Moral der Heteronomie, dann die Moral der Autonomie.

Solche Befunde sind leicht zu erklären. Der Zwang des Erwachsenen verbindet sich zunächst mit dem kindlichen Egozentrismus, da es ihm nicht gelingt, das kindliche Bewußtsein zu verändern. Einerseits akzeptiert das Kind das Gebot, ohne es sich wirklich zu eigen zu machen. Andererseits beurteilt es die Regel des Erwachsenen so, wie es alle Dinge beurteilt, von einem realistischen Standpunkt aus, der die Existenz eines denkenden Ichs nicht kennt. Tatsächlich führt der Egonzentrismus als solcher nicht zum Bewußtsein seiner selbst. Wenn dann die Zusammenarbeit unter Kindern jedes einzelne lehrt, die anderen kennenzulernen und damit auch sich selbst, so gewinnt die Absicht Vorrang vor der Handlung, und das Kind entdeckt den Wert der Gegenseitigkeit. Diese gegenseitige Achtung zwischen Erwachsenen und Kindern wird begreifbar in dem Maße, wie die Eltern es verstehen, Kameraden zu sein und nicht nur Gesetzgeber; diese Achtung lehrt das Kind wirklich, was Lüge und was Wahrheit ist.

In intellektueller Hinsicht geschieht übrigens genau das gleiche. Der intellektuelle Egozentrismus führt zu Fixierung an den Wortlaut, das heißt zu der Gewohnheit, sich mit Worten zufriedenzugeben, statt objektiv das Wirkliche so zu denken, wie es ist. Der intellektuelle Zwang des Erwachsenen – weit davon entfernt, von der Fixierung an den Wortlaut zu befreien – festigt sie im Gegenteil einfach: Das Wort des Meisters wie auch die persönliche Versicherung entbindet von der Pflicht zum Nachdenken und behindert das kritische Bewußtsein. Ganz im Gegenteil formen die Diskussion, der freie intellektuelle Austausch und die echte

Zusammenarbeit, kurzum die Analogie zur gegenseitigen Achtung auf der Ebene des Denkens, die Vernunft und befreien von der Fixierung an den Wortlaut. Solche Fixierung und moralischer Realismus sind somit Produkte des kindlichen Egozentrismus und des Zwangs der Erwachsenen.

III. Der Zwang und die moralische Autonomie

Kommen wir jetzt zur Verifizierung des zweiten Teils unserer Hypothese, daß nämlich allein die gegenseitige Achtung das Gefühl für das Gute formt. An einem ausgewählten Beispiel möchten wir einen moralischen Begriff untersuchen, der seine Entwicklung und überhaupt sein Auftreten mehr der Kooperation zwischen Kindern als dem Druck der Erwachsenen verdankt: den Begriff der Gerechtigkeit. Die folgenden Ergebnisse sind sowohl von M. Rambert, einer Absolventin des Rousseau-Instituts, als auch von uns selbst zusammengetragen worden.

Vielleicht wird kein Begriff vom Kind konkreter gelebt als der der Gerechtigkeit. Die Beziehungen zu den Eltern und den nahen Verwandten sind ganz und gar vom Gerechtigkeitsgefühl geprägt. In der Schule dann entwickelt sich sehr scharf eine Art Solidarität der Kinder gegen den Erwachsenen, und das Wort Gerechtigkeit wird zum Sammelsymbol für das, woran diese geheime Bruderschaft am meisten interessiert ist.

Es kann daher interessant sein, zu untersuchen, was im Konfliktfall zwischen dem Gehorsam, der dem Erwachsenen geschuldet wird, und der Gerechtigkeit im engeren Sinne geschieht. Erzählen wir den Kindern Geschichten wie die folgenden, um zu sehen, was sie dazu sagen: Eine Mutter verlangt von einem ihrer Söhne mehr Hilfe als vom anderen. – Eine Mutter zieht den gehorsamen Sohn auf Kosten des anderen vor. – Ein Vater verlangt von einem seiner Söhne, ihm die Dummheiten zu erzählen, die sein Bruder begangen hat, und so weiter.

Mit Hilfe eines solchen Frageninventars ist es leicht festzustellen, daß bis zum Alter von 7 oder 8 Jahren, das heißt während des Stadiums, in dem der Zwang des Erwachsenen und der kindliche Egozentrismus sich eng miteinander verbinden, der Gerechtigkeitsbegriff nicht vom Gehorsam gegenüber den Gesetzen losgelöst werden kann. »Wenn Mutti will, daß. . ., dann ist das richtig.«

»Wenn der Papa dem einen befohlen hat, zu erzählen, was der andere gemacht hat, dann ist das richtig, das ist kein ›Petzen‹«, und so weiter. Andererseits aber löst sich gewöhnlich im Alter von über 8 Jahren die Gerechtigkeit vom Gehorsam und wird ein eigenständiges Prinzip: »Die Mutti hat es gesagt. Man muß es natürlich tun, aber das ist nicht gerecht.« In der übrigens sehr heiklen Gewissensfrage, in der der Erwachsene das Petzen verlangt, sind die Kinder fast einhellig der Ansicht, daß man es verweigern müsse; sie empfehlen sogar, eher alle Tricks gutzuheißen, als einen nahen Verwandten zu verraten.

Die Gleichheit steht somit im Gegensatz zum Gehorsam, und sowohl beim Kind als auch in der Erwachsenengesellschaft wächst das Gleichheitsbewußtsein mit zunehmender Solidarität. Man kann sogar sagen – und das ist unserer fehlerhaften Erziehung mehr anzulasten als dem Bewußtsein des Kindes –, daß der Begriff der Gerechtigkeit sich zu einem guten Teil zum Nachteil des Erwachsenen vervollkommnet. Schon die unter 8jährigen Kinder verwenden die Ausdrücke »gerecht« und »ungerecht«, um die von den Erwachsenen verhängten Strafen zu charakterisieren; »ungerecht« ist die zu strenge Bestrafung, die Bestrafung, die den Falschen trifft, oder das Ausbleiben der verdienten Bestrafung. Selbst dort, wo Gerechtigkeit vermischt wird mit dem Gehorsam gegenüber Geboten, gibt es also schon eine Beurteilungsmöglichkeit des Kindes über den Erwachsenen. In der Folge befreit sich die Gerechtigkeit vom Gehorsam und wird fortan zum beständigen Kontrollmittel im Dienste des Kindes.

Gerechtigkeit scheint uns demnach die Grundform für die Begriffe zu sein, die auf gegenseitiger Achtung und Zusammenarbeit beruhen. Wenn man sich vergegenwärtigt, welch hohen Organisationsgrad eine Kindergesellschaft erreichen kann, wie es das weiter oben untersuchte Murmelspiel bezeugt, versteht man leicht, daß der Begriff der Gerechtigkeit aus den sozialen Beziehungen zwischen Kindern entstehen kann oder daß er sich zumindest in einer solchen Umgebung leichter entwickelt als unter dem Einfluß der Beziehungen, die zwischen dem Kind und dem Erwachsenen bestehen. Von daher spielen die Regeln des Zusammenlebens in der Klasse und die Selbstbestimmung eine wesentliche Rolle im Prozeß der moralischen Erziehung.

Halten wir zusammenfassend fest: Gleiches gilt für das intellektuelle Leben. In der Zusammenarbeit zwischen Kindern entwikkelt sich der Sinn für Kontrolle und logische Kohärenz durch Diskussion. Ist das Kind in sich selbst zurückgezogen, bleibt es im Traum. Im Ringen mit dem Erwachsenen wird es erdrückt von einer Wahrheit, die seinem Denken äußerlich bleibt. In der Zusammenarbeit mit seinen Altersgenossen hingegen entwickelt es gleichzeitig seine Persönlichkeit und den Respekt vor der unpersönlichen und objektiven Wahrheit.

Anmerkungen

1 P. Bovet, »Les conditions de l'obligation de conscience«, in: *Année psychologique* (1912).
2 Vgl. einen Artikel von Mlle. Descœudres in: *L'Intermédiaire des Éducateurs* (Genf), dem wir mehrere Tests entnommen haben.
3 J. Piaget, *Sprechen und Denken des Kindes*, Düsseldorf: Schwann 1972, und ders., *Urteil und Denkprozeß des Kindes*, Düsseldorf: Schwann 1972.

Jean Piaget
Die moralische Entwicklung von Jugendlichen in primitiven und »modernen« Gesellschaften

Ich wurde gebeten, über einen Gegenstand zu sprechen, der sowohl in moralischer als auch in intellektueller Sicht zum Kern der Erziehung gehört, über das Problem von Freiheit und Rechtsprechung.

Der Hauptunterschied in der Entwicklung des Individuums in sogenannten primitiven oder zivilisierten Gesellschaften liegt darin, welches Ausmaß an Freiheit und Selbstbestimmung ihm eingeräumt wird in bezug auf die moralischen Regeln und auferlegten Überzeugungen, die der jungen Generation durch ihre soziale Umgebung, durch Tradition und durch die Älteren vorgeschrieben werden. Generell läßt sich sagen, daß das heranwachsende Individuum in primitiven Gruppen immer unfreier, in zivilisierten Gesellschaften hingegen relativ freier wird. Dieser mit dem Alter des Individuums zunehmende Einfluß externer Autorität bzw. persönlicher Freiheit ist der entscheidende Faktor der wesentlichen moralischen Unterschiede zwischen den beiden Typen der Erziehung.

1. Der Jugendliche in primitiven Gesellschaften

In den sogenannten primitiven Gesellschaften ist die ökonomische Arbeitsteilung unbekannt; daraus folgt, daß auch individuelle psychische Variationen, »soziale Klassen« und konfligierende Ideologien unbekannt sind. Die einzige grundlegende Differenzierung neben der des Geschlechts ist die der Altersgruppen: Kindheit, Jugend (einschließlich Initiation), junge Erwachsene, reife Männer und die »Alten« als eigentliche Oberhäupter des Stammes. Die Alten besitzen Autorität gegenüber allen jüngeren Altersgruppen; aber weit davon entfernt, freier zu sein als die Jungen, sind sie selbst dem Willen der Geister, ihrer Vorfahren und den damit verknüpften Traditionen zu Diensten. Der vorherrschende Zug einer solchen Gesellschaft ist somit der Zwang, der von der älteren Generation auf die nachfolgende ausgeübt wird. Es ist dieser »gerontologische Prozeß«, der erklärt, weshalb das Individuum um so unfreier wird, je älter es wird.

Für den primitiven Menschen ist die Kindheit die einzige Zeitspanne, in der er frei ist. Die einzige Schule ist das Beispiel: eigentlicher Unterricht und körperliche Bestrafung sind unbekannt. Immer wieder haben die Experten diesen überraschenden Gesichtspunkt primitiver »Pädagogik« hervorgehoben. Die Kinder sind von Liebe umgeben und keinen strengen Beschränkungen unterworfen, genau wie es Rousseau im Mythos des »edlen Wilden« meint.

Im Gegensatz dazu beginnt der Ernst des Lebens mit der Adoleszenz. Bis jetzt war das Individuum als Kind außerhalb des Lebens der Stammesgemeinschaft, nun muß es aufgenommen werden in die Reihe der Stammesneulinge. Dazu muß der Novize die praktische, effektive und ideologische Kenntnis der geheiligten Traditionen erwerben, wie sie von den Alten bewahrt werden. Entsprechend muß sich der Heranwachsende während einer Zeitspanne von mehreren Monaten bis zu zwei Jahren oder länger den Initiationsriten unterziehen, von deren eindrucksvoller, ja manchmal grausamer Natur alle Ethnologen berichten. In Gegenwart der Lehrmeister, die zur Vergrößerung der Aura des Mysteriösen maskiert sind, muß sich der Jugendliche verschiedenartigen körperlichen Prüfungen unterziehen. In einer Atmosphäre emotionaler Spannung und Unterwerfung unter die Geister nimmt er dabei die Gesamtheit der geheiligten Glaubenssätze und Praktiken in sich auf, die ihn zu einem erwachsenen Mitglied des Clans machen. Somit tendiert die Erziehung der Jugendlichen in primitiven Gesellschaften, die auf mystischer Autorität gegründet ist und durch Stammesbräuche geregelt wird, im wesentlichen zu Konformität, und zwar in intellektueller wie in moralischer Hinsicht. Zu intellektueller Konformität, da nichts im Individuum die Haltung der Reflexion oder des kritischen Geistes hervorruft; in jedem Bereich (von den eigentlichen Techniken bis zu mystischen Darstellungen, von magischen bis zu kausalen Erklärungen der Phänomene) ist sein Denken standardisiert, und es beugt sich den kollektiven Vorstellungen des Stammes, wie sie von Generation zu Generation weitergegeben wurden. Auf der anderen Seite zu moralischer Konformität, denn geheiligte Pflichten und rituelle Tabus lassen nur einen minimalen Handlungsspielraum zu, der selbst nicht von Regeln bestimmt ist.

Vom Standpunkt der sozialen und moralischen Erziehung hat die »primitive« Moral die besonders bemerkenswerte Eigenschaft, daß die Verantwortlichkeit gleichzeitig »objektiv« und »kollektiv« ist. Während für uns Verantwortlichkeit in gewissem Grad durch die Intention eines Menschen bestimmt ist und sich nur auf das jeweilige Individuum bezieht, wird sie bei den Primitiven durch die materielle Verletzung von Regeln ohne Berücksichtigung der Intentionen bestimmt. Sie bezieht die gesamte Verwandtschaft und alle Verbindungen der schuldigen Partei mit ein. Diese Art von moralischem Realismus ist das beste Kriterium für das Fehlen von Gewissensfreiheit und für die zwingende Macht konventioneller Regeln, die dem Individuum von einer äußeren Autorität auferlegt werden.

2. Der Jugendliche in »zivilisierten« Gesellschaften

Diese in gewisser Weise allzu schematische Zeichnung als Kontrast zu dem, was in sogenannten zivilisierten Gesellschaften geschieht, findet ihre Berechtigung darin, daß sie auf den ersten Blick in deutlichem Gegensatz zu unserem Ideal von moralischer Erziehung zu stehen scheint. Bei genauer Betrachtung läßt sich jedoch feststellen, daß manches von der Mentalität der Stammesältesten mit ihren Masken und ihrem Monopol an heiligen Mysterien bei den modernen Lehrern wiederkehrt, in deren Verantwortung die Erziehung der Jugendlichen zu freien Bürgern dieser Welt liegt. Lassen Sie mich deshalb im folgenden eine sorgfältige Unterscheidung treffen zwischen der spontanen Entwicklung des Heranwachsenden in unserer Gesellschaft einerseits und den erzieherischen Techniken andererseits, die jener Entwicklung mehr oder weniger angepaßt sind.

Ganz allgemein bezeichnet die Adoleszenz in unserer Gesellschaft den Beginn der Gedankenfreiheit – oder wenigstens einer Befreiung im Vergleich zur Kindheit –, und das gilt aus der Sicht der Soziologie und auch der Psychologie.

Soziologisch gesehen besteht bei uns in der Kindheit das größte Ausmaß an intellektuellem und moralischem Zwang, den die ältere auf die jüngere Generation ausübt, während sich der normale Erwachsene zunehmend von den traditionellen Banden löst und eine eigene Weltsicht zu entwickeln versucht. Im Gegensatz zu den primitiven Gesellschaften, wo das Individuum in zunehmendem Maß durch kollektiven Zwang unterjocht wird, erreicht das spezialisierte Individuum, das charakteristisch für Gesellschaften mit hochdifferenzierter Arbeitsteilung ist, eine relative Autonomie. In dieser Hinsicht ist die Adoleszenz ein entscheidender Wendepunkt, an dem das Individuum alles, was ihm eingegeben wurde, verwirft oder zumindest seine Meinung davon überprüft, um einen eigenen Standpunkt und einen eigenständigen Platz im Leben zu finden. Während es die Pflicht der primitiven Initiierten war, sich den bereits fest etablierten Wahrheiten zu beugen, besteht die erste Pflicht des modernen Jugendlichen darin, gegen alle vorgegebenen Wahrheiten zu revoltieren und seine intellektuellen und moralischen Vorstellungen so unabhängig wie möglich zu entwickeln.

Ähnlich verhält es sich auf der psychologischen Ebene. Während das Kind zuerst mittels intuitiver Bilder und später in konkreten Prozessen denkt, die sich aus Handlungen ergeben, sich aber nicht in abstrakte Sätze transformieren lassen, läßt sich die Adoleszenz durch »positives« Denken charakterisieren. Diese positiven oder hypothetisch-deduktiven Denkprozesse sind genau so geartet, daß sie es erlauben, die unmittelbare Realität zu überschreiten und umfassende Systeme zu entwickeln. Aus diesem Grund bleibt das Kind in seiner physischen und sozialen Umgebung gefangen und kann noch keine reflexiven oder philosophischen Systeme konstruieren, die es von ihr befreien. Im Gegensatz dazu vermag der Jugendliche als Individuum über alles Theorien aufzustellen und unabhängig vom gegenwärtigen Geschehen zu »reflektieren«, statt unmittelbar zum Handeln überzugehen. Das ist ein Teil seiner inneren Befreiung, die ihn zeitweise für fast alle Bereiche ungeeignet macht, bis ihn das alltägliche Handeln wieder an die Realität anpaßt.

Im Hinblick auf die soziale und moralische Entwicklung des Kindes und des Jugendlichen, welche die gemeinsame Basis der beiden gerade erwähnten Prozesse bildet, läßt sich diese Entwicklung wie folgt beschreiben. Je jünger das Kind, desto stärker ist es von sozialen Beziehungen beeinflußt, wie von den Zwängen der Erwachsenen und dem einseitigen Respekt vor den Älteren und vor seinen Eltern. Andererseits nimmt mit der fortschreitenden geistigen Entwicklung eine neue Form überindividueller Beziehungen einen zunehmend wichtigeren Platz ein, nämlich die

Zusammenarbeit und der gegenseitige Respekt unter Gleichen und Partnern innerhalb der gleichen Altersgruppe. In dieser Hinsicht läßt sich die Entwicklung einer vollständigen Moral der Gegenseitigkeit nachzeichnen, die sich durch ein subjektives, an Intentionen orientiertes Verantwortungsgefühl auszeichnet und allmählich die Moral des passiven Gehorsams und eines objektiven Verantwortungsgefühls ersetzt, wie sie der frühen Kindheit eigen ist. Für den Heranwachsenden wird die Rolle dieser sozialen und moralischen Beziehungen zwischen Gleichaltrigen grundlegend, und auf ihr beruhen die verschiedenen Erziehungsprozesse unserer Tage, wie Teamwork und der Ruf nach »Jugendbewegungen«.

3. Erziehungsprobleme

Welches sind unter diesen Umständen die effektivsten Erziehungsprozesse in der Ausbildung zum Weltbürger, mit dem Ziel, wirkliche internationale Zusammenarbeit zu ermöglichen?

Wir glauben, daß es in diesem Zusammenhang unmöglich ist, die moralische von der intellektuellen Erziehung zu trennen; es wäre unmöglich, Gewissensfreiheit im Hinblick auf politische Probleme (wie soziale Ungleichheit, Nationalismus, ideologische Konflikte und dergleichen) bei Individuen einzuräumen, die zu moralischer Kooperation erzogen, denen in anderen Hinsichten aber fertige intellektuelle Wahrheiten vorgegeben werden. Die geistige Erziehung ist ein einheitliches Ganzes. Wenn der Verstand des Schülers im Bereich des Wissens der Autorität des Lehrers unterworfen wird, kann sich auf der anderen Seite das moralische Bewußtsein dieses Schülers nicht befreien, um eigene Verhaltensregeln für aktuelle Probleme zu entwickeln. In diesem Punkt ähnelt die Rolle des Lehrers noch heute zu sehr der der Stammesältesten, die mit der Initiation der Neulinge betraut waren, selbst wenn die getragene Maske nicht länger die des Terrors ist, sondern einfach die der professionellen Rolle des Lehrers, und obwohl die heiligen Mysterien, die er vorträgt, keine magischen Dinge mehr sind, sondern lediglich vorgegebene Wahrheiten.

Wo ist heute jener Staatsmann zu finden, der – wären ihm auch profunde Kenntnisse und ein großzügiger Geist eigen – die aktuellen internationalen Probleme im Griff hätte? Welcher Gebildete spürte nicht, wenn er aufrichtig ist, wie schwierig es für ihn ist, klar zu sehen, ohne unbewußt das Opfer seiner eigenen Klassenvorurteile, seines nationalen Standpunktes und all dessen zu sein, was die Vergangenheit aus ihm gemacht hat, ohne mit einer gewissen Sicherheit entscheiden zu können, was überholt und was noch lebensnotwendig ist?

Das Problem, das die internationale Erziehung in Angriff nehmen muß, besteht daher im wesentlichen darin, den Jugendlichen nicht zu vorgegebenen Lösungen hinzuführen, sondern ihm eine Methode an die Hand zu geben, die ihn in die Lage versetzt, selbst solche Lösungen zu entwickeln. In diesem Zusammenhang ist auf zwei miteinander zusammenhängende Grundprinzipien hinzuweisen, von denen eine an der Psychologie orientierte Erziehung niemals abweichen darf:

1. Die einzigen Wahrheiten sind die, die man selbst unabhängig entwickelt hat, und nicht die, die man von außen erhält;

2. das moralisch Gute ist im wesentlichen autonom und kann nicht vorgeschrieben werden.

Von diesem doppelten Standpunkt aus ist die internationale Erziehung eng mit der Erziehung insgesamt verknüpft. Nicht nur die internationale Verständigung wird aufs Spiel gesetzt, wenn historische oder soziale Lügen gelehrt werden. Die Lebenstüchtigkeit jedes einzelnen Mannes und jeder Frau ist ebenso gefährdet, wenn ihnen Wahrheiten – selbst unmittelbar einleuchtende oder mathematische Wahrheiten –, die sie selbst hätten entdecken können, von außen vorgegeben werden; denn dadurch wird ihnen eine Untersuchungsmethode vorenthalten, die für ihr Leben wesentlich wertvoller wäre als die entsprechende Menge Wissen!

Mit anderen Worten, der Bildung des Menschen wird Gewalt angetan, wenn Jugendliche Unterricht in Staatsbürgerkunde und internationaler Zusammenarbeit erhalten und dieser Unterricht jene Zeit in Anspruch nimmt, in der die Jugendlichen diese Staatsbürgerkunde und internationale Zusammenarbeit im Rahmen des spontan organisierten sozialen Lebens selbständig entdecken könnten. Wann immer das Reden tatsächliches Handeln ersetzt, wird die Entwicklung des Bewußtseins behindert.

Der Schluß, der aus diesen wenigen Überlegungen gezogen werden kann, ist der, daß internationale Erziehung von der

Bildung der ganzen Vernunft abhängt, und das von Kindheit an. Allein der Rückgriff auf wirkliche eigene Aktivität bildet die Grundlage für das Erlernen von kooperativem Handeln, selbst wenn diese Zusammenarbeit zunächst in kleinen Gruppen stattfindet und sich erst nach und nach zur komplexen Zusammenarbeit der ganzen Menschheit ausweitet, durch die eine Harmonie zwischen den Mentalitäten verschiedener Länder und zwischen gegensätzlichen sozialen Ideologien erreicht werden kann.

Jean Piaget
Die Entwicklung des Solidaritätsgeistes und des Gerechtigkeitsbegriffs beim Kind

Das gegenwärtige Ideal der internationalen Zusammenarbeit geht von den beiden Begriffen der Solidarität und der Gerechtigkeit aus. Wir werden uns also in erster Linie auf die intellektuellen und zugleich affektiven Entwicklungstendenzen zu dem Gefühl von Solidarität und Gerechtigkeit stützen, wenn wir den Kindern nahebringen wollen, was der Völkerbund ist und will. Gibt es diese Entwicklungstendenzen beim Kind? Haben sie ein genügend großes Gewicht, um im spontanen Leben der Kindergruppen in Erscheinung zu treten? So stellt sich die Frage, die vor jeder anderen gelöst werden muß, denn eine »aktive« und nicht nur dozierende Pädagogik muß sich die Erfahrung der Kinder selbst zunutze machen, um sie das zu lehren, was mangels einer Methode sonst toter Buchstabe bliebe.

Hinsichtlich der Solidarität erscheinen uns zwei Gruppen von Tatsachen für eine pädagogische Anwendung und infolgedessen auch einer psychologischen Analyse bedenkenswert: die Solidarität bei Spielen in der Gruppe und die Solidarität bei der geistigen Arbeit.

Die Untersuchung der Regelbeachtung im Verlauf eines Gesellschaftsspiels, etwa des bei den Knaben so beliebten Murmelspiels, hat uns in der Tat gestattet, eine klare Beziehung zwischen der Entwicklung der Solidarität und der fortschreitenden Bildung dessen zu beobachten, was wir als »gegenseitige Achtung« bezeichnen können.

Um diese Tatsachen zu verstehen, muß man wissen, daß jede Regel das Produkt zweier miteinander verwobener Ursachen ist[1]: Zunächst erteilt eine Person anderen Individuen Anordnungen; dann aber ist es wichtig, daß diese Gebote akzeptiert werden, und ein Gebot wird nur wirklich akzeptiert, wenn man denjenigen respektiert, der es erteilt. Nun lassen sich aber zwei Arten des Respekts oder der Achtung unterscheiden. Zunächst einmal gibt es die einseitige Achtung der Kleinen vor den Großen, die Achtung, die für jede Beziehung charakteristisch ist, die auf Autorität oder moralischem Zwang beruht. Auf der anderen Seite gibt es die gegenseitige Achtung, das heißt das Gefühl, das zwei oder mehrere gleichgestellte Individuen gegenseitig verpflichtet und das für die Beziehungen der Zusammenarbeit charakteristisch ist.

Nun zeigt uns aber die Entwicklung der Kindergruppen ganz klar die zunehmende Vorherrschaft der gegenseitigen Achtung über den einseitigen Respekt. In der Tat nehmen die Kleinen die vorgegebenen Regeln auf und begnügen sich damit, die Großen nachzuahmen: Die Achtung der Kleinen gegenüber den Großen gehorcht also der Macht der Gewohnheit. Die Großen machen im Gegensatz dazu die Regel selbst und sind nur noch der gegenseitigen Achtung verpflichtet.

Was bedeuten diese Verhaltensweisen für die Entwicklung der Solidarität? Scheinbar führt dieser äußere Zwang, der die erste Phase dieser Entwicklung beschreibt, zu einer engeren Solidarität zwischen den Kindern untereinander: die Kleinen halten in der Tat die Spielregeln – das heißt die konstitutionellen Gesetze ihrer Gruppe – für ewig und unantastbar, und ihre Abscheu gegenüber Veränderungen scheint so die beste Garantie für den Zusammenhalt der Gruppe zu bieten. Die Großen hingegen betrachten die Regel nur noch als augenblickliche Übereinkunft, deren Wert von der Kommunikation der die Gruppe konstituierenden Individuen abhängt; dieser demokratische Geist scheint eine Quelle für gefährliche Revolutionen zu sein und die Solidarität selbst in Gefahr zu bringen.

In der Praxis gilt jedoch das Gegenteil. Wenn man untersucht, wie die Kinder die Regeln anwenden, und nicht nur, wie sie sie sich vorstellen, stellt man fest, daß mit dem äußeren Gehorsam eine mehr verbale als tatsächliche Solidarität einhergeht, wohingegen der Phase der gegenseitigen Achtung eine innigere und ausgesprochen lebendige Solidarität entspricht.

Tatsächlich wendet jedes Kind die äußere und geheiligte Regel, die die Kleinen über den Gebrauch selbst stellen, auf seine Art an, und diese schließen einen Egozentrismus des Verhaltens keineswegs aus. Dagegen werden die gemeinschaftlichen Entscheidungen, zu denen die gegenseitige Achtung der Großen führt, mit der größtmöglichen Genauigkeit befolgt und führen sogar zu einem richtigen Gewohnheitsrecht und zu einer vollständigen kindlichen Rechtsprechung, die von großem psychologischen Interesse sind.

Diese verschiedenen Tatsachen, deren Existenz für die Pädagogik der *Selbstbestimmung* wertvoll ist, zeigen sicher zur Genüge, wie sehr das Kind schon mit 10 oder 11 Jahren den Begriffen des Vertrages, der Solidarität und der gegenseitigen Achtung zugänglich ist, von denen sich jede Erziehung im internationalen Geiste leiten läßt.

Was nun die Solidarität in der geistigen Arbeit angeht, so führt ihre Entwicklung zu analogen Beobachtungen. Die Kleinen mögen noch so sehr an die Existenz absoluter Wahrheiten glauben, über die die Erwachsenen oder die Älteren verfügen, sie können nur schlecht gemeinschaftlich arbeiten. Die Untersuchung der Unterhaltungen von Kindern und vor allem der Diskussionen zwischen Kindern sowie ihres gegenseitigen Verstehens zeigt, wie schwierig anfangs der geistige Austausch ist. Im Gegensatz dazu wird die Notwendigkeit des Austauschs bei den Großen immer wichtiger, und wir können behaupten, daß die sozialen Regeln der Diskussion und der Zusammenarbeit weitgehend in der Beschaffenheit der Logik selbst zu suchen sind.

Aus pädagogischer Sicht sind solche Fakten von großer Bedeutung. Wir können die Erfahrungen mit dem Verstehen der Kinder untereinander benutzen, um den Schülern die Schwierigkeiten jeder Objektivität zu zeigen, insbesondere die Schwierigkeiten der Interpretationen der geschichtlichen Ereignisse. Allgemein betrachtet führt die Durchführung der gemeinsamen Arbeit zu einem solchen Gefühl für geistige Solidarität, das der internationalen Erziehung nur nützlich sein kann.

Der Begriff der Gerechtigkeit stellt sich unter zwei Aspekten dar als austeilende Gerechtigkeit, die die Gleichheit der Individuen untereinander ausdrückt, und als vergeltende Gerechtigkeit, die die Beziehungen zwischen den Handlungen und ihren Sanktionen beschreibt.

Sind diese Begriffe beim Kind vorhanden, und wie entwickeln sie sich? Hinsichtlich der austeilenden Gerechtigkeit können wir drei Phasen unterscheiden. Während des ersten Stadiums, bis zum Alter von etwa 6 bis 7 Jahren, vermischt sich die Gerechtigkeit mit dem Gehorsam gegenüber dem Gesetz: Richtig ist jede Handlung, die den Regeln entspricht oder die sogar mit den akzeptierten Geboten aufgrund der einseitigen Achtung übereinstimmt. Das heißt, selbst wenn die Eltern auf Handlungen bestehen, die der Gleichheit widersprechen (wenn sie von einem Kind mehr verlangen als von einem anderen), oder Handlungen fordern, die der Solidarität zwischen Kindern widersprechen (sie veranlassen, die Übeltaten eines Bruders oder eines Kameraden zu petzen), so ist das gerecht, weil es das Gesetz ist.

Im Verlauf eines zweiten Stadiums trennt sich die Gerechtigkeit hingegen vom Gehorsam und bestimmt sich allein aus der Gleichheit. Im Fall eines Konflikts zwischen Autorität und Gleichheit unterscheidet das Kind während der Befragungen immer das Rechtmäßige und das Faktische: Tatsächlich muß man gehorchen, weil der Erwachsene stärker ist und zudem wegen der Achtung oder der Zuneigung, die man ihm entgegenbringt; aber von Rechts wegen ist jeder Befehl, der der Gleichheit widerspricht, ungerecht.

Ebenso sind während dieses zweiten Stadiums, das heißt ungefähr zwischen 7 und 11 Jahren, die Beziehungen zwischen Kindern von der Sorge um die strengste Gleichheit beherrscht: keine Ausnahme in der Anwendung der Spielregeln, völlige Gegenseitigkeit in den eingesteckten Schlägen, in den Belohnungen und so weiter. Was die möglichen Konflikte der Solidarität unter den Kindern mit der Autorität der Erwachsenen angeht, so werden sie zugunsten der Solidarität entschieden.

Während eines dritten Stadiums schließlich, das heißt im Alter von ungefähr 11 oder 12 Jahren, haben Gerechtigkeit und Billigkeit Vorrang vor der radikalen Gleichheit: Man muß den Kleinen oder Schwachen den Vorrang geben, weil das einer höheren Gleichheit entspricht. Was die Gegenseitigkeit betrifft, so wird sie nur noch im Guten für nützlich gehalten.

Die Entwicklung der vergeltenden Gerechtigkeit führt andererseits zur Annahme zweier Hauptstadien. Bei den Kleinen wird die wiedergutmachende, sühnende Strafe als gerecht angesehen. Wenn man mehrere Strafen zur Auswahl vorschlägt, wählt das befragte Kind bei irgendwelchen Tatsachenerzählungen die strengste als die gerechteste aus. Es lehnt den Gedanken der Kollektivbestrafung nicht völlig ab. Im Gegensatz dazu ziehen die Großen der sühnenden Strafe Maßnahmen der Gegenseitigkeit vor, die den Schuldigen die Tragweite seiner Handlungen einsehen lassen, ohne ihm verletzende Leiden zu bereiten. Im übrigen verliert die Kollektivbestrafung mit zunehmenden Alter jeden moralischen Charakter.

Was kann man unter diesen Voraussetzungen über die Entwicklung des Gerechtigkeitsgefühls sagen? Hier tritt die Unterscheidung zwischen verpflichtender Solidarität und der Zusammenarbeit wieder in Erscheinung. Die Autorität des Erwachsenen ist die Quelle des Gehorsams, aber sie könnte nicht aus sich selbst heraus zur Gerechtigkeit führen. Am Rande des Drucks durch den Erwachsenen und häufig auf seine Kosten bildet sich das Bedürfnis nach Gleichheit, und solange der Zwang im Geist des Kindes den Sieg über die Zusammenarbeit davonträgt, gelingt es der Gerechtigkeit nicht, sich von der Unterwerfung unter die Gesetze abzugrenzen. Wenn nun aber sogar das Gesetz gerecht ist, so ist es notwendig, daß ein Gefühl für Billigkeit und Autonomie es dem Gewissen erlaubt, dieses Gesetz zu beurteilen. Die Zusammenarbeit hingegen erzeugt die Gerechtigkeit. Sie ist es, die das Kind den Wert der Gleichheit lehrt und die es ihm gestattet, die Gerechtigkeit über die Tatsache zu erheben. Was die vergeltende Gerechtigkeit betrifft, so ist es die Zusammenarbeit, die zu den Strafbegriffen führt, die in der Gegenseitigkeit begründet sind, wohingegen die sühnende Strafe ein Produkt der einseitigen Achtung ist.

Die aus diesen Tatsachen zu ziehende pädagogische Schlußfolgerung ergibt sich von selbst. Die Erziehung zur Gerechtigkeit kann und muß sich auf die eigene Erfahrung des Kindes gründen, das heißt auf seine *Selbstbestimmung*. Statt die spontanen Phänomene, die wir gerade beschrieben haben, sich am Rande der Schule entwickeln zu lassen, muß die Schule sie nutzen. Weit davon entfernt, bloß deklarativ und infolgedessen steril zu sein, wird somit die Idee der Gerechtigkeit, die auf diese Weise direkt aus der Praxis gewonnen wurde, sowohl der Kultur des internationalen Geistes als auch der staatsbürgerlichen Erziehung des Kindes dienen.

Anmerkung

1 Siehe P. Bovet, »Les conditions de l'obligation de conscience«, in: *Année psychologique* (1912).

Ann Colby und Lawrence Kohlberg
Das moralische Urteil: Der kognitionszentrierte entwicklungspsychologische Ansatz

Die Untersuchung der Entwicklung der Moralvorstellungen wird schon seit langem als ein zentraler Problembereich der Sozialwissenschaften betrachtet. Dies spiegelt sich zum Beispiel in McDougalls Behauptung, daß das grundlegende Problem der Sozialpsychologie die sittliche Erziehung des Individuums durch die Gesellschaft sei (1908), oder in Freuds erklärter »Absicht, das Schuldgefühl als das wichtigste Problem der Kulturentwicklung hinzustellen« (1930: 494). Es ist allerdings schwierig, die moralische Entwicklung und den weiteren Bereich der sozialen Entwicklung und Sozialisation eindeutig voneinander abzugrenzen. Die Entwicklung von Kooperationsmustern, von Aggression oder von Fleiß und Leistungsvermögen wird im allgemeinen unter der umfassenderen Rubrik der »Sozialisation« abgehandelt, obgleich sie ebensogut als der moralischen Entwicklung zugehörig betrachtet werden könnte, insofern nämlich, als zum Beispiel Kooperation oder Friedfertigkeit für »gut« gehalten werden, und insofern ihre Ausformung eine allmähliche Anpassung an die tradierten Normen involviert. In der zurückliegenden Dekade ist die moralische Entwicklung recht eingehend untersucht worden (besprochen bei Kohlberg 1963, 1964; Hoffman 1970). Dabei verstand man unter moralischer Entwicklung vornehmlich jene Teilprozesse der Sozialisation, die zur Internalisierung führen, das heißt dazu, daß ein Individuum auch dann den Regeln gemäß handelt, wenn es die Neigung spürt, sie zu übertreten, und wenn weder eine Überwachung vorhanden ist noch Sanktionen zu befürchten sind. In dieser Forschungsliteratur wurde die moralische Entwicklung im allgemeinen als die zunehmende Internalisierung grundlegender kultureller Regeln verstanden. Verschiedene Theorien und Forscher haben immer wieder drei Aspekte der Internalisierung hervorgehoben: den Verhaltens-, den Gefühls- und den Urteilsaspekt der moralischen Handlung.

Ein verhaltensbezogenes Kriterium der Internalisierung ist das der intrinsisch motivierten Konformität oder des Widerstands gegenüber einer Versuchung. Eine derartige Konzeption ist in der

Alltagsvorstellung vom »moralischen Charakter« implizit enthalten, die Ausgangspunkt früherer amerikanischer Untersuchungen zur Moralität war. Hartshorne und May (1928-1930) definierten den moralischen Charakter als eine Reihe kulturell bestimmter Tugenden (wie etwa Ehrlichkeit), deren Ausprägung man messen könne, indem man beobachtet, inwieweit das Kind der Versuchung, eine Regel zu brechen, widerstehen kann, und zwar in einer Situation, in der Entdeckung oder Bestrafung ihm als unwahrscheinlich erscheinen müssen.

Ein zweites Kriterium der Existenz internalisierter Standards ist das Schuldgefühl; das heißt, nach der Verletzung kultureller Normen treten selbstbestrafende, selbstkritische Empfindungen von Reue und Angst auf. Sowohl die psychoanalytischen Theorien als auch die Lerntheorien über das Gewissen haben im Schuldgefühl das grundlegende Motiv der Moralität gesehen. Man hat angenommen, das Kind verhalte sich moralisch, um Schuld zu vermeiden.

Einmal abgesehen vom normgerechten Verhalten und den Reuegefühlen nach der Regelverletzung, impliziert die Internalisierung eines Standards auch die Fähigkeit, unter Zugrundelegung dieses Standards Urteile zu fällen und sowohl sich selbst wie anderen gegenüber begründen zu können, warum man diesen Standard anerkennt. Dieser das Urteilen betreffende Aspekt der moralischen Entwicklung stand im Mittelpunkt des Werkes und der Theorie von Piaget (1932), aber auch anderer (Kohlberg 1969).

Die neuere Forschung suchte also die Probleme der moralischen Entwicklung dadurch zu erhellen, daß sie untersuchte, in welcher Weise Sozialisationsfaktoren, wie etwa Menge, Typus und Beschaffenheit von Belohnung und Bestrafung oder Möglichkeiten für die Identifikation mit den Eltern, mit der Widerstandsfähigkeit gegenüber Versuchungen, dem Ausmaß des Schuldgefühls oder der Art des moralischen Urteilens zusammenhängen.

Internalisierung versus Situationsabhängigkeit

Kohlberg (1964, 1976) hat die Auffassung vertreten, daß die Untersuchung der internalisierten Sozialisation nur ein begrenztes Licht auf die klassischen Probleme der moralischen Entwicklung geworfen hat. Schwierigkeiten haben sich in erster Linie deswegen ergeben, weil die Internalisierung nicht eindeutig genug eine Entwicklung in der Zeit erkennen läßt. Experimentelle Messungen der Widerstandsfähigkeit gegenüber Versuchungen (Ehrlichkeit) zeigen keinen klaren Trend in dem Sinne, daß Ehrlichkeit vom Vorschulalter bis zur Adoleszenz immer häufiger aufträte. Projektive Messungen der Intensität des Schuldgefühls oder der moralischen Angst zeigen ebenfalls keine klaren Alterstrends, abgesehen von ziemlich schnellen, im Kognitiven begründeten Veränderungen im Alter zwischen acht und zwölf Jahren. Diese Veränderungen lassen erkennen, daß die moralische Angst zunehmend weniger durch externe Faktoren und dafür mehr durch moralische Selbstbewertungen verursacht wird. Im Bereich des moralischen Urteilens lassen sich zwar klare Entwicklungslinien beobachten, diese können jedoch nicht ohne weiteres als Trends einer internalisierten Sozialisation als solcher angesehen werden.

Weitere Schwierigkeiten sind daraus entstanden, daß es nicht gelungen ist, eine charakteristische Anzahl von Sozialisationsfaktoren aufzufinden, die als ein Antezedenz speziell der moralischen Internalisierung aufgefaßt werden könnte. Die vorliegenden Forschungsergebnisse legen vielmehr die Annahme nahe, daß dieselben Bedingungen, die die moralische Internalisierung fördern, auch das Lernen nichtmoralischer kultureller Regeln und Erwartungen allgemein begünstigen. Mit anderen Worten, diese Forschung zeigt keinen speziellen Bereich der Internalisierung oder des »Gewissens« – einer mit Schuldgefühlen verknüpften moralischen Kontrolle –, der sich von den Prozessen sozialen Lernens oder sozialer Kontrolle im allgemeinen unterscheiden ließe.

Die neueren Befunde bestärken demnach eine skeptische Haltung gegenüber der weitverbreiteten und speziell von der Psychoanalyse vertretenen Annahme eines Gewissens oder Über-Ichs. Diesbezügliche Zweifel waren das Hauptergebnis der von Hartshorne und May durchgeführten monumentalen Untersuchungen über den moralischen Charakter. Diese Forscher stellten fest, daß die Widerstandsfähigkeit gegenüber der Versuchung, zu betrügen oder nicht zu gehorchen, nicht so sehr durch einen feststehenden, individuellen moralischen Charakterzug der Ehrlichkeit, sondern am stärksten durch situative Faktoren bestimmt war. Ein Ergebnis, das diesen Schluß nahelegte, war die geringe Voraussagbarkeit betrügerischen Verhaltens von einer Situation zur anderen. Im weiteren war es unmöglich, die Kinder in zwei Gruppen – die »Betrüger« und die »ehrlichen Kinder« – einzuteilen. Die Scores (Testpunktzahlen) der Kinder für betrügerisches Verhalten waren in Form einer Glockenkurve um einen Mittelwert mäßigen Betrügens verteilt. Ein drittes Ergebnis betraf die Bedeutung des Nützlichkeitsgesichtspunkts bei der Entscheidung zu betrügen; das heißt, die Neigung zu betrügen hängt einerseits vom Ausmaß des Risikos ab, entdeckt zu werden, und andererseits von der Größe der erforderlichen Anstrengung. Kinder, die unter riskanteren Umständen betrogen, betrogen auch in weniger riskanten Situationen. Wer nicht betrog, schien das also mehr aus Vorsicht als aus Ehrlichkeit zu tun. Als viertes Ergebnis fand sich, daß ehrliches Verhalten, selbst wenn es nicht von der Furcht vor Entdeckung oder Bestrafung diktiert war, doch weitgehend durch unmittelbare situative Faktoren wie Billigung der Gruppe oder ein Vorbild (und wiederum nicht durch internale moralische Werte) gesteuert wurde. In einigen Klassen war die Neigung zu betrügen groß, während sie in anderen, scheinbar gleichartig zusammengesetzten Klassen derselben Schule gering war. Als fünftes Ergebnis zeigte sich, daß moralisches Wissen oder das Bekenntnis zu bestimmten Werten wenig Einfluß auf das moralische Verhalten hat. Die Korrelationen zwischen verbalen Tests moralischer Kenntnisse und experimentellen Tests moralischen Verhaltens waren nur gering. Als sechstes Ergebnis wurde festgestellt, daß dort, wo das tatsächliche Handeln den erklärten Werten zu entsprechen schien, diese Werte einigermaßen spezifisch für die soziale Klasse oder Bezugsgruppe des Kindes waren. Ehrlichkeit erwies sich nicht als ein universelles Ideal, sondern charakterisierte eher die Kinder der Mittelklasse und schien den Kindern der Unterklasse weniger zu bedeuten.

Die Befunde von Hartshorne und May ließen also vermuten, daß ehrliches Verhalten mehr durch Situationsbedingungen, wie Bestrafung, Belohnung, Gruppendruck und Werte der Gruppe, als durch eine innerliche Disposition, wie Gewissen oder Charakter, determiniert ist. Angesichts dieser Befunde stellt sich die Frage, ob allgemeine Begriffe, die den moralischen Charakter beschreiben sollen, nicht einfach wertende Beurteilungen des Verhaltens durch die jeweilige Bezugsgruppe ausdrücken, oder ob sie tatsächlich einer inneren Disposition einer Person entsprechen und uns daher helfen, ihr Verhalten zu verstehen und vorauszusagen. Mit dem Begriff »moralische Entwicklung« haben die Psychologen im allgemeinen die Bildung internaler Standards, die das Verhalten kontrollieren, bezeichnet. Diese Konzeption eines internalisierten Standards scheint eine gewisse, verschiedenartige Situationen übergreifende Allgemeingültigkeit zu verlangen. Es ist nicht sinnvoll, vom Verhalten zu sagen, es werde durch eine internalisierte Regel wie »Sei ehrlich« oder »Betrüge nicht« gelenkt, wenn die Regel das Verhalten eines Individuums nicht vorauszusagen erlaubt, die Bezugnahme auf situative Kräfte aber eben dies leistet. Wir halten es nicht für angemessen, von der Moralität des Hundes oder der Ratte zu sprechen, auch wenn beide darin abgerichtet worden sind, in bestimmten Situationen »einer Versuchung zu widerstehen«. Im übrigen nehmen wir an, daß der Widerstand des Tieres gegenüber einer Versuchung aus der Angst resultiert, die die in der Situation liegenden Hinweisreize erregen, nicht aber aus der Beachtung einer moralischen Regel. Insoweit bei Menschen der Widerstand gegenüber Versuchungen nicht in allen Situationen auftritt, für die eine bestimmte moralische Regel Geltung beansprucht, und daher mittels rein situativer Faktoren vorausgesagt werden muß, scheint es ebenso wenig sinnvoll wie im Falle des Tieres, menschliches Verhalten als Ausfluß eines Gewissens darzustellen.

Kohlberg (1964) hat die Auffassung vertreten, die neueren Forschungsergebnisse stimmten mit den Befunden von Hartshorne und May insofern überein, als sie die Annahme stützen, daß die Variablen, die den Widerstand gegenüber Versuchungen bestimmen, in erster Linie in der Situation liegen und nicht so sehr in feststehenden Verhaltensgewohnheiten, Charakterzügen (wie Ehrlichkeit) oder einer überdauernden Bereitschaft des Über-Ichs zu Schuldgefühlen. Folgt man jedoch Burtons (1963) Analyse der Ehrlichkeit, dann kommt man nicht umhin, eine gewisse intraindividuelle Konsistenz ehrlichen Verhaltens oder eine teilweise Determination dieses Verhaltens durch allgemeine Persönlichkeitseigenschaften anzuerkennen. Dabei scheint es sich jedoch nicht um Eigenschaften des moralischen Gewissens zu handeln, sondern eher um Fähigkeiten des Ichs, die den Alltagsbegriffen von Klugheit und Wille entsprechen. In einer Tradition der Moralpsychologie, die auf die britischen Assoziationisten und Utilitaristen zurückgeht, wird der moralische Charakter als ein

Resultat der praktischen Urteilskraft oder Vernunft angesehen. Dieser Auffassung zufolge erfordert die moralische Handlung (eine Handlung, die sich an der rationalen Prüfung ihrer möglichen Wirkungen auf andere orientiert) ganz dieselben Fähigkeiten wie die kluge Handlung (die sich an der rationalen Prüfung ihrer möglichen Wirkungen auf die langfristigen Interessen des handelnden Subjekts orientiert). Beide erfordern Einfühlung (Empathie; die Fähigkeit, die Reaktionen anderer auf die eigene Handlung vorauszusagen), Voraussicht (die Fähigkeit, langfristige Konsequenzen der Handlung vorauszusagen), Urteilskraft (die Fähigkeit, Alternativen und Wahrscheinlichkeiten abzuwägen) und die Fähigkeit zum Aufschieben (auf eine sofortige Reaktion zu verzichten und die weiter entfernte, größere Belohnung der unmittelbaren, geringeren Belohnung vorzuziehen). In der psychoanalytischen Theorie werden diese Faktoren mit anderen Aspekten der Entscheidungsfindung und emotionalen Kontrolle unter dem Begriff der »Ich-Stärke« zusammengefaßt. Zu den Fähigkeiten des Ichs, die in konsistenter Weise mit der experimentell gemessenen und geschätzten Ehrlichkeit von Kindern korrelieren, gehören unter anderem: Intelligenz (IQ); Bereitschaft, Belohnungen (Gratifikationen) aufzuschieben (Bevorzugung der größeren Belohnung in der Zukunft gegenüber der kleineren in der Gegenwart); Aufmerksamkeit (Stabilität und Aufrechterhaltung der Aufmerksamkeit bei einfachen experimentellen Aufgaben).

Einige spezifische Determinanten der Moralität

Während die bisher herausgestellten Ergebnisse darauf hindeuten, daß die moralische Handlung durch nichtmoralische situative und persönlichkeitseigentümliche Kräfte bestimmt wird, gibt es doch auch einige Befunde, die den Einfluß spezifisch moralischer Werte erkennen lassen. Daraus sollte man allerdings nicht den Schluß ziehen, daß irgendeine direkte Entsprechung zwischen der Konformität im Bereich verbal bekundeter moralischer Einstellungen und der Konformität im Bereich moralischer Handlungen existiert. Individuen, die beteuern, Betrug sei verdammenswert oder sie selbst würden niemals betrügen, betrügen in einer experimentellen Situation tatsächlich ebenso häufig wie jene Individuen, die bezüglich der Verwerflichkeit des Betrugs eine differenziertere Position beziehen (Untersuchungen, die in Kohlberg 1969 referiert werden). Augenscheinlich ist es dieselbe Bereitschaft, um des guten Eindrucks willen zu täuschen, die das Kind bewegt zu betrügen, wie auch pflichtgetreue moralische Erklärungen über derartige Handlungen abzugeben.

Besser entspricht den vorliegenden Forschungsergebnissen die Schlußfolgerung, daß eine relativ enge Beziehung besteht zwischen der Reife des Handelns in moralischen Konfliktsituationen und dem Grad der Entwicklung moralischer Werte (dem Vorhandensein rationaler, internaler Gründe für moralisches Handeln). Eine klare Beziehung zwischen der Reife des moralischen Urteilens einerseits und des moralischen Handelns andererseits findet man in Situationen, für die die sozialen Normen mehrdeutig oder widersprüchlich sind, wohingegen sich höher entwickelte Werthaltungen eindeutig durch eine bestimmte Handlungsalternative auszeichnen. Die erwähnte Entsprechung läßt sich in den Befunden von Hartshorne und May nur mit Mühe entdecken. Diese Autoren fanden nur mäßige Korrelationen zwischen altersbezogenen Maßen moralischen Wissens und experimentellen Maßen der Ehrlichkeit, weil sie moralisches Wissen weitgehend mittels verbal bekundeter Konformität von Attitüden statt unter Bezugnahme auf die Reife des moralischen Urteilens definierten und weil bei der in der Untersuchung verwendeten jüngeren Altersgruppe der Verzicht auf Betrug – entwicklungspsychologisch betrachtet – nicht unbedingt eine reifere Entscheidung darstellt oder eine Entscheidung, die auf moralische Erwägungen gegründet wäre. Es gibt jedoch Hinweise dafür, daß bei älteren oder entwicklungsmäßig auf höherem Niveau stehenden Kindern, als es jene der Untersuchung von Hartshorne und May waren, die Widerstandsfähigkeit gegenüber betrügerischen Anwandlungen zur reiferen Alternative wird. Von den aus einem College rekrutierten Probanden betrogen in einer experimentellen Situation nur 11 Prozent derjenigen, die in einem verbalen Test moralischer Werte gezeigt hatten, daß sie sich auf dem Niveau der Beachtung moralischer Prinzipien bewegten, während 50 Prozent derjenigen Probanden, die sich auf einem Niveau konventionsverhafteter Moralität befanden, betrügerische Handlungen vornahmen. (Der erwähnte Test wird weiter unten in diesem Beitrag besprochen; die zitierten Befunde sind in Kohlberg 1969 dargestellt.) Bei jüngeren Versuchspersonen findet man keine gleichartigen Beziehungen zwischen moralischem Urteil und betrügerischem Verhalten, denn nur wenige Vertreter dieser Altersgruppe befinden sich auf dem Niveau, wo ein gedanklicher Bezug zwischen der Ehrlichkeit und den Ideen von vertraglicher Abmachung, Vertrauen und Unparteilichkeit hergestellt wird. Versuchspersonen im College-Alter – soweit sie prinzipiengeleitete moralische Urteile abgaben – verhielten sich, wenn es ums Betrügen ging, eher gemäß den moralischen Erwartungen des Versuchsleiters, waren aber entschieden autonomer gegenüber einem Experimentator, dessen Ansinnen ihren moralischen Wertvorstellungen zuwiderlief. So widersetzten sich 75 Prozent der prinzipiengeleiteten Probanden der Anweisung des Experimentators, einem vermeintlichen »Opfer« zunehmend stärkere elektrische Schläge zu verpassen, aber nur 13 Prozent aller übrigen Versuchspersonen verweigerten diese Aktion.

Die vorliegenden Befunde sprechen demnach dafür, daß das grundlegende sozialwissenschaftliche Problem der moralischen Entwicklung nicht darin besteht, interindividuelle Unterschiede im moralischen Charakter, die sich angeblich im Verhalten manifestieren, zu erklären. Moralisches Verhalten, das die Befolgung sozialer Regeln involviert, muß, im großen und ganzen, als das Resultat derselben situationalen Kräfte, Ich-Variablen und Sozialisationsfaktoren verstanden werden, die auch jene Verhaltensweisen determinieren, die nicht unmittelbar moralisch bedeutsam sind. Gesteigerte Aufmerksamkeit sollte indessen der unmittelbaren Untersuchung der Entwicklung moralischer Werte, Urteile und Gefühle gewidmet werden. Die Untersuchung des tatsächlichen Verhaltens wird für Probleme der moralischen Entwicklung dann relevant, wenn es gelingt, Verbindungsglieder zwischen dem Verhalten des Kindes und der Entwicklung seiner moralischen Wertvorstellungen und Gefühle aufzuweisen.

Stadien moralischer Entwicklung

Nach Piagets Entwicklungstheorie (1932) kommt das Kind zunächst aus einem amoralischen Stadium in Durkheims Stadium des Respekts gegenüber unverletzlich scheinenden Regeln (*sacred rules*). Dabei respektiert es nicht so sehr die Gruppe als vielmehr die Autorität einzelner Erwachsener wie der Eltern. Piaget glaubt, das Kind zwischen drei und acht Jahren unterscheide infolge seiner begrenzten kognitiven Möglichkeiten nicht zwischen physikalischen Gesetzen und moralischen Regeln und betrachte letztere als ewig feststehend statt als Instrumente menschlicher Interessen und Werte. Er meint, das Kind halte Regeln für Absoluta und betrachte sie sozusagen als Dinge. Verantwortlich dafür sei der »Realismus« des Kindes (die Unfähigkeit, zwischen subjektiven und objektiven Aspekten seiner Erfahrung zu unterscheiden) und sein »Egozentrismus« (die Unfähigkeit, seine eigene Perspektive von der anderer zu unterscheiden). Das kleine Kind betrachtet darüber hinaus seine Eltern oder andere Erwachsene als allwissend, vollkommen und unangreifbar. Diese Haltung einseitigen Respekts gegenüber Erwachsenen, zusammen mit seinem Realismus, soll das Kind dazu bringen, Regeln als unverletzlich und nicht veränderbar anzusehen.

Piaget meint, das intellektuelle Wachstum und die Erfahrung der Rollenübernahme in der Gruppe der Gleichaltrigen würden in natürlicher Weise dazu beitragen, daß Regeln weniger als von außen auferlegte autoritäre Verordnungen und statt dessen in zunehmendem Maße als internale Prinzipien gedeutet würden. Internale Normen versteht er im wesentlichen als logische Prinzipien der Gerechtigkeit. Von diesen sagt er: »Im Gegensatz zu einer solchen, zuerst von außen aufgedrängten und von dem Kind lange nicht verstandenen Regel ..., ist das Gebot der Gerechtigkeit eine Art immanente Bedingung oder Gleichgewichtsgesetz der gesellschaftlichen Beziehungen« (Piaget 1932, dt. 1973: 224). »Die Schlußfolgerung, zu welcher wir gelangen werden, ist, daß das Gerechtigkeitsgefühl, wenn es auch durch Vorschriften und das praktische Beispiel des Erwachsenen verstärkt werden kann, zum guten Teil unabhängig von diesen Einflüssen ist und zu seiner Entwicklung nur der gegenseitigen Achtung und Solidarität der Kinder untereinander bedarf« (Piaget 1932, dt. 1973: 223).

Mit dem Ausdruck »Gerechtigkeitsgefühl« bezeichnet Piaget ein Interesse an wechselseitigen und gleichwertigen Beziehungen zwischen den Individuen. Normen der Gerechtigkeit gehören jedoch nicht ausschließlich in den Bereich abstrakter Logik; es handelt sich vielmehr um Gefühle der Sympathie, Dankbarkeit und Rache, die eine logische Erscheinungsform angenommen haben.

Piaget glaubt, daß sich bei Kindern im Alter von acht bis zehn Jahren eine autonome Moralität der Gerechtigkeit entwickelt, die schließlich eine frühere, heteronome Moralität ersetzt, die auf einer unbefragten Hinnahme der Autorität der Erwachsenen basierte. Er nimmt an, diese autonome Moralität der Gerechtigkeit entwickle sich bei allen Kindern, es sei denn, deren Entwicklung werde durch ungewöhnliche Restriktionen der Eltern oder der Kultur aufgehalten oder dadurch, daß man ihnen die Erfahrung der Kooperation mit Gleichaltrigen vorenthält.

Gewisse Aspekte der Piagetschen Theorie konnten durch nachfolgende empirische Forschungen bestätigt werden, andere nicht. Piagets Stufentheorie läßt eine Anzahl kulturunabhängiger, universaler, lediglich altersbedingter Trends in der Entwicklung des moralischen Urteilens erwarten. Tatsächlich hat man wenigstens drei derartige Trends in einer Anzahl westlicher, orientalischer und indianischer bzw. malaiischer Kulturen aufgespürt (zusammengefaßt in: Kohlberg 1969). Diese betreffen: 1. Die Intentionsbezogenheit des Urteils. Jüngere Kinder neigen dazu, eine Handlung hauptsächlich wegen ihrer realen Konsequenzen als schlecht anzusehen, ältere Kinder dagegen orientieren sich an der Absicht, Schaden zu stiften. 2. Die Relativität des Urteils. Das kleine Kind sieht eine Handlung als entweder vollkommen richtig oder vollkommen falsch an und glaubt, jeder andere müsse mit ihm übereinstimmen. Bemerkt es dann jedoch widerstreitende Auffassungen, so hält es immer diejenige des Erwachsenen für zutreffend. Das ältere Kind dagegen ist sich der möglichen Vielfalt der Meinungen über Recht und Unrecht bewußt. 3. Die Unabhängigkeit des Urteils von Sanktionen. Das kleine Kind hält eine Handlung für schlecht, weil sie Bestrafung nach sich zieht; das ältere Kind sieht eine Handlung als schlecht an, weil sie einer Regel zuwiderläuft, anderen schadet usw.

Die beim kleinen Kind fehlenden Intentionen, sein Absolutismus und seine Orientierung an der Bestrafung scheinen unabhängig zu sein vom Ausmaß elterlichen Strafens. Selbst das permissiv erzogene Kind scheint eine natürliche Tendenz zu besitzen, Gut und Schlecht als absolut und unter dem Gesichtspunkt der Bestrafung zu betrachten. Die Erfahrung strafenden Verhaltens bei Lehrern, bei der Polizei oder bei Eltern anderer Kinder genügt wahrscheinlich, um diese Tendenz entstehen zu lassen. Während für die Entstehung der Bestrafungsideologie des kleinen Kindes spezifische Strafpraktiken oder kulturelle Ideologien nicht notwendig zu sein scheinen, könnten sie sehr wohl dafür verantwortlich sein, daß diese Ideologie bis in die Adoleszenz oder das Erwachsenenalter beibehalten wird. Mit anderen Worten: kulturelle Faktoren scheinen die altersabhängigen Entwicklungstrends auf Piagets Dimensionen zu beschleunigen oder zu verzögern, scheinen sie aber nicht wirklich zu verursachen.

Piaget dürfte also mit der Annahme Recht haben, daß gewisse Eigenarten des kindlichen moralischen Urteilens in jeder Gesellschaft anzutreffen sind, Eigenarten, die sich daraus ergeben, daß das Kind die von den Erwachsenen als gut oder schlecht bezeichneten Handlungen mit einer kognitiv unentwickelten Interpretation versieht: Es leitet Zulässigkeit oder Unzulässigkeit dieser Handlungen von ihrer Verknüpfung mit guten oder schlechten, körperlich schädigenden Konsequenzen ab, von ihrer Verknüpfung mit Lohn und Strafe. Piagets Interpretation dieser Aspekte der kindlichen Moralität – daß sie nämlich aus der Vorstellung des Kindes von der Unverletzlichkeit der Regeln und der Autorität der Erwachsenen entstehen – hat hingegen keine Bestätigung gefunden. Unter Verweis auf die Einstellung von Kindern gegenüber den Regeln des Murmelspiels bemüht sich Piaget (1932), nachzuweisen, daß Regeln als nicht einseitig veränderbar angesehen werden. Es werden Schweizer Kinder zitiert, die erklären, die Spielregeln könnten niemals geändert werden, sie existierten seit Anbeginn und seien von Gott, dem Staatsoberhaupt oder dem Vater erfunden und erlassen worden. Systematischere Untersuchungen an amerikanischen Kindern zwischen fünf und zwölf Jahren zeigen, daß die Rigidität von Einstellungen gegenüber Spielregeln mit zunehmendem Alter abnimmt, daß aber Einstellungen, die den Glauben an die Unabänderlichkeit moralischer Regeln oder Gesetze erkennen lassen, in dieser Altersperiode zunehmen. Es ist demnach nicht der Respekt gegenüber einer unverletzlichen Regel, der das jüngere Kind veranlaßt, subjektive Faktoren – wie die Intention – zu ignorieren, sondern es ist die mehr oder weniger pragmatische Beachtung der Handlungskonsequenzen.

Im großen und ganzen jedoch hat Piaget schon recht, wenn er annimmt, der Gerechtigkeitssinn entwickle sich in verschiedenen Kulturen etwa gleichartig mit dem Alter, wobei die Bedürfnisse und Gefühle anderer Menschen zunehmend mehr Beachtung finden und komplexe Vorstellungen von Reziprozität und Gleichheit erkennbar werden. Doch in dem Maße, wie sich dieser Sinn für Gerechtigkeit ausbildet, verstärkt er die Achtung vor der Autorität und den Regeln der Erwachsenengesellschaft; des weiteren verstärkt er informellere Normen in der Gruppe der Gleichaltrigen, da die Institutionen der Erwachsenenwelt auf Gegenseitigkeit, auf Gleichheit der Behandlung, auf Eingehen auf menschliche Bedürfnisse usw. gegründet sind.

Die letztgenannte Schlußfolgerung ist vornehmlich aus Untersuchungen von Kohlberg und Mitarbeitern abgeleitet worden. Dabei ging es um kindliche Antworten zu einer Reihe hypothetischer moralischer Konfliktsituationen; zum Beispiel, ob man ein teures Medikament stehlen dürfe, um den Tod der eigenen Frau abzuwenden. Die in diesen Untersuchungen aufgetretenen Reaktionen lassen sich zuverlässig jeweils einem von sechs Stadien zuordnen. Diese Stadien verteilen sich folgendermaßen auf drei Hauptniveaus der Entwicklung:

Niveau I. Präkonventionell:
    Stadium 1. Heteronome Moralität;
    Stadium 2. Instrumenteller Individualismus und Austausch.
Niveau II. Konventionell:
    Stadium 3. Interpersonelle Übereinstimmung;
    Stadium 4. Sozialsystem.
Niveau III. Postkonventionell:
    Stadium 5. Sozialer Vertrag und individuelle Rechte;
    Stadium 6. Universale ethische Prinzipien.

Das moralische Urteil im Gesamtzusammenhang der Persönlichkeitsentwicklung

Es erleichtert das Verständnis der moralischen Stadien, wenn man sie in den Gesamtzusammenhang der Persönlichkeitsentwicklung eingeordnet sieht. Wir wissen, daß die Individuen ein moralisches Stadium nach dem anderen durchlaufen, wenn sie von unten (Stadium 1) nach oben (Stadium 6) voranschreiten. Aber der Mensch muß auch noch andere Entwicklungsabschnitte durchlaufen, unter denen die grundlegendsten wohl jene des logischen Denkens oder der Intelligenz sind, wie sie Piaget (1947) beschrieben hat. Nach dem Spracherwerb folgen drei Hauptstadien der Entwicklung des Denkens: das anschauliche, das konkret-operatorische und das formal-operatorische. Etwa im Alter von sieben Jahren erreicht das Kind das Stadium des konkreten logischen Denkens; es ist dann imstande, logisch zu schließen, Dinge zu klassifizieren und mit quantitativen Relationen konkreter Objekte umzugehen. Viele, aber nicht alle Menschen erreichen in der Adoleszenz das Stadium der formalen Operationen, das Niveau des abstrakten Denkens. Formal-operatorisches Denken ist in der Lage, alle bestehenden Möglichkeiten einer Situation in Betracht zu ziehen, die Relationen zwischen den Elementen eines Systems zu analysieren, Hypothesen aufzustellen, aus ihnen Implikationen zu deduzieren und sie an der Realität zu prüfen. Viele Heranwachsende und Erwachsene erreichen das Stadium der formalen Operationen nur zum Teil; sie ziehen zwar alle zu einer bestimmten Zeit zwischen zwei Dingen bestehenden Beziehungen in Betracht, erwägen aber nicht alle Möglichkeiten und bilden keine abstrakten Hypothesen.

Nur sehr wenige Heranwachsende und Erwachsene werden sich noch vollständig im Stadium der konkreten Operationen befinden; viele werden das Stadium der partiell formalen Operationen und die meisten das Stadium der formalen Operationen erreicht haben (Kuhn, Kohlberg, Langer, Haan 1977). Da moralisches Denken natürlich auch Denken ist, hängt fortgeschrittenes moralisches Denken von fortgeschrittenem logischen Denken ab. Es scheint eine Parallelität zu bestehen zwischen dem moralischen Stadium eines Individuums und dem Stadium seines logischen Denkens. Ein Mensch, dessen logisches Denken sich im konkret-operatorischen Stadium befindet, kann über die präkonventionellen moralischen Stadien (1 und 2) nicht hinausgelangen. Ist sein logisches Denken nur teilweise formal-operatorisch, so bleibt er auf die konventionellen moralischen Stadien (3 und 4) beschränkt. Die Entwicklung des logischen Denkens ist eine notwendige, aber keine hinreichende Bedingung für die Entwicklung der Moralität. Bei vielen Individuen ist das logische Denken höher entwickelt als die Moralität, aber kaum jemand befindet sich in einem höheren moralischen als logischen Stadium (Colby, Kohlberg 1981).

Nach den Stadien der logischen Entwicklung sind jene der sozialen Wahrnehmung, der sozialen Perspektive oder Rollenübernahme zu betrachten (Selman, Damon 1975). Sie beschreiben wir zum Teil, wenn wir die moralischen Stadien definieren. Diese Stadien der Rollenübernahme kennzeichnen das Niveau, auf dem ein Individuum andere Menschen wahrnimmt, ihre Gedanken und Gefühle interpretiert und ihre Rolle oder Stellung in der Gesellschaft beurteilt. Sie stehen in sehr enger Beziehung zu den moralischen Stadien, sind aber allgemeiner, da sie nicht unmittelbar mit der Unparteilichkeit und der Wahl des Richtigen oder Falschen zu tun haben. Es ist leichter, auf einem bestimmten Niveau die Welt zu betrachten, als auf demselben Niveau ein unparteiliches Urteil zu fällen. Die Entwicklung der sozialen Wahrnehmung eines bestimmten Stadiums vollzieht sich leichter und geht daher, ebenso wie im Falle des logischen Denkens, der Ausbildung des parallelen Stadiums moralischen Urteilens voraus. Ebenso wie es eine vertikale Folge von Entwicklungsschritten gibt, vom moralischen Stadium 1 über das moralische Stadium 2 zum moralischen Stadium 3, so gibt es auch eine horizontale Folge von Entwicklungsschritten vom logischen Denken über die soziale Wahrnehmung zum moralischen Urteilen. Zunächst erreicht ein Mensch ein bestimmtes logisches Stadium, sagen wir, das der formalen Operationen, welches es ihm erlaubt, in der Welt »Systeme« auszumachen, eine Menge verknüpfter Variablen als ein System zu sehen. Dann erreicht er ein Niveau sozialer Wahrnehmung oder Rollenübernahme, wobei er erlebt, daß andere Menschen einander durch ihre jeweilige Stellung innerhalb des Systems verstehen. Schließlich erreicht er Stadium 4 des moralischen Urteilens, in dem das Wohl und die Ordnung des gesamten sozialen Systems oder der Gesellschaft leitender Gesichtspunkt »unparteilichen« oder »gerechten« Urteilens ist. Wir haben festgestellt, daß Individuen, die durch unsere Programme moralischer Erziehung gefördert werden, bereits die logische und oft auch die Fähigkeit im Bereich sozialer Wahrnehmung besitzen, die erforderlich ist, um in die höheren moralischen Stadien eintreten zu können (Colby, Kohlberg 1981).

In dieser horizontalen Sequenz gibt es einen Endpunkt: das moralische Verhalten. Moralisch reife Handlungen setzen ein fortgeschrittenes Stadium moralischen Urteilens voraus. Man kann nicht moralischen Prinzipien folgen (Stadien 5 und 6), wenn man sie nicht versteht oder nicht an sie glaubt. Man kann allerdings sein Denken an Prinzipien orientieren, ohne nach ihnen zu leben. Eine Vielzahl von Faktoren bestimmt, ob das Verhalten eines Menschen in einer bestimmten Situation dem Entwicklungsstand seines moralischen Denkens gerecht wird. Trotzdem kann man allein aufgrund seines moralischen Stadiums seine Handlungen unter verschiedenen experimentellen und natürlichen Bedingungen ganz gut prognostizieren.

Zusammenfassend läßt sich sagen, daß eine Beziehung zwischen dem moralischen Stadium einerseits und dem kognitiven Fortschritt andererseits existiert, daß sich aber unsere Identifikation eines moralischen Stadiums allein auf das moralische Denken stützen muß.

Theoretische Beschreibung der moralischen Stadien

Es gibt sechs moralische Stadien, die sich auf drei Hauptniveaus verteilen: Präkonventionelles Niveau (Stadien 1 und 2), Konventionelles Niveau (Stadien 3 und 4) und Postkonventionelles Niveau (Stadien 5 und 6).

Man versteht die Stadien besser, wenn man zuvor eine Vorstellung von den drei moralischen Niveaus gewonnen hat. Auf dem präkonventionellen Niveau befinden sich die meisten Kinder unter neun Jahren, einige Heranwachsende und wenige Erwachsene. Die Mehrzahl der Jugendlichen und Erwachsenen in den meisten Gesellschaften bewegt sich auf dem konventionellen Niveau. Nur eine Minderheit von Erwachsenen erreicht das postkonventionelle Niveau, und dies gewöhnlich erst nach einem Alter von zwanzig Jahren. Der Terminus »konventionell« bezieht sich darauf, daß Regeln eingehalten werden und daß Erwartungen einfach deshalb entsprochen wird, weil es sich um die Regeln, Erwartungen und Konventionen der Gesellschaft handelt. Wer sich auf dem präkonventionellen Niveau bewegt, ist noch nicht wirklich imstande, konventionelle oder gesellschaftliche Regeln und Erwartungen zu verstehen und zu billigen. Auf dem postkonventionellen Niveau versteht man die gesellschaftlichen Normen, und im Grunde akzeptiert man sie, aber diese Anerkennung basiert auf der Formulierung und Anerkennung allgemeiner moralischer Prinzipien, die den gesellschaftlichen Normen zugrunde liegen. Gelegentlich geraten diese Prinzipien in Konflikt mit den gesellschaftlichen Forderungen: In diesem Falle richtet sich das postkonventionelle Individuum nach dem Prinzip und nicht nach der Konvention.

Innerhalb eines jeden moralischen Niveaus werden zwei Stadien unterschieden. Das zweite Stadium repräsentiert die fortgeschrittene und besser organisierte Form der für das jeweilige Niveau charakteristischen allgemeinen Perspektive. Tab. 1 definiert die sechs moralischen Stadien durch a) das, was für Rechtens gehalten wird, b) die Gründe dafür, das Rechte zu tun, und c) die für jedes Stadium charakteristische soziale Perspektive – in unserer Definition des moralischen Denkens ein zentraler Begriff, dem wir uns nun zuwenden.

Die soziale Perspektive der drei moralischen Niveaus

Um die Entwicklung des moralischen Urteilens strukturell zu kennzeichnen, brauchen wir ein einziges zusammenfassendes Konstrukt, aus dem sich die wesentlichen Strukturmerkmale eines jeden Stadiums ableiten lassen. Selman (Selman, Damon 1975) hat einen Gesichtspunkt für die Suche nach einem derartigen Konstrukt vorgeschlagen. Er hat Niveaus der Rollenübernahme definiert, die unseren moralischen Stadien entsprechen und die eine kognitiv-strukturelle Hierarchie bilden. Selman rekurriert in seiner Definition der Rollenübernahme in erster Linie darauf, wie das Individuum seine Perspektive von der anderer Individuen abgrenzt und wie es diese Perspektiven zueinander in Beziehung setzt. Doch unserer Auffassung nach gibt es ein allgemeineres strukturelles Konstrukt, das *sowohl* der Rollenübernahme *als auch* dem moralischen Urteilen zugrunde liegt. Dabei handelt es sich um den Begriff der »sozio-moralischen Perspektive«. Dieser Begriff bezeichnet den Gesichtspunkt, unter dem das Individuum soziale Fakten und sozio-moralische Werte oder Gedanken betrachtet. In Entsprechung zu den drei Hauptniveaus des moralischen Urteilens postulieren wir drei Hauptniveaus der sozialen Perspektive:

Moralisches Urteil	*Soziale Perspektive*
1. Präkonventionell	Konkret-individuelle Perspektive
2. Konventionell	Perspektive als Mitglied der Gesellschaft
3. Postkonventionell bzw. prinzipiengeleitet	Perspektive, die der Gesellschaft vorgeordnet ist

Tab. 1: Die sechs moralischen Stadien

NIVEAU UND STADIUM	INHALT DES STADIUMS		SOZIALE PERSPEKTIVE DES STADIUMS
	WAS RECHTENS IST	GRÜNDE, DAS RECHTE ZU TUN	
NIVEAU I PRÄKONVENTIONELL *Stadium 1 Heteronome Moralität*	Regeln einzuhalten, deren Übertretung mit Strafe bedroht ist. Gehorsam aus Selbstwert. Personen oder Sachen keinen physischen Schaden zuzufügen.	Vermeiden von Bestrafung und die überlegene Macht der Autoritäten.	*Egozentrischer Gesichtspunkt.* Der Handelnde berücksichtigt die Interessen anderer nicht oder erkennt nicht, daß sie von den seinen verschieden sind, oder er setzt zwei verschiedene Gesichtspunkte nicht miteinander in Beziehung. Handlungen werden rein nach dem äußeren Erscheinungsbild beurteilt und nicht nach den dahinter stehenden Intentionen. Die eigene und die Perspektive der Autorität werden miteinander verwechselt.
Stadium 2 Individualismus, Zielbewußtsein und Austausch	Regeln zu befolgen, aber nur dann, wenn es irgend jemandes unmittelbaren Interessen dient, die eigenen Interessen und Bedürfnisse zu befriedigen und andere dasselbe tun zu lassen. Gerecht ist auch, was fair ist, was ein gleichwertiger Austausch, ein Handel oder ein Übereinkommen ist.	Um die eigenen Bedürfnisse und Interessen zu befriedigen, wobei anerkannt wird, daß auch andere Menschen bestimmte Interessen haben.	*Konkret individualistische Perspektive.* Einsicht, daß die verschiedenen individuellen Interessen miteinander im Konflikt liegen, so daß Gerechtigkeit (im konkret-individualistischen Sinne) relativ ist.
NIVEAU II – KONVENTIONELL *Stadium 3 Wechselseitige Erwartungen, Beziehungen und interpersonelle Konformität*	Den Erwartungen zu entsprechen, die nahestehende Menschen oder Menschen überhaupt an mich als den Träger einer bestimmten Rolle (Sohn, Bruder, Freund usw.) richten. »Gut zu sein« ist wichtig und bedeutet, ehrenwerte Absichten zu haben und sich um andere zu sorgen. Es bedeutet auch, daß man Beziehungen pflegt und Vertrauen, Loyalität, Wertschätzung und Dankbarkeit empfindet.	1. Das Verlangen, in den eigenen Augen und in denen anderer Menschen als »guter Kerl« zu erscheinen; 2. die Zuneigung zu anderen; 3. der Glaube an die »goldene Regel«; 4. der Wunsch, die Regeln und die Autorität zu erhalten, die ein stereotypes »gutes« Verhalten rechtfertigen.	*Perspektive des Individuums, das in Beziehung zu anderen Individuen steht.* Der Handelnde ist sich gemeinsamer Gefühle, Übereinkünfte und Erwartungen bewußt, die den Vorrang vor individuellen Interessen erhalten. Mittels der »konkreten goldenen Regel« bringt er unterschiedliche Standpunkte miteinander in Beziehung, indem er sich in die Lage des jeweils anderen versetzt. Die verallgemeinerte »System«-Perspektive bleibt noch außer Betracht.

Stadium 4 *Soziales System und Gewissen*	Die Pflichten zu erfüllen, die man übernommen hat. Gesetze sind zu befolgen, ausgenommen in jenen extremen Fällen, in denen sie anderen festgelegten sozialen Verpflichtungen widersprechen. Das Recht steht auch im Dienste der Gesellschaft, der Gruppe oder der Institution.	Um das Funktionieren der Institution zu gewährleisten, um einen Zusammenbruch des Systems zu vermeiden, »wenn jeder es täte«, oder um dem Gewissen Genüge zu tun, das an die selbstübernommenen Verpflichtungen mahnt. Leicht zu verwechseln mit dem für das Stadium 3 charakteristischen Glauben an Regeln und Autoritäten (s. Text).	*Macht einen Unterschied zwischen dem gesellschaftlichen Standpunkt und der interpersonalen Übereinkunft bzw. den auf einzelne Individuen gerichteten Motiven. Übernimmt den Standpunkt des Systems, das Rollen und Regeln festlegt. Betrachtet individuelle Beziehungen als Relationen zwischen Systemteilen.*
NIVEAU III POSTKONVENTIO-NELL ODER PRINZI-PIENGELEITET *Stadium 5* *Das Stadium des sozialen Kontrakts bzw. der gesellschaftlichen Nützlichkeit, zugleich das Stadium indi-vidueller Rechte*	Der Tatsache bewußt, daß unter den Menschen eine Vielzahl von Werten und Meinungen vertreten wird und daß die meisten Werte und Normen gruppenspezifisch sind. Diese »relativen« Regeln sollten im allgemeinen befolgt werden, jedoch im Interesse der Gerechtigkeit und weil sie den sozialen Kontrakt ausmachen. Doch gewisse absolute Werte und Rechte wie *Leben* und *Freiheit* müssen in jeder Gesellschaft und unabhängig von der Meinung der Mehrheit respektiert werden.	1. Ein Gefühl der Verpflichtung gegenüber dem Gesetz aufgrund der im Gesellschaftsvertrag niedergelegten Vereinbarung, zum Wohle und zum Schutze der Rechte aller Menschen Gesetze zu schaffen und sich an sie zu halten; 2. ein Gefühl der freiwilligen vertraglichen Bindung an Familie, Freundschaft, Vertrauen und Arbeitsverpflichtungen; 3. Interesse daran, daß Rechte und Pflichten gemäß der rationalen Kalkulation eines Gesamtnutzens verteilt werden nach der Devise »Der größtmögliche Nutzen für die größtmögliche Zahl«.	*Der Gesellschaft vorgeordnete Perspektive. Perspektive eines rationalen Individuums, das sich der Existenz von Werten und Rechten bewußt ist, die sozialen Bindungen und Verträgen vorgeordnet sind. Integriert unterschiedliche Perspektiven durch die formalen Mechanismen der Übereinkunft, des Vertrags, der Vorurteilslosigkeit und der angemessenen Veränderung. Zieht sowohl moralische wie legale Gesichtspunkte in Betracht, anerkennt, daß sie gelegentlich in Widerspruch geraten, und ist imstande, sie zu integrieren.*
Stadium 6 *Das Stadium der universalen ethischen Prinzipien*	Selbstgewählten ethischen Prinzipien zu folgen. Spezielle Gesetze oder gesellschaftliche Übereinkünfte sind im allgemeinen deshalb gültig, weil sie auf diesen Prinzipien beruhen. Wenn Gesetze gegen diese Prinzipien verstoßen, dann handelt man in Übereinstimmung mit dem Prinzip. Bei den erwähnten Prinzipien handelt es sich um universale Prinzipien der Gerechtigkeit: alle Menschen haben gleiche Rechte, und die Würde des Einzelwesens ist zu achten.	Der Glaube einer rationalen Person an die Gültigkeit universaler moralischer Prinzipien und ein Gefühl persönlicher Verpflichtung ihnen gegenüber.	*Perspektive eines »moralischen Standpunkts«, von dem sich gesellschaftliche Ordnungen herleiten. Es ist dies die Perspektive eines jeden rationalen Individuums, das das Wesen der Moralität anerkennt bzw. anerkennt, daß jeder Mensch seinen (End-)Zweck in sich selbst trägt und entsprechend behandelt werden muß.*

Wir wollen nun illustrieren, welche Bedeutung die soziale Perspektive für die Einheitlichkeit der verschiedenen charakteristischen Ideen und Betrachtungsweisen eines moralischen Niveaus besitzt. Das Individuum auf dem konventionellen Niveau macht zum Beispiel die folgenden Gründe geltend: a) Interesse an sozialer Anerkennung, b) Bemühung um die Loyalität gegenüber Personen, Gruppen und Autoritäten sowie c) Interesse am Wohlergehen anderer Menschen und der Gesellschaft insgesamt. Wir müssen uns fragen, was diesen Denkergebnissen zugrunde liegt und was sie miteinander verbindet. Was im Grunde die Denkeigentümlichkeiten des konventionellen Niveaus ausmacht und was sie als zusammengehörig erscheinen läßt, das ist ihre soziale Perspektive, ein Gesichtspunkt, der den Mitgliedern einer Gruppe oder einer bestimmten Beziehung gemeinsam ist. Das konventionelle Individuum stellt den Gesichtspunkt und die Bedürfnisse der Gruppe oder einer solchen Beziehung über die Bedürfnisse des Einzelwesens. Joes (siebzehn Jahre alt) Antwort auf die Frage »Warum sollte man keinen Ladendiebstahl begehen?« veranschaulicht die konventionelle soziale Perspektive: »Das ist eine Rechtsfrage. Es gehört zu unseren Regeln, daß wir uns bemühen, jedermann vor Schaden zu bewahren und das Eigentum zu beschützen, nicht nur ein Geschäft. Unsere Gesellschaft ist darauf angewiesen. Wenn wir diese Gesetze nicht hätten, würden die Leute stehlen, sie brauchten nicht für ihren Lebensunterhalt zu arbeiten und unsere ganze Gesellschaft würde aus den Fugen geraten.«

Joe geht es darum, daß das Gesetz eingehalten wird, und seine Begründung dafür bezieht sich auf das Wohl der Gesellschaft als ganzer. Offensichtlich spricht er als ein Mitglied der Gesellschaft. »Es ist eine *unserer* Regeln, die *wir* erlassen, jedermann in *unserer* Gesellschaft zu beschützen.« Diese Sorge um das Wohl der Gesellschaft erwächst daraus, daß er den Standpunkt von »uns Mitgliedern der Gesellschaft« einnimmt, von dem aus Joe nicht mehr nur als ein konkretes, individuelles Selbst erscheint.

Wir wollen diese konventionelle Perspektive als ein Mitglied der Gesellschaft der präkonventionellen, konkret-individuellen Perspektive gegenüberstellen. Der letztgenannte Standpunkt ist der des einzelnen Handelnden, der seine Interessen und diejenigen anderer Menschen, die ihm etwas bedeuten, abwägt. Sieben Jahre zuvor, im Alter von zehn Jahren, hat Joe als Antwort auf dieselbe, den Diebstahl betreffende Frage die konkret-individuelle Perspektive illustriert:

»Aus einem Geschäft zu stehlen ist nicht gut. Es ist gegen das Gesetz. Jemand könnte dich sehen und die Polizei holen.«

»Gegen das Gesetz verstoßen« bedeutet also auf beiden Ebenen etwas ganz Verschiedenes. Auf dem Niveau II erscheint das Gesetz als »von uns und für uns gemacht«, wie Joe im Alter von siebzehn Jahren erklärt. Auf dem Niveau I erscheint es als irgend etwas von der Polizei Aufgezwungenes, und dementsprechend gehorcht man dem Gesetz, um Bestrafung zu vermeiden. Diese Begründung erklärt sich aus der Begrenztheit der Perspektive des Niveaus I, der Perspektive eines Individuums, das lediglich seine Interessen und diejenigen anderer isolierter Individuen im Auge hat.

Betrachten wir nun die Perspektive des postkonventionellen Niveaus. In gewisser Hinsicht gleicht sie der präkonventionellen Perspektive, insofern sie nämlich zum Standpunkt des Individuums zurückkehrt, statt sich auf den Standpunkt von »uns Mitgliedern der Gesellschaft« zu stellen. Auf postkonventionellem Niveau kann jedoch der individuelle Gesichtspunkt universale Geltung beanspruchen; er ist derjenige eines jeden vernünftigen moralischen Individuums. Auf postkonventionellem Niveau kennt man die Perspektive eines Mitgliedes der Gesellschaft, diese wird aber in einer individuellen moralischen Perspektive derart aufgehoben, daß die gesellschaftlichen Verpflichtungen in einer Weise bestimmt werden, die gegenüber jedem moralischen Individuum gerechtfertigt werden kann. Die Bindung eines Individuums an grundlegende moralische Prinzipien wird als eine notwendige Voraussetzung für die Übernahme der gesellschaftlichen Perspektive oder die Anerkennung gesellschaftlicher Gesetze und Werte angesehen. Die Gesetze und Werte der Gesellschaft wiederum sollten derart beschaffen sein, daß sich jeder vernünftige Mensch an sie halten kann, wo immer sein Platz in der Gesellschaft sei und zu welcher Gesellschaft er auch gehöre. Die postkonventionelle Perspektive ist demnach der Gesellschaft *vorgeordnet*, sie ist die Perspektive eines Menschen, der ein moralisches Engagement eingegangen ist oder der sich jenen Standards verpflichtet fühlt, denen eine gute oder gerechte Gesellschaft genügen muß. Es ist dies eine Perspektive, durch die a) eine bestimmte Gesellschaft oder irgendwelche soziale Praktiken beurteilt werden können und b) ein Mensch sich auf rationaler Grundlage für die Gesellschaft engagieren kann.

Ein Beispiel liefert Joe, unser im Längsschnitt untersuchter Proband, im Alter von vierundzwanzig Jahren:

»Warum sollte man keinen Ladendiebstahl begehen?«

»Man verletzt damit die Rechte einer anderen Person, in diesem Fall das Recht auf Eigentum.«

»Ist dabei das kodifizierte Recht von Belang?«

»Nun, das Gesetz gründet sich meistenteils auf das moralisch Richtige, somit handelt es sich nicht um einen selbständigen Bereich, sondern um eine Betrachtungsweise.«

»Welche Bedeutung hat für Sie die Moralität oder moralische Richtigkeit?«

»Die Rechte anderer Individuen anzuerkennen, vor allem das Recht zu leben, aber auch, sich zu verhalten, wie es ihnen gefällt, solange sie dabei nicht die Rechte von irgend jemand anderem verletzen.«

Diebstahl ist deshalb verwerflich, weil er moralische Rechte des Individuums verletzt, die den Gesetzen und der Gesellschaft übergeordnet sind. Besitzrechte folgen aus den allgemeineren menschlichen Rechten (wie zum Beispiel den Freiheiten, die nicht die gleichartigen Freiheiten anderer tangieren). Die Forderungen von Gesetz und Gesellschaft sind aus universalen moralischen Rechten abgeleitet und nicht umgekehrt.

Es ist zu beachten, daß die Bezugnahme auf Rechte, das moralisch Richtige oder das Gewissen allein nicht ausreicht, um eine Moralität als postkonventionell auszuweisen. Wenn jemand sich am »moralisch Richtigen« orientiert oder »der Stimme seines Gewissens folgt« statt dem Gesetz, so deutet das nicht unbedingt auf die postkonventionelle Perspektive des rationalen moralischen Individuums hin. Die Begriffe »Moralität« und »Gewissen« könnten benutzt worden sein, um auf Gruppennormen und -werte zu verweisen, die den Gesetzen oder Normen der Mehrheit widersprechen. Um als postkonventionell zu gelten, müssen derartige Ideen oder Begriffe in einer Weise verwendet werden, aus der eindeutig hervorgeht, daß sie einem rationalen bzw. moralischen Individuum, das sich noch nicht einer bestimmten Gruppe oder Gesellschaft oder deren Moralität überantwortet hat, als Urteilsgrundlage dienen.

Unsere Definition der postkonventionellen individuellen moralischen Perspektive stützt sich auf die charakteristischen Wendungen, mit denen begründet wird, *warum* etwas richtig oder falsch ist. Wir müssen veranschaulichen, in welcher Weise diese Perspektive bei der aktuellen Entscheidungsfindung oder der Bestimmung dessen, was Rechtens ist, zur Geltung kommt. Das postkonventionelle Individuum kennt den »moralischen Standpunkt«, einen Standpunkt, den jeder einnehmen sollte, der sich in einer moralischen Konfliktsituation befindet. Statt Forderungen und Verpflichtungen unter dem Gesichtspunkt gesellschaftlicher Rollenerwartungen zu betrachten, wie das auf konventionellem Niveau geschieht, beinhaltet die postkonventionelle Perspektive, daß alle Menschen – in welcher Rolle auch immer – sich am »moralischen Gesichtspunkt« orientieren sollten. Zwar ist sich auch der auf dem moralischen Standpunkt Stehende gewisser festgelegter, gesetzlich-sozialer Verpflichtungen bewußt, doch die Befolgung der moralischen Verpflichtungen kann den Vorrang erhalten, wenn moralische und legale Gesichtspunkte in Konflikt geraten.

Die sozialen Perspektiven der sechs Stadien

In diesem Abschnitt soll erklärt werden, wie sich die sozialen Perspektiven eines jeden moralischen Stadiums voneinander unterscheiden. Es wird zu zeigen versucht, wie die Entwicklung einer bestimmten sozialen Perspektive, die in dem jeweils ersten Stadium eines Niveaus beginnt, in dem jeweiligen zweiten Stadium desselben Niveaus vollendet wird.

Wir werden mit dem Paar von Entwicklungsabschnitten beginnen, an dem das am leichtesten zu erklären ist – Stadium 3 und 4, die das konventionelle Niveau ausmachen. Die »isoliert-individuelle« Perspektive der Stadien 1 und 2 haben wir bereits erwähnt; wir haben sie Joes mit siebzehn Jahren voll entwickelter Perspektive eines Mitglieds der Gesellschaft gegenübergestellt, einer Perspektive, die Stadium 4 angehört. Die soziale Perspektive des Stadiums 3 ist sich des gesamtgesellschaftlichen Interesses oder Nutzens weniger bewußt. Als ein Beispiel für Stadium 3 wollen wir Andys Antwort heranziehen. Andy steht vor dem Problem, ob er seinem Vater vom Ungehorsam des eigenen Bruders berichten soll, nachdem dieser sich ihm anvertraut hat.

»Man sollte an seinen Bruder denken, aber es ist wichtiger, ein guter Sohn zu sein. Mein Vater hat so viel für mich getan. Ich hätte ein schlechtes Gewissen, wenn ich es nicht sagte: mehr noch als gegenüber meinem Bruder, weil mein Vater mir nicht trauen könnte. Mein Bruder würde das schon verstehen; unser Vater hat auch für ihn so viel getan.«

Andys Blick richtet sich nicht auf ein soziales System. In seinem Blickfeld befinden sich vielmehr zwei Beziehungen: eine zu seinem Bruder, eine andere zu seinem Vater. Sein Vater als helfende Autorität steht an erster Stelle. Andy erwartet, daß sein Bruder seine Perspektive teilt, aber als jemand, der ebenfalls auf den Vater ausgerichtet ist. Auf die Familienorganisation im ganzen wird kein Bezug genommen. »Ein guter Sohn zu sein« ist für Andy wichtiger; aber nicht, weil das in den Augen oder vom Standpunkt der Gesamtgesellschaft oder vielleicht noch im Rahmen des Familienverbandes die bedeutsamere Rolle wäre. In Stadium 3 richtet sich der Blick auf die durchschnittlich gute Person, nicht auf eine ganze Institution oder die Gesellschaft. Im Stadium 3 erscheinen die moralischen Fragen nicht unter dem Gesichtspunkt institutioneller Ganzheiten, sondern unter der Perspektive wechselseitiger Beziehungen zwischen zwei oder mehr Individuen – *Beziehungen* der Fürsorge, des Vertrauens, der Wertschätzung usw. Zusammenfassend läßt sich sagen: Während die Perspektive als Mitglied der Gesellschaft im Stadium 4 eine »System«-Perspektive darstellt, ist dieselbe Perspektive im Stadium 3 die des unmittelbaren Teilhabers an einer Beziehung.

Wenden wir uns nun dem präkonventionellen Niveau zu. Während Stadium 1 nur den Gesichtspunkt des konkreten Individuums beinhaltet, gehört zum Stadium 2 das Bewußtsein von der Existenz einer Anzahl anderer Individuen, von denen jedes einen besonderen Standpunkt einnimmt. Im Stadium 2 antizipiere ich, im Zuge der Verfolgung meiner Interessen, die positive oder negative Reaktion meines Gegenübers, und er antizipiert meine. Wenn wir keine Übereinkunft treffen, wird jeder von uns seinen eigenen Gesichtspunkt verabsolutieren. Schließen wir ein Abkommen, so sollte jeder von uns etwas für den anderen tun.

Ein Beispiel für den Übergang von Stadium 1 zu Stadium 2 findet sich in der im folgenden dargestellten Veränderung der Reaktion desselben Probanden zwischen dem zehnten und dreizehnten Lebensjahr. Es geht wieder um die Frage, ob ein Sohn seinem Vater die ihm von seinem jüngeren Bruder vertraulich mitgeteilte Missetat zur Kenntnis bringen solle. Im Alter von zehn Jahren antwortet der Proband:

»Einerseits war es richtig, es zu sagen, weil sein Vater ihn anderenfalls verprügelt haben könnte. Andererseits ist es falsch, denn falls er auspackt, wird sein Bruder ihn verprügeln« (Stadium 1).

Im Alter von dreizehn Jahren antwortet er zu demselben Konflikt:

»Der ältere sollte nichts erzählen, weil er damit seinen jüngeren Bruder in Schwierigkeiten bringen würde. Wenn ihm etwas daran liegt, daß ihn irgendwann auch mal sein Bruder deckt, sollte er jetzt besser nicht petzen« (Stadium 2).

In der zweiten Antwort erkennt man ein weiterreichendes Interesse, das nun auch das Wohlergehen des Bruders umfaßt – soweit es den eigenen Interessen durch antizipierten Austausch dienlich ist. Der Proband kann sich sehr viel klarer vorstellen, wie seines Bruders Standpunkt aussieht und in welcher Beziehung er zum eigenen steht.

Wenn wir uns nun dem postkonventionellen Niveau zuwenden, so finden wir, daß die typischen Vertreter des Stadiums 5 durchaus zwischen einem moralischen und einem legalistischen Gesichtspunkt unterscheiden, daß es ihnen aber schwerfällt, eine moralische Perspektive unabhängig von der Perspektive vertraglich-gesetzlicher Rechte zu definieren. Am Beginn des Stadiums 5 erklärt Joe hinsichtlich des Konflikts beim Medikamentendiebstahl:

»Im allgemeinen fallen der moralische und legale Standpunkt zusammen. Hier sind sie im Widerstreit. Der Urteilende sollte dem moralischen Standpunkt ein höheres Gewicht beimessen.«

Joe ist noch nicht so weit, daß er den moralischen Gesichtspunkt dem legalen grundsätzlich vorordnet. Für Joe erwachsen sowohl das Gesetz wie die Moralität aus individuellen Rechten und Werten, und beide befinden sich etwa auf derselben Ebene. Im Stadium 6 wird die gesetzliche Verpflichtung als Ableitung universaler ethischer Prinzipien der Gerechtigkeit verstanden. Im folgenden wird exemplifiziert, wie jemand im Stadium 6 auf den Konflikt beim Medikamentendiebstahl reagiert:

»Es ist zwar ein Verstoß gegen das Gesetz, aber ein moralisch gerechtfertigter. Gesetze gelten nur insoweit, als sie das Sittengesetz widerspiegeln, das alle vernünftigen Menschen akzeptieren können. Hier kommt die personale Gerechtigkeit ins Spiel: sie gilt es zu beachten. Sie bildet den Kern des Gesellschaftsvertrages. Eine Gesellschaft wird gegründet, um individuelle Gerechtigkeit zu schaffen, damit gewährleistet ist, daß die Ansprüche einer jeden Person in jeder Situation gleichgewichtig berücksichtigt werden, und zwar nicht nur diejenigen Ansprüche, die sich im Gesetz kodifizieren lassen. Personale Gerechtigkeit bedeutet: ›Behandle jeden Menschen als einen Zweck, nicht als ein Mittel‹.«

Diese Antwort deutet auf eine sehr klare Vorstellung von einer moralischen Handlung, die auf ein Prinzip (»Behandle jedes Individuum als ein Wesen, das seinen Endzweck in sich selbst trägt, nicht als ein Mittel«) gegründet ist, das grundlegender ist als der sozio-legale Gesichtspunkt und aus dem dieser folgt.

Die Beeinflussung der moralischen Entwicklung durch die Umwelt

Die moralische Entwicklung hängt von einer die kognitive Struktur beeinflussenden Stimulierung ab. Aber auch Anregungen sozialer Natur sind erforderlich, zum Beispiel solche, wie sie der soziale Kontakt, die moralische Entscheidungsfindung, der moralische Dialog und die moralische Interaktion bieten. Die »rein kognitive« Stimulierung liefert einen notwendigen Hintergrund für die moralische Entwicklung, bringt sie aber nicht unmittelbar hervor. Wie oben schon bemerkt, haben wir gefunden, daß das Erreichen eines bestimmten moralischen Stadiums einen bestimmten Stand der kognitiven Entwicklung voraussetzt, daß aber die kognitive Entwicklung nicht direkt zur moralischen Entwicklung führt. Andererseits kann das Fehlen von kognitiver Stimulation, die für die Ausbildung des formallogischen Denkens notwendig wäre, bedeutsam werden, wenn es um die Erklärung nicht abgeschlossener moralischer Entwicklungen geht. In einem türkischen Dorf zum Beispiel schien das vollentwickelte formal-operative Denken äußerst selten zu sein (einmal unterstellt, daß die Piagetschen Techniken der Intelligenz-Messung in dieser Umgebung brauchbar sind). Dementsprechend konnte man nicht erwarten, daß prinzipiengeleitetes moralisches Denken (Stadien 5 und 6), das formales Denken zur Voraussetzung hat, sich in diesem kulturellen Kontext entwickeln könnte.

Bedeutsamer als die Faktoren, die die kognitive Entwicklung vorantreiben, sind jene der allgemeinen sozialen Erfahrung. Wir nennen diese Faktoren »Möglichkeiten zur Rollenübernahme«. Daß man Rollen übernimmt, sich die Einstellung anderer zu eigen macht, sich ihrer Gedanken und Gefühle bewußt und imstande ist, sich selbst an ihre Stelle zu versetzen, das ist es eben, was die soziale Erfahrung von der Interaktion mit toten Dingen unterscheidet. Wenn die emotionale Seite der Rollenübernahme im Vordergrund steht, spricht man üblicherweise von Einfühlung (*empathy*) oder Mitgefühl (*sympathy*). Der Ausdruck »Rollenübernahme«, geprägt von G. H. Mead (1934), ist jedoch vorzuziehen, denn: a) er bezieht sich auf den kognitiven wie den affektiven Aspekt, b) er impliziert die Annahme einer organisierten strukturellen Beziehung zwischen dem Selbst und den anderen, c) er hebt hervor, daß dieser Prozeß involviert, daß man alle Rollen der Gesellschaft, in der man lebt, versteht und auf sie Bezug nimmt, und d) daß die Rollenübernahme in *allen* sozialen Interaktionen und Kommunikationssituationen auftritt, nicht nur in denen, die Mitgefühl oder einfühlendes Verständnis (Sympathie oder Empathie) evozieren.

Man kann nicht moralisch urteilen, ohne Rollen zu übernehmen, das heißt ohne sich in die Lage von Menschen zu versetzen, die in einen moralischen Konflikt verwickelt sind. Wie oben schon erwähnt, ist aber das Erreichen eines bestimmten Stadiums der Rollenübernahme nur eine notwendige, nicht eine hinreichende Bedingung der moralischen Entwicklung. Zum Beispiel hat das Stadium 2 des moralischen Denkens zur notwendigen Voraussetzung, daß die Fähigkeiten zur Rollenübernahme so weit entwickelt sind, daß der Mensch in einer bestimmten Situation die Intention oder den Standpunkt eines jeden anderen Individuums in derselben Situation in Betracht zieht oder wenigstens in Betracht zu ziehen fähig ist. Ein Kind kann dieses Stadium der Rollenübernahme erreichen und dennoch die für das Stadium 1 charakteristische Vorstellung haben, Rechtmäßigkeit oder Gerechtigkeit zeigten sich im Festhalten an unabänderlichen Regeln, denen blindlings zu folgen sei. Wenn das Kind aber Rechtlichkeit oder Gerechtigkeit als ein Gleichgewicht bzw. einen Ausgleich der Interessen einzelner Akteure auffassen können soll (Stadium 2), muß es das erforderliche Niveau der Rollenübernahme erreicht haben. Das Niveau der sozialen Kognition kommt im Niveau der Rollenübernahme zum Ausdruck. Dieses wiederum ist ein Bindeglied zwischen dem logischen oder kognitiven Niveau und dem moralischen Niveau.

Um die Wirkungen der einzelnen sozialen Umgebungen auf die moralische Entwicklung zu verstehen, müssen wir in Betracht ziehen, welche Möglichkeiten zur Rollenübernahme sie dem Kind bieten. Diese variieren in Abhängigkeit von der Beziehung zur Familie, zur Gruppe der Gleichaltrigen und zur Schule sowie in Abhängigkeit von seinem sozialen Status innerhalb der umfassenderen ökonomischen und politischen Struktur der Gesellschaft.

Was die Familie betrifft, so ist die Bereitschaft der Eltern, ein Gespräch über Wertprobleme zuzulassen oder sogar zu fördern, eine der am deutlichsten erkennbaren Bedingungen dafür, daß Kinder von einem moralischen Stadium zum nächsten voranschreiten (Holstein 1972). Ein derartiger Austausch von Standpunkten und Einstellungen ist ein Teil dessen, was wir »Möglichkeiten zur Rollenübernahme« nennen. Kinder, die einen regen Kontakt mit Gleichaltrigen haben, befinden sich in einem höheren moralischen Stadium als diejenigen, für die das nicht gilt. Und schließlich zeigt sich in verschiedenen Kulturen, daß der sozioökonomische Status mit der moralischen Entwicklung korreliert (Kohlberg 1976). Unserer Auffassung nach ist dies der Tatsache zuzuschreiben, daß Kinder der Mittelschicht mehr als Kinder der Unterschicht Gelegenheit haben, den Standpunkt entfernterer, unpersönlicherer und einflußreicherer Rollen in den grundlegenden Institutionen der Gesellschaft (Recht, Wirtschaft, Verwaltung) einzunehmen. Ganz allgemein gilt, daß sich einem Kind um so mehr Möglichkeiten bieten, sich in die soziale Perspektive anderer Menschen zu versetzen, je enger es einer sozialen Gruppe oder Institution verbunden ist. So betrachtet, ist die moralische Entwicklung durchaus nicht von der extensiven Teilnahme in einer ganz *bestimmten* Gruppe abhängig, wohl aber vom Gruppenbezug überhaupt. Nicht nur die Teilnahme ist erforderlich, sondern auch die Wechselseitigkeit der Rollenübernahme. Wenn zum Beispiel die Erwachsenen den Standpunkt des Kindes nicht berücksichtigen, kann das Kind den Standpunkt der Erwachsenen weder formulieren noch einnehmen.

Um einmal zu veranschaulichen, wie extrem unterschiedlich die Möglichkeiten zur Rollenübernahme sein können, wollen wir das amerikanische Waisenhaus dem israelischen Kibbuz gegenüberstellen. Verglichen mit allen sozialen Umgebungen, die wir untersucht haben, befanden sich die Kinder des amerikanischen Waisenhauses auf dem niedrigsten Niveau – nämlich in Stadium 1 und 2 –, selbst noch während der Adoleszenz (Thrower 1972). Unter allen untersuchten Umweltbedingungen war das moralische Niveau am höchsten im israelischen Kibbuz, dessen jugendliche Mitglieder sich hauptsächlich in Stadium 4, zu einem ansehnlichen Prozentsatz aber auch schon im Stadium 5 befanden (Bar Yam, Reimer, Kohlberg 1972). Sowohl im Waisenhaus wie im Kibbuz war die Interaktion mit den Eltern gering, aber in anderer Hinsicht sind diese Umgebungen völlig verschieden. In den amerikanischen Waisenhäusern fehlten nicht nur die Eltern; auch die Kommunikation und die Rollenübernahme zwischen den erwachsenen Mitgliedern des Pflegepersonals und den Kindern war sehr gering. Die Beziehungen zwischen den Kindern selbst waren fragmentarisch mit sehr wenig Kommunikation und keiner Anregung oder Überwachung durch das Pflegepersonal. Die Annahme, daß die mangelnde Gelegenheit zur Rollenübernahme sowohl eine verzögerte Entwicklung der Rollenübernahme als auch des moralischen Urteilens nach sich zog, wurde durch die Beobachtung nahegelegt, daß die jugendlichen Zöglinge des Waisenhauses an einer Aufgabe zur Rollenübernahme scheiterten, die fast alle Kinder ihres chronologischen oder Intelligenzalters bewältigten. Im Gegensatz dazu standen im Kibbuz die Kinder untereinander in lebhafter Interaktion, beaufsichtigt von einem Gruppenleiter, der bemüht war, die jungen Leute als aktive, engagierte Mitglieder in die Kibbuz-Gemeinschaft zu integrieren.

Unter dem Gesichtspunkt der Beeinflussung der moralischen Entwicklung unterschied sich der Kibbuz vom Waisenhaus offensichtlich auch noch auf andere Weise. Wenn wir einmal von der Bereitstellung von Möglichkeiten zur Rollenübernahme absehen: Wie können wir die moralische Atmosphäre einer Gruppe oder Institution erfassen? Wir haben behauptet, daß ein Gefühl für Gerechtigkeit den Kernbereich der im engeren Sinne moralischen Komponente des moralischen Urteils ausmacht. Während die Rollenübernahme die widerstreitenden Standpunkte in einer moralischen Konfliktsituation verständlich macht, gibt es in jedem moralischen Stadium auch gewisse »Prinzipien« der Gerechtigkeit, die jedem das Seine zusprechen und damit einen Ausgleich zwischen konträren Positionen herstellen. Das entscheidende Ingredienz einer moralischen Atmosphäre oder Umwelt ist demnach ihre Gerechtigkeitsstruktur, »die Art und Weise, in der soziale Institutionen grundlegende Rechte und Pflichten zuteilen sowie den durch die soziale Kooperation erzielten Gewinn verteilen« (Rawls 1971: 7).

Es scheint, als würden die Mitglieder einer Gruppe oder Institution diese selbst als in einem bestimmten Stadium moralischer Entwicklung stehend erleben. Unsere diesbezüglichen empirischen Arbeiten beschäftigten sich vornehmlich mit der Frage, wie Strafgefangene die jeweilige Atmosphäre verschiedener Gefängnisse beurteilen (Kohlberg, Scharf, Hickey 1972). Während die Gefangenen nicht imstande sind, einer Institution ein Niveau zuzuschreiben, das über dem von ihnen selbst erreichten Entwicklungsabschnitt läge (da sie ein höheres Stadium nicht wirklich verstehen können), sind sie sehr wohl in der Lage, diese als in einem niedrigeren Stadium befindlich wahrzunehmen. Dementsprechend ordneten Inhaftierte im Stadium 3 der moralischen Entwicklung die eine Haftanstalt dem Stadium 1, eine andere dem Stadium 2 und eine dritte dem Stadium 3 zu. Wenn ein Gefangener im Stadium 3 dem Gefängnispersonal das Stadium 3 zuspricht, dann hört sich das zum Beispiel so an: »Sie sind ganz nett und sie zeigen Interesse. Ich habe das Gefühl, daß sie sich etwas mehr Gedanken machen als die meisten anderen Leute.« Wenn ein Gefangener des Stadiums 3 dem Gefängnispersonal das Stadium 2 zuspricht, kann er das folgendermaßen formulieren: »Wenn einer mal irgendwie Mist baut oder nicht so katzbuckelt, wie man's gerne hätte, dann rührt der Betreuer keinen Finger für ihn. Überall Günstlingswirtschaft. Eine Hand wäscht die andere.«

Natürlich sind Gefängnisse ziemliche Ausnahmen, insofern sie monolithische bzw. homogene Umgebungen auf niederer moralischer Stufe darstellen. Trotzdem ist die allgemeine Annahme plausibel, die moralische Atmosphäre einer Umwelt werde nicht lediglich durch die Summe der individuellen moralischen Urteile und Handlungen ihrer Mitglieder konstituiert. Ebenso plausibel ist, daß ein grundlegender Einfluß auf die moralische Entwicklung dadurch ausgeübt wird, daß das Kind Mitglied von Institutionen ist, die sich auf einem höheren moralischen Entwicklungsstand befinden als das Kind selbst.

Bei der Ansicht, daß eine höher entwickelte soziale Umgebung die moralische Entwicklung anregt, handelt es sich um eine naheliegende Extrapolation experimenteller Befunde sowohl von Turiel (1966) wie von Rest (1973). Die genannten Autoren haben festgestellt, daß Heranwachsende dahin tendieren, das moralische Denken des jeweils nächsthöheren Stadiums zu assimilieren, während sie den Denkstil eines von ihnen bereits durchmessenen Entwicklungsstadiums ablehnen. Der höhere Entwicklungsstand der Umgebung muß sich aber nicht lediglich in einem bestimmten Stadium des Denkens manifestieren; er kann auch am moralischen Handeln oder in institutionellen Arrangements zum Ausdruck kommen. Aus den oben zitierten Untersuchungen zum Problem der moralischen Atmosphäre geht hervor, daß der Mensch auf eine Synthese aus moralischem Denken, moralischem Handeln und institutionalisierten Rollen reagiert, eine Synthese, die als ein relativ geschlossenes Ganzes mit dem moralischen Stadium des Individuums in Beziehung tritt.

Ausgehend von der Annahme, daß die Verbesserung der Atmosphäre einer Institution eine moralische Veränderung nach sich ziehen würde, haben Kohlberg, Scharf und Hickey (1972) in einem Frauengefängnis eine »gerechte Gesellschaft« geschaffen. Es gab dort u. a. eine demokratische Selbstverwaltung durch Gemeinschaftsentscheidungen sowie kleinere Diskussionsgruppen, in denen moralische Fragen erörtert wurden. Dieses Programm führte zu einer Höherentwicklung des moralischen Denkens und späterhin zu Veränderungen des Lebensstils und Verhaltens.

Neben den Möglichkeiten zur Rollenübernahme und dem an einer Institution wahrgenommenen moralischen Niveau gibt es noch einen dritten Faktor, den die kognitionszentrierte Entwicklungstheorie in den Vordergrund stellt, nämlich den kognitiv-moralischen Konflikt. Die strukturelle Theorie betont, daß sich der Übergang zum jeweils nächsten Stadium durch reflektierende Reorganisation vollzieht, die in Gang kommt, wenn in der Struktur des jeweils gerade erreichten Stadiums Widersprüche fühlbar werden. Wenn Entscheidungssituationen innere Widersprüche in der Struktur des eigenen moralischen Denkens zutage fördern oder wenn das eigene Urteilen mit dem nach Inhalt oder Form abweichenden Denken bedeutsamer Bezugspersonen konfrontiert wird, dann kann ein kognitiver Konflikt erlebt werden. Dies ist der Grundgedanke der Programme zur Diskussion moralischer Fragen, die wir in Schulen durchgeführt haben (Blatt, Kohlberg 1975; Colby u. a. 1977).

Die Klassen-Diskussions-Programme sind nur ein Beispiel dafür, wie der kognitionszentrierte entwicklungspsychologische Ansatz für die Schule fruchtbar gemacht werden kann. Es muß allerdings angemerkt werden, daß diese Verfahren noch kein voll entwickeltes Programm moralischer Erziehung darstellen. Die Förderung der rationalen Diskussion sollte Teil einer umfassenderen, dauerhafteren Einbeziehung der Schüler in das soziale und moralische Gefüge der Schule sein. Auf jeden Fall sollte die moralische Bildung innerhalb des schulischen Curriculums ein größeres Gewicht erhalten. Darüber hinaus sollten die Schüler aktiv an den moralischen Entscheidungen der Schule teilhaben. Statt zu versuchen, den Schülern ein vorgefertigtes und nicht hinterfragbares Wertsystem zu indoktrinieren, sollte man sie mit den moralischen Streitfragen konfrontieren, die der Schulgemeinschaft zur Lösung aufgegeben sind, und nicht bloß mit Situationen, in denen Regeln mechanisch anzuwenden sind. Außerdem sollte man die Schüler mit den moralischen Problemen der Gegenwart, wie Bürgerrechte und Krieg, vertraut machen. Alles in allem gilt es, eine Atmosphäre zu schaffen, in der das Bemühen um Gerechtigkeit allgegenwärtig ist.

Literatur

Bar Yam, M., Reimer, J., Kohlberg, L. (1972), Unveröffentlichtes Manuskript, Harvard University.

Blatt, M., Kohlberg, L. (1975), »The effects of classroom moral discussion upon children's level of moral development«, in: *Journal of Moral Education*, 4: 129-162.

Burton, R. V. (1963), »Generality of honesty reconsidered«, in: *Psychological Review*, 70: 481-499.

Colby, A., Kohlberg, L. (1981), »The relation between the development of formal operations and moral judgment«, in: D. Bush, S. Feldman (Hg.), *Cognitive Development and Social Development: Relationships and implications*, Hillsdale, N. Y.: Lawrence Erlbaum Associates.

Colby, A., Kohlberg, L., Fenton, C., Speicher-Dubin, B. (1977), »Secondary school moral discussion programmes led by social studies teachers«, in: *Journal of Moral Education*, 6: 90-111.

Freud, S., »Das Unbehagen in der Kultur« (1930) (1972), in: *Gesammelte Werke*, Bd. XIV, Frankfurt/M.: Fischer.

Hartshorne, H., May, M. (1928-1930), *Studies in the Nature of Character*, Columbia University, Teachers College, New York: Macmillan.

Hoffman, M. (1970), »Moral development«, in: P. Mussen (Hg.), *Carmichael's Manual of Child Psychology*, New York: Wiley.

Holstein, D. (1972), »The relation of children's moral judgment level to that of their parents«, in: R.D. Smart (Hg.), *Readings in Child Development and Relationships*, New York: Macmillan.

Kohlberg, L. (1963), »Moral development and identification«, in: H. Stevenson (Hg.), *Child Psychology. 62nd Yearbook of the National Society for the Study of Education*, Chicago: Chicago University Press.

Kohlberg, L. (1964), »Development of moral character and ideology«, in: M. L. Hoffman (Hg.), *Review of Child Development Research*, 1, New York: Russell Sage Foundation.

Kohlberg, L. (1969), »Stage and sequence: The cognitive developmental approach to socialization«, in: D.A. Goslin (Hg.), *Handbook of Socialization*, Chicago, 347-480.

Kohlberg, L. (1976), »Moral stages and moralization: the cognitive developmental approach«, in: T. Lickona (Hg.), *Moral Development and Behavior*, New York: Holt, Rinehart & Winston, 31-53.

Kohlberg, L., Scharf, P., Hickey, J. (1972), »The justice structure of prison – a theory and an intervention«, in: *The Prison Journal*, Bd. LI, Nr. 2.

Kuhn, D., Kohlberg, L., Langer, J., Haan, N. (1977), *The development of formal operations in logical and moral judgment. Genetic Psych. Monographs*, 95: 97-188.

McDougall, W. (1908), *An Introduction to Social Psychology*, London: Methuen; deutsch: *Einführung in die Sozialpsychologie*, 1928.

Mead, G. H. (1934), *Mind, Self, and Society*, Chicago: Chicago University Press; deutsch: *Geist, Identität und Gesellschaft. Aus der Sicht des Sozialbehaviorismus*, Frankfurt/M.: Suhrkamp 1973.

Piaget, J. (1932), *Le jugement moral chez l'enfant*, Paris: Alcan; deutsch: *Das moralische Urteil beim Kinde*, Zürich: Rascher 1954, Frankfurt/M.: Suhrkamp 1973.

Piaget, J. (1947), *La psychologie de l'intelligence*, Paris: Colin; deutsch: *Psychologie der Intelligenz*, München: Kindler 1976.

Rawls, J. (1971), *A Theory of justice*, Cambridge: Harvard University Press; deutsch: *Eine Theorie der Gerechtigkeit*, Frankfurt/M.: Suhrkamp 1975.

Rest, J. (1973), »Patterns of preference and comprehension in moral judgment«, in: *Journal of Personality*, 41: 86-109.

Selman, R., Damon, W. (1975), »The necessity (but insufficiency) of social perspective taking for conceptions of justice at three early levels«, in: *Moral Development*, Hillsdale.

Thrower, J. (1972), »Effects of orphanage and foster home care on development of moral judgment«, Unveröffentlichtes Manuskript, Harvard University.

Turiel, E. (1966), »An experimental test of the sequentiality of developmental stages in the child's moral cognition«, in: *Journal of Personality and Social Psychology*, 3: 611-618.

Ernest Wallwork
Moralentwicklung bei Durkheim und Kohlberg

Alle führenden Theoretiker auf dem Gebiet der Moralentwicklung – Baldwin, Piaget und Kohlberg – fühlen sich Émile Durkheims Soziologie der Moral verpflichtet. Der Grund für diese auffallende Einmütigkeit liegt auf der Hand. Durkheim beschäftigte sich ebenso wie die Entwicklungspsychologen mit der genauen Beschreibung der Erscheinungen des moralischen Lebens und verwandte dazu die alltäglichen Begriffe, die auch Laien und Moraltheoretiker gebrauchen (Wallwork 1972, 1979). Außerdem war Durkheim einer der ersten, der qualitativ unterschiedliche Formen von Moral postulierte und sie theoretisch gleichsam als Stufen einer unveränderlichen Abfolge betrachtete (Wallwork 1984). Obwohl Durkheims Stufen den Moralcharakter ganzer Gesellschaften von einem evolutionistischen Standpunkt aus beschreiben, hat der französische Begründer der modernen Soziologie auch eine Menge über die im engeren Sinne psychologischen Aspekte der Moralentwicklung zu sagen. Durkheims lebenslanges Interesse an moralischer Erziehung ist ein weiterer Berührungspunkt mit den Entwicklungspsychologen.

Im wesentlichen teilt Durkheim mit den Entwicklungstheoretikern die große Achtung vor Kants Auffassung vom Wesen der Moral und der normativen Ethik. Durkheim versucht, ähnlich wie Baldwin, Piaget und Kohlberg nach ihm, eine wissenschaftliche Theorie zu formulieren, die den Aspekten der Moral – insbesondere der moralischen Verpflichtung, die Kant so klar sah – Rechnung trägt. Wie Piaget und Kohlberg ist auch Durkheim ein normativer Ethiker, für den der Kern des moralischen Lebens gemäß einer reformulierten Kantschen Ethik in der Achtung vor der Person zu finden ist.

Trotz dieser theoretischen und normativen Affinität hat Durkheims Moraltheorie von seiten der Entwicklungstheoretiker nie die wohlwollende Aufmerksamkeit erhalten, die seine Arbeiten über die Rolle des Affekts in der Moral – insbesondere über die Beziehung, in der die auf den anderen gerichteten Gefühle zum moralischen Urteil stehen – verdient hätten. Diese Vernachlässigung ist offensichtlich eine Folge der kognitivistischen Orientierung der Entwicklungstheoretiker. Da diese Tendenz inzwischen jedoch von einer Reihe von Autoren angefochten wird (Hoffman 1976; Gilligan 1982; Kegan 1982), scheint es durchaus wünschenswert, einen neuerlichen Blick auf Durkheim zu werfen und von dort neue theoretische Impulse zu gewinnen, die mit der Entwicklungsperspektive vereinbar sind.

Mein Ziel in diesem Aufsatz ist es, die Bedeutung von Durkheims Behandlung der emotionalen Aspekte der Moral herauszustellen, indem ich mit seiner Hilfe einige Schwächen in Kohlbergs kognitivem Entwicklungsansatz identifiziere.

Nach einer sorgfältigen Explikation von Durkheims Perspektive möchte ich dann zunächst begründen, daß wir mit Hilfe von Durkheims Moralkonzept erkennen, daß Kohlbergs Ansatz die wichtige Rolle der altruistischen Gefühle im moralischen Leben unterschätzt. Diese Schwäche von Kohlbergs Konzept wird vor allem in den postkonventionellen Stufen deutlich, wenn Moral einzig mit universalistischen Prinzipien identifiziert wird – mit Prinzipien, die moralische Beziehungen wie Freundschaft nicht angemessen zu rechtfertigen vermögen. Zweitens möchte ich mit Durkheim zeigen, daß Kohlberg bestimmte Annahmen über unsere spontane Bereitschaft zu moralischem Handeln einführt, die sehr unrealistisch erscheinen, wenn wir die vielen – psychologischen und soziologischen – Faktoren in Rechnung stellen, die unsere Bereitschaft beeinflussen, die Interessen anderer Menschen, die von unserer Entscheidung betroffen sind, moralisch mitzudenken. Drittens möchte ich belegen, daß Durkheim mit seiner Behauptung recht hat, daß konkurrierende Konzeptionen von sozialer Gerechtigkeit wie Utilitarismus und libertäre Theorie eng verknüpft sind mit Theorien über die Natur des Menschen. Es gelingt Kohlberg, die Unterschiede zu ignorieren, die verschiedene Grundkonzepte über die menschliche Natur für Theorien der Gerechtigkeit nach sich ziehen, weil er in die Ausgangspunkte seiner Entwicklungstheorie bestimmte Annahmen über das menschliche Wesen einbaut. Diese Annahmen über die soziale Natur des Menschen gehen auf Durkheim zurück, müssen jedoch ausdrücklich verteidigt werden, um Rawls' Prinzipien der sozialen Gerechtigkeit voll zu rechtfertigen, die Kohlberg mit Stufe 6 identifiziert.

Ich möchte zeigen, daß das kognitiv-entwicklungstheoretische Paradigma, wie Kohlberg es entfaltet, durch einige grundlegende

Einsichten Durkheims in der Frage moralischer Gefühle ergänzt werden muß. Ebenso bin ich der bereits früher (Wallwork 1972) geäußerten Auffassung, daß Durkheims soziologische Theorie durch den kognitiv-entwicklungstheoretischen Gesichtspunkt zu ergänzen ist. Wenn ich die Perspektive hier umkehre, so geschieht das in der Absicht, das kognitive Entwicklungsparadigma mit Hilfe Durkheims zu erhärten.

I

Lange Zeit wurde der kantische Charakter von Durkheims Moraltheorie unterschätzt. Wie Fauconnet (in: Durkheim 1925, dt. 1973: 22) vor vielen Jahren beobachtete, war »Durkheim, wie Kant einst, vor allem ein Mensch des Willens und der Disziplin«, und so schenkte er als erstes den verpflichtenden und imperativen Aspekten der Moral seine Aufmerksamkeit. In seinen frühesten Artikeln über Moral kritisiert Durkheim (1887 b: 33-58, 113-142, 275-284) am Utilitarismus, daß dieser den imperativen Charakter moralischer Prinzipien nicht genügend würdige. Weniger oft wird beachtet, in welchem Maße Durkheim – als Folge seiner eingehenden Beschäftigung mit Charles Renouvier (Davy 1919: 185; Maublanc 1930: 299; Lukes 1972: 54) – die Rolle der Gefühle im moralischen Leben betonte. Für Durkheim ist die altruistische Orientierung ein ebenso notwendiges Kriterium für Moral wie deren handlungsleitende Funktion. Während Kant also Moral strikt gegen Gefühle und Neigungen – einschließlich solche altruistischer Art – abgrenzte, so daß eine Handlung für Kant dann nicht moralisch ist, wenn sie durch irgendeine andere Neigung als durch Pflicht motiviert wird, besteht Durkheim darauf, daß altruistische Gefühle eine unerläßliche Rolle im moralischen Leben spielen. Es ist in der Tat Durkheims Position, daß wir erst dann den Kernpunkt eines moralischen Urteils verstehen können, wenn wir altruistischer Gefühle fähig sind. Die verschiedenen Gründe, die Durkheim zu dieser Abweichung von Kant anbietet, sind deshalb wichtig, weil sie für die gegenwärtige Debatte zwischen Kohlberg und seinen entwicklungspsychologischen Kritikern, etwa Carol Gilligan, zentral bedeutsam sind; jene betonen zwar die Bedeutung der Gefühle für Moral, versäumen es jedoch, das Definitionsproblem so direkt anzugehen wie Durkheim.

Durkheims erstes Buch, seine Dissertation *De la division du travail social*, enthält den Kern seiner Kritik an Kant. Der junge Durkheim greift hier Kants kategorischen Imperativ an, demzufolge eine Maxime dann und nur dann moralisch ist, wenn sie ohne rationale Inkonsistenz universalisiert werden kann. Nach Durkheim ist der kategorische Imperativ unzulänglich, da er auch als Rechtfertigung für eine völlig egoistische Maxime benutzt werden kann. Kant glaubte natürlich, ethischen Egoismus aus folgenden, bei Durkheim (1893: 6) angeführten Gründen ausgeschlossen zu haben:

Wir handeln nur dann moralisch, wenn die Maxime unserer Handlung verallgemeinert werden kann. Infolgedessen müßten wir, wenn wir moralisch sein wollen, ohne unserem Nächsten Hilfe in der Not zu leisten, in der Lage sein, die egoistische Maxime zu einem Gesetz zu erheben, das ausnahmslos für alle Fälle gilt. Wir können diesen Punkt nicht verallgemeinern, ohne uns selbst zu widersprechen; denn sobald wir tatsächlich in einer Notlage sind, wünschen wir Hilfe. Nächstenliebe ist somit eine allgemeine Pflicht der Menschlichkeit, Egoismus irrational.

Wie Durkheim in Übereinstimmung mit den meisten zeitgenössischen Philosophen bemerkt, liegt die Schwierigkeit dieser Begründung darin, daß ein konsistenter und systematischer Egoist eine rein egoistische Maxime verallgemeinern könnte, ohne sich selbst zu widersprechen.[1] Er könnte, um mit Durkheims Worten zu sprechen (1893: 6),

sich selbst die Regel auferlegen, die er anderen auferlegt, indem er ein Gesetz formuliert, von anderen nichts zu fordern. Die egoistische Maxime ist nicht schwieriger zu verallgemeinern als die andere Maxime; es genügt, sie mit all ihren unausgesprochenen Konsequenzen zu praktizieren. Diese logische Härte wird besonders jenen Menschen leichtfallen, die sich in allen Situationen fähig fühlen, sich selbst zu genügen, und die damit rechnen, auf Dauer ohne die anderen auszukommen, vorausgesetzt, die anderen kommen stets ohne sie aus.

Erwähnt sei, daß diese Kritik an Kant durchaus nicht die Bedeutung einer möglichen Universalisierbarkeit leugnet, die manchmal ein recht nützliches Kriterium zur Prüfung der Unparteilichkeit moralischer Urteile ist. Durkheim scheint dies im Hinblick auf soziale Gerechtigkeit vorauszusetzen. Für ihn ist jedoch Universalisierbarkeit kein notwendiges Kriterium für Moral, wohingegen Altruismus ein solch notwendiges Kriterium darstellt. Mit anderen Worten, eine Handlung ist moralisch, wenn sie auf eigene Unkosten zugunsten eines anderen oder für die Gemeinschaft vollzogen wird – selbst dann, wenn man nicht gewillt ist, sie für jemanden anderen in einer ähnlichen Lage zum Gesetz zu erheben.

Ebenso kritisch steht Durkheim Kants zweiter Formulierung des praktischen Imperativs gegenüber: daß wir Personen als Zwecke an sich, nämlich als Mitglieder eines »Reichs der Zwecke« achten sollen. So stellt Kant (1983: 27 ff.) bei der Rechtfertigung seiner inhaltlichen Darlegung des kategorischen Imperativs fest:

Nun soll eine Handlung aus Pflicht den Einfluß der Neigung und mit ihr jeden Gegenstand des Willens ganz absondern; also bleibt nichts für den Willen übrig, was ihn bestimmen könnte, als, objektiv, das Gesetz, und, subjektiv, reine Achtung für dieses praktische Gesetz, mithin die Maxime, einem solchen Gesetz mit Abbruch aller meiner Neigungen Folge zu leisten. ... Der kategorische Imperativ ist also nur ein einziger, und zwar dieser: handle nur nach derjenigen Maxime, durch die du zugleich wollen kannst, daß sie ein allgemeines Gesetz werde. ... Der praktische Imperativ wird also folgender sein: Handle so, daß du die Menschheit, sowohl in deiner Person, als in der Person eines jeden anderen, jederzeit zugleich als Zweck, niemals bloß als Mittel brauchtest. Wir wollen sehen, ob sich dieses bewerkstelligen lasse.

Ohne den in diesem Abschnitt enthaltenen Grundsatz – Achtung vor der Person – zu bestreiten, bezweifelt Durkheim, ob er mehr als nur eine untergeordnete Form von Güte rechtfertigt. Wahrhafte Nächstenliebe, so schreibt Durkheim (1893: 7), »besteht in Selbstaufgabe«. – »Ich kann das Mitgefühl der anderen nur unter der Bedingung verstärken, daß ich mich selbst erniedrige und mich zu der Rolle eines Werkzeugs herabsetze.« Das Problem von Kants inhaltlichem Vorschlag zur Achtung der Person liegt darin, daß solche altruistischen Handlungen »jeden positiven moralischen Wert entbehren, da sie zwar einerseits das Gesetz erfüllen, es auf der anderen Seite aber verletzen«. Handlungen, in denen man sich selbst als Werkzeug zum Vorteil anderer einsetzt, sind nach Durkheims Meinung gar nicht unüblich; das Leben ist voll davon. Beispielsweise kann ein Ehemann seine Interessen denen seiner Frau opfern, sich sogar zum Instrument ihres Vergnügens machen. Kant betrachtet solche Handlungen als unmoralisch; sie verlieren diesen Charakter erst dann, wenn sie durch ein ähnliches, reziprokes Opfer von seiten der Frau kompensiert werden. Aber diese Sicht steht nach Durkheims Auffassung im Widerspruch zu tiefverwurzelten und weitverbreiteten Empfindungen, etwa zu opferbereiter Hingabe oder Nächstenliebe, deren moralische Qualität unumstritten ist.

Für Durkheim wie für Kant ist es ein Prüfstein der Angemessenheit einer normativen Theorie, ob sie mit den moralischen Ansichten des gewöhnlichen Menschen vereinbar ist, das heißt, ob der normative Vorschlag »unbestritten« (Durkheim 1893: 5), »überall« anerkannt, »allgemein als moralisch betrachtet« wird und »allen Moralanschauungen gemeinsam« ist (Durkheim 1887 a, b). Aber im Gegensatz zu Kant glaubt Durkheim, daß »unmittelbarer Altruismus« – eine direkte Sorge und Empfänglichkeit für die Bedürfnisse und Interessen anderer oder der Gesellschaft – allgemein als Moral anerkannt wird und nicht in universell verbindlichen Prinzipien begründet sein muß.

In den Zeitschriftenartikeln vor der Veröffentlichung seines Buches *De la division du travail social* macht Durkheim deutlich, daß sein Gegensatz zum Kantschen Moralverständnis letztlich in einer Kritik an der Lehre des Königsberger Philosophen von der menschlichen Natur wurzelt. Im wesentlichen richtet sich seine Kritik gegen Kants Unterscheidung zwischen einer noumenalen und einer sinnlichen Seite des Selbst. Hält man sich vor Augen, daß Durkheim einen analogen Dualismus benutzt, so fällt auf, daß er sich insbesondere gegen Kants Vorstellung wendet, daß die natürlichen Neigungen des sinnlichen Selbst aus dem Bereich der Moral herausfallen. Durkheims gegenteilige Meinung beruht zum Teil auf seinem Glauben an die Existenz moralischer Empfindungen, insbesondere altruistischer Gefühle. Durkheim weist Kants Behauptung zurück, wonach altruistische Gefühle stets von Eigeninteressen gefärbt seien. Gleichzeitig kehrt er Kants Vorstellung um, das noumenale Selbst sei der Ort der Moral, indem er betont, daß der Begriff eines noumenalen Selbst der moralischen Pflicht ein egoistisches Bild der menschlichen Natur unterstellt. Das ist deswegen der Fall, weil das noumenale Selbst in seiner höchsten Freiheit die Prinzipien auswählt, die sein Verhalten in der Gesellschaft steuern werden, während das Zusammenleben mit anderen für dieses Verhalten keine nennenswerte Rolle spielen soll. Das ist der Grund, warum sich das kantische Selbst – Kants eigenen Vorstellungen zum Trotz – schließlich doch die Verallgemeinerung der ethischen Maxime zum Ziel setzen kann, daß »jeder für sich selbst sorgen solle«. Nach Durkheims Auffassung ist Kants Bild der menschlichen Natur inkompatibel mit »den wirklichen Menschen, so wie wir sie kennen und die wir sind«. Die menschliche Person ist grundsätzlich ein gesellschaftliches Wesen. Das ist die Grundbestimmung seiner Existenz und die Besonderheit seines menschlichen Seins. Das Selbst wird in eine Gemeinschaft von anderen hineingeboren, mit denen es sich gefühlsmäßig identifiziert und deren gemeinsame Vorstellungen von Gut und Recht es verinnerlicht. Diese gemeinsamen Bedeutungen und die Solidaritätsgefühle, die durch das Leben in der Gemeinschaft geweckt werden, durchdringen das Individuum »von allen Seiten« (Durkheim 1887a: 337). Die moralischen Regeln des Bewußtseins, schreibt Durkheim, werden »gemeinsam mit unseren Mitmenschen, insbesondere mit denen, die uns wie unsere Eltern und Landsleute am nächsten stehen, aufrechterhalten« (Durkheim 1887b: 128f.). Existenz in Gemeinschaft verwischt »in jedem Augenblick die vermeintliche Demarkationslinie, die das Bewußtsein des einen von dem der anderen trennen würde ... das Individuum ist ein integraler Teil der Gesellschaft, in die es hineingeboren wurde; letztere durchdringt es von allen Seiten; sich selbst zu isolieren und von der Gesellschaft zu abstrahieren bedeutet, das Selbst verarmen zu lassen« (Durkheim 1887a: 337).

Übrigens glaubt er im Gegensatz zu einer weitverbreiteten Durkheim-Interpretation nicht, daß diese Kritik an Kants Konzept des noumenalen Selbst einen Determinismus impliziere, der mit der Wahl- und Handlungsfreiheit unvereinbar wäre. Obgleich sich Durkheim zufolge viele makrosoziologische Tatsachen unserer Einwirkung entziehen und vom Individuum, gelegentlich nicht einmal vom Kollektiv grundlegend verändert werden können, ist er doch bereit, Kants Anspruch anzuerkennen, daß das Individuum innerhalb gewisser Grenzen frei ist, zu wählen und auf der Basis seiner Wahl zu handeln (Durkheim 1903/1961: 23). Um einen Menschen als gesellschaftliches Wesen zu sehen, »ist es nicht notwendig anzunehmen, daß die menschliche Persönlichkeit völlig vom Schoß des kollektiven Seins absorbiert wird« (Durkheim 1887b: 129). Warum? Was bewahrt das Selbst vor einer totalen Bestimmung durch das soziale Milieu? Hier deckt sich Durkheims Antwort wesentlich mit Vorstellungen Kants: »Es ist der Wille, der [das Selbst] davor bewahrt, derart im umgebenden Milieu aufzugehen. Hat sich der Wille einmal gezeigt, reagiert er seinerseits auf alle Phänomene, die von außen auf ihn zukommen und die gleichsam das gemeinsame Erbe der Gesellschaft sind; er eignet sie sich an« (Durkheim 1887 b: 129). Tatsächlich ist ein Hauptaspekt von Durkheims Theorie der menschlichen Entwicklung, daß sich die individuelle Denk- und Handlungsfreiheit durch das allmähliche Entstehen von immer mehr pluralistischen Gesellschaften beständig vermehrt hat, in denen keine einzelne Gruppe in der Lage ist, das Leben eines Individuums zu tyrannisieren.

Die Problematik in Durkheims Begriff des sozialen Selbst liegt nicht darin, daß er den freien Willen geleugnet hätte, sondern darin, daß er die Rolle aktiven Schlußfolgerns sowohl in der moralischen Entwicklung als auch im moralischen Urteil nur ungenügend beachtet hat. Moralentwicklung wird mit Sozialisation erklärt, als ob das menschliche Subjekt nur eine *tabula rasa* wäre, auf welche die Gesellschaft schreibt, und nicht vielmehr ein kognitiv aktives Handlungssubjekt wie in den Untersuchungen von Piaget und Kohlberg. Bei Durkheim wird moralisches Urteil zu häufig als eine automatische Antwort auf gesellschaftlich erzwungene Standards dargestellt statt als Ergebnis aktiven Nachdenkens und Entscheidens, wie Piaget und Kohlberg betonen und wie vor ihnen Kant es verstanden wissen wollte. Weil ich diese Lücken in Durkheims überzeichnetem Bild des sozialen Selbst bereits an anderer Stelle kritisiert habe (Wallwork 1972), möchte ich hier die Aufmerksamkeit auf die Art der Handlungsbegründung lenken, mit der die Gesellschaft das Kind zu erreichen vermag und die die moralischen Standards für das Individuum letztlich rechtfertigt. Moralische Konzepte werden nach Durkheim »aus vernünftigem Grund« internalisiert; aber der Begriff der »Vernunft« wird viel weniger rationalistisch verstanden, als es unter Philosophen üblich ist. Für Durkheim sind es Liebe oder Altruismus, die die letzte Rechtfertigung moralischer Standards ergeben, das heißt eine im wesentlichen affektive Antwort auf andere Personen in der Gesellschaft. Diese Grundlage der Ethik sollte von den wesentlich egoistischen Begründungen unterschieden werden, wie sie von Behavioristen in den Sozialwissenschaften angeboten werden, die die Moralentwicklung ich-zentriert in Begriffen von Belohnung und Strafe erklären. Um die affektiven Grundlagen der Moral in Durkheims Werk voll würdigen zu können, ist es zuerst notwendig, seine Sozialpsychologie zu untersuchen.

Durkheim legte seit dem Beginn seiner wissenschaftlichen Laufbahn Wert darauf, daß menschliche Wesen instinktiv altruistisch sind in dem Sinne, daß »altruistische Empfindungen, in welcher Beziehung sie auch immer zu egoistischen Empfindungen stehen mögen, nicht von diesen abgeleitet werden können. Jedes von ihnen hat seine eigene Quelle im menschlichen Herzen, aus der ein jedes entspringt« (Durkheim 1887b: 128). Entsprechend weist Durkheim die Behauptung von Hobbes und Spencer zurück, daß soziales Empfinden eine junge Errungenschaft der menschlichen Rasse sei. »So wie Rousseaus Einsiedler niemals existiert hat, so wenig gab es jemals einen menschlichen Willen, für den Egoismus das einzige Motiv war« (Durkheim 1887b: 128). Indem Durkheim solche Behauptungen zurückweist, bemerkt er, daß die egoistische Hypothese unvereinbar ist mit den sozialen Neigungen oder *Vorlieben*, die überall dort entstehen, wo sich Individuen zusammenschließen. Durkheim übernimmt den Standpunkt Comtes und verschiedener deutscher Moralisten des 19. Jahrhunderts (z. B. R. von Iherings) und zitiert zustimmend Wundt, »daß es von Anfang an soziale Neigungen gegeben hat, die ihren Ursprung im innersten Wesen des Menschen haben. Jeder Mensch hat in sich eine natürliche Zuneigung zu seinen Mitmenschen, die sich äußert, sobald Menschen zusammenleben wollen, das heißt vom ersten Tag der Menschheit an« (Durkheim 1887b: 121).

Es ist ein Teil der Durkheimschen Antwort auf das, was Parsons (1949) das Hobbessche Ordnungsproblem in der Gesellschaft nennt, daß nämlich die menschlichen Wesen nicht immer egoistisch sind. Nach seiner Ansicht wären Institutionen als dauerhafte Systeme menschlicher Beziehungen nicht möglich, wenn die Individuen nicht in irgendeiner Weise mit einem Hang liebender oder wenigstens freundschaftlicher Art versehen wären. Er schreibt: »Für Menschen, die einander anerkennen und sich gegenseitig Rechte zugestehen, ist es in erster Linie *notwendig*, daß sie einander lieben, daß sie aus dem einen oder anderen Grunde zueinander und zu der Gesellschaft halten, an der sie teilhaben« (Durkheim 1893: 130). Hätten die Menschen nicht von Natur aus Neigungen zu ihren Mitmenschen, so könnte eine Gesellschaft mit ihren Sitten und Einrichtungen, mit einem religiösen Glauben, moralischen Normen und Gesetzen niemals entstehen; oder aber sie würde – wenn aus unerklärlichen Gründen eine Gesellschaft bereits zustande gekommen sein sollte – rasch zusammenbrechen. Ohne soziale Instinkte gäbe es keine Basis für einen sozialen Zusammenschluß, keine Interaktion, die gemeinsame Verhaltensregeln aufzustellen vermöchte, keinen Gedanken der Verantwortung für andere. Darüber hinaus wäre es ohne solche grundlegenden Instinkte unmöglich, Kinder sozial oder moralisch zu erziehen.

In seinen pädagogischen Schriften in der Mitte seiner Werkentwicklung arbeitet Durkheim diese instinkthaften Grundlagen sozialer Solidarität und deren Konsequenzen für eine moralische Entwicklung weiter aus. Kinder entwickeln offenbar nur schrittweise die Fähigkeit, sich andere vorzustellen; aber wenn sie es einmal gelernt haben, identifizieren sie sich natürlicherweise emotional mit anderen, die ihnen nahestehen.

Damit wird in der Tat eine beständige Verbindung zwischen dem Bewußtsein des Kindes und dem Bewußtsein Fremder hergestellt. Was ist in dessen Bewußtsein ereignet, hallt in seinem wider. Es lebt von ihrem Leben, es genießt von ihren Vergnügen und leidet an ihren Leiden. So wird es auf natürliche Weise dazu verleitet, die Schmerzen anderer zu vermindern oder ihnen zuvorzukommen (Durkheim 1903/1961: 220 f., dt. 1973: 257).

Erste altruistische Merkmale werden an der Anhänglichkeit des Kindes an seine Spielsachen[2] deutlich, die offensichtlich um Jahre dem kognitiven Denkvermögen vorausliegt, das Kohlberg von einem Kind auf der ersten Moralstufe im Alter von ungefähr 4 bis 6 Jahren erwartet. Zwischen dem kindlichen Sinn für Zusammengehörigkeit und Treue zu seinem Lieblingsspielzeug und der Identifikation mit seinen Eltern, »der Liebe zur Heimat und zum Elternhaus, deren Moralität und altruistischen Charakter niemand bestreitet«, bestehen Durkheim zufolge (1903/1961: 218, dt. 1973: 255), »nur Gradunterschiede«.

Nach Durkheim werden altruistische Empfindungen auf natürliche Weise von anderen Personen auf Gruppen ausgedehnt, denen sie und der Aktor zugehören. An dieser Stelle übernimmt Durkheim von Comte eine wichtige Unterscheidung zwischen Sympathie und Altruismus. In Comtes Werk bezieht sich Sympathie auf die instinktiven Grundlagen positiver Gefühle anderen menschlichen Wesen gegenüber, während Altruismus ein weiterer Begriff ist, unter den »nicht nur jede Art mitmenschlichen Gefühls (fällt), sondern auch aktive Hingabe im Dienst am anderen« und an der eigenen Gruppe (Wundt 1901-1908, II: 149). Altruismus oder soziales Wohlwollen stellt für Comte eine Intensivierung und Transformation der angeborenen Sympathie dar. Diese Intensivierung tritt ein, wenn das Individuum über sich selbst hinausgehend sich als Mitglied einer Gruppe oder als Teil eines sozialen Ganzen fühlt und entsprechend handelt. Durkheim verwendet den Begriff Altruismus in ähnlicher Weise als Hinwendung zur Gesellschaft als ganzer wie auch zu ihren individuellen Mitgliedern.

Die Entwicklung einer solchen Neigung zum kollektiven Altruismus wird von den Eltern oder Lehrern gefördert, wenn sie dem Kind eine klare Vorstellung von der (den) sozialen Gruppe(n) geben, zu denen sie beide gehören. Wichtig für die Bedeutung altruistischer Gefühle ist in diesem Zusammenhang, daß Durkheim mit Nachdruck den Kern moralischer Erziehung eher in der Erfahrung als in einem ausdrücklichen Konzept sieht. Es kommt darauf an, daß das Kind durch aktive Teilnahme am kollektiven Leben intensiv die Freuden erlebt, die mit der Erfahrung des »Wir« verbunden sind.

Es geschieht durch gemeinsames Handeln und Denken, daß kollektive Ideale und Prinzipien formuliert werden und ihre Daseinsberechtigung (*raison d'être*) begriffen wird (Durkheim 1903/1961: 233, dt. 1973: 269). Auch auf diese Weise »wird das Herz warm« in dem Sinne, daß die Empfindungen des anderen angerührt werden und der »Wille in Bewegung gesetzt« wird.

Durkheim deutet manchmal an, daß Altruismus keine hinreichende Bedingung für Moral sei, weil notwendigerweise die Hingabe an eine Gruppe als Realität *sui generis* hinzukommen muß, die sich qualitativ von der Summe ihrer Mitglieder unterscheidet. Dieser Aspekt eines sozialen Organizismus in Durkheims Moralkonzept tritt besonders in einem von Wundt übernommenen Argument hervor, dem zufolge Individuen als solche nicht Objekte moralischer Zuneigung sind (Durkheim 1906/1974: 49-51, dt. 1970: 102-104). Soweit dieses Argument wirklich Durkheims Standpunkt wiedergibt, bricht es eindeutig mit den Alltagsvorstellungen über Moral, auf welche er nicht nur sein eigenes Moralkonzept, sondern auch seine Kritik an alternativen Charakterisierungen stützt. Denn im allgemeinen wird Handeln für andere von Durkheim als moralisch angesehen, ob nun eine Gruppe beteiligt ist oder nicht; an einer Stelle sagt er zum Beispiel, daß Loyalität gegenüber einer Gruppe nicht wesentlich verschieden ist von der Anhänglichkeit gegenüber einem Spielzeug oder den Eltern. Als normativer Theoretiker versieht Durkheim Gruppen mit überpersönlichen Werten, die ganz gewiß nur selten berechtigt sind. Mein Interesse liegt gegenwärtig aber nicht in einer Kritik an Durkheims normativer Ethik, sondern in der Untersuchung seiner Ansichten über das Wesen der Moral und seine Abgrenzung zum Nichtmoralischen; hier ist er offensichtlich ambivalent, ob sich altruistisches Verhalten auf andere Individuen beziehen kann oder nur auf Gruppen. Seine Auffassung scheint darauf hinauszulaufen, daß Hingabe an die Gesellschaft die Hingabe an ihre Mitglieder einschließt, die nicht nur Mittel zu einem höheren Zweck sind, sondern konstitutive Elemente oder Teile eines Ganzen, das ohne sie nicht existieren würde. Etwas für die Gruppe zu tun heißt, etwas zugunsten ihrer individuellen Mitglieder zu tun, und umgekehrt: etwas für ein anderes Individuum zu tun heißt, etwas für die Gruppe zu tun, zu der man selbst und die andere Person gehört, auch wenn es sich um eine eben erst gebildete Dyade handelt.

Neben den altruistischen Gefühlen schließt Moral nach Durkheim oft verpflichtende Verhaltensregeln ein, die mit Eigeninteressen in Konflikt geraten können. Durkheim ist mit Kant der Ansicht, daß die Regeln des Gewissens sich nicht auf aktuelle Wünsche zurückführen lassen; sie erheben Forderungen eigenen Rechts unabhängig von momentanen Neigungen. Moralische Regeln haben, wie Durkheim sagt, einen objektiven, unpersönlichen und »imperativen Charakter« (Durkheim 1888: 42); sie üben eine Art Gewalt auf den Willen aus, der sich gezwungen sieht, ihnen »nachzukommen«. Dieser »Zwang besteht nicht in einem äußeren und mechanischen Druck; er hat einen mehr innerlichen und psychologischen Charakter« (Durkheim 1887b: 56). Wie die Luft, die wir einatmen, dringt er in die tiefsten Winkel unserer Persönlichkeit.

Durkheim ist berühmt dafür, der *conscience collective* moralische Verpflichtung zuzuschreiben. In Durkheims Vokabular bezieht sich das Kollektivbewußtsein nicht nur auf gemeinsame kulturelle Normen, sondern auf die »Re-präsentation« im Gewissen oder Bewußtsein dieser gemeinsamen moralischen Bedeutungen, die vor ihrer Internalisierung ursprünglich außerhalb des einzelnen existieren. Durch die Verknüpfung epistemologischer und phänomenologischer Postulate im Begriff des Kollektivbewußtseins vermag Durkheim die je individuelle Bedeutung der kategorischen moralischen Verpflichtung zu erklären. Im Lichte der nachfolgenden Forschung erscheint Durkheims Erklärung der kategorischen Verpflichtung als Produkt der Sozialisation jedoch auffallend unangemessen, weil Moralprinzipien sowohl das Ergebnis eigener Konstruktion wie von Internalisierung sind, wie die Forschungen von Piaget und Kohlberg zeigen.

Ein anderer wichtiger Aspekt in Durkheims Verständnis der Beziehung zwischen moralischen Prinzipien und der affektiven Beziehung des Individuums zu anderen Gesellschaftsmitgliedern muß jedoch beleuchtet werden. Durkheim glaubt, daß wir die *raison d'être* der verpflichtenden Prinzipien nicht verstehen können, wenn wir nicht mit anderen in einer sozialen Gruppe emotional wie intellektuell verbunden sind. Wir kümmern uns praktisch nur dann um Prinzipien wie das Einhalten von Versprechen, Aufrichtigkeit und Gerechtigkeit, wenn wir ein Gefühl der Solidarität gegenüber anderen in einer sozialen Gruppe beziehungsweise in den sozialen Gruppen aufbringen, die durch solche Prinzipien zusammengehalten werden. Diese Gründung der Moralprinzipien auf affektiver Identifikation wird durch Durkheims Funktionalismus verstärkt. Die letzte *raison d'être* der Moral soll darin liegen, Personen zu befähigen, »miteinander zu leben« (Durkheim 1887 b: 43). Im Grunde soll die Moral »Gesellschaft möglich machen, die Menschen zu einem Zusammenleben ohne allzuviele Schläge und Konflikte befähigen, mit einem Wort, die großen kollektiven Interessen schützen« (Durkheim 1887 b: 38).

Kinder lernen die Regeln, die soziale Solidarität fördern, zuerst durch Identifikation mit älteren, die als Rollenmodell dienen. Eltern und andere Moralerzieher beeinflussen junge Menschen nicht nur mit dem, was sie über moralische Maßstäbe sagen, sondern – wie Durkheim weise bemerkt – durch das Beispiel, das sie geben, durch ihren eigenen Gehorsam gegenüber moralischen Maßstäben, die sie für sich als ebenso verbindlich betrachten wie für die Kinder in ihrer Obhut. Die Haltung der Gewissenhaftigkeit wird nicht durch bloßen Gehorsam Erwachsenen gegenüber entwickelt, wenn die Ermahnungen der Erwachsenen in nichts anderem als in ihren eigenen launenhaften Wünschen zu gründen scheinen. Das Kind muß verstehen lernen, daß Eltern und Lehrer die Autorität sozialer Regeln respektieren, die die Solidarität innerhalb der Gruppen stärken, zu denen sie gehören. Der Lehrer muß bei den Schülern das Verständnis dafür wecken, »daß er, wie sie, [der moralischen Regel] unterworfen ist, daß er sie nicht aufheben oder verändern kann, daß er sie anwenden muß, daß sie ihn beherrscht und verpflichtet, wie sie die Kinder verpflichtet« (Durkheim 1903/1961: 156, dt. 1973: 197). Interessanterweise formuliert Kohlberg (1982a: 297f.) ähnliche Ansprüche an ein elterliches Verhalten, das der Bildung eines konventionellen moralischen Selbst förderlich ist. Das Kind lernt, die Regeln von elterlichen Wünschen zu trennen und sie durch das Vorbild der Eltern, die der Regel gehorchen, zu übernehmen (Kohlberg 1982a: 298).

Die Standardkritik an Durkheims Moraltheorie richtet sich auf ihre offensichtlich konservative und relativistische Verpflichtung auf den Status quo (Brandt 1959: 59; Kohlberg 1981: 125f.). Aber diese Kritik übersieht Durkheims Unterscheidung zwischen subjektiv guten und schlechten Handlungen als Antwort auf eine wahrgenommene Pflicht einerseits und der objektiven Richtigkeit oder Falschheit der Prinzipien andererseits. Mit dieser Unterscheidung bricht Durkheim in zweierlei Hinsicht mit dem moralischen Konventionalismus.

Zunächst behauptet Durkheim nicht, daß eine moralische Regel schon einfach deshalb gerechtfertigt ist, weil sie von der Gesellschaft gutgeheißen wird. Das Kriterium ist vielmehr, ob die Regel oder das Prinzip die soziale Solidarität bekräftigt oder nicht. Ähnlich wie die Regelutilitaristen, die Kohlberg auf Stufe 5 klassifiziert, betrachtet Durkheim die sozialen Folgen bei der letzten Rechtfertigung von Regeln und Prinzipien. Einzelne Handlungen müssen nach ihrer Orientierung an allgemeinen Vorschriften beurteilt werden; ob aber eine allgemein gegebene Vorschrift gelten soll oder nicht, hängt davon ab, ob grundsätzlich der Gehorsam ihr gegenüber die soziale Solidarität fördert. Im Gegensatz zu den Regelutilitaristen jedoch besteht das anzustrebende Gute nicht im größten Glück der größten Zahl, sondern in sozialer Solidarität, das heißt einem Handlungszusammenhang, der durch Vertrauen, gegenseitige Achtung, Frieden und Kooperation gekennzeichnet ist. Auf diese Ziele soll der einzelne affektiv verpflichtet werden. Nur solche Regeln und

Prinzipien sind ethisch gerechtfertigt, die den kooperativen Handlungszusammenhang fördern, der als soziale Solidarität charakterisiert wird. Das bedeutet, daß Regeln legitimerweise innerhalb bestimmter Grenzen variieren können, je nach dem Zustand einer Gesellschaft und ihrem Platz in der Hierarchie der Gesellschaften, die letztlich die ganze Menschheit umfaßt.[3] Aber im Gegensatz zu Kohlbergs Charakterisierung des konventionellen Moralbewußtseins behauptet Durkheim nicht, daß man die Regeln der eigenen Gesellschaft unbefragt akzeptieren müsse. Durkheims Rechtfertigung moralischer Standards im Hinblick auf ihren Beitrag zur sozialen Solidarität stellt eine kritische Ethik des postkonventionellen Typs dar.

Durkheim schlägt verschiedene Bedingungen vor, unter denen Individuen das Recht auf Kritik und Zurückweisung gesellschaftlich sanktionierter Moralstandards haben. Nonkonformismus ist erstens dann gerechtfertigt, wenn die öffentliche Meinung traditionelle Verhaltensregeln erzwingt, die eine friedliche Koexistenz oder Solidarität nicht länger gewährleisten. Kritik an der öffentlichen Meinung ist ferner erlaubt, wenn die Gesellschaft moralische Regeln oder deren Praktizierung zur Förderung sozialer Solidarität vergißt oder verwirft. Durkheims Widerstand gegen die Aufhebung der Bürgerrechte von Dreyfus im Namen der nationalen Sicherheit ist ein treffendes Beispiel dafür. »Einer vorübergehenden Aufhebung dieser Prinzipien zuzustimmen, um nicht das Funktionieren der öffentlichen Verwaltung zu stören, die jedermann im übrigen als unentbehrlich für die Sicherheit des Staates anerkennt«, schreibt Durkheim (1898: 12, dt. in diesem Band, 66), sei gleichbedeutend mit »moralischem Selbstmord«. Ebenso kritisiert Durkheim (1893) die modernen Industriegesellschaften, die keine Regeln entwickeln, um das wirtschaftliche Chaos als Folge der wirtschaftlichen Laisser-faire-Politik zu beseitigen. Schließlich hält Durkheim Kritik an der öffentlichen Meinung ebenfalls für gerechtfertigt, wenn neu formulierte Regeln und Prinzipien der sozialen Solidarität eher nützen als die bisherigen Praktiken. Nach Durkheim waren Sokrates und Jesus im Recht, als sie unter den neu entstandenen Bedingungen Maßstäbe zur Förderung der Solidarität formulierten. Im Lichte dieser und anderer Behauptungen ist es schwierig, Durkheim als Vertreter der konventionalistischen Parole »my country right or wrong« zu betrachten.

Ein zweiter Aspekt, unter dem Durkheim mit der konventionellen Moral bricht, ist noch grundsätzlicher. Durkheim betont, daß die »Achtung vor der Person«, die er als gemeinsames Prinzip der Moralkodizes aller bekannten Gesellschaften sieht, auch zentrale Grundlage der modernen Moral ist. In Durkheims (1911 a/1974: 89; dt. 1970: 148) eigenen Worten:

Jede menschliche Gruppe hat zu jedem Augenblick ihrer Geschichte ein Gefühl der Ehrfurcht von bestimmter Intensität vor der menschlichen Würde. Und dieses ... Gefühl ist die Wurzel des moralischen Ideals der heutigen Gesellschaften.

Diese Behauptung wird in Durkheims *De la division du travail social* und in seinen folgenden Werken über die Entwicklung der Familie, des Staates, von Berufsgruppen und Erziehungseinrichtungen gestützt, die sich alle zu dem Thema verbinden, daß die Achtung vor der Person in der Geschichte an Bedeutung zunimmt, weil sie in struktureller Differenzierung, Säkularisierung und dynamischem Pluralismus verwurzelt ist (siehe Wallwork 1972, 1984). In modernen Gesellschaften, in denen es sonst keine allen gemeinsamen Überzeugungen und Werte gibt, ist nur ein solches Grundprinzip möglich, das den inneren Wert seiner Mitglieder betont. »Dieser Kult des Menschen ... beherrscht sogar Gesellschaften, da [er] ja der Zweck ist, auf den jedes menschliche Handeln ausgerichtet ist. Und daher steht es ihnen nicht mehr zu, darüber zu verfügen« (Durkheim 1897/1951: 337; dt. 1973: 395 f.).

Im Zusammenhang mit dem Vorwurf, daß Durkheims Moraldefinition seine ethische Theorie auf eine Art konventioneller Moral begrenzt, ist hervorzuheben, daß er sehr nahe an die von Kohlberg artikulierte Ethik der Stufe 6 herankommt. Denn Durkheim stimmt mit Kohlberg und Rawls überein, daß die Achtung vor der Person nicht nur die Anerkennung der sogenannten negativen Rechte bedeutet, welche die bürgerlichen Freiheiten gewährleisten, sondern auch der positiven Rechte, die mit sozialer Wohlfahrt verbunden sind. Aus dem Kult des Menschen, schreibt Durkheim, »kommt die Sympathie für alles, was menschlich ist; ein umfassenderes Mitleid für alles Leiden, für alles menschliche Elend, ein glühenderes Verlangen, sie zu bekämpfen und zu mildern, ein größeres Streben nach Gerechtigkeit«. Obwohl Durkheim Wohltätigkeit neben die Prinzipien der

Gerechtigkeit stellt, sieht er jedoch wie Rawls die Sorge um die Unterprivilegierten und um eine gleichmäßige Verteilungspolitik mehr von Mitgefühl als von Gerechtigkeit bestimmt.

Soweit es nur um Gerechtigkeit geht ..., wird es auch künftig Unterschiede im Verdienst geben. Aber wo menschliches Mitgefühl angesprochen ist, sind auch diese Ungleichheiten nicht zu rechtfertigen. Denn es ist der Andere als menschliches Wesen, den wir lieben und achten sollten, nicht als Gelehrten oder Genie oder als fähigen Geschäftsmann, usw. ... Sind diese Ungleichheiten nicht auch im eigentlichen Sinne zufällig? ... Hier beginnt bereits der Bereich der Nächstenliebe. Nächstenliebe ist das Gefühl menschlicher Sympathie, die uns in diesen letztverbliebenen Spuren der Ungleichheit klar wird. Es verwirft und leugnet jedes besondere Verdienst aufgrund angeborener Talente oder erworbener geistiger Fähigkeiten. Das also wäre der wirkliche Gipfel der Gerechtigkeit, ... wenn der Mensch alle seine Mitmenschen als Brüder lieben kann, unabhängig von ihren Fähigkeiten, ihrem Intellekt oder ihren moralischen Werten (Durkheim 1900/1957: 219 f.).

Durkheims sozialpolitische Vorschläge sind alle von diesen ethischen Empfindungen getragen. Um der von der Lotterie des Lebens bedingten Ungleichheit entgegenzuwirken, schlägt Durkheim eine 100%ige Erbschaftssteuer vor und gleiche Chancen in Ausbildung und ökonomischen Ressourcen; und er empfiehlt den kollektiven Besitz an Produktionsmitteln als Weg zur Vermeidung ungerechter Besitzanhäufung im Laufe eines Lebens.

Ich habe diese postkonventionellen Züge in Durkheims Moraltheorie nicht vorgebracht, um die daraus resultierende soziale Ethik in ihrer Gesamtheit zu verteidigen oder darauf zu verweisen, daß Durkheim die ethischen Prinzipien, die er darlegt, angemessen rechtfertigt. Das, was ich an Durkheims Neokantianismus schätze und was mir in Kohlbergs Alternative fehlt, ist die Anerkennung der Rolle altruistischer Motivationen und die Wertschätzung dessen, was dies für die soziale Natur menschlicher Wesen in sich birgt.

II

Zum Abschluß dieses Essays möchte ich kurz einige bedeutende Modifikationen an Kohlbergs Ansatz herausarbeiten, die sich aus den diskutierten Überlegungen Durkheims ergeben. Diese Modifikationen haben weitreichende Folgen für Kohlbergs Theorie, weil sie zum Beispiel einschließen, daß das moralische Leben weniger einheitlich ist, als er annimmt. Im Gegensatz zu anderen Vorschlägen haben die Modifikationen, die Durkheims Werk nahelegt, das Verdienst, von einem Autor zu kommen, dessen Werk mit Kohlberg hinsichtlich einer Reihe von Punkten vereinbar ist (siehe Wallwork 1972: 335-388; Kohlberg 1982 a: 277 bis 325).

Als erstes erkennt Durkheim, was Kohlberg nicht tut, daß unmittelbar altruistische Handlungen – das heißt Handlungen, die als Ziel haben, die Bedürfnisse anderer zu erfüllen – auch dann uneingeschränkt als moralisch bezeichnet werden können, wenn sie nicht verallgemeinert werden können. Die Diskrepanz zwischen Durkheim und Kohlberg besteht nicht in der Frage, ob die Moral ein affektives Element enthält, denn daß dem so ist, erkennt Kohlberg an (1982 a: 277-325). Der Streit geht vielmehr darum, ob die affektive Motivation für andere, die zugleich eine notwendige Bedingung der Moral ist, manchmal auch hinreichend ist, das daraus folgende Verhalten als moralisch zu bezeichnen. Damit wohlwollendes Verhalten auch wirklich moralisch ist, muß es für Kohlberg durch ein allgemeingültiges Prinzip gerechtfertigt werden können. Mit seinen Worten (Kohlberg 1982 b: 524): »Wahrhaft moralisches Urteilen beinhaltet Merkmale wie Unvoreingenommenheit, Allgemeingültigkeit, Umkehrbarkeit und Vorbildlichkeit.« Durkheims Argument besteht darin, daß das Verhalten eines Soldaten, der unter feindlichem Feuer sein Leben für einen Kameraden riskiert, moralisch ist, gleichgültig ob er oder ein anderer darin ein Verhalten sieht, das jeder unter ähnlichen Umständen zeigen sollte. Für Durkheim ist es hinreichend, wenn der Soldat sagt: »Ich handelte meinen Kameraden zuliebe« oder »aus Liebe zu unserer Truppe oder unserem Land«.

Einige wichtige Probleme liegen in der latenten Meinungsverschiedenheit zwischen Durkheim und Kohlberg darüber, ob altruistisches Verhalten auch dann als moralisch angesehen werden darf, wenn es nicht verallgemeinert werden kann. Das entscheidende Problem ist das relative Gewicht altruistischer Motivationen und ihr Einfluß auf die moralische Urteilsbildung. Durkheims Ansatz, der eher altruistische Motivation als kognitive Überlegungen akzentuiert, hebt die verschiedenen Faktoren hervor, die positiv und negativ Grad und Ausmaß unserer Verpflichtungen anderen gegenüber und der Sorge für andere betreffen.

Durkheim erkennt die Bedeutung affektiver Identifikation für das moralische Leben, und es ist diese Einsicht, die seinem soziologischen Werk zugrunde liegt, wenn er sich mit institutionellen Fragen beschäftigt wie der, aus welcher Quelle sich die Anomie in der modernen Gesellschaft speist (Durkheim 1897), oder mit dem Gebrauch von Literatur in den Schulen, um die Sympathie für den anderen auf alle menschliche Wesen auszudehnen (Durkheim 1905/1938) und den verschiedenen Weisen, auf die die wichtigsten Institutionen der Gesellschaft die mitfühlende Sorge für andere ausweiten oder einengen (Durkheim 1900/1950; Wallwork 1972).

Kohlbergs Ansatz hingegen tendiert dazu, die Faktoren zu übersehen, die wohlwollende Gefühle wie Sympathie, Fürsorge und Sorge beeinflussen.[4] Da Kohlberg diese Motivationen niemals für hinreichend hält, scheint er der Meinung zu sein, daß sie bei allen moralischen Urteilen, mit denen wir konfrontiert werden, fast immer vorliegen. Solange wir nicht absolut egoistisch sind, unterstellt Kohlberg, daß wir genügend Altruismus besitzen, um zu jenem Rollenspiel und jener kognitiven Überlegung fähig zu sein, deren wir fähig sein müssen, um uns jenseits der präkonventionellen moralischen Stufen zu bewegen. Von Kohlbergs Standpunkt aus scheint es kein ernsthaftes Problem zu sein, daß Menschen nicht genug Altruismus besitzen könnten, um die moralischen Prinzipien, deren sie fähig sind, anzuwenden. Es entstehen bei ihm keine wirklichen Probleme aus dem Desinteresse am Wohlergehen der anderen; ein Desinteresse, das der Bereitschaft eines Menschen im Wege stehen könnte, die Perspektive des anderen offen und ehrlich einzunehmen. Infolgedessen ist es für Eltern und andere Moralerzieher kaum nötig, Mittel und Wege zur Verstärkung affektiver Identifikationen und Sympathien zu finden, etwa mit Hilfe von Geschichten, Novellen, Filmen und Spielen, die nicht-kognitive Mittel zur Erweiterung und Vertiefung von Altruismus benutzen. In Wirklichkeit kommt es Kohlberg nur darauf an, daß der Erzieher das Kind veranlaßt, alternative Lösungsmöglichkeiten interpersonaler Meinungsverschiedenheiten, die aus konfligierenden Interessen entstehen, kognitiv abzuwägen.

Ein damit zusammenhängendes Problem beschäftigt sich mit der Genauigkeit von Daten über die Interessen der verschiedenen Parteien, die von einer moralischen Entscheidung betroffen sind.

Kohlberg führt an keiner Stelle aus, wie moralische Urteile infolge einer unangemessenen affektiven Identifikation in die Irre gehen können. Es ist jedoch einleuchtend, daß sich zwei Personen bei der Lösung eines moralischen Dilemmas widersprechen, nicht weil sie sich auf zwei verschiedenen Stufen befinden oder entgegengesetzte Prinzipien verwenden, sondern weil sie sich in der Stärke ihres Mitleids, in der Sorge um die Notlage anderer sowie darin unterscheiden, wie groß der Kreis derer ist, mit denen sie sich identifizieren. Was Kohlberg über das Rollenspiel als eine notwendige Bedingung zur moralischen Entwicklung sagt, erklärt nicht wirklich diese Unterschiede an Intensität und Umfang von Mitleid und Fürsorge, weil der Harvard-Psychologe das Rollenspiel als eine relativ permanente Fähigkeit und in sich konsistente Bereitschaft ansieht, die Perspektive anderer Personen zu übernehmen. Er sagt nichts darüber, wie sich Personen auf der *gleichen* moralischen Stufe in ihren Urteilen und Handlungen infolge unterschiedlicher altruistischer Gefühle von Intensität und Fürsorge unterscheiden können.

Kohlbergs unzulängliche Auffassung der Freundschaft ist ein weiteres Problem, das entsteht, weil er es versäumt, wohlwollende Gefühle in den Bereich einzubeziehen, den der Begriff »Moral« zumindest in seinen reifsten Formen abdeckt. In kantischer Sicht, die Kohlberg übernimmt, sind Handlungen, die auf Freundschaft basieren, nicht moralisch, es sei denn, sie können von einer unparteiischen Sicht aus gerechtfertigt werden. Deshalb ist es aus Kohlbergs Sicht strenggenommen nicht moralisch, zum Wohl eines Freundes um seinetwillen zu handeln, einfach weil er ein Freund ist. Die Tat für einen Freund kann nur dann gerechtfertigt sein, wenn wir nach Maßgabe eines unparteiischen Kriteriums zeigen können, daß der Freund mehr als irgendein anderer unserer Hilfe bedarf oder daß wir eine unparteiische Pflicht dem Freund gegenüber haben, die unsere Verpflichtungen anderen gegenüber übersteigt. Es geht mir hier nicht darum, daß Kohlberg notwendigerweise jede Wohltat einem Freund anstelle einem Fremden gegenüber mißbilligen müßte, sondern daß seine Position eine jede derartige Wohltat, die von keinem unvoreingenommenen Standpunkt aus gerechtfertigt werden kann, moralisch entwertet. Das Problem liegt darin, daß die Berufung auf Unvoreingenommenheit im Zusammenhang mit Freundschaft auf eine Abwertung der Freundschaft als solcher hinausläuft, weil es für eine Freundschaft unerläßlich ist, daß man gewillt ist, zum Wohl des Freundes zu handeln, einfach weil er oder sie mein Freund ist. Die Vorstellung von universalisierbaren Pflichten Freunden gegenüber, auf die sich Kohlberg beruft, ist keinesfalls hinreichend, um der Hilfe, dem Trost, dem Mitleid und der Fürsorge zu genügen, die wir unseren Freunden zukommen lassen und die als Teil unserer moralischen Beziehungen zu ihnen über alle spezifischen Freundschaftspflichten hinausgehen. Kohlbergs Beharren auf einer unparteilichen Auffassung von Freundschaft offenbart eine gefühlsmäßige Distanz, die mit echter Freundschaft einfach unvereinbar ist.

Carol Gilligans Untersuchung (1982) über die angeblich unterschiedlichen Moralauffassungen von Frauen beleuchtet einige dieser Unzulänglichkeiten in Kohlbergs Verständnis der Moral in Freundschafts- und anderen engen Beziehungen. Gilligan fand heraus, daß Frauen Moral weniger im Sinne von unparteiischer Gerechtigkeit als vielmehr von »Intimität und Fürsorge« verstehen. Sie ermittelt in der Tat eine »Vorliebe für Nahbeziehungen« im weiblichen moralischen Denken, die die Form einer Bevorzugung solcher Moralkategorien annimmt, die mit gefühls-, mitglieds- und verwandtschaftsorientierten Variablen zu tun haben. Leider hebt Gilligan den begrifflichen Streit zwischen ihr und Kohlberg nicht auf die metaethische Ebene, wo ihre Meinungsverschiedenheit ausgetragen werden müßte. Da sie Kohlbergs Forschung mit männlichen Personen für bare Münze nimmt und deren Ergebnisse mit dem sogenannten männlichen Standpunkt identifiziert, prüft Gilligan nicht hinreichend, ob Kohlberg eine wesentliche Dimension der – männlichen oder weiblichen – Moral infolge eines zu eng gefaßten begrifflichen Ausgangspunkts übersehen hat. Das hat zur Konsequenz, daß Gilligan zu einer Überbetonung der Unterschiede zwischen männlicher und weiblicher Moral kommt, wobei erneut Sexualstereotype und Erklärungen aus angeborenen biologischen oder solchen Unterschieden, die in den ersten Lebensjahren fixiert werden, geltend gemacht werden. Die Versuchung, männlich-weibliche Unterschiede in der Moralentwicklung überzubetonen, wird erheblich reduziert, wenn man Kohlbergs Konzept so erweitert, daß es Urteile und Handlungen einbezieht, die durch direktes Wohlwollen, Mitleid, Fürsorge und Sorge veranlaßt werden. Mit Hilfe einer entsprechend erweiterten Definition von Moral ist man in der Lage, zu sehen, wie beide Geschlechter Fähigkeiten zu unmittelbar wohlwollendem Verhalten wie auch zu unparteiischer Entscheidung besitzen. Diese erweiterte Definition lenkt auch unser Augenmerk auf unterschiedliche soziale Kontexte, in denen unterschiedliche Aspekte moralischen Lebens angemessen sind. Zum Beispiel gehören unparteiische Entscheidungen in den Zusammenhang sozialer Rollenbeziehungen zu Freunden, wohingegen altruistische Besorgnis ihren Platz in einer intimen Beziehung hat. Tatsächlich ist bereits die Wahl der am ehesten angemessenen moralischen Ausrichtung selbst ein moralisches Problem. Wenn Unterschiede in der moralischen Orientierung der Geschlechter bestehen, die nicht durch Kontextfaktoren erklärt werden können – und ich bin nicht davon überzeugt, daß diese Unterschiede auch nur halb so groß sind, wie Gilligan auf der Basis ihrer begrenzten Daten unterstellt –, dann sind sie offenbar eher auf Sozialisation als auf irgendwelche angeborenen biologischen Faktoren zurückzuführen. Mir ist jedenfalls wichtig, daß Gilligans Arbeit meine Intention unterstützt, unter Verwendung von Durkheims Moralbegriff Kohlbergs Definition so auszuweiten, daß darin unmittelbar altruistisches Verhalten eingeschlossen und seine Existenz auf allen Stufen der Moralentwicklung anerkannt wird.

Wenn mir auch eine Erweiterung des Kohlbergschen Moralkonzepts durch Einbeziehung von Wohlwollen, Mitleid und Sorge dringend geboten scheint, so will ich doch die Bedeutung des Kriteriums der Universalisierbarkeit nicht leugnen, das Kohlberg bei der Entscheidung über Fragen moralischer Gerechtigkeit verwendet. Mein Einwand ist einfach der, daß der Gebrauch des Universalisierbarkeitskriteriums nicht immer angemessen ist, um zu entscheiden, wie man sich moralisch verhalten soll. Es kann beispielsweise moralisch wünschenswerter sein, bei einer bestimmten Gelegenheit nicht auf der Erfüllung der eigenen Ansprüche zu bestehen, auch wenn es allein aus Gerechtigkeitsgründen erforderlich wäre, um eine Beziehung über die Zeit zu festigen und zu vertiefen. Ob die Rücksicht auf einen Freund vor Gerechtigkeitserwägungen Vorrang haben sollte oder nicht, ist unter Rückgriff auf Kohlbergs postkonventionelle Prinzipien, wie sie gegenwärtig formuliert sind, nicht lösbar. Indem Kohlberg annimmt, daß Stufe 6, die eher an gerechten Handlungen als an guten Beziehungen orientiert ist, immer die Wechselseitigkeit auf Stufe 3 überflügelt, versucht er in falscher Weise ein ethisches Problem *a priori* zu lösen, das noch sorgfältigerer Spezifikationen bedarf. Selbst im Hinblick auf Fragen sozialer Gerechtigkeit, wo das Universalisierbarkeitskriterium am ehesten angebracht ist, brauchen wir eine Theorie der menschlichen Natur, um interpersonelle Konflikte in bestimmter Weise lösen zu können. In seinen ersten Aufsätzen unterstreicht Durkheim diesen Punkt, wenn er bei der Argumentation gegen eine Laisser-faire-Wirtschaftspolitik erkennt, daß der Mensch kein isolierter, rationaler Egoist ist, sondern wechselseitig abhängiger Teilnehmer in sozialen Institutionen. Die klare Implikation ist die, daß Wohlstand kollektiv erzeugt und besessen wird – und daß damit auch seine Umverteilung Gegenstand sozialer Kontrolle ist. In ähnlicher Weise stellt Rawls fest, daß Annahmen über die menschliche Natur unerläßlich für eine Theorie der Gerechtigkeit sind. Eines seiner Hauptargumente gegen grobe Ungleichheiten bei der Verteilung des Ertrags der sozialen Kooperation bezieht sich auf die schädlichen Effekte solcher Ungleichheiten für die Selbstachtung der untersten Schichten. Rawls nimmt an, daß unsere Selbstachtung von unseren Beziehungen zu anderen in der Gesellschaft abhängt. Andere Theorien der menschlichen Natur, etwa wie die libertäre Theorie, die Personen als gleich unverletzliche, selbstbestimmte Monaden ansieht, sind viel weniger geeignet, die radikalen Umverteilungsvorschläge von Durkheim und Rawls zu stützen. Die jüngste amerikanische Erfahrung macht deutlich, daß Vorstellungen von der menschlichen Natur gleichermaßen wichtig sind bei Unterstützungsmaßnahmen in der Erziehung und am Arbeitsplatz für die Mitglieder sozialer Gruppen, die in der Vergangenheit unter Benachteiligung litten. Wenn Personen sozial interdependent sind, wie es Rawls vorschwebt, kann ihre Selbstachtung in schädlicher Weise untergraben werden, einfach durch die Zuschreibung zu einer stigmatisierten Gruppe. Wenn geringe Selbstachtung in bedeutsamem Maße die Fähigkeit von Menschen untergräbt, ihr Leben in der Verfolgung selbstgesetzter Ziele zu führen, gewährleisten selbst objektiv gleiche Erziehungs- und Wahlmöglichkeiten keine »faire« Chancengleichheit im Sinne relativ gleicher Ausgangspositionen für jeden. Wer solche psychosozialen Annahmen akzeptiert, wird die politischen Unterstützungsprogramme eher als gerecht empfinden. Ganz anderer Meinung werden dagegen diejenigen sein, die Vorstellungen über die Ursachen von Selbstachtung und die psychologischen Effekte früherer Diskriminierung hegen.

Leider weigert sich Kohlberg – im Gegensatz zu Durkheim und Rawls –, einzugestehen, daß hinter seiner Wahl der beiden Gerechtigkeitsprinzipien für Stufe 6 eine bestimmte Vorstellung von der menschlichen Natur steht, die ihn dazu bringt, die Rawlsschen Prinzipien anderer ethischen Theorien, etwa der libertären Theorie von Robert Nozick oder der utilitaristischen Theorie von R. M. Hare, vorzuziehen. Natürlich wäre es für Kohlberg unangenehm, seine Abhängigkeit von einer Lehre von der menschlichen Natur einzugestehen, da ja eines seiner zentralen Postulate lautet, daß seine Stufen rein formal, ohne spezifische inhaltliche Annahmen definiert sind. Auch wäre die Behauptung unplausibel, daß eine bestimmte Lehre von der menschlichen Natur notwendig ist, um zu einem theoretischen Bezugsrahmen zu kommen, der den Endpunkt der moralischen Entwicklung zu allen Zeiten und Orten und in allen Kulturen bestimmen können soll.

Nichtsdestoweniger impliziert Kohlbergs Wahl der Rawlsschen Sozialethik als höchste Stufe – obwohl keinerlei Beweis dafür vorliegt, daß sich Individuen im Normalfall auf dieses Ziel hin entwickeln (Kohlberg 1982b: 525) – ganz klar, daß er die Soziallehre vom Menschen akzeptiert, wie sie Rawls in seinem Werk voraussetzt. Nach dieser Lehre entwickelt sich der Mensch in wechselseitiger Abhängigkeit von den anderen in der Gesellschaft und hängt in vielem, was ihm als eigene Leistung erscheint, einschließlich eines vermeintlich so privaten Gutes wie seiner Selbstachtung, von anderen Personen und Institutionen ab. Kohlberg glaubt, diese grundlegenden Annahmen über die soziale Natur des Menschen einfach unterstellen zu können, wenn er den Rawlsschen Charakter der Stufe 6 zu rechtfertigen versucht, da dessen Prinzipien bereits von Anfang an in seine Entwicklungstheorie eingebaut waren. In seinen Ausführungen über die Rollenübernahme entleiht Kohlberg das soziale Wesen des Menschen von den amerikanischen Sozialpsychologen James H. Baldwin und George Herbert Mead, die beide wiederum zum Teil Durkheim verpflichtet waren. Kohlberg jedoch hätte diese Lehre von der Natur des Menschen explizieren müssen, wenn er hätte begründen wollen, warum er glaubt, daß Rawls' Sozialethik der libertären Nozicks und der utilitaristischen R. M. Hares überlegen sei.

Ich habe mich entschlossen, zum Abschluß dieser Diskussion die Bedeutung der Kohlbergschen Lehre der menschlichen Natur für seine empirische und theoretische Arbeit darzulegen, zum Teil deshalb, weil ich glaube, daß sie die Grundlage dafür liefert, in seine Theorie die affektiven, altruistischen Aspekte des moralischen Lebens einzubeziehen, die Kohlbergs formalistischer Ansatz über die Natur der Moral auszuschließen tendiert. Wenn Kohlberg die Natur der Moral in der Weise neu definieren würde, daß sie in der mit Durkheims Hilfe hier aufgezeigten Richtung ein unmittelbar altruistisches Verhalten ermöglicht, könnte er die affektive Seite der Entwicklung des *moralischen* Selbst in der Interaktion mit anderen umfassender darstellen. Diesen Weg einzuschlagen würde für Kohlberg bedeuten, daß er seine Vorstellung davon revidieren müßte, auf welche Weise formale Kriterien wie Universalisierbarkeit das moralische Leben vereinheitlichen; ich glaube jedoch, daß in der *Haltung* [attitude] der Achtung vor der Person ein Ersatz für die Einheit des moralischen Lebens gefunden werden kann. Mit der Charakterisierung von Achtung als einer »Haltung« möchte ich von dem Kantischen Begriff der Achtung abrücken. Kant sieht darin ein Prinzip, das überall und immer einen bestimmten Weg eröffnet, moralische Probleme zu lösen. In meinen Augen – ich habe es an anderer Stelle weiter ausgeführt (Wallwork 1979, 1982 b) – findet die fundamentale Haltung der Achtung und Sorge für die Mitmenschen ihren Ausdruck in der persönlichen wie in der öffentlichen Moral, in direktem Wohlwollen wie in der Universalität moralischer Prinzipien wie Nicht-Bösartigkeit, Sagen der Wahrheit, Einhaltung von Versprechen, Dankbarkeit, gegenseitige Hilfe sowie in den Rawlsschen zwei Prinzipien sozialer Gerechtigkeit. Unter diesem Gesichtspunkt liefert Kohlbergs Arbeit einen außerordentlich wichtigen Beitrag zu unserem Verständnis einer wichtigen Dimension des moralischen Lebens, nämlich der Gerechtigkeitsstrukturen. Weil jedoch Kohlbergs Definition der Moral nicht weit genug ist, bedarf seine Untersuchung einer Ergänzung durch die Anerkennung einer Dimension der Fürsorge auf jeder Entwicklungsstufe. Da diese Dimension im affektiven Leben verwurzelt ist, wird sie durch Vorgänge in der sozialen Umwelt beeinflußt – was Durkheim klar sah – sowie durch Faktoren wie religiöse Glaubenshaltungen und ästhetische Wertschätzungen, die Kohlbergs Ansatz zu erschließen versäumt.

1 Siehe David P. Gautheir (Hg.), *Morality and Rational Self-Interest*, Englewood Cliffs, N. J. 1970.
2 D. W. Winnicotts Auffassung der Spielsachen als »Übergangsobjekte« stützt Durkheims Ansicht.
3 Durkheim weist darauf hin, daß die Solidarität um so mehr Gewicht hat, je umfassender die Gesellschaft ist. Darum ist die Solidarität der menschlichen Spezies in Durkheims Sicht für moderne Staaten eine Notwendigkeit (siehe Wallwork 1972).
4 Kohlberg ordnet Empfindungen wie Sorge, Mitleid und Fürsorge der Stufe 3 zu. Damit schließt er sie in den breiten Komplex der Moralität ein, der alle sechs Stufen umfaßt. Aber diese Empfindungen werden als primitive Elemente einer hierarchischen Struktur behandelt, die ausgeschlossen werden, wenn der moralisch Handelnde sich zum »wahren moralischen Bewußtsein« erhebt, das mit Kriterien wie Universalität, Unparteilichkeit und Reversibilität arbeitet (Kohlberg 1982 a: 279; 1982 b: 524).

Literatur

Brandt, Richard B. (1959), *Ethical Theory*, Englewood Cliffs, N. J.: Prentice-Hall.
Davy, Georges (1912), *Émile Durkheim*, Paris: Louis-Michaud.
Davy, Georges (1919/20), »Émile Durkheim«, in: *Revue de métaphysique et de morale* XXVI (1919): 181-198; XXVII (1920): 71-112.
Durkheim, Émile (1886), »Les Études de science sociale«, in: *Revue philosophique* XXII: 61-80.
Durkheim, Émile (1887 a), »La Philosophie dans les universités allemandes«, in: *Revue internationale de l'enseignement* XIII: 313-338, 423 bis 440.
Durkheim, Émile (1887 b), »La Science positive de la morale en Allemagne«, in: *Revue philosophique* XXIV: 33-58, 113-142, 275-284.
Durkheim, Émile (1888), »Cours de science sociale: Leçon d'ouverture«, in: *Revue internationale de l'enseignement* XV: 23-48.
Durkheim, Émile (1893), *De la division du travail social. Étude sur l'organisation des sociétés supérieures*, Paris: Félix Alcan. *The Division of Labor in Society*, New York: Macmillan Company 1933. *Über die Teilung der sozialen Arbeit*, Frankfurt/M.: Suhrkamp 1977.
Durkheim, Émile (1895), *Les Règles de la méthode sociologique*, Paris:

Félix Alcan. *The Rules of the Sociological Method*, Chicago: University of Chicago Press 1938. *Die Regeln der soziologischen Methode*, Darmstadt/Neuwied: Luchterhand 1961, Frankfurt/M.: Suhrkamp 1984.

Durkheim, Émile (1897), *Le Suicide. Étude de sociologie*, Paris: Félix Alcan. *Suicide. A Study in Sociology*, Glencoe, Ill.: Free Press 1951. *Der Selbstmord*, Neuwied/Berlin: Luchterhand 1973, Frankfurt/M.: Suhrkamp 1983.

Durkheim, Émile (1898), »L'Individualisme et les intellectuels«, *Revue bleue*, Series 4, x: 7-13. »Individualism and the Intellectuals«, in: Robert Bellah (Hg.), *Émile Durkheim on Morality and Society*, Chicago, Ill.: University of Chicago Press 1973. »Der Individualismus und die Intellektuellen«, in diesem Band, 54 ff.

Durkheim, Émile (1900), *Leçons de sociologie: Physique des mœurs et du droit*, Paris: Presses Universitaires de France 1950. *Professional Ethics and Civic Morals*, London: Routledge and Kegan Paul 1957.

Durkheim, Émile (1903), *L'Éducation morale*, Paris: Félix Alcan 1925. *Moral Education*, New York: Free Press of Glencoe 1961. *Erziehung, Moral und Gesellschaft*, Neuwied/Darmstadt: Luchterhand 1973, Frankfurt/M.: Suhrkamp 1984.

Durkheim, Émile (1905), *L'Évolution pédagogique en France*, 2 Bde., Paris: Félix Alcan 1938.

Durkheim, Émile (1906), »La Détermination du fait moral«, in: *Bulletin de la société française de philosophie* VI. Wieder in: *Sociologie et philosophie*, Paris: Félix Alcan 1924. »The Determination of Moral Facts«, in: *Sociology and Philosophy*, New York: The Free Press 1974. »Bestimmung der moralischen Tatsache«, in: *Soziologie und Philosophie*, Frankfurt/M.: Suhrkamp 1970.

Durkheim, Émile (1911 a), »Jugements de valeur et jugements de réalité«, in: *Revue de métaphysique et de morale* XIX: 437-453. Wieder in: *Sociologie et philosophie*, Paris: Félix Alcan 1924. »Value Judgments and Judgments of Reality«, in: *Sociology and Philosophy*, New York: The Free Press 1974. »Werturteile und Wirklichkeitsurteile«, in: *Soziologie und Philosophie*, Frankfurt/M.: Suhrkamp 1970.

Durkheim, Émile (1911 b), »Éducation«, »Pédagogie«, in: *Nouveau dictionnaire de pédagogie et d'instruction primaire*, Paris: Hachette 1911. Wieder in: *Éducation et sociologie,* Paris: Félix Alcan 1922. »Education: Its Nature and Its Role« und »The Nature and Method of Pedagogy«, in: *Education and Sociology*, Glencoe, Ill.: Free Press 1956.

Durkheim, Émile (1912), *Les Formes élémentaires de la vie religieuse. Le système totemique en Australie*, Paris: Félix Alcan. *The Elementary Forms of the Religious Life*, New York: The Free Press 1965. *Die elementaren Formen des religiösen Lebens*, Frankfurt/M.: Suhrkamp 1981.

Flanagan, Owen J., Jr. (1982), »Virtue, Sex, and Gender: Some Philosophical Reflections on the Moral Psychology Debate«, in: *Ethics* 92/3 (April): 499-512.

Gilligan, Carol (1982), *In A Different Voice*, Cambridge, Mass.: Harvard University Press. *Die andere Stimme. Lebenskonflikte und Moral der Frau*, München: Piper 1984.

Hoffman, M. L. (1970), »Moral Development«, in: P. H. Mussen (Hg.), *Carmichael's Manual of Child Psychology*, 3. Auflage, Bd. 2, New York: Wiley 1970: 261-359.

Hoffman, M. L. (1976), »Empathy, Role-Taking, Guilt, and Development of Altruistic Motives«, in: Thomas Lickona (Hg.), *Moral Development and Behavior*, New York: Holt, Rinehart and Winston.

Kant, Immanuel (1983), *Schriften zur Ethik und Religionsphilosophie. Werke in sechs Bänden*, hg. von W. Weischedel, Bd. IV, Wiesbaden.

Kegan, Robert (1982), *The Evolving Self*, Cambridge, Mass: Harvard University Press.

Kohlberg, Lawrence (1969), »Stage and Sequence: The Cognitive-Developmental Approach to Socialization«, in: D. Goslin (Hg.), *Handbook of Socialization Theory and Research*, New York: Rand McNally. »Stufe und Sequenz: Sozialisation unter dem Aspekt der kognitiven Entwicklung«, in: *Zur kognitiven Entwicklung des Kindes*, Frankfurt/M.: Suhrkamp 1974.

Kohlberg, Lawrence (1970), »Stages of Moral Development as a Basis for Moral Education«, in: C. Beck und E. Sullivan (Hg.), *Moral Education*, Toronto: University of Toronto Press.

Kohlberg, Lawrence (1971), »From Is to Ought: How to Commit the Naturalistic Fallacy and Get Away with It in the Study of Moral Development«, in: T. Mischel (Hg.), *Cognitive Development and Epistemology*, New York: Academic Press.

Kohlberg, Lawrence (1979), »Justice as Reversibility«, in: Peter Laslett und James Fishkin (Hg.), *Philosophy, Politics and Society*, Fifth Series, New Haven: Yale University Press.

Kohlberg, Lawrence (1981), *The Philosophy of Moral Development*, San Francisco: Harper and Row.

Kohlberg, Lawrence (1982 a), »Moral Development«, in: John M. Broughton und D. John Freeman-Moir (Hg.), *The Cognitive Developmental Psychology of James Mark Baldwin: Current Theory and Research in Genetic Epistemology*, Norwood, New Jersey: Ablex Publishing Corporation.

Kohlberg, Lawrence (1982 b), »A Reply to Owen Flanagan and Some Comments on the Puka-Goodpaster Exchange«, in: *Ethics* 92/3 (April): 513-528.

Lukes, Steven (1972), *Émile Durkheim: His Life and Work*, New York: Harper and Row.

Maublanc, René (1930), »Durkheim Professeur de Philosophie«, in:

Célestin Bouglé u. a., »L'œuvre sociologique d'Émile Durkheim«, in: *Europe* XXII: 297 f.

Parsons, Talcott (1949), *The Structure of Social Action*, Glencoe, Ill.: The Free Press.

Piaget, Jean (1932), *Le jugement moral chez l'enfant*, Paris: Alcan. *The Moral Judgment of the Child*, New York: The Free Press 1965. *Das moralische Urteil beim Kinde*, Frankfurt/M.: Suhrkamp 1973.

Rawls, John (1971), *A Theory of Justice*, Cambridge, Mass.: Harvard University Press. *Eine Theorie der Gerechtigkeit*, Frankfurt/M.: Suhrkamp 1975.

Wallwork, Ernest (1972), *Durkheim: Morality and Mileu*, Cambridge, Mass.: Harvard University Press.

Wallwork, Ernest (1975), »Ethical Issues in Research Involving Human Subjects« und »In Defense of Substantive Rights«, in: Eugene Kennedy (Hg.), *Human Rights and Psychological Research*, New York: Thomas Crowell.

Wallwork, Ernest (1979), »Attitudes in Medical Ethics«, in: William Rogers und David Barnard (Hg.), *Nourishing the Humanistic in Medicine: A Dialogue with the Social Sciences*, Pittsburgh: University of Pittsburgh Press.

Wallwork, Ernest (1980), »Morality, Religion and Kohlberg's Theory«, in: B. Munsey (Hg.), *Moral Development, Moral Education and Kohlberg*, Birmingham, Ala.: Religious Education Press.

Wallwork, Ernest (1982 a), »Religious Development«, in: John M. Broughton und D. John Freeman-Moir (Hg.), *The Cognitive Developmental Psychology of James Mark Baldwin: Current Theory and Research in Genetic Epistemology*, Norwood, N. J.: Ablex Publishing Corporation.

Wallwork, Ernest (1982 b), »Thou Shalt Love Thy Neighbor as Thyself: The Freudian Critique«, in: *Journal of Religious Ethics* 10/2 (Fall): 264-319.

Wallwork, Ernest (1984), »Religion and Social Structure in *The Division of Labor*«, in: *American Anthropologist* 86 : 44-64.

Wallwork, Ernest, Roger Johnson u. a. (1973), *Critical Issues in Modern Religion*, Englewood Cliffs, N. J.: Prentice-Hall.

Wundt, Wilhelm (1901-1908), *Ethics*, Bd. I-III, London: Swan Sonnenschein and Co.

III. Gesellschaftlicher Zwang und/oder moralische Autonomie

Monika Keller
Freundschaft und Moral: Zur Entwicklung der moralischen Sensibilität in Beziehungen

In der kognitiv-strukturtheoretischen Tradition, wie sie Kohlberg (vgl. 1968, 1976) in der Nachfolge Piagets (1973) begründet hat, werden Entwicklungsstadien des moralischen Urteils als Strukturen der moralischen Bewertung bzw. Rechtfertigung von Handlungen begriffen. Zentraler Maßstab dieser Bewertungen ist das Prinzip der Gerechtigkeit: Eine Handlung gilt nur dann als moralisch gerechtfertigt, wenn sie in Situationen konfligierender Normen und Interessen den Ansprüchen aller an einem Konflikt Beteiligten Rechnung trägt. Die Beurteilung einer Handlung nach ihrer moralischen Richtigkeit verlangt – mit den Worten von Rawls (1975), auf den sich Kohlberg stützt – von einem kompetenten moralischen Beurteiler die Fähigkeit und den Willen, »sich sämtliche in Konflikt befindlichen Interessen zusammen mit den relevanten Fakten vor Augen zu führen und jedes Interesse mit derselben Sorgfalt zu würdigen, mit der er es würdigen würde, wenn es sein eigenes wäre« (1975: 127).

Von dem moralisch Handelnden und Urteilenden ist danach der Respekt vor den an einem Konflikt beteiligten Personen gefordert, der im Sinne Kants verlangt, Personen stets als Zwecke und niemals bloß als Mittel zur Erreichung eines Zwecks zu behandeln (vgl. Kohlberg 1981). Für Hamlyn (1974) ist der Respekt vor Personen, der es verbietet bzw. moralisch unangemessen macht, sie jemals wie Dinge zu behandeln, eine grundlegende Dimension des Verständnisses von Personen und Beziehungen. Melden (1977) stellt die Person in den Mittelpunkt seines Konzeptes von Moral. Die Fähigkeit zum kompetenten moralischen Handeln und Urteilen beruht danach auf der Ausbildung einer moralischen Orientierung, »in which we exhibit appropriate sensitivities in thought, feeling and action towards others out of a concern for them as we go about in our affairs in ways that affect their and our own interests. It is this moral concern for others as persons, rather than principles and priority rules, which provides us with a rationale for resolving many or most of the moral conflicts that arise, easily and without hesitation« (1977: 18).

Die Entwicklung einer moralischen Orientierung impliziert, daß im Falle der Verletzung von Verpflichtungen und Verantwortlichkeiten eine Betroffenheit entsteht. Sie äußert sich einerseits in moralischen Gefühlen (Schuld- und Schamgefühlen) und andererseits in Wiedergutmachungshandlungen gegenüber den betroffenen Personen.

Moral bezieht sich demnach auch unmittelbar darauf, wie interpersonale Beziehungen und Konflikte des Alltagslebens geregelt werden. In solchen moralrelevanten Konflikten geht es immer darum, wie eigene Ansprüche und Interessen im Lichte der Interessen und Ansprüche anderer verfolgt und gerechtfertigt werden können (vgl. Keller und Reuss 1984, 1985). Nach Hoffman (1982) zeichnen sich moralische Konflikte im Alltag vorwiegend dadurch aus, daß ein egoistisches Motiv und ein interpersonales Motiv, andere zu berücksichtigen oder ihnen zumindest keinen Schaden zuzufügen, miteinander konfligieren. Damit tritt eine Klasse moralischer Konflikte ins Blickfeld, die in der Kohlberg-Tradition nicht behandelt wurde. Denn in dieser Tradition ging es vorzugsweise um miteinander konfligierende Werte bzw. Normen (zum Beispiel Eigentum und Leben). Der Konflikt zwischen Eigeninteresse (Neigung) und Verpflichtungen und Verantwortlichkeiten scheint jedoch zentraler, wenn es um die Lösung und Beurteilung von Alltagskonflikten geht. In diesen Konflikten bilden Gefühle von Empathie und Sympathie eine zentrale motivationale Basis für die moralische Handlungsregulation (vgl. Blum 1980). Sie stellen auch die Basis für Schuldgefühle und Wiedergutmachungen dar, wenn Interessen und Gefühle anderer – sei es absichtlich oder auch unabsichtlich – verletzt worden sind.

Kognitive und affektive Voraussetzungen interpersonal-moralischer Sensibilität

Die Entwicklung einer moralischen Orientierung weist kognitive wie affektiv-motivationale Aspekte auf. Kognitive Voraussetzung moralischer Handlungsregulation ist die Fähigkeit zur Perspektivenübernahme. Denn erst mittels dieser Fähigkeit gelingt es, die in einer Situation konfligierenden Interessen und Erwartungen der Handelnden sowie die moralisch relevanten Regeln zu identifizieren. Je nachdem, wie komplex die Struktur der Perspektivenübernahme organisiert ist, gewinnen unterschiedliche Aspekte einer Situation an Bedeutung, die in der moralischen Beurteilung und der Konfliktlösung handlungsrelevant werden. In diesem Sinne wurde die Fähigkeit zur Perspektivenübernahme als eine notwendige, jedoch nicht hinreichende Bedingung des moralischen Urteils begriffen (Kohlberg 1968, 1976). Selman (1976) und Damon und Selman (1975) konnten diese Beziehung zwischen parallelen Stadien der Perspektivenübernahme und des moralischen Urteils empirisch nachweisen. Für das erste präkonventionelle Stadium der »Straf- und Gehorsamsorientierung« des moralischen Urteils ist demnach die Fähigkeit zur Differenzierung von Perspektiven notwendige Voraussetzung. Das zweite präkonventionelle Stadium der »konkreten Reziprozität« erfordert die Fähigkeit zur reflexiven Perspektivenübernahme, das heißt die Fähigkeit des Selbst, eigenes Handeln aus der Perspektive eines anderen zu sehen. Das erste Substadium des konventionellen Niveaus beruht auf der Fähigkeit zur wechselseitigen Koordination von Perspektiven und auf der Fähigkeit des Selbst, Interaktionen aus einer Beobachterperspektive (Mead 1968) zu sehen. Das zweite konventionelle Substadium basiert auf der Fähigkeit, über die Perspektive der konkreten »dritten Person« hinaus die Systemperspektive des »generalisierten Anderen« (Mead 1968) einzunehmen. Diese Perspektive liegt auch dem postkonventionellen Niveau zugrunde.

Gegenüber Selmans Konzept der Perspektivendifferenzierung und -koordination formuliert Kohlberg (1976) das Konzept der sozio-moralischen Perspektive. Es meint die Beziehungen des Selbst zu den sozialen Erwartungen, den sozio-moralischen Werten und Sollensforderungen. Die Entwicklungsniveaus des moralischen Urteils implizieren qualitativ unterschiedliche Formen der sozio-moralischen Perspektive: Dem präkonventionellen Niveau des moralischen Urteils liegt eine konkret-individuelle Perspektive zugrunde, in der die Erwartungen und Regeln der Gesellschaft für die Person äußerlich bleiben. Auf dem konventionellen Niveau nimmt die Person dann die Perspektive eines »Mitgliedes der Gesellschaft« ein und identifiziert sich mit den Regeln und Erwartungen. Auf dem postkonventionellen Niveau gewinnt die Person eine der Gesellschaft vor- bzw. übergeordnete Perspektive und kann folglich gesellschaftliche Regeln im Hinblick auf universelle Prinzipien moralischen Handelns bewerten und reflektieren.

Während Selmans Beschreibung der Struktur des Perspektivenwechsels zunächst auf den rein kognitiven Aspekt des Verstehens der Organisation der Beziehung von Ego und Alter gerichtet ist, beinhaltet Kohlbergs Konzept der sozio-moralischen Perspektive offenbar zugleich bereits motivationale Aspekte der Bedeutung sozialer Regeln für die Person.

Unter kognitiv-kompetenztheoretischem Gesichtspunkt stellt sich die Frage, wie moralisch relevante Beziehungskonflikte in primären Beziehungen in Abhängigkeit von der Struktur der Perspektivenübernahme interpretiert und gelöst werden, und zwar in Hinblick darauf, ob lediglich konkret-individuelle Perspektiven differenziert und koordiniert oder ob diese in Hinblick auf generalisierte Perspektiven transzendiert werden können.

Entwicklungsspezifische Formen der Perspektivendifferenzierung und -koordination implizieren zugleich spezifische Formen der Motiv- und Affektorganisation. Kohlberg hat den spezifisch motivationalen Gehalt der sozio-moralischen Perspektive im Grad der Identifikation mit den sozialen Regeln gesehen. Hoffman (1982) weist auf die Bedeutung empathischer Gefühle für konkrete Personen hin. Die Organisation der Empathie verändert sich mit den kognitiven Verstehensleistungen. Hoffman unterscheidet vier Entwicklungsniveaus des kognitiven Verstehens, die jeweils unterschiedliche Formen der Empathie ermöglichen. Diese Niveaus sind den von Selman formulierten vergleichbar, obwohl sie nicht in der gleichen logischen Stringenz entwickelt werden. Die ersten beiden Niveaus beziehen sich auf die frühkindliche Entwicklung, wo Subjekt und Objekt der Erkenntnis (andere Personen) überhaupt erst konstituiert werden müssen. In diesen Stadien sind die eigene und die fremde Gefühlswelt noch nicht klar voneinander geschieden. Das dritte Niveau setzt er mit dem Beginn der Fähigkeiten zur Perspektivenübernahme an. Es entspricht in etwa dem ersten und zweiten Niveau der Perspektivenübernahme im Modell Selmans und zeichnet sich dadurch aus, daß zunehmend veridikalere Antworten auf die Gefühle anderer in einer Situation möglich werden. Das vierte Niveau scheint Selmans Niveau drei und vier zu umfassen. In diesem Stadium werden andere Personen als Identitäten mit einer eigenen Geschichte begriffen. Damit werden komplexe und situationsübergreifende Formen der Empathie mit den Lebensformen anderer möglich.

Empathische Reaktionen bilden nach Hoffman die zentrale motivationale Basis der moralischen Handlungsregulation. Denn durch die verschiedenen komplexen Organisationsformen der Perspektivendifferenzierung und -koordination können jeweils unterschiedliche Aspekte moralisch relevanter Konfliktsituationen nicht nur kognitiv, sondern auch affektiv dominant werden.

Genese von Moral in Freundschaftsbeziehungen

In diesem Beitrag soll die Entwicklung interpersonaler und moralischer Sensibilität anhand des Verständnisses eines moralisch relevanten Alltagskonfliktes untersucht werden. Unser Interesse gilt dabei einem speziellen Typ von Beziehung: der Freundschaftsbeziehung. Freundschaft eignet sich in ganz besonderer Weise dafür, die Entstehung einer alltagsrelevanten moralischen Orientierung zu verstehen. Für Piaget (1973) kommt der Freundschaftsbeziehung eine ausgezeichnete Rolle in der Entwicklung der Moral zu. Freundschaft bildet für ihn den Prototyp einer Beziehung der Symmetrie, die nur zwischen prinzipiell Gleichgestellten bestehen kann. Gegenüber der prinzipiell asymmetrisch-unilateralen Autoritätsbeziehung zwischen Kind und Eltern liegen in der Freundschaftsbeziehung die Wurzeln für eine autonome Moral. Denn nur in dieser Beziehung kann auf der Basis von Gleichheit und Gegenseitigkeit auch die Geltung von Regeln verhandelt werden. In der Nachfolge Piagets hat Youniss (1980, 1981) die zentrale Rolle von Freundschaftsbeziehungen für die Genese moralischen Verstehens und moralischer Verhandlungsfähigkeit betont. Selbst wenn man diese Ausschließlichkeit der theoretischen Annahmen kritisch beurteilen kann (vgl. Keller 1976, 1982), so läßt sich doch postulieren, daß Freundschaftsinteraktionen und die sich daraus entwickelnden Vorstellungen von Freundschaftsbeziehungen in enger Beziehung zur moralischen Entwicklung stehen. Denn hier baut sich das Verständnis zentraler interpersonal-moralischer Normen wie Vertrauen, Verläßlichkeit und Solidarität über konkrete Erfahrungen von Reziprozität auf und ebenso das Verständnis von Verstößen gegen diese Reziprozität. Blum kennzeichnet Freundschaft als eine spezielle moralische Beziehung von »concern, care, sympathy and the willingness to give oneself to the friend which goes far beyond what is characteristic and expected of people generally. The caring within a friendship is built upon a basis of knowledge, trust and intimacy ... In genuine friendship one comes to have a close identification with the good of the other person ...« (1980: 69).

Die entwicklungspsychologische Literatur zeigt, daß sich ein solches differenziertes Verständnis von Freundschaft erst in einer relativ späten Phase der kindlichen Entwicklung herausbildet. Im Sinne der Theorie Kohlbergs ist mindestens ein konventionelles Konzept der Moral vorauszusetzen, auf dem sich bereits interpersonale Normen herausgebildet haben, das heißt generalisierte Erwartungen von Fairneß und Fürsorge. Nach Selman (1980) wäre ebenfalls ein bestimmtes Entwicklungsstadium des Freundschaftsverständnisses minimal impliziert. Selman untersucht die entwicklungsspezifischen Transformationen des Freundschaftskonzepts anhand verschiedener Themenbereiche: die Definition von Freundschaft (was jemanden zum Freund macht), die Entstehung von Freundschaft, die Bedeutung von Vertrauen und Eifersucht, Konfliktlösungsstrategien und Beendigung von Freundschaften. Obwohl er ein interpersonal-moralisches Dilemma als Ausgangspunkt seiner Befragungen wählt, interessiert ihn doch weniger die moralische Dimension dieses Konflikts. Dieser gilt vielmehr als Anknüpfungspunkt für die Vorstellung von Freundschaftskonzepten, wie sie sich anhand von Fragen nach den eigenen Freundschaften der untersuchten Probanden darstellen.

Die Einheit der verschiedenen thematischen Bereiche des Freundschaftskonzepts wird durch die Fähigkeit zur Perspektivendifferenzierung und -koordination erzeugt, die Selman (1976) als formale »Tiefenstruktur« des sozialen Denkens begreift. Freundschaft wird – wie moralisches Urteilen – als ein »Inhalt« des sozialen Denkens verstanden, in dem sich die Fähigkeit zur Perspektivenübernahme manifestiert. Jedes Niveau des Freundschaftsverstehens impliziert logisch ein bestimmtes Niveau der Perspektivenübernahme. Er unterscheidet folgende Entwicklungsniveaus:

Auf dem niedrigsten Niveau o ist das Verständnis für subjektiv unterschiedliche Perspektiven (Perspektivendifferenzierung) noch nicht ausgebildet. Freundschaft wird daher auch noch nicht als eine überdauernde Beziehung mit psychologischer Qualität begriffen, sondern als *objekt-orientierte augenblicksgebundene Interaktion* (des Miteinander-Spielens). Auf Niveau 1 entsteht mit der Differenzierung von Perspektiven auch Verständnis für die spezifische subjektive Lage anderer Personen. Da diese Perspektiven jedoch noch nicht miteinander koordiniert werden können, bleibt in der Konzeption von Freundschaft jeweils eine Perspektive dominant. Selman bezeichnet dieses Niveau als *unilaterale* bzw. *einseitige Orientierung*, in der die Perspektive des Selbst vorherrschend ist: Freund ist jemand, der den Bedürfnissen und Interessen des Selbst gerecht wird und sie befriedigen kann.

Auf dem nächsten Entwicklungsniveau 2 wird die Reziprozität in der Beziehung begriffen. Voraussetzung dafür ist die Fähigkeit zur Koordination von Perspektiven und die Fähigkeit zur Selbstreflexion, das heißt die Möglichkeit, das Selbst mit den Augen (aus der Perspektive) eines anderen zu sehen. Auf dieser Basis entsteht eine Beziehung *kontextgebundener Reziprozität*, die Selman als »fair-weather cooperation« (Kooperation unter günstigen Bedingungen) bezeichnet. Erst auf diesem Entwicklungsniveau besteht eine genuin interpersonale Orientierung mit der Einsicht, daß in einer Beziehung Handlungen sowie auch Interessen und Gefühle beider an der Interaktion beteiligter Partner koordiniert werden müssen. Nach Selmans Interpretation bleiben jedoch die Interessen und Bedürfnisse des Selbst noch immer motivational dominant. Freilich wird nun erkannt, daß die Bedürfnisse und Interessen anderer berücksichtigt werden müssen, um eigene Ziele erreichen zu können.

Auf Niveau 3 hat sich ein konventionelles Verständnis von Beziehungen ausgebildet. Mit der Ausdifferenzierung der Beobachterperspektive wird eine Orientierung an der Freundschaftsbeziehung selbst möglich, statt wie zuvor allein an den individuellen Perspektiven des Selbst und des anderen. Freundschaft wird damit als eine stabile, zeitlich überdauernde, *intime Gefühlsbeziehung* der wechselseitigen Fürsorge und des Vertrauens begriffen. Die Beziehung gilt exklusiv, und ihre Erhaltung wird zu einem zentralen Handlungsimperativ.

Auf Niveau 4 schließlich wird die Exklusivität der Freundschaftsbeziehungen zugunsten eines offenen Systems gelockert, welches den sich wandelnden Bedürfnissen und Interessen von Freunden flexibler gerecht werden kann. Dieser Beziehung von *autonomer Interdependenz* liegt die Generalisierung der System-perspektive zugrunde, in der Selbst und andere als Teile weiterer Interaktionssysteme bzw. in einem größeren gemeinschaftlichen Zusammenhang wahrgenommen werden können.

Wie Selmans empirische Ergebnisse zeigen (Selman 1980), lassen sich strukturäquivalente Transformationen in allen genannten Themenbereichen nachweisen. Selmans Befunde werden auch durch Youniss (1980, 1981) gestützt, der Kinder verschiedener Altersgruppen nach Handlungen befragte, die für Freundschaften konstitutiv sind. Die von ihm beschriebenen Arten von Handlungen lassen sich den von Selman formulierten Niveaus des Freund-schaftsverständnisses zuordnen. Obwohl die Analysen des Freundschaftskonzepts zunächst Strukturniveaus »deskriptiver« sozialer Kognition betreffen, sind sie unmittelbar relevant unter dem Aspekt »präskriptiver« sozialer Kognition, der in der Moralentwicklung thematisiert ist. Denn diese Strukturniveaus beschreiben nicht nur, welche Handlungen und Gefühle Freund-schaft zu einem bestimmten Zeitpunkt der Entwicklung kenn-zeichnen, sondern sie lassen auch – präskriptiv gewendet – An-nahmen darüber zu, welche Handlungen, Intentionen und Ge-fühle von einem Freund (berechtigterweise) erwartet werden können. Diese sind unmittelbar relevant für die Interpretation und Lösung moralisch relevanter Beziehungskonflikte. Der Ver-stoß gegen solche Erwartungen und Sollensforderungen in Bezie-hungen wird unter moralischen Gesichtspunkten bewertet und führt zu entwicklungsspezifischen Formen von Gefühlsreaktio-nen und Sanktionen. In den Konfliktlösungen wiederum kom-men moralische Regeln und Prinzipien in entwicklungsspezifi-scher Weise zur Geltung.

Dies läßt sich beispielhaft verdeutlichen. Auf dem zweiten Entwicklungsniveau ist Freundschaft durch ein Konzept von Verläßlichkeit definiert, welches sich auf ganz bestimmte Hand-lungen bezieht: beispielsweise, daß man einem Freund Geheim-nisse anvertrauen kann. Präskriptiv gewendet bestehen die Er-wartungen (im Sinne einer moralischen Sollensforderung) an den Freund, daß er ein Geheimnis für sich behält. Der Verstoß gegen solche Erwartungen führt wahrscheinlich zu einem Konflikt, der seinerseits bestimmte entwicklungstypische Konsequenzen für die Beziehung erwarten läßt: Der vom Geheimnisverrat Betroff-ene ist in seinen Gefühlen enttäuscht und verletzt, derjenige, der das Geheimnis verletzt, hat Angst vor Sanktionen oder auch Schuldgefühle. Wiederum in entwicklungstypischer Weise würden dann Strategien geplant, um den Konflikt zu lösen, die Verletzung zu kompensieren und die (moralische) Balance in der Beziehung wiederherzustellen.

Folgerungen aus den bisherigen Forschungen

Die vorangegangenen Ausführungen lassen deutlich werden, daß das Verständnis der moralischen Implikation einer Freundschaftsbeziehung gleichermaßen kognitive Prozesse der Perspektivendifferenzierung und -koordinierung voraussetzt wie damit verbundene Möglichkeiten zum empathischen Verstehen anderer und, in Zusammenhang damit, die Abschätzung der Folgen eigenen Handelns für die Gefühle anderer. Aus den Untersuchungen zum moralischen Urteil, zum Freundschaftsverständnis und zur Empathie lassen sich bestimmte Annahmen für die Entwicklung der Sensibilität für moralisch relevante Beziehungskonflikte formulieren:

In der kognitiv-strukturtheoretischen Tradition – dies gilt gleichermaßen für Selman (1980) wie Kohlberg (1976) – besteht die Annahme, daß Regeln und Erwartungen für die Person zunächst äußerlich bleiben und somit in der Lösung und Beurteilung moralisch relevanter Konflikte die Interessen des Selbst gegenüber den Interessen und Erwartungen anderer die Oberhand gewinnen. Andere Personen sind in diesem Falle gerade nicht Zweck in sich selbst, sondern werden als Mittel zum Zweck strategisch manipuliert. Dies gilt für beide präkonventionellen Stufen, wenn auch weniger für die zweite. Die Identifikation mit den Erwartungen und Regeln würde dagegen die Interessen und Erwartungen anderer sowie gesellschaftlich verankerte Regeln vorrangig gegenüber den Interessen des Selbst affektiv dominant werden lassen. In diesem Falle würden die eigenen den fremden Interessen und Erwartungen untergeordnet. Dies gilt für die beiden Entwicklungsstufen des moralischen Urteils – insbesondere für die dritte Stufe – und für das dritte Niveau des Freundschaftskonzepts. Autonomie schließlich würde sich in der Möglichkeit zu einer gleichgewichtigen und konsensuellen Verhandlung eigener und fremder Interessen und Erwartungen in moralischen

Konflikten manifestieren. Eine solche Berücksichtigung aller in einer Situation relevanten Interessen, Erwartungen und Verpflichtungen wäre erst auf dem postkonventionellen Niveau des moralischen Urteils möglich. Das von Selman als Endniveau beschriebene vierte Niveau des Freundschaftsverständnisses scheint zumindest gewisse Aspekte des Niveaus der postkonventionellen Moral zu enthalten. Auf die Frage, ob möglicherweise ein weiteres Stadium des Freundschaftsverständnisses aufgenommen werden müßte, um eine volle Äquivalenz herzustellen, kann an dieser Stelle nicht eingegangen werden.

Zugespitzt formuliert, würde die Entwicklung von einer egoistischen über eine altruistische Orientierung zu einer kommunikativen Orientierung führen, die eine autonome und zugleich konsensuelle Verhandlung von Interessen und Erwartungen ermöglicht. Diese Entwicklungsabfolge postuliert auch Lempert (in diesem Band, S. 224 ff.).

Demgegenüber wurden in der Forschungstradition zum empathischen Verstehen mehrfach dafür Belege angegeben, daß auch sehr junge Kinder bereits zu empathischem Verstehen fähig sind und daß sie in ihren Handlungen genuin auf die Bedürfnisse anderer bezogen sind oder zumindest sein können (Hoffman 1975). Hier ergeben sich Widersprüche, die bei der gegenwärtigen Datenlage in der Forschung nicht geklärt werden können.

Freundschaft und Moral: Vorannahmen für die empirische Untersuchung

In unserer Untersuchung wollen wir aufzeigen, daß die Entwicklung moralischer Sensibilität zentral mit der Entwicklung des interpersonalen Verstehens verbunden ist. Interpersonales Verstehen meint das Verständnis für die »innere, psychologische Welt«, wie sie in der Ausdifferenzierung von Kategorien einer naiven Handlungstheorie zum Ausdruck kommt (vgl. Keller und Reuss 1985): das Verständnis von Situationen, Personen und Beziehungen und den dafür grundlegenden psychologischen Dimensionen im Sinne von Gefühlen, Erwartungen, den Beweggründen für Handlungen (Motive, Intentionen); Antizipation der Folgen von Handlungen und die Strategien der Regulation solcher Folgen. Die Genese der Kategorien des naiv-handlungstheoretischen Konzepts vollzieht sich über Prozesse der Differenzierung und Koordination von Perspektiven, bzw. die Struktur der Perspektivenübernahme ist die Differenzierung und Koordination dieser Kategorien. Insofern kann die Struktur der Perspektivendifferenzierung und -koordination auch als die formale Grundstruktur der verschiedenen Bereiche des sozialen Denkens begriffen werden. Die Ausdifferenzierung der Kategorien des Handlungskonzeptes umfaßt »deskriptive« und »präskriptive« soziale Kognitionen. Letztere sind immer dann gegeben, wenn Personen, Beziehungen und Handlungen unter dem Gesichtspunkt beurteilt werden, was richtig und falsch bzw. angemessen und fair ist. Die methodische Vorgehensweise der empirischen Untersuchung zielt auf die Erfassung entwicklungstypischer Formen der Perspektivendifferenzierung und -koordination, wie sie sich im sozialen Verstehen und der (moralischen) Beurteilung und Lösung einer moralisch relevanten Handlungssituation im Kontext des Beziehungsalltags ausdrückt. Die folgenden Komponenten sozio-moralischer Sensibilität im Verständnis eines Alltagskonfliktes werden dabei thematisch:

1. Die *Definition der Situation* im Hinblick auf ihren interpersonalen und moralischen Gehalt, das heißt auf (konfligierende) Interessen, Erwartungen und Gefühle der Personen sowie auf moralische Regeln und Prinzipien, die für die Beurteilung und Lösung der Situation relevant sind. Da Alltagssituationen stets mehrdeutig sind (Turner 1962), muß eine Situation überhaupt erst in ihrer moralischen Bedeutung rekonstruiert werden. Der Prozeß der Definition der Situation beruht sowohl auf kognitiven Fähigkeiten der Perspektivenübernahme wie auch auf Gefühlen, die bestimmten Aspekten der Situation dominantes Gewicht verleihen können (vgl. Denzin 1980).

2. Die *Antizipation der Konsequenzen* einer Verletzung von Interessen, Erwartungen und Gefühlen anderer oder von Verpflichtungen und Verantwortlichkeiten gegenüber den an einem Konflikt Beteiligten. Damit ist Sensibilität hinsichtlich der Folgen eigenen Handelns für die Betroffenen gemeint. Sie umfaßt Mitgefühl für die vom Handeln Betroffenen ebenso wie Schuldgefühle oder Gefühle des Bedauerns beim Handelnden, der, in vollem Wissen oder unabsichtlich, anderen gegenüber moralisch inadäquat gehandelt hat. Nach Melden (1977) zeichnet sich die moralisch kompetente Person dadurch aus, daß sie in der Lage ist, die

moralischen Folgen ihres Handelns zu ermessen und im Falle der Verletzung moralischer Ansprüche eine Betroffenheit zu zeigen.

3. Die Fähigkeit zur (moralischen) *Regulation* von Handlungen und Handlungsfolgen. Die Fähigkeit zur *moralischen* Verhandlung ermöglicht es, die Folgen der Verletzung moralischer Verpflichtungen und Verantwortlichkeiten zu beheben oder solche Verletzungen von vornherein zu vermeiden. Im ersten Fall geht es um Rechtfertigungen oder Entschuldigungen (vgl. Döbert und Nunner-Winkler 1978; Sykes und Matza 1957), mit denen eine gestörte moralische Balance in der Beziehung wieder ausgeglichen werden soll. Rechtfertigungen und Entschuldigungen stellen folglich auch Formen der *Wiedergutmachung* dar. Im zweiten Fall geht es um den Versuch, gemeinsam mit den Betroffenen Lösungen zu suchen, die, wenn sie nicht den Interessen aller gerecht werden können, so doch zumindest den geringsten »Schaden« zufügen. Die Fähigkeit zur Verhandlung moralischer Ansprüche ist ein wichtiger Aspekt moralischer Kompetenz, der erst in jüngster Zeit als Thema der Moralforschung Bedeutung gewann (vgl. Gilligan 1982; Youniss 1981).

Entwicklungsniveaus sozio-moralischer Sensibilität

Die Entwicklungsniveaus, die im folgenden beschrieben werden, basieren auf der Analyse von Längsschnitt-Interviews mit Kindern im Alter von 7, 9 und 12 Jahren. (Insgesamt wurden etwa 120 Kinder über die drei Meßzeitpunkte hinweg befragt.) Mit den Kindern wurden qualitative Interviews über ein Alltagsdilemma mit moralischem Gehalt durchgeführt. Die vorgegebene Geschichte ist ein leicht modifiziertes Freundschaftsdilemma von Selman (1980). Es handelt sich dabei um eine Dreieckssituation zwischen Kindern. Der Held der Geschichte hat dem besten Freund einen Besuch versprochen und erhält für eben den Zeitpunkt des geplanten Besuchs von einem neu zugezogenen Kind eine Einladung ins Kino. Die Situation wird durch verschiedene Momente komplexer gestaltet: Der Freund deutet Probleme an, die er besprechen möchte, er mag das neue Kind nicht, außerdem bezieht sich die Verabredung auf den speziellen Tag, an dem die Freunde sich immer treffen. Die Situation enthält somit unterschiedliche interpersonale und moralische Aspekte (Versprechen, Freundschaft, Altruismus sowie hedonistische Eigeninteressen).

Im Interviewverlauf werden die Perspektiven der am Konflikt Beteiligten unter verschiedenen handlungstheoretischen Gesichtspunkten rekonstruiert (Tabelle 2). Diese Perspektiven müssen im Hinblick auf die gegebenen Situationsbedingungen, mögliche Konfliktlösungen und dadurch entstehende Folgen differenziert und koordiniert werden. Das Interview selbst stellt dabei insofern einen Diskurs dar, als der Interviewer den Blick des Befragten auf die verschiedenen Gesichtspunkte der Situation zu lenken sucht und so gewissermaßen zum Anwalt der von der jeweiligen Entscheidung Betroffenen wird.

Der moralische Gehalt der Situation ist erst dann adäquat erfaßt, wenn der Konflikt entweder als Konflikt zwischen Verpflichtung (das Versprechen gegenüber dem Freund zu halten) und Neigung (dem Wunsch, ins Kino zu gehen) konstruiert wird oder aber als Konflikt zwischen zwei konkurrierenden Verpflichtungen (gegenüber dem Freund und dem Dritten), die allerdings in ihrer Bedeutung unterschiedlich sind. Dies impliziert als notwendige kognitive Vorbedingung ein Verständnis der Situation als Handlungs- bzw. Entscheidungsproblem, in dem ein Aktor »rational«, das heißt nach Gründen und im Bewußtsein der jeweiligen Konsequenzen, zwischen Handlungsoptionen wählen kann.

Die Entwicklungsniveaus moralischer Sensibilität beziehen sich auf das im Interview herausgearbeitete Verständnis von Verantwortung und Verpflichtungen gegenüber dem Freund, die durch die Art der Freundschaftsbeziehung und durch das Versprechen gegeben sind, sowie auch auf die Verantwortung gegenüber dem dritten Kind, die durch dessen spezielle Lage gegeben ist. Grundlegend dafür sind einerseits – wie oben bereits angedeutet – die von Selman (1980) herausgearbeiteten Niveaus von Freundschaftsvorstellungen, andererseits aber auch das Verständnis der formalen moralischen Regeln, wie es in den Stadien des moralischen Urteils erfaßt wird (Kohlberg 1976). Folgende Gesichtspunkte sind zentral:

1. die Definition der Situation als spontanes Erfassen des Problems;
2. die Handlungsentscheidung; ihre Begründung bzw. Rechtfertigung, sowie ihre moralische Bewertung;
3. die Antizipation der Konsequenzen einer Verletzung von moralischen und Beziehungsverpflichtungen für die Betroffenen

(der Schwerpunkt liegt hierbei auf der Beziehung zum Freund) sowie für das Selbst (moralische Gefühle);

4. Aspekte der moralischen Verhandlungsfähigkeit zur Vermeidung des Verstoßes gegen moralische und interpersonale Verantwortlichkeiten und Verpflichtungen bzw. Formen der Rechtfertigung und Kompensation im Falle des Verstoßes gegen diese; und schließlich

5. die Konzeption von Freundschaft, wie sie im Verlauf der Argumentation herausgearbeitet wird.

Niveau 0

Dieses Niveau ist als »prämoralisch« zu kennzeichnen, da der interpersonale und moralische Gehalt der Situation weder spontan noch im Verlauf des Interviews aufgegriffen wird. Die am Konflikt beteiligten Personen werden noch nicht als Subjekte mit konfligierenden Bedürfnissen, Interessen, Intentionen und Erwartungen verstanden. Auch die Konzeption eines intentionalen Subjekts, welches sich nach Abwägen von Gründen und im Bewußtsein von möglichen Konsequenzen für eine Handlungsoption entscheidet, ist noch nicht voll ausgebildet. Probanden, die auf diesem Niveau argumentieren, zentrieren ihre Aufmerksamkeit auf einen Gesichtspunkt der vorgegebenen Situation, und zwar auf den Helden der Geschichte (Aktor) und dessen hedonistische Interessen. Die damit konfligierenden Perspektiven anderer (insbesondere des Freundes) werden nicht differenziert. Insofern besteht auch im eigentlichen Sinn noch kein Verständnis für den interpersonal-moralischen Konflikt. Für Kinder auf diesem Entwicklungsniveau ist es typisch, daß sie die Frage des Interviewers, was denn das *Problem* in dieser Situation (Geschichte) sei, nicht beantworten können.

Die *Handlungsentscheidung* des Aktors ist – sofern überhaupt Handlungsgründe verdeutlicht werden können – ausschließlich an hedonistischen Eigeninteressen orientiert: Aktor geht ins Kino, weil das Spaß macht, oder er geht zum Freund, weil es Spaß macht, mit dessen Autos zu spielen. Die Entscheidung ist also an (Gratifikations-)Objekten und nicht an Personen oder Beziehungen orientiert. Dementsprechend werden auch die *Folgen* der Handlungsentscheidung, ins Kino zu gehen, sofern sie überhaupt antizipiert werden können, lediglich unter dem Aspekt der Befriedigung oder Nicht-Befriedigung hedonistischer Bedürfnisse interpretiert: Aktor fühlt sich gut, weil er ins Kino geht, der Freund hingegen fühlt sich schlecht, weil er nicht ins Kino gehen darf oder auch weil er niemanden zum Spielen hat. Kriterien für die *Bewertung* der Handlung aus moralischer Sicht liegen weder aus der Perspektive des Aktors noch aus der des Freundes vor. Die Entscheidung bleibt auch folgenlos für die Beziehung: der Freund spielt eben allein mit den Spielsachen oder unterhält sich statt dessen mit Fernsehen. Ein Bewußtsein für die moralische Fragwürdigkeit der Handlung besteht noch nicht. Denn weder wird ein der Entscheidung vorangehendes Gespräch mit dem Freund gesucht, noch sieht der Aktor ein Problem darin, die Handlung sowie ihre egoistisch-hedonistischen Motive dem Freund mitzuteilen (er sagt ihm, daß er lieber ins Kino gehen wollte). Da die moralische Balance in der Beziehung noch gar nicht als verletzt wahrgenommen wird, müssen auch keine Strategien der Kompensation dieser Verletzung eingesetzt werden. Die Argumentationen indizieren nach Selman das niedrigste Niveau der Freundschaftsvorstellungen, in dem die Beziehung noch objekt-orientiert und augenblicksgebunden ist. Auf diesem Niveau ist also eine Beziehung, die moralische Verpflichtungen gegenüber einem Freund impliziert, noch gar nicht konstituiert. Andere werden im vorgegebenen Konflikt rein strategisch als Mittel zur Befriedigung eigener Bedürfnisse gesehen.

Niveau 1

Auf dem nächsten Niveau beginnt sich ein Verständnis für die subjektiven Perspektiven anderer auszudifferenzieren. In der spontanen *Definition der Situation* zeigt sich bereits ein Konfliktbewußtsein. Der Aktor muß sich zwischen zwei Handlungsalternativen entscheiden, die auf den Ebenen der Handlungen wie auch der Wünsche und Erwartungen bzw. Forderungen als einander ausschließend verstanden werden: der Aktor ist ins Kino, aber auch vom Freund nach Hause eingeladen worden; er möchte ins Kino gehen, aber er möchte den Freund nicht allein lassen, der erwartet, daß er zu ihm kommt. Die Entscheidung, ins Kino zu gehen, wird als stärker begründungsbedürftig erfahren, wobei einerseits die hedonistischen Motive betont werden (er wollte so gern ins Kino gehen), andererseits ein durch die Situation gegebener sozialer Zwang (er war eingeladen, er mußte ins Kino gehen). Gründe für eine *Entscheidung*, zum Freund zu gehen, richten sich nicht mehr lediglich auf die Spielaktivität, sondern auch auf die subjektive Lage des Freundes (daß dieser traurig ist, wenn der Aktor nicht kommt) und auf die Beziehung zu ihm (daß man gern und immer mit ihm spielt). Die Grundlage einer gefühlsmäßigen Beziehung besteht hier in den positiv erfahrenen gemeinsamen Handlungen. Die subjektive Lage des Freundes umfaßt auch ein Bewußtsein seiner Interessen (der Freund möchte gerne mit dem Aktor spielen, weil auch er gern und immer mit ihm spielt) und seiner Erwartungen. Diese sind ganz konkret (er wartet, hat sein Zimmer aufgeräumt, Kuchen besorgt). Sie sind jedoch bereits auf vorangegangene Handlungen rückbezogen: nämlich darauf, daß der Aktor gesagt hat, daß er kommt. Im Übergang zum nächsten Niveau kann auch bereits auf das Versprechen Bezug genommen werden (er hat versprochen zu kommen). Die Verletzung der Interessen und Erwartungen des Freundes hat *Folgen* für den Betroffenen wie auch für das Selbst und die Beziehung: der Freund ist unglücklich oder auch ärgerlich, er wird den Aktor nicht nur zur Rede stellen, sondern unter Umständen auch zu physischen Sanktionen greifen (ihn verprügeln), oder er wird seinerseits nicht mehr mit ihm spielen. Auch quasi-moralische *Bewertungen* treten jetzt auf: aus der Sicht des betroffenen Freundes bestehen sie darin, daß er den Aktor nicht nett und die Handlung »nicht richtig« findet. Die Gründe für diese negative Bewertung liegen in der Verletzung der Handlungs- und Beziehungsinteressen des Freundes wie auch – wiederum im Übergang zur nächsten Stufe – in der Nicht-Einhaltung des Versprechens. Die Verletzung der Interessen und Erwartungen des Freundes läßt beim Aktor Empathie mit der Lage des Freundes entstehen und damit auch beginnende Schuldgefühle: der Aktor fühlt sich schlecht, weil er nicht zum Freund gegangen ist, und denkt an den Freund, der nun allein zu Hause sitzt und wartet. Die beginnende interpersonale und moralische Sensibilität zeigt sich auch an einer moralischen Bewertung der Handlung: die Entscheidung, ins Kino zu gehen, wird als »nicht richtig« beurteilt.

Auf diesem Niveau deutet sich beim Aktor das Bewußtsein einer *Mitteilungspflicht* in bezug auf die Entscheidung oder auch die Handlung selbst an, doch läßt ihn das Wissen um die Fragwürdigkeit der Handlungsentscheidung und um deren (negative) Folgen eher *strategisch* handeln und die Verantwortung für die Handlung leugnen: die Handlung oder auch Teile der Handlung (z. B. mit wem man ins Kino gegangen ist) werden zumindest versuchsweise vor dem Betroffenen verborgen, der Aktor stellt sich als abhängig von bestimmten Zwängen dar (er konnte nicht kommen, er mußte ins Kino gehen).

Rudimentäre Formen *kommunikativen Handelns* bestehen andererseits darin, daß dem Freund die Änderung der Handlungsintention mitgeteilt wird. Zu einer Verhandlung mit dem Betroffenen kommt es jedoch nicht.

Im Sinne des ersten Freundschaftsniveaus nach Selman hat sich auf diesem Niveau eine zeitlich überdauernde, positive Gefühlsbeziehung konstituiert. Die damit einhergehende Sensibilität für die Interessen und Erwartungen des Freundes wird zugleich zur Grundlage einer beginnenden empathischen und moralischen Orientierung.

Niveau 2

Auf diesem Niveau hat sich ein Verständnis für den interpersonalen wie auch moralischen Gehalt der Situation ausdifferenziert. In der spontanen *Definition der Situation* werden entweder der Beziehungsgehalt (der Freund mag das neue Kind nicht) oder moralische Aspekte (daß der Aktor ein Versprechen gegeben hat) als Problem thematisiert. Auf diesem Niveau kann einerseits ein klassischer moralischer Konflikt, nämlich der zwischen *Interesse und Neigung*, konstruiert werden: er hat dem Freund zu kommen versprochen und möchte lieber mit dem neuen ins Kino gehen. Andererseits kann die Situation aber auch in der Form eines Konfliktes zwischen *unterschiedlichen Verpflichtungen und Verantwortlichkeiten* gedeutet werden, wobei das Versprechen mit prosozialen Gefühlen konfligiert. Einerseits werden jetzt die subjektiven Perspektiven stärker herausgearbeitet, andererseits werden sie aufeinander rückbezogen, das heißt miteinander koordiniert. So wird jetzt gesehen, daß der alte Freund das neue Kind nicht mag, daß die Freunde sich schon lange kennen, daß sie sich immer an einem bestimmten Tag treffen und daß die Einladung genau mit diesem Zeitpunkt kollidiert. Zugleich wird die zeitliche Abfolge der Ereignisse beachtet, und zwar in der Form, daß der

Aktor dem Freund ein Versprechen gegeben hatte, bevor er die Einladung erhielt. Diese Aspekte machen zugleich den Verpflichtungsgehalt der Situation aus, der bestimmte Handlungen notwendig werden läßt. Eine *Entscheidung*, welche die Interessen und Erwartungen des Freundes und die Verpflichtungen ihm gegenüber verletzt, wird unter normativen Gesichtspunkten als *Betrug* konzeptualisiert. Die *Konsequenzen* dieses Betrugs werden an die speziellen Gefühlsbeziehungen zwischen Aktor und Freund rückgebunden: der Freund fühlt sich in seinen moralischen und Beziehungsansprüchen betrogen, verletzt oder übergangen. Der Aktor fühlt sich seinerseits schlecht beim Gedanken an einen solchen Betrug und empfindet es daher als verpflichtend, das Versprechen einzuhalten und die Gefühle des Freundes nicht zu verletzen. Die hypothetische Entscheidung entspricht dem moralischen Wissen oft nicht. Während die unmittelbaren physischen Sanktionserwartungen jetzt zurücktreten, rücken statt dessen die Folgen für die (moralische) *Bewertung* von Personen und die langfristigen *Beziehungsfolgen* ins Blickfeld: Der Freund empfindet den Aktor als jemanden, der seine Versprechen nicht einhält, und als jemanden, der keine nette Person ist. Die Entscheidung kann also unter dem Gesichtspunkt ihrer unmittelbaren Folgen für Selbst und andere wie auch der sich daraus ergebenden mittelbaren (vermittelten) Folgen für Selbst und die Beziehung zwischen Selbst und anderen gesehen werden.

Auf diesem Niveau differenzieren sich *strategisches* und *kommunikatives* Handeln aus: Dem Aktor ist es (in gewissem Sinne als moralische Forderung) bewußt, daß er seine eigenen Handlungsintentionen und -pläne mit denen des Freundes koordinieren muß, zumal unter den gegebenen Bedingungen der Situation. Die bloße Mitteilung einer alternativen Entscheidung reicht in diesem Falle nicht mehr aus. Der Freund muß um Zustimmung gebeten werden (man fragt ihn, ob man ins Kino gehen kann). Als Gründe werden exzeptionelle Aspekte der Situation genannt, die sich sowohl aus der Qualität des Angebotes ergeben wie auch – in sehr viel selteneren Fällen – aus der psychologischen Situation des neuen Kindes. Aus strategischen Gründen kann diese Kommunikation jedoch unterbleiben. Der Aktor geht dann ins Kino, ohne den Freund vorher zu fragen, weil er antizipiert, daß der Freund diese Entscheidung mißbilligen und eventuell verhindern würde. Daran zeigt sich, daß Strategien der Verhandlung noch nicht zur

Verfügung stehen. Die Verletzung der Aufrichtigkeit hat Schuldgefühle zur Folge. Die Angst vor den Folgen des Handelns für
den Freund und die Beziehung führt zu unwahrhaftigen Rechtfertigungen. Dem Freund werden Lügen, das heißt unwahre, aber
von ihm zu akzeptierende Gründe für die Nicht-Einlösung der
Verabredung mitgeteilt: Der Aktor mußte mit seiner Mutter in
die Stadt gehen oder mußte seine Großmutter besuchen.

Im Sinne des zweiten Entwicklungsniveaus der Freundschaft
nach Selman hat sich jetzt eine Freundschaftsbeziehung ausgebildet, die durch ein Verständnis der wechselseitigen Einstellungen,
Interessen und Gefühle und der Implikation von Handlungen für
beide Freunde gekennzeichnet ist. Die Beziehung ist stabil auch
gegenüber gewissen Verletzungen von Freundschaftserwartun-
gen, solange diese als Ausnahme verstanden werden können.
Auch die Bedürfnisse des neuen Kindes finden jetzt zunehmende
Beachtung.

Niveau 3

Die diesem Niveau zugrunde liegende Fähigkeit zur Einnahme
einer »Beobachterperspektive« läßt die Freundschaftsbeziehung
selbst als ein System wechselseitiger Erwartungen ins Blickfeld
treten. Die für Freundschaft grundlegenden Normen der Verläßlichkeit, Vertrauenswürdigkeit und Fürsorge haben sich jetzt
ausgebildet und gewinnen handlungsleitende Funktion für die
Lösung der Konfliktsituation. Bereits in der *Definition der Situation* erlangen neben dem Versprechen auch die situationsspezifi-
schen Bedürfnisse des Freundes ein spezifisches gefühlsmäßiges
Gewicht (daß der Freund mit dem Aktor reden möchte, daß er
Probleme hat). Beide Aspekte, der formal moralische wie auch
der interpersonale, machen jetzt den Verpflichtungsgehalt der
Situation aus. Die *Entscheidung* wird spontan unter moralischen
Gesichtspunkten gesehen: wie man sich als Freund, der zudem
auch noch ein Versprechen gegeben hat, verhalten sollte. In den
meisten Fällen ist die Entscheidung in diesem Entwicklungsstadium an der Verpflichtung und Verantwortung gegenüber dem
Freund orientiert (wenn der Aktor es dem Freund versprochen
hat, dann muß er gehen; es wäre nicht fair, nicht hinzugehen;
wenn es sein bester Freund ist, dann muß er gehen, der Freund
vertraut ihm sonst nicht mehr). Die *Verletzung* dieser *Verpflich-*

tung wird als Betrug und als Vertrauensbruch gesehen, und zwar sowohl aus der Perspektive des betroffenen Freundes wie auch aus der des Aktors. Die Nicht-Erfüllung der Verpflichtung und Verantwortung gegenüber dem Freund führt zu Schuldgefühlen (der Aktor hat ein schlechtes Gewissen, wenn er seinen Freund sitzen läßt). Diese sind im Gegensatz zum vorangegangenen Stadium Indikator für die Entwicklung eines *moralischen Selbst*, welches die eigenen Handlungen nach moralischen Standards bewertet. Umgekehrt führt jetzt auch die Entscheidung, zum Freund zu gehen, zu Schuldgefühlen, die sich auf das neuhinzugekommene Kind beziehen. Dieses wird jetzt unter einem doppelten Aspekt gesehen: einmal als jemand, der Hilfe braucht, und zum anderen als jemand, der die intime Freundschaftsbeziehung bedroht. Das moralische Selbst definiert sich über die Freundschaftsbeziehung, das heißt darüber, wie man sich als ein guter, loyaler und vertrauenswürdiger Freund verhalten sollte. Diese normativen Erwartungen sind für Ego und Alter gleichermaßen bindend, das heißt, der Aktor geht von der Erwartung aus (und kann berechtigterweise davon ausgehen), daß der Freund in einer entsprechenden Situation sein Handeln gleichermaßen daran orientieren würde. Die Fähigkeit zum hypothetischen Vertauschen der Perspektiven ist grundlegend für dieses Niveau. Sie sichert die Reziprozität im Sinne der »goldenen Regel«: die Folgen einer Handlung werden dabei stets vom Standpunkt eines Betroffenen aus bemessen, in dessen Perspektive sich der Handelnde versetzt.

Aus diesem Grunde muß auch die Zustimmung des betroffenen Freundes für jede Änderung der Handlungsintention gesucht werden. Dies wird als eine moralische Notwendigkeit gesehen. Das Handeln orientiert sich damit gleichzeitig an Normen der Reziprozität wie der Aufrichtigkeit. Obwohl die Entscheidung vorrangig an den Verpflichtungen und Verantwortlichkeiten gegenüber dem Freund orientiert bleibt, stehen jetzt gleichzeitig Möglichkeiten des *Verhandelns* über die Entscheidung zur Verfügung, das heißt, die Probanden entscheiden sich zwar meist dafür, daß der Held zum Freund geht, können sich jedoch (theoretisch) vorstellen, daß die Situation mit dem Freund besprochen werden könnte. In einem solchen Gespräch werden dann dem Freund die außergewöhnlichen Bedingungen der Situation verdeutlicht. Verstärkt wird dabei nicht nur auf das verlockende Angebot Bezug genommen, sondern auch auf die spezifische Lage des neuen

Kindes, das allein ist und niemanden kennt. Auch in diesen Erklärungen wird die »goldene Regel« angewandt: an den Freund wird appelliert, sich in die Lage des Aktors zu versetzen oder – wenn auch seltener – in die Lage des neuen Kindes. Zudem wird dem Freund die affektive Solidarität bestätigt (wir sind doch immer zusammen). Eine alternative Entscheidung wird von der Zustimmung des Freundes abhängig gemacht. In Fällen der Verletzung der Ansprüche des Freundes, die auf diesem Niveau selten sind, kann es auch zu einer Verletzung der Norm der Aufrichtigkeit kommen. In diesem Fall ist sich der Proband jedoch der Verletzung von Freundschaftsnormen im Sinne eines Vertrauensbruchs und der Notwendigkeit einer Rechtfertigung bewußt. Wie auf dem vorangegangenen Niveau können dem Freund dann unwahre Gründe zur Rechtfertigung der Normverletzung angeboten werden (daß man mit der Mutter in die Stadt gehen mußte). Dadurch entstehende Schuldgefühle werden durch Entlastungen in einer Art »inverser goldener Regel« kompensiert (der Freund wäre auch ins Kino gegangen, jeder hätte ein so tolles Angebot angenommen).

Diesem Entwicklungsniveau liegt im Sinne von Selmans drittem Entwicklungsniveau eine Vorstellung von Freundschaft als stabile, intime Gefühlsbeziehung von wechselseitiger Fürsorge zugrunde. Sie impliziert zugleich eine Sensibilität für die Bedürfnisse des Freundes und ein genuin moralisches Verständnis von Freundschaft.

Abschließend soll noch erwähnt werden, daß ein weiteres Niveau einer interpersonalen Moral im Rahmen der *Stufe vier* des Freundschaftsverständnisses nach Selman konzeptualisiert werden kann. Die verschiedenen Aspekte deuten sich in den Interviews unserer ältesten Probanden an. Auf diesem Entwicklungsniveau wird die relativ starke Ausschließlichkeit der Freundschaftsbeziehung der Stufe drei zugunsten flexiblerer Beziehungsmöglichkeiten aufgegeben. Die Freundschaftsnormen bleiben zwar verbindlich, doch werden Spielräume für die Verhandlung von Interessen und Ansprüchen gewonnen. Die legitimen Ansprüche des Freundes werden jetzt gegen legitime Ansprüche des Selbst wie auch anderer (des dritten Kindes) abgewogen. Nur wenn die Probleme des Freundes von nicht verschiebbarer Dringlichkeit sind, besteht eine nicht verhandlungsfähige Verpflichtung ihm gegenüber. Im anderen Falle ist der Freund verpflichtet, seine »Rechte« auch im Lichte der (legitimen) Ansprüche anderer zu sehen – sei es der Interessen des Freundes oder auch der eines Dritten, der Hilfe braucht. Vom Freund wird dieses Verständnis von vornherein erwartet wie auch eine Offenheit, neue Personen in eine Beziehung aufzunehmen, ohne davon die Intimität der Freundschaft bedroht zu sehen. Dies ist nur möglich auf der Basis eines Verständnisses von Freundschaft als überdauernde, intime und loyale Beziehung in der Art, wie es von Blum (1980) definiert wurde. Diese Beziehung verlangt keine emotionale Ausschließlichkeit mehr und läßt auch Spielräume für die Verhandlung dessen, was in einer jeweiligen Situation als moralisch angemessenes Handeln gilt. Als moralisch notwendig gilt es allerdings in jedem Fall, Entscheidungen, die den Freund betreffen, diesem auch offenzulegen. Erst wenn im Prozeß moralischer Entscheidungsfindung die Ansprüche der an einem Konflikt Beteiligten Berücksichtigung finden, werden Personen als Zwecke und nicht als Mittel zu Zwecken behandelt (vgl. Keller und Reuss 1984, 1985).

Ergebnisse

Die Interviews wurden von zwei, teilweise drei Beurteilern in einer Globaleinschätzung den Entwicklungsniveaus zugeordnet, und zwar entweder den vollen Niveaus 0, 1, 2 und 3 oder den jeweiligen Übergängen zwischen zwei Niveaus: 0/1, 1/2 und 2/3. Die Übereinstimmung variierte zwischen 80 und 100%. Tabelle 1 zeigt im querschnittlichen Vergleich von 7-, 9- und 12jährigen Probanden die Verteilung der Niveaus. Dabei wird ersichtlich, daß ein stabiles Niveau drei auch bei den 12jährigen noch nicht einmal von der Hälfte der zufällig ausgewählten Stichprobe erreicht wird. Es wurde eine Strukturhypothese postuliert, daß sich die Probanden in alterstypischer Weise über die Niveaus verteilen. Für die 7jährigen wurde eine Verteilung auf die Stufen 0/1, 1 und 1/2 angenommen; für die 8- und 9jährigen wurde eine Verteilung auf die Niveaus 1, 1/2 und 2 postuliert, für die 12jährigen auf die Niveaus 2, 2/3 und 3. Die schraffierten Felder stellen im Rahmen des postulierten Modells Fehlerzellen dar. Die Güte des Modells wurde mit der von Hildebrand, Laing und Rosenthal (1977) entwickelten DEL-Analyse überprüft. Der PRE-

Koeffizient (Proportional Reduction of Error) gibt die proportionale Fehlerreduktion bei Annahme der Hypothese an. Der PRE-Koeffizient von .77 weist auf eine gute Passung des Modells mit den Daten hin und spricht somit für eine enge Assoziation von Alter und Strukturniveau der moralischen Sensibilität.

Tabelle 1: Altersverteilung der Entwicklungsniveaus moralischer Sensibilität

Niveaus moralischer Sensibilität

Alter	0	0/1	1	1/2	2	2/3	3	Σ
7	3	5	19	6	3	0	0	36
8/9	0	0	4	6	25	2	0	37
12	0	0	0	1	3	13	11	36
Σ	3	5	23	13	31	15	11	109

Proportional Reduction of Error (PRE; Hildebrand, Laing und Rosenthal 1977: 77).

Tabelle 2 (S. 218) zeigt die Verteilung der Niveaus in einer längsschnittlichen Analyse von 7- und 9jährigen. Danach ergibt sich ein hochsignifikanter Alterseffekt. Die Anzahl der positiven Differenzen bzw. Ränge zeigt zudem eine perfekte Entwicklungsskala: Kein Kind kann zum zweiten Meßzeitpunkt einem niedrigeren Niveau zugeordnet werden als zum ersten Meßzeitpunkt. Vielmehr zeigen alle Kinder einen Entwicklungsfortschritt von mindestens einem halben Entwicklungsniveau.

Tabelle 2: Niveaus moralischer Sensibilität

Niveau der morali-schen Sensibilität – 7jährige –	Niveau der moralischen Sensibilität – 9jährige –					
	o	o/1	1	1/2	2	Σ
o		2	1	3	4	10
o/1			2	4	5	11
1				2	4	6
1/2					5	5
2					–	o
Σ	o	2	3	9	18	32

Sign-Test:	negative Differenzen	positive Differenzen	z	p
	o	32	5.48	0.0***
Wilcoxon-Test:	negative Ränge	positive Ränge	z	p
	o	16.50	−4.937	0.0***

Die Ergebnisse einer differenzierten und getrennten Auswertung einzelner Themenkomplexe im Interview (Edelstein, Keller, v. Essen und Mönnig 1984) verdeutlichen die Entwicklungsdynamik. Sie zeigen, daß mit jedem Niveau des Verständnisses von Verantwortung und Verpflichtung neue Strategien zur Verhandlung und Begründung bzw. Rechtfertigung der Entscheidung gegenüber dem Freund auftreten. Doch gibt es auch »Verschiebungen« in der Form, daß auf einem höheren Niveau des interpersonal-moralischen Verständnisses durchaus noch Verhandlungsstrategien verwandt werden können, die dem niedrigeren Niveau zuzuordnen sind. Die Entwicklung der Fähigkeiten zur Verhandlung bleibt also hinter der Entwicklung des Verständnisses von Verantwortung und Verpflichtung zurück.

Schlußfolgerungen

Die Beschreibung der Entwicklungsniveaus zeigt, daß die Entwicklung moralischen Verstehens für Alltagskonflikte als Teil der Entwicklung des Verständnisses für Personen, Beziehungen und Handlungen begriffen werden muß. Das Verständnis für den moralischen Gehalt der Konfliktsituation differenziert sich im Laufe der Entwicklung zugleich mit dem Verständnis des interpersonalen Gehaltes aus. Erst allmählich können die Bedürfnisse und Interessen anderer unabhängig von den eigenen wahrgenommen und die Konsequenzen eigenen Handelns für andere und ihre Beziehungen zueinander abgeschätzt werden. Erst wenn dieses Verständnis gegeben ist, kann die Situation im Lichte der Verpflichtungen und Verantwortung des Selbst gegenüber anderen gesehen werden. Mit der Ausbildung eines »moralischen Standpunktes« (Frankena 1973) geht zugleich die Entwicklung eines (moralisch) adäquaten Beziehungs- bzw. Freundschaftsverständnisses im Sinne von Hamlyn und Melden (vgl. oben, S. 195) einher: Auf einem prämoralischen Niveau wird der Freund zunächst strategisch als Mittel zur Befriedigung eigener Interessen gesehen. Bereits auf dem ersten Entwicklungsniveau aber wird er als eine Person mit eigenen Interessen und Erwartungen wahrgenommen, zu der das Selbst in einer Gefühlsbeziehung steht. Er wird damit zu jemandem, auf den das Selbst Rücksicht nehmen muß und auch will. Diese Rücksichtnahme ist auf dem ersten Niveau noch ungenügend ausgebildet, doch zeigen die bisherigen Auswertungen unserer Daten, daß zwar die meisten, keinesfalls aber alle Kinder auf dem ersten Niveau im Sinne Selmans »unilateral« an der Durchsetzung eigener Interessen orientiert sind. Es gibt durchaus Kinder, die sich genuin an den Gefühlen anderer orientieren und die Konfliktlösungen unter dem handlungsleitenden Gesichtspunkt der Vermeidung negativer Folgen für andere suchen. Diese Gefühlsbeziehung scheint auch eher zum Anlaß für erwartungskonforme Handlungsentscheidungen zu werden als die Sanktionen, die als Konsequenzen der Verletzung von Erwartungen konzipiert werden. Die Rücksichtnahme auf andere – insbesondere den Freund – wird zur Basis der Entwicklung eines moralischen Selbst, welches sich als Teil einer überdauernden Beziehung versteht und sich seiner Verpflichtung und Verantwortung in der Beziehung bewußt ist. Das Verständnis für den normativen Gehalt der Situation ist erst auf dem zweiten Entwicklungsniveau voll gegeben und bleibt zunächst auf die Geltung isolierter moralischer und interpersonaler Regeln begrenzt (daß man ein Versprechen halten muß, daß man einen Freund nicht sitzenlassen darf). Die Verletzung dieser Beziehungen wird jetzt unter normativen Gesichtspunkten als Betrug gesehen, unter dem Gesichtspunkt der Beziehung erlangen jetzt die Folgen für den Freund besondere Bedeutung. Auf dem dritten Niveau werden diese Regeln aus generalisierter Perspektive in ein System von Freundschaftsnormen der Zuverlässigkeit, Vertrauenswürdigkeit und Aufrichtigkeit integriert (Keller und Reuss 1984). Die Genese sozio-moralischer Sensibilität impliziert auch eine zunehmend vertiefte Empathie für die Gefühle anderer, wenn diese durch eigenes Handeln betroffen sind. Während die emotionale Betroffenheit anderer als Folge des eigenen Handelns zunächst zwar gesehen, aber nicht immer berücksichtigt wird, gewinnen empathische Gefühle zunehmend moralischen Stellenwert. Sie sind zunächst vorzugsweise auf den Freund gerichtet, der als Person wahrgenommen wird, deren Gefühle man nicht – oder später nicht ohne triftigen Grund – verletzen sollte. In den meisten Fällen werden empathische Gefühle erst zu einem späteren Zeitpunkt der Entwicklung – auf dem zweiten und vor allem auf dem dritten Niveau – zunehmend über die intime Freundschaftsbeziehung hinaus auf das dritte Kind generalisiert. Es ist interessant, daß dies vor allem auf dem dritten Niveau geschieht, wo sich andererseits die Intimität und zugleich Exklusivität der Freundschaftsbeziehung voll ausbildet. Erst auf diesem Entwicklungsniveau hat sich ein Konzept moralischer Verantwortlichkeit ausgebildet, in dem einerseits das moralische Bewußtsein Teil der Selbstdefinition geworden ist und das Selbst sich im Bewußtsein moralischer Verantwortung gegenüber anderen definiert. Andererseits hat sich eine gefühlsgestützte moralische Einstellung entwickelt, die sich über die intime Beziehung der Freundschaft hinaus zu generalisieren beginnt.

Doch können auf diesem Niveau andere zugunsten eigener Ziele auch strategisch manipuliert werden. Dann ist die Geltung der moralischen Normen zwar bewußt, sie bleiben jedoch dem Selbst insofern external, als sie für das eigene Handeln nicht als verpflichtend im Sinne strikter Notwendigkeit (Blasi 1980) erlebt werden. Das Verständnis der Verpflichtungen drückt sich dann jedoch im Verständnis der Begründungs- und Rechtfertigungsnotwendigkeit aus (Edelstein, Keller, v. Essen und Mönnig 1984; Keller 1984). Das Verständnis für die Notwendigkeit der Rechtfertigung des Verstoßes gegen Ansprüche und Erwartungen bzw. Normen ist also gleichermaßen entwicklungsabhängig wie das Verständnis von Verpflichtungen und Verantwortlichkeiten, oder anders gesagt, die Sensibilität für den moralischen Gehalt der Situation drückt sich auch in den Begründungen bzw. Rechtfertigungen und Entschuldigungen des Verstoßes gegen Verpflichtungen und Verantwortlichkeiten aus. Dieser Aspekt der moralischen Entwicklung blieb in bisherigen Forschungen weitgehend unberücksichtigt. Auch hier liegen Anknüpfungspunkte für die Beziehung zwischen moralischem Bewußtsein und dem, was wir moralische Persönlichkeit nennen.

Anmerkung

Die vorliegende Untersuchung ist Teil einer interdisziplinären Längsschnittstudie »Kindliche Entwicklung und soziale Struktur« im Forschungsbereich Entwicklung und Sozialisation des Max-Planck-Instituts für Bildungsforschung in Berlin. Sie wurde zudem durch ein Habilitationsstipendium der Deutschen Forschungsgemeinschaft gefördert. Ich möchte Wolfgang Edelstein für kritische Diskussionen danken; Siegfried Reuss ist an einer handlungstheoretischen Interpretation des Konzeptes beteiligt. Cornelie von Essen und Michael Mönnig haben an der Ausarbeitung der Entwicklungsniveaus mitgearbeitet.

Literatur

Blasi, A. (1980), »Bridging moral cognition and moral action. A critical review of the literature«, in: *Psychological Bulletin 88*: 1-45.

Blum, L. A. (1980), *Friendship, Altruism and Morality*, London: Routledge & Kegan Paul.

Damon, W., und Selman, R. L. (1975), »The necessity (but insufficiency) of social perspective-taking for conceptions of justice at three early levels«, in: DePalma, D. J., und Foley, J. M. (Hg.), *Moral Development. Current Theory and Research*, Hillsdale, N. J.: Erlbaum.

Denzin, N. K. (1980), »A phenomenology of emotion and deviance«, in: *Zeitschrift für Soziologie* 9: 251-261.

Döbert, R., und Nunner-Winkler, G. (1978), »Performanzbestimmende Aspekte des moralischen Bewußtseins«, in: Portele, G. (Hg.), *Sozialisation und Moral*, Weinheim: Beltz.

Edelstein, W., Keller, M., v. Essen, C., und Mönnig, M. (1984), *Moral Awareness, Action Decision and Moral Consistency*. Beitrag zum 7. Treffen der »International Society for the Study of Behavioral Development«, München 31.7.-4.8.1984.

Edelstein, W., und Noam, G. (1982), »Regulatory structures of the self and ›postformal‹ stages in adulthood«, in: *Human Development 25*: 407-422.

Frankena, W. (1973), *Ethics*, London: Prentice-Hall.

Gilligan, C. (1982), *In a Different Voice. Psychological Theory and Women's Development*, Cambridge, Mass.: Harvard University Press; deutsch: *Die andere Stimme. Lebenskonflikte und Moral der Frau*, München: Piper 1984.

Haan, N. (1978), »Two moralities in action context: Relationships to thought, ego-regulation and development«, in: *Journal of Personality and Social Psychology 36*: 286-305.

Hamlyn, D. W. (1974), »Person perception and our understanding of others«, in: Mischel, T. (Hg.), *Understanding Other Persons*, Oxford: Basil Blackwell.

Hildebrand, D. K., Laing, J. D., und Rosenthal, H. (1977), *Prediction Analysis of Cross-Classifications*, New York: Wiley.

Hoffman, M. L. (1975), »Developmental synthesis of affect and cognition and its implications for altruistic motivation«, in: *Developmental Psychology 11*: 607-622.

Hoffman, M. L. (1982), »Affect and moral development«, in: Cicetti, D., und Hesse, P. (Hg.), *New Directions for Child Development: Emotional Development*, Nr. 16.

Keller, M. (1976), *Kognitive Entwicklung und soziale Kompetenz: Zur Entwicklung der Rollenübernahme in der Familie*, Stuttgart: Klett.

Keller, M. (1982), »Die soziale Konstitution sozialen Verstehens: Universelle und differentielle Aspekte«, in: Edelstein, W., und Keller, M. (Hg.), *Perspektivität und Interpretation*, Frankfurt: Suhrkamp.

Keller, M. (1984), »Resolving conflicts in friendship: The development of moral understanding in everyday life«, in: Gewirtz, J., und Kurtines, W. (Hg.), *Morality, Moral Behavior and Moral Development*, New York: Wiley.

Keller, M., und Maute, M. (1983), »Die Entwicklung interpersonaler und moralischer Sensibilität«, in: Lüer, G. (Hg.), *Bericht über den 33. Kongreß der Deutschen Gesellschaft für Psychologie in Mainz 1982*, Göttingen: Hogrefe, 599-603.

Keller, M., und Reuss, S. (1984), »An action theoretical reconstruction of the development of social cognitive competence«, in: *Human Development* 27: 211-220.

Keller, M., und Reuss, S. (1985), »The process of moral decision-making. Normative and empirical conditions of participation in moral discourse«, in: Berkowitz, M. W., und Oser, F. (Hg.), *Moral Education: Theory and Practice*, Hillsdale, N. J.: Erlbaum.

Kohlberg, L. (1968), »Stage and sequence: The cognitive-developmental approach to socialization«, in: Goslin, D. A. (Hg.), *Handbook of Socialization Theory and Research*, Chicago: Rand McNally, 374-380.

Kohlberg, L. (1976), »Moral stages and moralization: The cognitive-developmental approach«, in: Lickona, T. (Hg.), *Moral Development and Behavior*, New York: Holt, Rinehart & Winston, 31-53.

Kohlberg, L. (1981), *Essays on Moral Development. Vol. 1: The Philosophy of Moral Development*, San Francisco: Jossey Bass.

Mead, G. H. (1968), *Geist, Identität und Gesellschaft aus der Sicht des Sozialbehaviorismus*, Frankfurt: Suhrkamp.

Melden, A. S. (1977), *Rights and Persons*, Berkeley: University of California Press.

Piaget, J. (1973), *Das moralische Urteil beim Kinde*, Frankfurt: Suhrkamp.

Rawls, J. (1975), *Eine Theorie der Gerechtigkeit*, Frankfurt: Suhrkamp.

Selman, R. L. (1976), »Toward a structural analysis of developing interpersonal relations concepts: Research with normal and preadolescent boys«, in: Pick, A. (Hg.), *Tenth Annual Minnesota Symposium on Child Psychology*, Minneapolis: University of Minnesota Press.

Selman, R. L. (1980), *The Growth of Interpersonal Understanding*. New York: Academic Press; deutsch: *Zur Entwicklung des sozialen Verstehens. Entwicklungspsychologische und klinische Untersuchungen.* Frankfurt: Suhrkamp 1984.

Selman, R. L. (1980), *The Relation of Social Perspective-Taking to Moral Development. Analytic and Empirical Approaches*, Harvard Graduate School of Education, Typoskript.

Sykes, G. M., und Matza, D. (1957), »Techniques of neutralization: A theory of delinquency«, in: *American Sociological Review* 22: 664-670.

Turner, R. H. (1962), »Role-taking: Process versus conformity«, in: Rose, A. M. (Hg.), *Human Behavior and Social Processes*, London: Routledge & Kegan Paul.

Youniss, J. (1980), *Parents and Peers in Social Development*, Chicago: Chicago University Press.

Youniss, J. (1981), »Moral development through a theory of social construction: An analysis«, in: *Merrill Palmer Quarterly* 27: 385-412.

Wolfgang Lempert
Moralische Entwicklung und berufliche Sozialisation

1. Leitfragen und Aufbau dieser Abhandlung

Menschliche Bewußtseinsformen entwickeln und verändern sich durch die Auseinandersetzung der Individuen mit den Anforderungen und Gegebenheiten ihrer Umwelt. Das gilt auch für den Bereich der *Arbeit*, des *Betriebs* und des *Berufs*. Sowohl die Vorbereitung auf eine berufliche Tätigkeit als auch deren Ausübung, Wandel und Wechsel können tiefgreifende und nachhaltige Transformationen unserer Wahrnehmungsstrukturen und Denkweisen mit sich bringen. Hierfür spricht nicht nur die alltägliche Erfahrung – etwa von Umorientierungen, die mit beruflichen und sozialen Auf- und Abstiegsprozessen einhergehen; Ergebnisse sozialwissenschaftlicher Forschung weisen in die gleiche Richtung.[1]

Gilt das auch für die Entwicklung der *moralischen Urteilsfähigkeit*, deren postkonventionelle, autonome Formen sich, wenn überhaupt, oft erst im Erwachsenenalter entfalten? Wird auch ihre Ausbildung durch die Sozialisation für den Beruf und durch den Beruf beeinflußt, oder stellt die Arbeitssphäre ein soziales Subsystem dar, in dem unser Handeln so stark durch Sachzwänge und Zweckrationalität bestimmt ist, daß hier moralisches Urteilsvermögen weder gefordert noch gefördert wird?

Weiterhin: Wodurch wirken Arbeitssituationen, Betriebsstrukturen und Berufsbereiche bzw. Arbeitsmarktsektoren als Milieus moralischer Sozialisation? Welche Konstellationen von Bedingungen der vorberuflichen, beruflichen und außerberuflichen Sozialisation lassen einen günstigen Verlauf der moralischen Entwicklung erwarten? Welche sozialen Kontexte dürften sie eher blockieren oder gar umkehren – bereichsspezifisch oder generell? Wie wirken die derart ausgebildeten Strukturen des moralischen Bewußtseins auf die betrieblichen und gesellschaftlichen Verhältnisse zurück?

Mit diesen Fragen möchte ich mich nachstehend in zwei Durchgängen befassen. Im *ersten* versuche ich mit Hilfe theoretischer

Überlegungen und auf der Grundlage einschlägiger abgeschlossener empirischer Untersuchungen systematisch darzulegen,
– daß die Arbeitssphäre als ein Bereich moralisch relevanter sozialer Konflikte anzusehen ist, die sowohl ihre Binnenstruktur als auch ihre Beziehungen zu anderen gesellschaftlichen Subsystemen betreffen (2.1), und
– daß die moralische Entwicklung der Arbeitenden sowohl durch deren *jeweilige* Erwerbstätigkeit, besonders durch die damit verbundenen sozialen Beziehungen, Dispositionsspielräume und Gratifikationen, als auch durch die *Abfolge* ihrer beruflichen Positionen, nicht zuletzt durch die Antizipation betrieblicher Selektionsprozesse, maßgeblich und sozial folgenreich beeinflußt werden kann (2.2).

Im *zweiten* Durchgang beziehe ich mich auf unser eigenes Forschungsprojekt und zeige vor allem anhand von Fallbeispielen,
– daß nur ein Teil der in die Untersuchung einbezogenen jungen Facharbeiter moralische Probleme der Arbeitssphäre, des Freizeitbereichs und der gesellschaftlich-politischen Öffentlichkeit durchgängig oder zumindest überwiegend auf derselben Argumentationsebene zu lösen versucht, daß ein anderer Teil dagegen für verschiedene Bereiche nicht nur stufenverschiedene, sondern sogar ebenenheterogene Begründungen für seine Lösungsvorschläge vorbringt (3.1) und
– daß relativ konsistent und kontinuierlich asymmetrische Strukturen der vorberuflichen, beruflichen und außerberuflichen Sozialisation je nach der damit einhergehenden persönlichen Zuwendung eher zu durchgängig bzw. überwiegend vorkonventionellen oder konventionellen Urteilsstrukturen führen, weiterhin, daß mäßig inkonsistente und diskontinuierliche Sozialisationsmuster eher den Übergang von konventionellen zu postkonventionellen Orientierungen fördern, während sehr starke Diskrepanzen synchroner und diachroner Entwicklungsbedingungen die Ausbildung bereichsspezifisch verschiedener Niveaus der moralischen Urteilsfähigkeit begünstigen dürften (3.2).

2. Überlegungen und Befunde zur moralischen Relevanz beruflicher Erfahrungen

2.1 Berufsarbeit als Gegenstandsbereich moralischer Reflexion

Jürgen Habermas hat – in Anknüpfung an Hegels Jenenser »Philosophie des Geistes« – den *Arbeitsbegriff* so zu fassen versucht, daß Moralität *per definitionem* aus der Arbeitssphäre ausgeschlossen ist: als rein instrumentales Handeln – ganz gleich, ob die betreffende Tätigkeit sich auf die gegenständliche oder die soziale Umwelt bezieht (Habermas 1968). Dieser Begriff von Arbeit mag für die Klärung mancher Probleme hilfreich sein. Fragen wir aber nach der Bedeutung der Arbeit für die moralische Sozialisation, dann liegt es näher, von einem Arbeitsbegriff auszugehen, der unserer alltäglichen Erfahrung mehr entspricht und alles einschließt, was wir assoziieren, wenn von »Arbeit«, insbesondere auch von Erwerbsarbeit, die Rede ist: nicht nur zweckbestimmte Tätigkeiten, sondern auch soziale Beziehungen, die prinzipiell konfliktträchtig sind und daher der moralischen Regelung bedürfen.

Arbeitsbezogene soziale Konflikte betreffen unter anderem innerhalb der Arbeitssphäre
– die Beziehungen zwischen Arbeitskollegen sowie zwischen größeren Gruppen von statusgleichen Erwerbstätigen (Kooperation versus Rivalität, Solidarität versus Abgrenzung),
– die Beziehungen zwischen Unternehmen identischer und verschiedener Branchen (Konkurrenten, Lieferanten und Kunden) und
– die Strukturen und Funktionen betrieblicher und beruflicher Hierarchien und Karrieren (insbesondere die ungleiche Verteilung von Belastungen und Belohnungen);
im Verhältnis der Arbeitssphäre zu anderen Lebensbereichen
– den Gebrauchswert der produzierten Güter (zum Beispiel von bestimmten Medikamenten) und geleisteten Dienste (zum Beispiel von manipulativen Verkaufsstrategien, bürokratischer Bevormundung oder Symptomkuren) für Konsumenten, Klienten, Patienten usw.,
– die arbeitsbedingten Erfordernisse und arbeitsvermittelten Chancen individueller und familialer Reproduktion im Privat-

leben (Arbeitszeitstruktur, Bezahlung, Angebot an Wohnungen, Erholungs- und Bildungsmöglichkeiten im Einzugsbereich der Arbeitsstätte usw.) und
– die Verbesserung von Arbeits- und Lebensbedingungen durch politisches Handeln (Herstellung von sozialer Gerechtigkeit und gesellschaftlicher Demokratie).[2]

Die bezeichneten Probleme hängen vielfältig miteinander zusammen, und sie betreffen Angehörige verschiedener Funktions- und Statusgruppen in unterschiedlicher Weise. Die Arbeit der Angehörigen mancher Berufe – wie Sozialarbeiter, Soldaten, Polizisten und Juristen – ist nicht nur mit sozialen Konflikten verbunden, sondern direkt auf deren Bewältigung gerichtet.

Je nach der beruflichen Tätigkeit und Stellung der Beschäftigten werden von ihnen unter den gegebenen Bedingungen Handlungs- und Verhaltensweisen verlangt, die verschiedene Niveaus der moralischen Urteilsfähigkeit voraussetzen – nicht nur höhere, sondern auch niedrigere Stufen.[3] Mehr noch: Unter den gegebenen Bedingungen ist das *Bestreben* zu erkennen, *moralisch relevante Orientierungen und Fähigkeiten im System gesellschaftlich organisierter Arbeit weitgehend überflüssig zu machen.* Wenn die betriebliche und gesellschaftliche Integration sowohl der aufgeteilten Einzeltätigkeiten als auch der verselbständigten Subsysteme (wie Produktions-, Reproduktions- und politischer Bereich) nicht nur durch bürokratische Vorschriften und Marktgesetze, sondern auch durch technologische Strategien (neuerdings besonders durch den Einsatz von Mikroprozessoren) geleistet wird, scheint es hierzu nicht länger sozialer Normen und Verständigungsprozesse sowie der zugrunde liegenden psychosozialen Potentiale zu bedürfen.[4] Jedoch wurden durch die Einführung solcher autoregulativer Mechanismen spezifische Lösungsmuster sozialer Konflikte den Arbeitenden zwar *faktisch* für längere Zeiträume vorgegeben, aber nicht *notwendig* moralischer Reflexion und veränderndem Handeln entzogen. Auch wenn mit dem »Wertwandel«, von dem in den letzten Jahren immer wieder die Rede war, tatsächlich ein *subjektiver* Bedeutungsverlust von Arbeit, Betrieb und Leistung verbunden wäre, so ändert sich doch so lange nichts an deren *objektiver* moralischer Relevanz, wie die Struktur und Entwicklung unserer Gesellschaft maßgeblich durch Arbeit bestimmt wird.

Moralität kann also bis heute sinnvoll auf die Arbeitssphäre bezogen werden – funktional. Aber gilt das auch sozialisatorisch? Das heißt, wird die moralische Entwicklung auch durch die Auseinandersetzung der Arbeitenden mit ihrer Arbeit beeinflußt, oder wird das moralische Bewußtsein ausschließlich in anderen Lebensbereichen ausgebildet? Welche (äußeren) Bedingungen fördern die moralische Entwicklung im allgemeinen, welche die Ausbildung ebenenspezifischer Strukturen der moralischen Urteilsfähigkeit? Welche Elemente, Formen, Sequenzen und Determinanten beruflicher Sozialisation sind an diesen Prozessen beteiligt? Durch welche Akzente unterscheidet sich die berufliche von der außerberuflichen moralischen Sozialisation? Wie wirkt sie mit deren Einflüssen zusammen und auf die Arbeitsverhältnisse sowie auf die gesamte Gesellschaft zurück?

Unter moralischer Entwicklung verstehe ich hier die selbständige Reorganisation moralischer Begründungsstrukturen durch die zunehmende und zunehmend gleichrangige Berücksichtigung aller Interessen, Intentionen, Regeln, Normen und Werte, die durch einen sozialen Konflikt betroffen sind. Dieser Prozeß wird *in allen Lebensbereichen* begünstigt,

- wenn die Individuen mit verschiedenartigen sozialen Konflikten konfrontiert werden,
- wenn sie genügend Gelegenheit haben, mögliche Konfliktlösungen zu reflektieren, zu diskutieren und auszuprobieren,
- wenn sie bei ihren Mitmenschen mit Verständnis und Unterstützung rechnen können,
- wenn ihnen eine ihren Fähigkeiten angemessene Verantwortung für sich selbst und für andere zugestanden bzw. übertragen wird,
- wenn die sozialisierenden Institutionen insgesamt nicht sehr hierarchisch und restriktiv, sondern eher egalitär und demokratisch strukturiert sind, *und*
- wenn all diese Bedingungen von Lebensbereich zu Lebensbereich, auch innerhalb einzelner Bereiche (wie Arbeit, Privatsphäre und Öffentlichkeit), und im Zeitablauf variieren.[5]

Entscheidend ist das Verhältnis von Rangordnung und Gleichheit, Fremd- und Selbstbestimmung. Daneben spielen die persönliche Zuwendung (im Sinne von Verständnis und Unterstützung), die Stärkung des Verantwortungsbewußtseins durch Hinweise auf soziale Folgen individuellen Handelns (»Induktion«) und der Grad der Heterogenität bereichs-, situations- und phasenspezifischer Normen und Werte eine wichtige Rolle: Fortgesetzt status- und machtbetonte Interaktionen führen meist zur Fixierung (oder sogar zur Regression) auf die vorkonventionelle Ebene (der Orientierung an Sanktionen und am eigenen Vorteil), wenn sie mit wenig Zuwendung verbunden sind. Zuwendung und Induktion fördern hingegen den Übergang auf die konventionelle Ebene (der sozialen Unterordnung und der Betonung von Gemeinsamkeiten). Hier endet in der Regel die moralische Entwicklung in hierarchisch (das heißt auch: monolithisch) strukturierten Milieus, in denen Tendenzen, die mit den herrschenden Perspektiven konfligieren, harmonisierend verdrängt, zumindest unterdrückt werden. Die postkonventionelle Ebene (des Ausgleichs zwischen individuellen Interessen und sozialen Orientierungen) wird am ehesten in sozialen Kontexten erreicht, in denen gleichberechtigte Individuen und Gruppen sich zwar in ihren gesellschaftlichen und politischen *Grund*vorstellungen einig sind, im übrigen aber miteinander konkurrierende Zielsetzungen verfolgen (Pluralismus).[6] Fehlt die gemeinsame Basis, klaffen also die Wertorientierungen der Gruppen, Institutionen und sozialen Subsysteme, in die der einzelne integriert ist, allzu weit auseinander (Anomie), dann ist eher mit vorkonventionellen, konventionellen oder auch inkonsistenten, »segmentierten« Strukturen der moralischen Urteilsfähigkeit zu rechnen, je nach dem Charakter und Kräfteverhältnis der rivalisierenden Richtungen.[7]

Die skizzierten Bedingungen lassen sich auch *in der Arbeitssphäre* in unterschiedlichen Ausprägungen und Konstellationen wiederfinden, und ihre erwarteten Auswirkungen auf die Entwicklung des moralischen Bewußtseins bzw. nahe verwandter sozialer Orientierungen wurden zum großen Teil schon empirisch bestätigt. Von den vielfältigen sozialen Problemen und Konflikten, die mit der gesellschaftlichen Arbeit verbunden sind, ist schon im vorigen Abschnitt (2.1) die Rede gewesen. Die sozialen Reflexions-, Diskussions- und Experimentierchancen am Arbeitsplatz variieren mit der Zeitstruktur der Tätigkeit, den sozialen Beziehungen, dem Entscheidungsspielraum und dem Grad der Überwachung im Betrieb. Zeitstruktur und soziale Beziehungen bestimmen auch das Maß der möglichen Unterstützung durch Mitarbeiter; Entscheidungsbefugnisse und Überwachung kennzeichnen die Reichweite der Eigenverantwortung. Alle angeführten Arbeitsaspekte, die eng miteinander korrelieren und für die das erforderliche Qualifikationsniveau ein guter Indikator ist, beeinflussen nach empirischen Studien moralisch relevante Orientierungen (wie Kommunikationsfreudigkeit und Autoritarismus).[8] Auch die Auseinandersetzung mit den Maßstäben, nach denen betriebliche Arbeitsleistungen und Verhaltensweisen honoriert und berufliche Positionen vergeben werden, wirken sich mit hoher Wahrscheinlichkeit auf die moralische Entwicklung der Individuen aus.[9]

Die genannten Momente moralischer Sozialisation in der beruflichen Ausbildung und Tätigkeit sind von Arbeitsplatz zu Arbeitsplatz, von Betrieb zu Betrieb – auch von Branche zu Branche – und von Beruf zu Beruf verschieden (restriktiv) ausgeprägt.[10] Sie beeinflussen die moralische Entwicklung weniger durch ihre jeweiligen Konfigurationen als durch ihre *biographischen Sequenzen*. Diese sind von Arbeitsmarktsektor zu Arbeitsmarktsektor anders strukturiert, variieren aber auch innerhalb der einzelnen Sektoren. Die Sektoren betrieblicher und überbetrieblicher Arbeitsmärkte haben sich im Laufe von Auseinandersetzungen zwischen Unternehmern und abhängig Beschäftigten etabliert. Im Hinblick auf differentielle Sozialisationsprozesse erscheint vor allem die Unterscheidung zwischen den hierarchisch gegeneinander abgegrenzten Teilarbeitsmärkten für unqualifizierte, primär betrieblich und primär schulisch qualifizierte Personen relevant.[11]

Die *Besonderheiten der beruflichen gegenüber der vor- und außerberuflichen Sozialisation* sind vor allem darin zu sehen, daß die Individuen in der Arbeitssphäre meist massiver mit ökonomisch sanktionierter sozialer Herrschaft konfrontiert und häufig stärker in hierauf bezogene individuelle und kollektive Auseinandersetzungen verwickelt werden als in anderen Lebensbereichen. Weil von den Leistungs- und Verhaltenskontrollen, mit deren Hilfe betriebliche Herrschaft in erster Linie ausgeübt wird, nicht nur die Bezahlung, sondern auch die berufliche Stellung und Karriere abhängen, ist die Nötigung sehr groß, sich den zugrunde liegenden Standards wenigstens äußerlich anzupassen oder aber sie sich so zu eigen zu machen, daß bereits ihre bloße Erfüllung als Belohnung erlebt wird (Internalisierung); die berufliche Sozialisation behindert also – für sich betrachtet – die Ausbildung und Anwendung postkonventioneller Strukturen der moralischen Urteilsfähigkeit zumindest so lange, wie die Gegenmacht der Arbeitenden, ihrer Organe und Organisationen gering ist.[12]

Die Auswirkungen der beruflichen Sozialisation auf die moralische Entwicklung ergeben sich jedoch auch aus ihrem *Verhältnis zur vor- und außerberuflichen Sozialisation*. Das moralische Urteilsniveau der Berufsanfänger variiert erheblich, unter anderem mit ihrer Herkunftsschicht und (zum Teil wohl altersbedingt) mit ihrem Schulabschluß, auch mit der Heftigkeit ihrer Adoleszenzkrise.[13] Es beeinflußt zwar auch die Fremd- und Selbstselektion beim Übergang in die Berufsausbildung und Erwerbstätigkeit[14] sowie die Wahl der Freizeitaktivitäten; gleichwohl können die Ergebnisse der vorberuflichen Sozialisation und die moralischen Erfordernisse der beruflichen wie der außerberuflichen Sphäre bei verschiedenen Individuen in ganz unterschiedlichem Maße konvergieren und divergieren. Dementsprechend kann *prinzipiell* mit allen bereits angedeuteten Verläufen und Resultaten der moralischen Sozialisation gerechnet werden:

– bei tendenziell kontinuierlich und konsistent asymmetrischen Interaktionen mit der Entwicklung dominant und permanent vorkonventioneller oder konventioneller Orientierungen, je nach der erfahrenen Zuwendung und Induktion,

– bei stärker diskontinuierlichen, mäßig diskrepanten und eher symmetrischen Interaktionen (sowie hinreichender Zuwendung und Induktion) mit der Ausbildung postkonventioneller Urteilsstrukturen und

– bei extremen Diskrepanzen zwischen den moralischen Herausforderungen verschiedener Lebensphasen und -bereiche auch mit Segmentierungen.

De facto sind postkonventionelle Orientierungen auch in modernen Gesellschaften sehr selten.[15]

Weil das moralische Bewußtsein das soziale und politische Handeln mitbestimmt (vgl. besonders Blasi 1980) und weil sozioökonomische Systemstrukturen zumindest in gesellschaftlichen Krisensituationen durch soziales und politisches Handeln verändert werden können (vgl. besonders Habermas 1976), wirkt die moralische Sozialisation in der Arbeitssphäre auf deren eigene Verfassung sowie auf die Verhältnisse in anderen Lebensbereichen zumindest zeitweise zurück; und weil die Probleme moderner, das heißt komplexer Gesellschaften nur mit Hilfe postkonventioneller Orientierungen bewältigt werden können[16], die berufliche Sozialisation – auch im Zusammenspiel mit der vor- und außerberuflichen Sozialisation – hier aber nach wie vor eher die Ausbildung vorkonventioneller und konventioneller moralischer Orientierungen begünstigt, erscheinen diese *Rückwirkungen* ebenso dysfunktional für die gesellschaftliche Evolution, wie es ihre Ursachen für die individuelle Entwicklung sind.

3. Moralisches Bewußtsein, Biographien, berufliche Karrieren und außerberufliche Aktivitäten von jungen Facharbeitern

Die nachstehend präsentierten und interpretierten empirischen Befunde stammen aus unserem eigenen Forschungsprojekt »Gesellschaftliche Arbeit als Sozialisation«.[17]

Unsere bisher erhobenen und ausgewerteten Daten beziehen sich auf eine kleine *Stichprobe* von 21 gelernten Facharbeitern (Drehern, Fräsern, Maschinenschlossern und Werkzeugmachern), die zur Zeit der hier ausgewerteten Erhebung (1980/81) durchschnittlich 23 Jahre alt und noch in den Großbetrieben beschäftigt waren, in denen sie ihre Lehre absolviert hatten. Unsere Untersuchung beschränkt sich also auf den Teilarbeitsmarkt primär betrieblich qualifizierter Erwerbstätiger und innerhalb dieser Gruppe auf die ersten Jahre der beruflichen Karriere.[18]

Die *Erhebung* bestand jeweils aus mehreren Intensivinterviews, ausgedehnten Arbeitsbeobachtungen sowie ergänzenden Gesprächen mit betrieblichen Experten. Der Identifizierung des moralischen Bewußtseins lag ein aufgrund interaktionistischer Überlegungen (vgl. Hoff 1981) revidiertes Modell der Moralstufen zugrunde (vgl. Anhang). Im »moralischen Interview« wurden die Befragten mit sechs sozialen Problemen konfrontiert, die sich auf verschiedene Lebensbereiche beziehen und die nach vorhergehenden Gruppendiskussionen im Leben von (jungen) Facharbeitern eine verhältnismäßig große Rolle spielen. Die »Lebensnähe« der vorgegebenen Probleme und Konflikte sowie eine Frageweise, die stärker auf persönliche Stellungnahmen als auf abstrakte Legitimationsmuster zielte, dürfte zumindest einige unserer Gesprächspartner zu Begründungen motiviert haben, die eher ihre (bereichsspezifische) Moralstufe als den Gipfel ihrer sozialkognitiven Fähigkeiten repräsentierten.

Zur *Auswertung* der Interviewprotokolle wurde ein Manual verwendet, das W. Spang (1983) entwickelt hat und das zur Analyse aller strukturell ähnlichen Daten, das heißt auch anderer als der mit Hilfe unseres Leitfadens erhobenen moralischen Urteile, geeignet erscheint.

3.1 Intraindividuelle Konvergenzen und Divergenzen moralischer Argumentationen junger Facharbeiter zu Problemen und Konflikten verschiedener Lebensbereiche

Wieweit sind die moralischen Urteile der einzelnen Befragten ganz oder überwiegend derselben Ebene zuzuordnen? Wieweit variieren sie von Problem zu Problem, Konflikt zu Konflikt – und damit auch von Lebensbereich zu Lebensbereich – über die Grenzen nicht nur zwischen Stufen, sondern auch zwischen Ebenen hinweg? Wieweit also liegen in unserer Stichprobe erhebliche Segmentierungen vor, die dem Postulat nach »strukturierter Ganzheit« sozialkognitiver Stufen (vgl. Kohlberg 1969, 352 f.) stark widersprechen?

Sehen wir uns erst einmal die Verteilung der Befragten auf die verschiedenen Moralebenen und Ebenenkombinationen an.

Befragte Facharbeiter nach der Ebene ihrer moralischen Urteile zu fünf Problemen/Konflikten

(n = 21)

ganz oder überwiegend[19] vorkonventionell	2 (4)[20]
ganz oder überwiegend konventionell	8 (6)
ganz oder überwiegend postkonventionell	3 (4)
teils vorkonventionell, teils konventionell	6 (5)
teils konventionell, teils postkonventionell	1 (0)
alle drei Ebenen	1 (2)

Zunächst fällt auf, daß die moralischen Urteile der interviewten Lehrabsolventen über alle drei Moralebenen streuen, obwohl die Mitglieder der untersuchten Gruppe einander nach soziographischen Merkmalen wie Alter, Berufsgruppe und sozialem Status ziemlich ähnlich sind. Bemerkenswert erscheint außerdem der relativ hohe Anteil der uneinheitlichen Einstufungen: Faßt man die Befragten nach der Homogenität und Heterogenität ihrer moralischen Urteile zusammen, so stehen 13 (14) ebenenhomogen urteilenden Lehrabsolventen immerhin 8 (7) junge Facharbeiter gegenüber, die moralische Begründungsstrukturen mindestens zweier Ebenen beanspruchten. Die moralische Segmentierung tritt also in unserer Stichprobe deutlich hervor.

Im folgenden möchte ich mit Hilfe von *Beispielen* demonstrieren, wie sich bereichsunspezifisch ebenenhomogene und bereichsspezifisch ebenenheterogene moralische Begründungsstrukturen in unserem Sample konkret zeigten.

Der Einfachheit sowie der gebotenen Kürze wegen beschränke ich mich dabei auf die Konflikte »Schweigepflicht des Betriebsrats« und »Fußball versus Liebe«, die für die Arbeitssphäre und den Privatbereich stehen, wähle jedoch als Beispiel für bereichsübergreifend ebenenkonsistent urteilende Personen nur solche Facharbeiter aus, die ein anderes Problem, das sich auf die gesellschaftlich-politische Öffentlichkeit bezieht, auf derselben Moralebene zu lösen versuchten wie die übrigen Probleme/Konflikte und die auch sonst nicht zur Segmentierung tendierten. Der knappe Raum zwingt mich außerdem, fast nur Paraphrasierungen wiederzugeben und die interviewten Lehrabsolventen nur ausnahmsweise wörtlich zu zitieren.[21]

Beispiel 1 – *Gelernter Maschinenschlosser, der als Ausbilder tätig ist und überwiegend vorkonventionell urteilt*
   (= Befragter Nr. 107)

Schweigepflicht des Betriebsrats
Vorgabe: »Das Betriebsverfassungsgesetz verpflichtet die Mitglieder des Betriebsrats, auch die Jugendvertreter, über Betriebs- und Geschäftsgeheimnisse zu schweigen (§ 79). Was ein Betriebs- oder Geschäftsgeheimnis ist, bestimmt die Geschäftsleitung. Soll ein Betriebsratsmitglied Betriebs- und Geschäftsgeheimnisse *grundsätzlich* auch dann verschweigen, wenn sein Schweigen den Kollegen, die ihn gewählt haben, sehr schadet? Zum Beispiel bei Entlassungen weiß der Betriebsrat oft schon lange vor dem Kündigungstermin Bescheid. Soll er die Betroffenen dann sofort informieren, damit sie rechtzeitig nach einem neuen Arbeitsplatz suchen können?«
Argumentation: Um Ruhe im Betrieb zu wahren, müßte der Betriebsrat schweigen. Andererseits haben die Betroffenen mehr Zeit, sich eine neue Arbeit zu suchen, wenn sie früher von ihrer Entlassung erfahren. Wenn damit zu rechnen ist, daß der Betriebsrat sich frühzeitig informiert, sollte die Geschäftsleitung ihn erst spät in ihre Pläne einweihen. Wenn ich (!) als starke Geschäftsleitung der Meinung bin, es müssen Leute entlassen werden, um wirtschaftlich weiterzukommen, dann müssen eben Leute entlassen werden. Wenn der Betriebsrat vorher nichts weiß, kann er niemandem etwas sagen. Wenn die Geschäftsleitung nach ihren Rechten verfährt, »kann se auf den Betriebsrat scheißen«.
Kommentar: Der Befragte erkennt zwar, daß eine frühzeitige Information im Interesse der Betroffenen liegt, weicht aber einer Stellungnahme aus der Perspektive des Betriebsrats aus, indem er die Position der Geschäftsleitung einnimmt und in deren wirtschaftlichem Interesse die Zurückhaltung der Information empfiehlt, soweit die rechtlichen Bestimmungen das zulassen. Das heißt, er instrumentalisiert das Recht im Interesse des Unternehmens, mit dem er sich identifiziert, und ordnet

diesem die Interessen der Arbeitenden unter – eine eindeutig vorkonventionelle Orientierung. Da die Interessen der Arbeitenden immerhin wahr-, jedoch nicht so ernst genommen werden wie die der Geschäftsleitung, ist seine Argumentation der Stufe 2 zuzuweisen.

Fußball versus Liebe
Vorgabe: »Auch hier haben wir ein Beispiel ›erfunden‹. Der ›Held‹ dieser kleinen Geschichte ist ein guter Fußballspieler. Das Fußballspiel ist sein größtes Hobby. Er bekommt die Chance, in der ersten Amateurliga mitzuspielen, in die sein Verein gerade aufgestiegen ist; er muß sich dafür aber verpflichten, für mindestens zwei Jahre regelmäßig am Training und an allen Spielen teilzunehmen, für die er aufgestellt wird. Er willigt gern ein, denn das Fußballspielen ist nun einmal sein größtes Vergnügen.

Kurz danach lernt er ein Mädchen kennen. Ihr imponieren seine sportlichen Fähigkeiten zunächst enorm. Nach einiger Zeit verloben sich die beiden. Allmählich aber stört sie sich daran, daß ihr Verlobter während der Spielzeit jede Woche zwei bis drei Abende auf dem Fußballplatz verbringt und auch an den Wochenenden oft wenig Zeit hat, vor allem bei Auswärtsspielen. Es kommt zu Auseinandersetzungen. Am Ende droht die Verlobung auseinander zu gehen. Er ist in einem Zwiespalt. Was soll er tun?«

Argumentation: Wenn sie das nicht akzeptiert, ist sie die Falsche. Sie kann ja *auch* ihr Hobby haben. Wenn sie zu Hause herumsitzt, wenn er Fußball spielt, ist sie selber schuld. Es gibt heute so viele Möglichkeiten, etwas zu unternehmen. Er sieht als Fußballer den Erfolg des Aufstiegs. Auch wenn die zwei Jahre vorbei sind, sollte er sein Hobby weiter verfolgen. Frauen laufen genug herum. Wenn sie sein Hobby nicht akzeptiert, dann passen sie eben nicht zusammen. Sie sollten schon einigermaßen gleiche Interessen haben.

Kommentar: Wiederum berücksichtigt der Befragte letztlich nur die Perspektive der Seite, mit der er sich identifiziert. Die andere nimmt er kaum wahr; auch realisiert er nicht den Zwiespalt, in dem der Fußballspieler selbst sich befindet (wie er bereits durch die Vorgabe signalisiert und durch Nachfragen noch unterstrichen wurde). Nur das Hobby des ›Helden‹ in der Geschichte zählt. Frauen werden weniger als Individuen denn als Angehörige einer Kategorie gesehen. Die Verlobte soll sich anpassen oder gehen. Der Fußballspieler kann sich dann eine andere Frau suchen, deren Interessen seinen eigenen Vorlieben von vornherein besser entsprechen. ›Zusammenpassen‹ und ›gleiche Interessen haben‹ heißt in diesem Kontext nur, daß sie die Richtige für ihn sein soll, nicht umgekehrt. Das heißt, die Orientierungen der Verlobten gehen allenfalls instrumentell, nicht substantiell in die Begründung des Konfliktlösungsvorschlags ein – ebenfalls eine vorkonventionelle Argumentation.

Beispiel 2 – *Gelernter Maschinenschlosser, der als Reparaturschlosser tätig ist und fast ausschließlich konventionell urteilt*
(= Befragter Nr. 104)

Schweigepflicht des Betriebsrats
Argumentation: Der Betriebsrat sollte nicht schweigen; ich habe ihn ja als Vertrauensmann gewählt. Damit schadet er der Firma nicht: Entlassungen sind in jedem Falle von einem Rückgang der Aufträge begleitet; wird die Belegschaft frühzeitig durch den Betriebsrat informiert und finden dann doch keine Entlassungen statt, dann bleiben die Aufträge stabil. Schweigt der Betriebsrat zu lange, dann finden ältere Kollegen kaum eine Stelle; informiert er sie dagegen rechtzeitig, so können sie sich besser umorientieren. Dafür sollte man eventuell auch einen gerichtlichen Prozeß in Kauf nehmen.

Kommentar: Der Befragte nimmt die Perspektive der Betroffenen voll auf (sie werden durch späte Information in größere Schwierigkeiten gebracht als durch rechtzeitige Bekanntgabe der bevorstehenden Kündigung, und sie haben den Betriebsrat als Mann ihres Vertrauens gewählt) und begründet seinen Lösungsvorschlag von hier aus. Zugleich aber beteuert er, daß eine frühzeitige Ankündigung von Entlassungen sich nicht ungünstig auf die Auftragslage der Firma auswirkt; das heißt, er hält die Interessen der Kontrahenten für kompatibel, sieht also gar keinen echten Konflikt – eine Orientierung, die der konventionellen Stufe 4 entspricht. Konflikthaft stellt sich ihm die Situation aber insofern dar, als dem Betriebsrat ein Gerichtsverfahren droht, wenn er seine Schweigepflicht bricht. Seine Empfehlung, diesen Preis, wenn nötig, zu zahlen, das heißt die eigenen Interessen um der Kollegen willen hintanzustellen, deutet auf die (ebenfalls konventionelle) Stufe 3.

Fußball versus Liebe
Argumentation: Er sollte weiter Fußball spielen. Es gibt Mädchen, die sich selbst stark für Fußball interessieren. Jeder sollte sein Hobby haben, sie auch, dann gibt es auch nicht groß Streit. Es gibt auch Vergnügen, wo man mit dem ganzen Verein ausgehen kann. Man sollte auch tolerant sein, mal seine eigenen Wege, mal zusammen weggehen. Das sollte man wirklich ein bißchen ausgleichen und sich fair verhalten.

Kommentar: Hier harmonisiert der Befragte noch stärker als bei dem zuvor behandelten Konflikt. Diese Neigung tritt in den referierten Aussagen durchgängig hervor, die pointiert wie folgt ausgedrückt werden können: Auch Mädchen können sich für Fußball interessieren; wenn die Verlobte auch ihr Hobby hat, ist sie eher zufrieden; manche Veranstaltungen des Fußballclubs stehen auch ihr offen; man sollte tolerant sein, einen fairen Ausgleich zwischen individuellen und gemeinsamen Interessen herstellen. Kurz: Die Interessen der beiden Verlobten können übereinstimmen, zumindest aufeinander abgestimmt werden; deshalb braucht es keinen großen Streit zu geben, und es sollte ihn auch nicht geben. Das heißt, der Befragte geht überwiegend davon aus, daß im Grunde gar kein ernsthafter Konflikt vorliegt, weil die zur Diskussion gestellten Bedürfnisse miteinander kompatibel sind; demnach argumentiert er auf der (konventionellen) Stufe 4. Soweit der geforderte Abstimmungsprozeß die Interessen der Beteiligten seiner Meinung nach substantiell berührt, sind in seiner Argumentation auch postkonventionelle Tendenzen enthalten. Soweit der Befragte Harmonie und Symmetrie nur betont, damit der männliche Konfliktpartner möglichst wenig zurückstecken muß, ist seine Antwort vorkonventionell motiviert.

Beispiel 3 – *Gelernter Fräser, der in der Kleinserienfertigung tätig ist und überwiegend postkonventionell urteilt*
(= Befragter Nr. 121)

Schweigepflicht des Betriebsrats
Argumentation: Das kommt auf die Situation an. Was ist wichtiger, was ist günstiger für *beide*? Ein guter Betriebsrat sollte zumindest immer Andeutungen machen. Auf den Ruf der Firma sollte er nicht Rücksicht nehmen, wohl aber bedenken, ob nicht eine frühzeitige Bekanntgabe bevorstehender Entlassungen zusätzlich Arbeitsplätze gefährdet, weil bereits erteilte Aufträge wieder zurückgezogen werden, und mit Rücksicht hierauf überlegen, wie weit er gehen soll. Das Gesetz sollte man ruhig übertreten: Gesetze sind immer so gemacht, daß sie für uns schlecht und für den Unternehmer gut sind. Wenn man das Gesetz mechanisch befolgte, wäre es noch schlimmer, als es jetzt ist; dadurch, daß man es immer schon ein bißchen überschreitet, wird manches ausgeglichen. Wenn der Betriebsrat dann angeklagt wird, müßte man einen Warnstreik machen, aber so etwas dürfte gar nicht vorkommen: Es ist die *Pflicht* des Betriebsrats, uns zu informieren; dafür haben wir ihn gewählt, und dafür darf er auch nicht gekündigt werden. Allerdings kann er es auch etwas schlau anfangen, er muß es ja nicht gleich an die große Glocke hängen. *Ich* würde immer versuchen, den Mittelweg zu gehen.

   Kommentar: Der Befragte problematisiert die konkurrierenden Orientierungen (Interessen der Belegschaft und der Unternehmensleitung, gesetzliche Vorschriften) und führt eine Reihe von Gesichtspunkten auf, nach denen situationsspezifische Lösungen gesucht werden sollen, die beiden Seiten gerecht werden – eine durchgängig postkonventionelle Argumentation (Stufe 5).

Fußball versus Liebe
Argumentation: Er soll bei dem Mädchen bleiben. Wenn er aber *nur* zu Hause ist, dann bringt das *auch* irgendwann Spannungen mit sich. Wenn die Verlobung nicht auf dem Spiel steht, die Verlobte aber sehr unter seiner Abwesenheit leidet, dann kann er ja Abstriche machen; etwas

müßte seine Verlobte sich schon vorher auf sein Fußballspielen einstellen, denn sie war ja von vornherein darüber informiert. Man müßte *ihr* auch klarmachen, daß es nicht gut ist, wenn er immer zu Hause ist. Wenn er dauernd zum Training geht, muß sie versuchen, *ihn* zu überzeugen, zumal er ohnehin nicht sein Leben lang Fußball spielen kann. Oder er bleibt von sich aus so lange daheim, bis sie es satt hat.

Kommentar: Im Unterschied zum Beispiel 2 wird hier der Konflikt voll als solcher akzeptiert. Gleichwohl wird eine Lösung gesucht, die sicherstellt, daß die Verlobten zusammenbleiben und daß keine unnötigen Spannungen auftreten: Er sollte zumindest etwas weniger Fußball spielen, sie sein Hobby in gewissem Maße (weiter) tolerieren. Jeder sollte den anderen von einseitigen Forderungen, die das Zusammenleben beeinträchtigen, dadurch abzubringen versuchen, daß er ihn von deren Unsinnigkeit *überzeugt.* Auch diese Argumentation wird den Kriterien der postkonventionellen Stufe 5 durchgängig gerecht.

Beispiel 4 – *Gelernter Dreher, der in der Massenfertigung tätig ist und der im Arbeitsbereich zu vorkonventionellen und in der Privatsphäre zu postkonventionellen Urteilen tendiert* (= Befragter Nr. 126)

Schweigepflicht des Betriebsrats
Argumentation: Ich würde es, damit ich ein ruhiges Gewissen habe, nicht direkt herausposaunen, aber zumindest versteckte Andeutungen machen, damit der betroffene Kollege es sich zusammenreimen kann und nicht wie doof dasteht. Wenn es rauskommt, daß der Betriebsrat seine Schweigepflicht gebrochen hat, kann er leugnen oder sagen, es war privat, oder, er war betrunken. (Irgendwie werden die sich schon rausreden. Wenn sie sich zu dumm angestellt haben, dann ist das eine andere Sache.)

Kommentar: Einerseits argumentiert der Befragte im persönlichen Interesse des Betriebsrats, der sich den Sanktionen entziehen möchte, die die Verletzung der Schweigepflicht (deren Sinn er nicht thematisiert) zur Folge haben kann, und beansprucht damit Begründungsstrukturen der Moralstufe 1. Andererseits möchte er (wenn er an der Stelle des Betriebsrats wäre) sowohl den Kollegen helfen als auch sein Gewissen (gegenüber dem Gesetz) schonen, er orientiert sich damit an Interessen anderer und an abstrakten Normen, die mit seinen eigenen Bedürfnissen tendenziell konfligieren, was der Stufe 3 entspricht. So mischen sich in seiner Argumentation vorkonventionelle und konventionelle Elemente.

Fußball versus Liebe
Argumentation: Ich würde mit ihr sprechen, ihr recht geben – er hängt ja an ihr – und das Fußballspielen etwas einschränken. Das würde ich dem Vereinsvorstand plausibel machen. Wenn der sich stur stellt, dann würde ich mich auch stur stellen. Ein bißchen Verständnis sollte *sie* auch für *ihn*

aufbringen. Wenn sie ihn direkt vor die Alternative stellt, entweder das Fußballspielen aufgeben oder der Trennung zuzustimmen, dann bringt sie kein Verständnis für ihn auf. Wenn sie aber nur ab und zu einmal ein Wochenende mit ihm verbringen möchte, dann würde ich mit dem Vorstand reden. Wenn der kein Verständnis zeigt, würde ich aus dem Verein austreten. Wenn die Verlobte mir ein Ultimatum stellt, würde ich das Fußballspiel vorziehen.

Kommentar: Der Befragte strebt eine Lösung an, die den Interessen aller Beteiligten so weit wie möglich gerecht wird. Diese Lösung soll auf dem Wege wechselseitiger Aussprachen gefunden werden; dabei soll jeder Verständnis für den anderen zeigen und ein wenig zurückstecken – eine weitgehend postkonventionelle Argumentation (Stufe 5).

Für die Validität der dargestellten Einstufungen spricht deren Übereinstimmung mit den sonstigen Indikatoren für die Persönlichkeit der betreffenden vier Befragten: Der erste (der überwiegend vorkonventionell urteilt) weist im übrigen neonazistische Tendenzen auf; der zweite (der fast ausschließlich konventionelle Orientierungen gezeigt hat) präsentiert sich allgemein als jemand, der mit sich und seiner Umwelt im Einklang lebt; der dritte (der überwiegend auf der postkonventionellen Ebene eingestuft wurde) äußerte sich insgesamt sehr differenziert, reflexiv und sorgfältig abwägend; für den vierten endlich (der extrem segmentierte) ist die Arbeitssphäre auch sonst eher ein Bereich instrumentellen Handelns oder auch bloßen Reagierens, nicht verantwortlicher zielstrebiger Aktivität, seine zentralen Lebensinteressen, auch seine speziellen Fähigkeiten betreffen vielmehr die Pflege interpersonaler Beziehungen und damit vor allem den Privatbereich.[22]

Resümierend bleibt festzuhalten,
– daß die befragten Facharbeiter Probleme und Konflikte des Arbeitsbereichs auch unter moralischen Gesichtspunkten betrachten,
– daß sie dabei Begründungsstrukturen aller Moralebenen beanspruchen, das heißt nicht nur vorkonventionell, allenfalls konventionell, sondern zum Teil auch postkonventionell urteilen und
– daß die Mehrzahl die besprochenen Themen aus der Arbeitssphäre, dem Freizeitbereich und der gesellschaftlich-politischen Öffentlichkeit zwar auf derselben Moralebene behandelt, eine starke Minderheit jedoch bereichsspezifisch segmentiert.

3.2 Konfigurationen vorberuflicher, beruflicher und außerberuflicher Entwicklungsbedingungen unterschiedlicher moralischer Urteilsstrukturen

Wie können die unterschiedlichen Ausprägungen des moralischen Bewußtseins der interviewten Lehrabsolventen soziobiographisch *erklärt* werden?

Ich werde hier nur einen Erklärungs*ansatz* präsentieren. Das heißt, ich beschränke mich im wesentlichen darauf, summarisch zu prüfen, wieweit den moralischen Urteilsstrukturen der als Beispiele ausgewählten vier Facharbeiter Konstellationen von Bedingungen der moralischen Entwicklung korrespondieren, die den früher (im Abschnitt 2.2) formulierten Hypothesen über die moralischen Sozialisationseffekte der Interaktion mit tendenziell monolithischen, pluralistischen und anomischen sowie zuwendungsarmen und zuwendungsreichen Sozialmilieus entsprechen. Dabei werden verschiedene Lebensphasen und -bereiche berücksichtigt (Kindheit, Schulzeit, Adoleszenz, Berufsausbildung, Erwerbstätigkeit und Privatsphäre); betont wird jedoch die Rolle der Arbeit.

Es bleibt also an dieser Stelle bei einer bloßen Demonstration möglicher Erklärungen, der umfassendere Analysen folgen müssen. Eine weitere Einschränkung des Geltungsanspruchs der folgenden Ausführungen ergibt sich daraus, daß ich mich vorwiegend auf *Aussagen der Befragten selber* stütze, die die objektiven Bedingungen ihrer moralischen Entwicklung in unterschiedlichem Maße zuverlässig wiedergeben – einfache Fakten und jüngst Geschehenes eher zutreffend, komplexe Prozesse und längst Vergangenes vielfach durch die persönliche Wahrnehmung und Verarbeitung gefiltert und verzerrt. Um jene Elemente ihrer Berichte, die möglicherweise subjektiv gefärbt sind, zu kennzeichnen, gebrauche ich im folgenden den Konjunktiv, metasprachliche Wendungen sowie andere relativierende Formen.

Beispiel 1 – *Gelernter Maschinenschlosser, der als Ausbilder tätig ist und überwiegend vorkonventionell urteilt*
(= Befragter Nr. 107)

Ausgewählte biographische Daten: Seine Eltern seien sehr streng gewesen. So habe er keine Tiere halten dürfen, obwohl die Familie im Grünen wohnte. Er erinnert sich an viele Strafen, vor allem Schläge, die er bis zum Alter von 14/15 Jahren besonders vom Vater bekam; auch sei ihm häufig Stubenarrest verordnet worden (meist zur Erledigung von Hausaufgaben für die Schule). Er hat die Hauptschule besucht, hier eine Klasse wiederholt und ist nach dem Abschluß der 9. Klasse abgegangen. In der Adoleszenz habe er nur noch wenig Konflikte mit den Eltern gehabt. Schon damals habe er sich mehr an Älteren als an Alterskollegen orientiert. Als Vertrauensperson während der Schulzeit erwähnt er eine Tante, danach habe die Mutter diese Rolle übernommen; inzwischen sei sie auf den Vater übergegangen, der ihn erst nach seinem erfolgreichen Abschneiden bei der Lehrabschlußprüfung richtig akzeptiert habe.

Der Vater, der selbst Bauingenieur ist, habe auch seinen Lehrberuf und Lehrbetrieb ausgewählt. Hier hatte der Befragte – so berichtet er – während der Lehrzeit wenig Probleme; nur seine Leistungen hätten zunächst (wiederum) zu wünschen übrig gelassen. Um so größere Schwierigkeiten bekam er hinterher: Sofort nach dem Abschluß seiner Lehre zum Ausbilder befördert, sei er von seinen früheren Lehrkollegen nicht als Autorität akzeptiert worden. Mit Lehrlingen komme er bis heute so schlecht zurecht, daß er nach dem Besuch einer Meisterschule in die Produktion gehen möchte.

Noch immer wohnt er im Elternhaus. Sein Haupthobby ist die Wiederherstellung stark beschädigter Unfallwagen. Er hat eine Freundin, die ein relativ schweres Motorrad fährt. Die Beziehung zu seiner *früheren* Freundin habe ganz und gar auf der gemeinsamen Vorliebe für das Motorradfahren gefußt.

Kommentar: Das Verhältnis zu seinem übermächtigen, autoritären, sehr leistungsorientierten, beruflich erfolgreichen und zumindest früher als ziemlich lieblos erlebten Vater dürfte die Entwicklung des Befragten bis zum Zeitpunkt unserer ersten Erhebung weitgehend bestimmt haben. Andere Interaktionen haben sich demgegenüber weniger erkennbar ausgewirkt: Der Umgang mit der Tante, der Mutter und den Alterskollegen hatte eher einen schwachen Einfluß, die Anforderungen der Lehre entsprachen wahrscheinlich weitgehend den bereits internalisierten Leistungs- und Verhaltenserwartungen des Vaters, die relativ komplexen sozialen Ansprüche der Ausbildertätigkeit waren und sind wohl allzu hoch, als daß er sie produktiv bewältigen könnte, und die Beziehungen zu Mädchen sind offensichtlich stark durch gemeinsame technische Hobbies (Motorradfahren) bestimmt, verlangen also kaum besondere kommunikative Fähigkeiten. Der Befragte ist demnach überwiegend in einer tendenziell monolithisch strukturierten Umgebung aufgewachsen, die ihm mangels befriedigender persönlicher Zuwendung – genauer: infolge anhaltender Entbehrung überzeugender Zeichen der Anerkennung durch die wichtigste Bezugsperson – bisher nicht einmal den Übergang zur konventionellen Ebene ermöglicht hat; von einer Befreiung von seinem Herkunftsmilieu (die der Wechsel zur postkonventionellen Moralität voraussetzt) kann erst recht nicht die Rede sein. Entwicklungschancen – und zwar solche, die auf Arbeitserfahrungen beruhen dürften – sind lediglich daraus abzulesen, daß er seinen Lösungsvorschlag zum Problem »Kollegialität versus Konkurrenz/Autoritätsorientierung im Betrieb« konventionell begründet. Im übrigen wirft seine Biographie ein bezeichnendes

Licht auf die Praxis großbetrieblicher Personalauslese, die selbst beziehungsweise gerade bei Lehrlingsausbildern Defizite kommunikativer Kompetenz in Kauf nimmt, wenn nur die soziale Anpassungsbereitschaft (und damit die Bereitschaft, auch den Lehrlingen solche Konformität zu vermitteln) gesichert erscheint.

Beispiel 2 – Gelernter Maschinenschlosser, der als Reparaturschlosser tätig ist und fast ausschließlich konventionell urteilt
(= Befragter Nr. 104)

Ausgewählte biographische Daten: Seine Eltern erzogen ihn nach seiner Schilderung nicht durchgängig streng oder liberal, sondern verhielten sich eher inkonsistent (ab und zu gab es etwas »hinter die Löffel«). Als er 12 Jahre alt war, wurde die Ehe seiner Eltern geschieden; er blieb mit einem jüngeren Bruder bei der Mutter. Nach der Grundschule besuchte er eine Gesamtschule bis zum Hauptschulabschluß. An diese Schule erinnert er sich gern, weil hier Gymnasiasten, Real- und Hauptschüler in einer sehr freien Atmosphäre nebeneinander unterrichtet worden seien. In der Adoleszenzphase habe er kaum Probleme mit Erwachsenen gehabt. Mit 17 lernte er seine erste Freundin kennen; mit ihr ist er heute verlobt. Nach Äußerungen seiner Lehrkollegen hat er damals sehr unvorteilhaft ausgesehen. Er selbst stellt sich auch als Jugendlicher als jener zufriedene »ruhige Bürger« dar, als der er sich heute präsentiert. Seit seinem 6. Lebensjahr hatte er, motiviert durch seinen Vater, Leistungssport getrieben (Fußballspielen). Dieses Hobby mußte er mit 17 wegen einer schweren Verletzung aufgeben.

Maschinenschlosser war und ist sein Wunschberuf. Sein Berufswunsch sei wesentlich durch das Vorbild des Vaters, der als Bauschlosser arbeitet, angeregt worden. Der Vater habe ihn auch so gut auf die Lehre vorbereitet, daß ihm die Umstellung nicht schwergefallen sei. Mit seinen Ausbildern war er sehr zufrieden. In der Lehrwerkstatt sei aber durch die Benotung des Arbeitstempos ein gewisser Druck auf die Lehrlinge ausgeübt worden. Wie die Berufswahl entsprach auch der an die Lehrzeit anschließende Übergang in die Reparaturabteilung seinem eigenen Wunsch; er fiel ihm *auch* nicht schwer. Gegenüber Vorgesetzten habe er sich hier schnell behaupten gelernt; mit seinen Kollegen komme er gut aus. Inzwischen hat er sich in der Arbeit weiterqualifiziert und auf die Reparatur von NC-Maschinen spezialisiert; ihm werden auch gelegentlich schon Lehrlinge zur betrieblichen Unterweisung anvertraut. Er möchte künftig noch kompliziertere Maschinen reparieren.

Er wohnt zwar noch im Elternhaus, ist hier (da der Vater ausgezogen ist) aber eher Herr als Knecht. Er arbeitet viel am Haus und im Garten und beschäftigt sich intensiv mit Modellbau (Schiffe, Eisenbahnen, Flugzeuge).

Kommentar: Die Verhältnisse, in denen dieser Befragte aufgewachsen ist, und seine derzeitige Arbeits- und Lebenssituation sind durch keine besonderen Restriktionen gekennzeichnet; in der Gesamtschule hat er anscheinend besonders viel Liberalität erlebt. An Zuwendung dürfte es ihm auch kaum gefehlt haben; sonst würde er wohl weniger freundlich über seinen Vater, die Schule und die Ausbilder sprechen. Seine Biographie weist zwar Brüche auf, aber auch Chancen, sie zu kompensieren: Über die Scheidung der Eltern haben ihm vielleicht seine Schul- und Sportkameraden mit hinweggeholfen; als er das Fußballspielen aufgeben mußte, lernte er seine Verlobte kennen. Seine berufliche Entwicklung schloß ohnehin fast nahtlos an seine vorberufliche Sozialisation an und ist auch in sich sehr kontinuierlich verlaufen; seine Berufstätigkeit und seine Freizeitaktivitäten ähneln einander stark. So waren und sind die Bedingungen seiner Sozialisation insgesamt eher homogen, weiterhin emotional positiv gefärbt. Dabei ist nicht auszuschließen, daß er Probleme verharmlost und Konflikte harmonisiert. So ist es unter anderem schwer vorstellbar, daß er in der Pubertät nicht unter seinem Äußeren gelitten hat und daß es bei ihm während der Adoleszenz auch sonst nicht zu krisenhaften Erschütterungen gekommen ist; und die frühe Fixierung an seine Verlobte kann auch als Versuch interpretiert werden, die Verunsicherung zu überwinden, die die Scheidung der Eltern für ihn bedeutet haben mag (auch wenn er eine solche Verunsicherung im Interview nicht erkennen ließ). Jedoch dürften die sozialen Belastungen, denen er in seinem Privatleben ausgesetzt war, einerseits nicht stark genug gewesen sein, um eine Segmentierung seines moralischen Denkens herbeizuführen; andererseits fielen sie in eine Altersphase, die endete, ehe der Übergang auf die postkonventionelle Ebene vollzogen werden konnte; darum erscheint es plausibel, daß dieser Befragte weit überwiegend konventionell argumentiert und nur an zwei Stellen des »moralischen Interviews« (eine davon bezieht sich bezeichnenderweise auf das »Fußballdilemma«) schwache postkonventionelle Tendenzen ahnen läßt (vorkonventionelle Motive können bei ihm zwar auch nicht ausgeschlossen, jedoch auch nicht nachgewiesen werden; vgl. oben). Seine konventionelle Orientierung wurde – das sei abschließend hervorgehoben – vermutlich nicht zuletzt durch seine berufliche Ausbildung und Tätigkeit stabilisiert, weil er dabei weitgehend im Sinne seiner persönlichen Interessen und speziellen Fähigkeiten gefördert und eingesetzt worden ist, zunehmend selbständiger arbeiten konnte und Verantwortung übertragen bekam, ohne in schwierige Konflikte verwickelt zu werden, das heißt auch: weil seine berufliche Sozialisation unter so günstigen Bedingungen stattfand, wie sie im Industriebetrieb eher als atypisch gelten können.

Beispiel 3 – *Gelernter Fräser, der in der Kleinserienfertigung tätig ist und überwiegend postkonventionell urteilt*
(= Befragter Nr. 121)

Ausgewählte biographische Daten: Der Befragte hat überwiegend angenehme Erinnerungen an seine Kindheit. Seine Eltern hätten ihm relativ viel Freiheit gelassen. Erzogen habe ihn vor allem sein Vater. Der habe sich mehr um ihn gekümmert als die Mutter, zu ihm habe er auch ein besseres Verhältnis gehabt. Als er im 8. Schuljahr war, trennten die Eltern sich aber. Ihre Scheidung habe seine weitere Entwicklung stark beeinflußt; damals habe er angefangen, über vieles nachzusinnen. An die Schule denkt er (auch) gern zurück, besonders an die Klassengemeinschaft in der Hauptschule, die er nach der Grundschule absolvierte. Wie seine Eltern seien auch seine Lehrer nicht streng gewesen, eher schon etwas »lasch«. In der Adoleszenzphase sei er sich weitgehend selbst überlassen gewesen: Sein Vater war ausgezogen, seine Mutter durch ihre Erwerbstätigkeit und seine drei jüngeren Geschwister absorbiert. Mit ihr habe er sich zuweilen heftig über deren Erziehung gestritten. Vorübergehend habe er sich stark an einem nur wenig älteren Cousin orientiert. Zu Mädchen habe er lange Zeit keine engeren Beziehungen gehabt (intensive Kontakte wurden später auch durch seinen Abendschulbesuch erschwert). Er sei früher verschlossener und konfliktscheuer gewesen als gegenwärtig.

Eigentlich wollte er Elektrogerätemechaniker werden, konnte in diesem Beruf aber keine gute Lehrstelle bekommen. Der Übergang in die Lehre sei ihm schwergefallen. Seine Ausbilder seien in Ordnung gewesen; mit Berufsschullehrern habe er sich dagegen mehrfach gestritten. Im Lehrbetrieb sei es strenger zugegangen als in der Schule. Auch seinen späteren Arbeitsplatz hat er sich nicht selbst ausgesucht (der entsprach aber seinem Ausbildungsberuf). Probleme hätten ihm dort vor allem die knappen Vorgabezeiten bereitet, das sei noch heute so. Bald nach der Lehrzeit ist er zur Abendrealschule und nach deren erfolgreichem Abschluß auf die Abendfachoberschule gegangen. Nach der Reifeprüfung will er an der Fachhochschule studieren und Ingenieur werden.

Im Laufe unserer ersten Erhebungsserie ist er aus der elterlichen Wohnung ausgezogen, hat die Fachoberschule abgeschlossen und seine Freundin kennengelernt (er wird bald danach heiraten). Während der Jahre des Abendschulbesuchs hat er an mehreren Gruppen-Studienreisen ins Ausland teilgenommen.

Kommentar: Während seiner Kindheit und frühen Jugendzeit dürfte der Befragte in einer leidlich heilen Welt, in der er auch keinen besonderen Restriktionen ausgesetzt war, aufgewachsen und durch Erwachsene, besonders durch seinen Vater, in seiner Entwicklung gefördert worden sein. Diese Bedingungen haben vermutlich dazu geführt, daß er relativ früh die konventionelle Ebene erreichte. Der Schock, den die Scheidung der Eltern für ihn bedeutete, wurde wahrscheinlich durch seine feste Verankerung in der Gruppe der Schulfreunde ein wenig gemildert. Zugleich dürfte er nicht nur reflexiver, sondern auch schon flexibler geworden sein. Anders wäre er kaum fähig gewesen, die folgenden kritischen Jahre durchzustehen, mit den sich stellenden, unterschiedlich strukturierten Problemen (dem mangelnden Rückhalt bei den Eltern, den Konflikten mit der Mutter, der eher restriktiven Lehre und Tätigkeit in einem nicht angestrebten Beruf, den sozialen Entbehrungen, die der Versuch mit sich brachte, sich durch jahrelangen Besuch von Abendschulen für einen besseren Posten zu qualifizieren, und seiner Introvertiertheit und Scheu vor Auseinandersetzungen) allmählich fertig zu werden und in schrittweiser Bewältigung dieser vielfältigen psychosozialen Anforderungen postkonventionelle Orientierungen zu entwickeln. Infolge seiner bereits erworbenen kognitiven und sozialen Kompetenz mußte ihm seine Ausbildungs- und Berufssituation frühzeitig unangemessen erscheinen; diese Fähigkeiten ermöglichten ihm zugleich, sich außerhalb der Arbeitssphäre einen Ausweg (Weiterbildung) und immer wieder auch einen Ausgleich (Auslandsreisen) zu suchen, deren Beanspruchung seine Handlungspotentiale, auch sein moralisches Urteilsvermögen, weiter gesteigert hat. Das heißt, er hat die konventionelle Ebene weniger durch die Erfüllung betrieblicher Anforderungen als durch die transitorische und kompensatorische Nutzung außerbetrieblicher Erfahrungschancen überwunden, was ihm aber nur deshalb gelungen sein dürfte, weil er aufgrund seiner vorberuflichen Sozialisation schon über die nötigen psychischen Ressourcen verfügte. Insgesamt genügt sein Werdegang jenen Bedingungen, die weiter oben als Voraussetzungen für die volle Entfaltung der moralischen Urteilsfähigkeit gekennzeichnet worden sind, wurde ihm während seiner Kindheit so viel Freiheit gelassen und Zuwendung entgegengebracht, wie er brauchte, um sich Wünsche seiner Mitmenschen, soziale Normen usw. zu eigen zu machen, hatte er sich in der Folgezeit intensiv mit Ansprüchen auseinanderzusetzen, die einander und seinen eigenen Intentionen teilweise entgegenstanden und deren Diskrepanzen ihn dazu nötigten, sich zu einem eigenen Standpunkt, auch zum selbständigen moralischen Urteilen durchzuringen.

Beispiel 4 – *Gelernter Dreher, der in der Massenfertigung tätig ist und der im Arbeitsbereich zu vorkonventionellen und in der Privatsphäre zu postkonventionellen Urteilen tendiert* (= Befragter Nr. 126)

Ausgewählte biographische Daten: Der Befragte stellt sich als das Lieblingskind seiner Eltern dar, die ihn zunächst auch ziemlich frei hatten aufwachsen lassen. Als er in die Schule kam, sei sein Vater auf einmal sehr viel strenger geworden (und lange auch so geblieben). Der Vater hatte aber nach Meinung des Befragten weniger Einfluß auf ihn als seine nicht so strenge Mutter. Nach der Grundschule besuchte er die Hauptschule und ging von dort »mit drei Fünfen« ab. Er erlebte die Schule als eine sehr restriktive Einrichtung, die Lehrer als eher lieblos. Von beiden Eltern habe er noch als Jugendlicher manchmal Schläge bekommen – bis er sie am Ende auslachte, wenn sie ihn schlagen wollten. Damals habe er auch sonst wenig Respekt vor Erwachsenen gehabt. Noch während der Lehrzeit zog er – nach langen Auseinandersetzungen mit seinem Vater über das abendliche Fernsehen – aus der elterlichen Wohnung in ein eigenes Zimmer. Danach sei sein Verhältnis zu seinem Vater schnell besser geworden. Ausgesprochen habe er sich in dieser Zeit vor allem mit seiner acht Jahre älteren Schwester, auch mit der Mutter. Nach einigen eher flüchtigen Mädchenbekanntschaften verliebte er sich mit 18 zum ersten Mal ernsthaft und verlobte sich bald. Doch die Verlobte konnte sich nicht mit seiner Schichtarbeit abfinden und trennte sich nach drei Jahren von ihm. Er hat lange unter der Trennung gelitten. Als Jugendlicher sei er mit sich selbst ebensowenig zufrieden gewesen wie zur Zeit der ersten Befragung: Damals sei er sehr rüpelhaft gewesen; heute neige er immer noch zum Jähzorn.

Sein ursprünglicher Berufswunsch Binnenschiffer wurde ihm vom Vater und Schwager ausgeredet. Der Schwager riet ihm zu einem Metallberuf; die Lehrfirma habe er selbst gewählt. Hierher sei er ohne besondere Schwierigkeiten aus der ungeliebten Schule übergewechselt. Er wurde aber durch die Ausbilder anscheinend auch nicht sonderlich gefördert. Nach der Lehrabschlußprüfung kam er auf eigenen Wunsch an seinen jetzigen Arbeitsplatz, an dem er schon während seiner Ausbildungszeit einmal gewesen war. Daher sei ihm auch dieser Übergang leichtgefallen. Nachdem ihn seine damalige Verlobte verlassen hatte, fielen seine Arbeitsleistungen stark ab. In die Zukunft denkt er nicht allzu weit und steckt sich auch keine hohen Ziele: Zunächst möchte er an seinem jetzigen Arbeitsplatz (wieder) die Normalleistung erreichen, später vielleicht Einrichter werden. Vorerst läuft er noch Gefahr, an einen (noch) anspruchsloseren Arbeitsplatz versetzt zu werden (was bald nach der ersten Erhebungsserie dann auch passierte). Mit Meistern habe er sich schon öfter gestritten; mit den Kollegen komme er gut aus, ist mit einigen auch privat befreundet.

Obwohl er ein eigenes Zimmer hat, hält er sich viel in der Wohnung der Eltern auf, weil er dort gut versorgt wird. Zur Zeit (der ersten Erhebungsserie) hat er keine Freundin. Außer mit Arbeitskollegen ist er in der Freizeit viel mit seiner Schwester, deren Mann und Kindern zusammen. Er spielt gern Billard und Karten (dabei hat er schon viel Geld verloren), trinkt auch zuweilen »einen über den Durst«. Er ist Mitglied der freiwilligen Bereitschaftspolizei.

Kommentar: Die Entwicklung des moralischen Bewußtseins dieses Befragten ist durch einen starken Kontrast zwischen den Bedingungen seiner interpersonalen und seiner institutionellen Sozialisation gekennzeichnet. *Interpersonal* wurde er intensiv gefördert: Von beiden Eltern sehr geliebt (seine Geburt hat wahrscheinlich deren Ehe gerettet), wird er in der frühen Kindheit eher verwöhnt, später vor allem durch den Vater, aber auch durch die Mutter, strenger erzogen und durchläuft in der Adoleszenz eine ziemlich heftige Ablösungskrise, die mit seiner relativen Verselbständigung einerseits und der Wiederherstellung eines guten Verhältnisses auch zum Vater andererseits endet. Während dieser kritischen Phase hat er in seiner (erheblich älteren) Schwester einen verständnisvollen Gesprächspartner. Diese Verbindung von Zuwendung und (diachron und synchron) unterschiedlicher Strenge seiner Bezugspersonen dürfte ihn zum Auf- und Ausbau seiner vielfältigen sonstigen Sozialbeziehungen (in der Verwandtschaft, unter Gleichaltrigen, auch im Betrieb) motiviert und qualifiziert haben, diese selbst haben sich wahrscheinlich wiederum günstig auf die weitere Entwicklung seiner kommunikativen, auch sozial-kognitiven Fähigkeiten ausgewirkt. So ist er zur Zeit der ersten Erhebung nicht nur sehr selbstreflexiv, sondern auch an der Schwelle von der konventionellen zur postkonventionellen Orientierung angelangt – im interpersonalen bzw. privaten Bereich. Ganz anders verlief seine Sozialisation im *institutionellen* Bereich, auch in der Arbeitssphäre: Hier wurde er von Anfang an, das heißt seit dem Beginn der Schulzeit, mit Leistungsansprüchen konfrontiert, denen er innerlich widerstrebte und die er nur teilweise erfüllen konnte, zumal ihm auch nicht genügend Förderung zuteil geworden sein dürfte, und hier fühlt er sich bis heute derart überfordert, daß auch die Möglichkeit einer Weiterqualifizierung durch Fortbildung für ihn kaum in Betracht kommt. So brachte er aus der Schule schlechte Zeugnisse nach Hause, wurde als Dreher ausgebildet, obwohl er Binnenschiffer werden wollte, so leidet er später unter dem Schichtrhythmus (durch den die Beziehung zu seiner ersten Verlobten zerstört worden ist), unter der Akkordhetze und der Monotonie seiner beruflichen Tätigkeit. Deshalb – vermutlich auch, weil er im interpersonalen Bereich psychische Ressourcen entwickelt hat, die ihn zum Widerstand befähigten – hat er institutionelle, auch betriebliche Regeln (einschließlich derer, die die faire Auseinandersetzung zwischen Geschäftsleitung und Betriebsrat bzw. Belegschaft betreffen) bisher nur teilweise internalisiert. Die Überforderung, der er im institutionellen Bereich ausgesetzt ist, erscheint zu groß, der strukturelle Kontrast zwischen diesem und der Sphäre des von dem Befragten präferierten und besser beherrschten direkten zwischenmenschlichen Umgangs zu scharf, als daß er seine zum Teil noch vorkonventionelle »Arbeits- und Betriebsmoral« mit seinen tendenziell postkonventionellen interpersonalen Orientierungen integrieren könnte – zumal das hierzulande herrschende gesellschaftliche Bewußtsein eine moralische Segmentierung, wie er sie ausgebildet hat, geradezu verlangt (vgl. Döbert 1980: 48-50). Seine beruflich-betriebliche Sozialisation ist also vorerst allenfalls partiell geglückt; insbesondere hat er sich nicht in die bürokratische Ordnung des Großbetriebs eingefügt, sondern diese bislang weitgehend mit Hilfe der von ihm bevorzugten primärgruppenhaften informellen Verkehrsformen unterlaufen, ohne sich durch das Risiko der Degradierung abschrecken zu lassen.

Fazit: Die dargestellten Beispiele
– bestätigen im wesentlichen die Hypothesen, zu deren Prüfung sie dienen sollen, sie
– deuten dabei unter anderem darauf hin, daß auch industrielle *Fach*arbeit unter Bedingungen verrichtet wird, die – vorsichtig formuliert – als solche nur wenig Anreize zur Ausbildung postkonventioneller Urteilsstrukturen bieten, und
– sprechen im übrigen für eine Präzisierung der früher (im Abschnitt 2.2) formulierten globalen Annahmen über Zusammenhänge zwischen der vorberuflichen, beruflichen und außerberuflichen bzw. außerbetrieblichen Sozialisation, nämlich dafür, daß nicht nur der Beitrag der Arbeit zur moralischen Sozialisation von ihrem Verhältnis zur vorberuflichen Sozialisation abhängt, sondern daß auch die außerbetrieblichen Aktivitäten zumindest zunächst stark von diesem Verhältnis bestimmt werden, daß sie sich aber gleichwohl spezifisch auf die moralische Entwicklung auswirken können.

Die Beziehungen zwischen vorberuflicher, beruflicher und außerbetrieblicher moralischer Sozialisation, die hier anhand von vier Beispielen untersucht wurden, wurden auch bei einer Reihe weiterer Lehrabsolventen überprüft, deren moralisches Bewußtsein eine ähnliche Struktur aufwies wie das der vier ausgewählten Fälle. Die Ergebnisse deuten in dieselbe Richtung wie die Resultate der vorstehenden Analyse.

4. Konsequenzen

Weitere Untersuchungen erscheinen wünschenswert. Aber auch schon aus den vorliegenden Befunden können praktische Konsequenzen gezogen werden. Sie betreffen zum einen eine »Moralisierung« der beruflichen Bildung, zum anderen und vor allem aber die Humanisierung der Berufstätigkeit, die Demokratisierung der Unternehmen und die demokratische Kontrolle der Wirtschaft.[23]

Ob es gelingt, die gesellschaftliche Entwicklung so zu beeinflussen, daß die Barrieren moralischer Emanzipation (auch) in der Arbeitssphäre abgebaut werden können, ist freilich ungewiß. Objektiv wäre ein solcher Wandel unseres sozioökonomischen Systems und der zugehörigen Wertvorstellungen überfällig, da dieses System und jene Orientierungen nicht nur evolutionären Fortschritten im Wege stehen, sondern sogar unser bloßes Überleben eher gefährden als garantieren. Subjektiv wird die gesellschaftliche Dysfunktionalität kapitalistischer Wirtschaft und bürokratischer Herrschaft von vielen Menschen zumindest geahnt. Ob das Unbehagen der Massen eher in die Sackgasse autoritärer Regressionen führen wird, weil die Komplexität der aktuellen Probleme die Mehrheit überfordert, oder ob daraus kollektive Lernprozesse resultieren, die eine radikaldemokratische Erneuerung ermöglichen, bei der den Gewerkschaften eine wichtige Rolle zukäme – wer vermag das heute schon vorherzusagen?

Anhang: Stufen der moralischen Urteilsfähigkeit

Im folgenden wird ein Modell der Niveaus moralischer Urteilsfähigkeit skizziert, das der interaktionistischen Rahmentheorie unseres Forschungsprojekts (vgl. besonders Hoff 1981) besser entspricht als das System moralischer Ebenen und Stufen von Kohlberg (vgl. im vorliegenden Band, S. 130 ff.). In diesem Modell sind die Moral*ebenen* weitgehend übereinstimmend mit Kohlbergs System konzipiert worden, die Moral*stufen* dagegen stärker davon abweichend (vgl. Lempert 1982 a, b). Ich akzentuiere hier deshalb die Beschreibung der Stufen.

Bei deren Definition habe ich mich an Haans (1977) *Kennzeichnungen der Stadien interpersonaler Moralität* angelehnt. Diese Stadien unterscheiden sich voneinander danach,

– welche Interessen der am Konflikt Beteiligten bzw. von ihm Betroffenen überhaupt wahrgenommen werden, nur die eigenen oder auch die fremden und von beiden eher die kompatiblen oder inkompatiblen (bzw. die den Subjekten als miteinander vereinbar oder unvereinbar erscheinenden) Elemente oder beide (= Differenzierung) und

– in welcher Weise die wahrgenommenen Interessen beim Konfliktlösungsvorschlag berücksichtigt, ob sie in eine Rangordnung gebracht und wie sie gegebenenfalls gewichtet werden (= Integration).

Diese Prinzipien bzw. die mit ihrer Hilfe unterschiedenen Stadien oder Stufen lassen sich über den Bereich der interpersonalen Moralität hinausgehend auf die institutionelle und gesellschaftliche Moralität *generalisie-ren*, wenn nicht nur Interessen und Intentionen konkreter Interaktions-partner, auch nicht nur interne Regeln ihrer Interaktion, sondern auch institutionelle Regeln, gesellschaftliche Normen und kulturelle Werte als konkurrierende und im moralischen Urteil aufeinander abzustimmende Orientierungen betrachtet werden und wenn nicht nur fremde Interessen, sondern externe und internalisierte Orientierungen aller Art als mit den eigenen Interessen und Intentionen konkurrierende Perspektiven in die Stufendefinitionen einbezogen werden. Denn die strukturellen Beziehun-gen, durch die Haans Stadien interpersonaler Moralität definiert sind, kennzeichnen die Stufen der Perzeption und kognitiven Verarbeitung von Konflikten nicht nur in Dyaden und Kleingruppen, sondern auch auf höheren Niveaus sozialer Aggregation.

In diesem verallgemeinerten Sinne ist die *erste* Stufe durch den Vorrang des Eigeninteresses gegenüber allen konkurrierenden Orientierungen cha-rakterisiert. Die Priorität des Selbst wird nicht erst durch die Gewichtung, sondern bereits durch die Art der Wahrnehmung der sozialen Umwelt hergestellt bzw. abgesichert: Die konkurrierenden Orientierungen wer-den allenfalls partiell als Orientierungen von Subjekten erkannt, im übrigen nur auf der Ebene ihrer handgreiflichen Auswirkungen perzi-piert. Letztere werden – ebenso wie andere materielle Handlungsbedin-gungen und -folgen – dann soweit berücksichtigt, wie sie die Befriedigung der eigenen Bedürfnisse betreffen. Auf der ersten Stufe richtet das morali-sche Denken (und Handeln) sich also primär nach den Sanktionen, mit denen die Beachtung oder Verletzung der Interessen Stärkerer, sozialer Regeln und Normen geahndet werden, nicht nach den dahinterstehenden Intentionen. Das ist schon deshalb der Fall, weil diese – mangels ausgebil-deter Fähigkeiten zur »Rollenübernahme« – gar nicht hinreichend als Intentionen wahrgenommen werden; die soziale Umwelt tritt hier (im Gegensatz zur magischen Vermenschlichung der außermenschlichen Na-tur) überwiegend nur vergegenständlicht, als Objektwelt nach Art der physikalischen, zum Teil auch der biologischen Realität, nicht in ihrer Besonderheit als soziale in den Blick. Infolge der weitgehenden Verken-nung sozialer Intentionalität *können* moralische Entscheidungen dann nur strategisch, das heißt im Dienste der eigenen Interessen, nicht kom-munikativ, das heißt unter Beachtung des Subjektcharakters der Mitmen-schen, der Dringlichkeit ihrer Bedürfnisse sowie der intersubjektiven Geltungsansprüche sozialer Regeln, Normen und Werte, getroffen wer-den.

Auch auf der *zweiten* Stufe herrscht das strategische Denken vor, das heißt, die Priorität der Eigeninteressen bleibt erhalten; nur werden kon-kurrierende, unter Umständen auch kompatible Orientierungen oder gar allgemein konsensfähige Grundsätze nunmehr immerhin wahr-, wenn auch nur soweit ernst genommen, wie ihre Berücksichtigung bei der

Konfliktlösung einem selbst Vorteile verspricht. Sie werden also nur instrumentell, als Handlungsbedingungen, nicht substantiell, wegen ihrer Eigenansprüche, respektiert, aber eben nicht mehr vergegenständlichend der übrigen Objektwelt gleichgesetzt, sondern wenigstens ansatzweise in ihrer psycho-sozialen Besonderheit erfaßt.

Mit dem Übergang zur *dritten* Stufe – und damit von der vorkonventionellen zur konventionellen Ebene – verbindet sich dann der Wechsel von der strategischen zur kommunikativen Perspektive: Aufgrund der Erfahrung der sozialen Isolierung, die die konsequente Verfolgung der Eigeninteressen mit sich bringt, und im Vertrauen auf den moralischen Wert jener Orientierungen, die mit manchen eigenen Intentionen konkurrieren, ist man nun zu persönlichen Opfern bereit, deren soziale Anerkennung als Entschädigung erfahren wird.

Die wiederholte Enttäuschung dieses Vertrauens durch egoistische »Entgleisungen« von Ego und Alter motiviert dann zur Perzeption und Akzentuierung von Gemeinsamkeiten, von übereinstimmenden und einander ergänzenden Orientierungen, die bisher übersehen wurden, auf Kosten konfligierender Intentionen, auch übergeordneter konsensfähiger Prinzipien, die teils unterdrückt, teils völlig verleugnet bzw. gar nicht erst gesehen werden – damit ist die *vierte* Stufe erreicht. Die Besinnung auf das Gemeinsame ist zugleich ein Prozeß der Abstraktion von den miteinander konkurrierenden Orientierungen, die auf den beiden vorhergehenden Stufen zueinander in Beziehung gesetzt worden sind.

Wenn die Ansprüche der auf der vierten Stufe exkommunizierten partikularen Intentionen sich wieder stärker bemerkbar machen, wird versucht, sie mit den gemeinsamen Orientierungen und miteinander zu versöhnen. Damit deutet sich der Übergang zur *fünften* Stufe, das heißt zur postkonventionellen Ebene an. Er kann als gelungen betrachtet werden, wenn moralische Entscheidungen nach allgemein konsensfähigen Grundsätzen wie Freiheit, Gleichheit und Gerechtigkeit getroffen werden, die es erlauben, sowohl kompatible als auch konfligierende Orientierungen differenziert zu berücksichtigen, zu problematisieren, zu transformieren und deren situationsspezifisch variable Gewichtung zu legitimieren.

Anmerkungen

Dieser Beitrag ist aus dem Projekt »Gesellschaftliche Arbeit als Sozialisation« des Berliner Max-Planck-Instituts für Bildungsforschung hervorgegangen. In dieser Untersuchung werden Zusammenhänge zwischen dem Lebenslauf, insbesondere der Berufsbiographie, und der Persönlichkeitsentwicklung junger Facharbeiter analysiert. Die Mitarbeiter des Projekts sind außer dem Verfasser Ernst Hoff, Hans-Uwe Hohner, Lothar Lappe und Wilfried Spang. Eine Skizze unseres Untersuchungsansatzes findet der Leser in dem Artikel von Hoff, Lappe und Lempert (1981). An der Auswertung der Erhebungsdaten, auf die sich der vorliegende Text bezieht, war vor allem Wilfried Spang beteiligt. Anregungen für die Überarbeitung des Rohmanuskripts lieferten außer den Mitgliedern der Projektgruppe Hans Bertram und Wolfgang Edelstein.

Von diesem Beitrag existiert auch eine Langfassung. Sie enthält speziellere Hypothesen über moralische Sozialisationseffekte großbetrieblicher Arbeitsstrukturen, ausführlichere methodische Hinweise und detailliertere forschungsstrategische, moralpädagogische und arbeitspolitische Schlußfolgerungen. Diese Fassung kann beim Autor bestellt werden (Max-Planck-Institut für Bildungsforschung, Lentzeallee 94, 1000 Berlin 33).

1 Vgl. besonders die Aufsatzsammlung von Kohn (1980); den Handbuchartikel von Heinz (1980); die annotierte Bibliographie von Baitsch und Frei (1978) und das Sammelreferat von Lempert und Hoff (1977).

2 Insofern kann die moralische Urteilsfähigkeit als Komponente des Reproduktionsvermögens betrachtet werden. Vgl. Asendorf-Krings u. a. (1976).

3 Vgl. besonders Edwards (1976); ferner Candee, Graham und Kohlberg (1978).

4 Vgl. besonders Habermas (1981); ferner Bammé u. a. (1983); Volpert (1983).

5 Vgl. die Beiträge von Piaget, S. 106 ff. und 118 ff., sowie von Colby und Kohlberg, S. 130 ff., im vorliegenden Band; Kohlberg, Levine und Hewer (o. J.: 98 f., 234); Kohlberg (1973); Bertram (1980: 723, 739); Power (1979); Hoff (1981).

6 Vgl. den Beitrag von Garbarino und Bronfenbrenner im vorliegenden Band, S. 258 ff.; Döbert und Nunner-Winkler (1983).

7 Vgl. hierzu wiederum den Beitrag von Garbarino und Bronfenbrenner im vorliegenden Band; Edelstein (1982); Levine (1979); Senger (1983); Krämer-Badoni und Wakenhut (1983). Die vorstehenden Ausführungen sollten nicht milieudeterministisch mißverstanden werden. Im Rahmen einer ausführlicheren Darstellung wäre die Beziehung zwischen sozialen Umwelt- und moralischen Urteilsstrukturen als komplexes Wechselspiel zu beschreiben.

8 Vgl. Hoff, Lappe und Lempert (1982: 521-523). Hier wird hinsichtlich des moralischen Bewußtseins besonders auf Untersuchungen von Kohn und Schooler (1973, 1982), Kornhauser (1965) und Meissner (1971) Bezug genommen.

9 Vgl. besonders Edwards (1976); Hack u. a. (1979); Lempert (1981 a).

10 Vgl. auch Burns und Stalker (1966); Mayer u. a. (1981); Portele (1983).

11 Zur Theorie der »Segmentierung« von Arbeitsmärkten vgl. besonders Piore (1972); Edwards (1979); zusammenfassende Darstellungen finden sich bei Lempert, Hoff und Lappe (1979: 485-493), und Hoff, Lappe und Lempert (1982: 523-527).

12 Vgl. Mayer u. a. (1981: besonders 13 f., 25, 104); Lempert (1981 a). Starke informelle Gruppen, formelle Belegschaftsvertretungen (Betriebs-/Personalräte), Gewerkschaften und andere Vereinigungen von abhängig Beschäftigten fördern die moralische Entwicklung ihrer Mitglieder auch nicht in jedem Falle. Ob sie dem einzelnen helfen, seine betrieblichen und beruflichen Konflikte auch *psychisch* produktiv zu bewältigen, hängt wesentlich von ihrer Binnenstruktur sowie von den Formen ab, in denen sie sich mit Unternehmern und Unternehmervertretern auseinandersetzen.

13 Vgl. Mayer u. a. (1981: 264 f., 284, 287, 306 f., 312); Nunner-Winkler (1981: 124); Döbert und Nunner-Winkler (1975: 142, 172 f.).

14 Vgl. Nunner-Winkler (1981: 117 f., 120); Döbert und Nunner-Winkler (1975: 75, 159); Candee, Graham und Kohlberg (1978); Mayer u. a. (1981: 265 f.).

15 Vgl. z. B. Kohlberg (1969: 384 f.).

16 Vgl. den Beitrag von Durkheim, im vorliegenden Band, S. 54 ff.; Bertram (1979).

17 Zu unserem empirischen Vorgehen siehe besonders Hoff, Lappe und Lempert (1983).

18 Zur Variationsbreite der beruflichen Karriere und des gesellschaftlichen Bewußtseins von Facharbeitern vgl. besonders Hack u. a. (1979); zu den Berufswegen von Drehern, Maschinenschlossern und Werkzeugmachern: Lempert (1983).

19 Das heißt nach den Aussagen zu mindestens vier Problemen/Konflikten.

20 Die Zahlen *vor* den Klammern ergeben sich, wenn alle Grenzfälle der konventionellen Ebene zugerechnet werden, die Zahlen *in* den Klammern resultieren dann, wenn man Grenzfälle der vor- bzw. postkonventionellen Stufe zuordnet.

21 Zur Überprüfung der Einstufungen sei der Leser (nochmals) auf den Anhang verwiesen.

22 Zwar unterhält er auch im Betrieb viele Sozialkontakte; diese zeichnen sich aber durch ihren betont informellen, quasi privaten Charakter aus. Vgl. Abschnitt 3.2.

23 Vgl. besonders Bahro (1977); Binswanger u. a. (1980); Lempert (1981 b).

Literatur

Asendorf-Krings, I., Drexel, I., und Nuber, C. (1976), »Reproduktions-vermögen und die Interessen von Kapital und Arbeit. Ein Beitrag zur theoretischen Bestimmung von Qualifikation«, in: Mendius, H. J., u. a.: *Betrieb – Arbeitsmarkt – Qualifikation*, Frankfurt/M., 1: 207 bis 236.

Bahro, R. (1977), *Die Alternative. Zur Kritik des real existierenden Sozialismus*, Frankfurt/M.

Baitsch, C., und Frei, F. (1978), *Qualifizierung in der Arbeitstätigkeit. Eine annotierte Bibliographie einschlägiger Literatur aus dem Zeitraum von 1967-1978*. Zürich: Lehrstuhl für Arbeits- und Betriebspsychologie der Eidgenössischen Technischen Hochschule.

Bammé, A., u. a. (1983), »Arbeiten und Lernen in maschinisierten Lebenswelten«, in: *Arbeit und Technik. Analysen von Entwicklungen der Technik und Chancen in der Gestaltung von Arbeit*, Universität Bremen, 530-540.

Bertram, H. (1979), »Moralerziehung – Erziehung zur Kooperation«, in: *Zeitschrift für Pädagogik* 25: 529-546.

Bertram, H. (1980), »Moralische Sozialisation«, in: Hurrelmann, K., und Ulich, D. (Hg.), *Handbuch der Sozialisationsforschung*, Weinheim, 717-744.

Binswanger, H. C., Geissberger, W., und Ginsburg, T. (Hg.) (²1980), *Wege aus der Wohlstandsfalle. Der NAWU-Report: Strategien gegen Arbeitslosigkeit und Umweltkrise*, Frankfurt/M.

Blasi, A. (1980), »Bridging Moral Cognition and Moral Action: A Critical Review of the Literature«, in: *Psychological Bulletin* 88: 1-45.

Burns, T., und Stalker, G. M. (1966), *The Management of Innovation*, London: Tavistock Publications.

Candee, D., Graham, R., und Kohlberg, L. (1978), *Moral Development and Life Outcomes. Executive Summary*, Cambridge/Mass.: Harvard Center for Moral Education, Typoskript.

Döbert, R. (1980), »›Was mir am wenigsten wehtut, dafür entscheid ich mich dann auch.‹ Normen, Einsichten und Handeln«, in: *Kursbuch* 60: 43-59.

Döbert, R., und Nunner-Winkler, G. (1975), *Adoleszenzkrise und Identitätsbildung. Psychische und soziale Aspekte des Jugendalters in modernen Gesellschaften*, Frankfurt/M.

Döbert, R., und Nunner-Winkler, G. (1983), »Moralisches Urteilsniveau und Verläßlichkeit. Die Familie als Lernumwelt für kognitive und motivationale Aspekte des moralischen Urteils in der Adoleszenz«, in: Lind, G., Hartmann, H. A., und Wakenhut, R. (Hg.), *Moralisches Urteilen und soziale Umwelt. Theoretische, methodologische und empirische Untersuchungen*, Weinheim, 95-122.

Edelstein, W. (1982), »Moral Intervention: A Sceptical Note«, Paper presented at the »International Symposion on Moral Education« in Fribourg, Switzerland, Aug. 30 – Sept. 3.

Edwards, R. C. (1976), »Individual Traits and Organizational Incentives. What Makes a ›Good‹ Worker?«, in: *The Journal of Human Resources* 11: 51-67.

Edwards, R. C. (1979), *Contested Terrain. The Transformation of the Workplace in the Twentieth Century*, New York: Basic Books.

Haan, N. (1977), »A Manual for Interpersonal Morality«, Berkeley/Cal.: Institute of Human Development, University of California, Typoskript.

Habermas, J. (1968), *Technik u. Wissenschaft als Ideologie*, Frankfurt/M.

Habermas, J. (1976), *Zur Rekonstruktion des historischen Materialismus*, Frankfurt/M.

Habermas, J. (1981), *Theorie des kommunikativen Handelns*, 2 Bände, Frankfurt/M.

Hack, L., u. a. (1979), *Leistung und Herrschaft. Soziale Strukturzusammenhänge subjektiver Relevanz bei jüngeren Industriearbeitern*, Frankfurt/M.

Heinz, W. R. (1980), »Berufliche Sozialisation«, in: Hurrelmann, K., und Ulich, D. (Hg.), *Handbuch der Sozialisationsforschung*, Weinheim, 499-519.

Hoff, E. (1981), »Sozialisation als Entwicklung der Beziehungen zwischen Person und Umwelt«, in: *Zeitschrift für Sozialisationsforschung und Erziehungssoziologie* 1: 91-115.

Hoff, E., Lappe, L., und Lempert, W. (1981), »Das Projekt ›Gesellschaftliche Arbeit als Sozialisation‹ des Max-Planck-Instituts für Bildungsforschung, Berlin. Zwischenbericht 1981«, in: Lambrecht, L., und Sandkühler, H. J., *Arbeiterbewegung und Wissenschaftsentwicklung. Wolfgang Abendroth zum 75. Geburtstag*, Köln, 217-226.

Hoff, E., Lappe, L., und Lempert, W. (1982), »Sozialisationstheoretische Überlegungen zur Analyse von Arbeit, Betrieb und Beruf«, in: *Soziale Welt* 33: 508-536.

Hoff, E., Lappe, L., und Lempert, W. (1983), *Methoden zur Untersuchung der Sozialisation junger Facharbeiter*, Berlin: Max-Planck-Institut für Bildungsforschung.

Kohlberg, L. E. (1969), »Stage and Sequence: The Cognitive-Developmental Approach to Socialization«, in: Goslin, D. A. (Hg.), *Handbook of Socialization Theory and Research*, Chicago: Rand McNally, 347 bis 480.

Kohlberg, L. E. (1973), »Continuities in Childhood and Adult Moral Development«, in: Baltes, P. B., und Schaie, K. W. (Hg.), *Life-Span Developmental Psychology. Personality and Socialization*, New York/London: Academic Press, 179-204.

Kohlberg, L. E., Levine, C., und Hewer, A. (o. J.), »Moral Stages: The Current Formulation of Kohlbergs Theory and a Response to Critics«, Cambridge/Mass.: Harvard Center for Moral Education, Typoskript.

Kohn, M. L. (1980), *Persönlichkeit, Beruf und soziale Schichtung*, Stuttgart.

Kohn, M. L., und Schooler, C. (1973), »Occupational Experience and Psychological Functioning. An Assessment of Reciprocal Effects«, in: *American Sociological Review* 38: 97-118. Deutsch in: Kohn 1980.

Kohn, M. L., und Schooler, C. (1982), »Job Conditions and Personality: A Longitudinal Assessment of Their Reciprocal Effects«, in: *American Journal of Sociology* 87: 1257-1286.

Kornhauser, A. (1965), *Mental Health of the Industrial Worker: A Detroit Study*, New York: Wiley.

Krämer-Badoni, T., und Wakenhut, R. (1983), »Moral und militärische Lebenswelt«, in: Lind, G., Hartmann, H. A., und Wakenhut, R. (Hg.), *Moralisches Urteilen und soziale Umwelt. Theoretische, methodologische und empirische Untersuchungen*, Weinheim, 179-192.

Lempert, W. (1981 a), »Moralische Sozialisation durch den ›heimlichen Lehrplan‹ des Betriebs«, in: *Zeitschrift für Pädagogik* 27: 723-738.

Lempert, W. (1981 b), »Perspectives of Vocational Education in West Germany and Other Capitalist Countries«, in: *Economic and Industrial Democracy* 2: 321-348.

Lempert, W. (1982 a), »Moralische Urteilsfähigkeit: Ebenen und Stufen, Anwendungsbereiche und Anwendungsbedingungen, Entwicklungspfade und Entwicklungskontexte. Zur Explikation und Extrapolation logischer und soziologischer Implikationen der Theorie Kohlbergs«, in: *Zeitschrift für Sozialisationsforschung und Erziehungssoziologie* 2: 113-126, 316.

Lempert, W. (1982 b), »Moralische Urteilsstufen und Niveaus sozialer Aggregation. Zum Verhältnis von psychischen Strukturen und sozialen Anwendungsbereichen des moralischen Bewußtseins«, Berlin: Max-Planck-Institut für Bildungsforschung, Typoskript.

Lempert, W. (1983), »Ausbildung zum Facharbeiter: Startbahn oder Parkplatz, Aufzug oder Abweg? Bildungsgänge und Berufsverläufe gelernter Dreher, Maschinenschlosser und Werkzeugmacher im Spiegel einer repräsentativen Erhebung«, in: *Berufsbildung in Wissenschaft und Praxis* 12: 77-83.

Lempert, W., und Hoff, E. (1977), »Untersuchungen zum Sozialisationspotential gesellschaftlicher Arbeit. Ein Bericht«, Berlin: Max-Planck-Institut für Bildungsforschung, Typoskript.

Lempert, W., Hoff, E., und Lappe, L. (1979, ²1980), »Konzeptionen zur Analyse der Sozialisation durch Arbeit. Theoretische Vorstudien für eine empirische Untersuchung«, Berlin: Max-Planck-Institut für Bildungsforschung, Typoskript.

Levine, C. G. (1979), »Stage Acquisition and Stage Use. An Appraisal of Stage Displacement Explanations of Variation in Moral Reasoning«, in: *Human Development* 22: 145-164.

Mayer, E., u. a. (1981), *Betriebliche Ausbildung und gesellschaftliches Bewußtsein. Die berufliche Sozialisation Jugendlicher*, Frankfurt/M.

Meissner, M. (1971), »The Long Arm of the Job: A Study of Work and Leisure«, in: *Industrial Relations* 10: 239-260.

Nunner-Winkler, G. (1981), »Berufsfindung und Sinnstiftung«, in: *Kölner Zeitschrift für Soziologie und Sozialpsychologie* 33: 115-131.

Piore, M. J. (1972), »Notes for a Theory of Labor Market Stratification«, Cambridge/Mass.: Massachusetts Institute of Technology, Typoskript.

Portele, G. (1983), »›Soziale Vorstellungen‹ und Denkmuster von Wissenschaftlern verschiedener Disziplinen über Wissenschaft und Moral«, in: Lind, G., Hartmann, H. A., und Wakenhut, R. (Hg.), *Moralisches Urteilen und soziale Umwelt. Theoretische, methodologische und empirische Untersuchungen*, Weinheim, 171-178.

Power, C. (1979), *The Moral Atmosphere of a Just Community High School: A Four Year Longitudinal Study.* Unveröffentlichte Dissertation, Cambridge/Mass.: Harvard University.

Senger, R. (1983), »Segmentierung des moralischen Bewußtseins bei Soldaten«, in: Lind, G., Hartmann, H. A., und Wakenhut, R. (Hg.), *Moralisches Urteilen und soziale Umwelt. Theoretische, methodologische und empirische Untersuchungen*, Weinheim, 193-210.

Spang, W. (1983), »Auswertungsmanual für moralische Konfliktsituationen«, Berlin: Max-Planck-Institut für Bildungsforschung, Typoskript.

Volpert, W. (1983), »Denkmaschinen und Maschinendenken: Computer programmieren Menschen«, in: *psychosozial* 6, H. 18: 10-29.

James Garbarino und Urie Bronfenbrenner
Die Sozialisation von moralischem Urteil und Verhalten aus interkultureller Sicht

Einleitung

Kulturelle Unterschiede im moralischen Urteil und Verhalten stellen ein schwieriges Problem in der Erforschung der menschlichen Entwicklung dar. Interkulturelle Studien über Moral haben charakteristischerweise auf die Komplexität und Vielfalt von Werten hingewiesen, wie sie in Raum und Zeit zu finden sind (Ferguson 1958; Sidgwick 1960). Melden (1967: 7) zog daraus den Schluß: »Es wird kaum eine Norm oder einen Standard richtigen Verhaltens geben, der nicht zu anderer Zeit und anderswo den Inbegriff schlechten Verhaltens darstellen könnte.« Möglicherweise ist die Universalität des Inzesttabus hier eine Ausnahme (Murdock 1949), obwohl sich Unterschiede in der Anwendbarkeit und im Spielraum dieses moralischen Verbots aufzeigen lassen. Im allgemeinen scheint es aber, daß der Kern der Moral – das heißt die bestehenden Regeln des ethischen Verhaltens, der Werte und Sitten, die das Verhalten lenken – tief in spezifische kulturelle Muster eingebettet ist (Benedict 1934).

Versucht man jedoch, tieferen Einblick zu gewinnen, und betrachtet die abstrakten Prinzipien von Moral – wie etwa die der Gerechtigkeit – aus einer interkulturellen Perspektive, so zeichnet sich ein konsistenteres Muster ab. Ähnlich verweisen auch Anthropologen auf die *strukturelle Funktion* von Werten, die stabiler zu sein scheint als ihr jeweiliger Inhalt. Ausgehend von dieser Betrachtungsweise, folgen sowohl die am weitesten entwickelten als auch die primitivsten Kulturen den gleichen grundlegenden menschlichen Bedürfnissen. Daraus ist zu schließen, daß Werte im Hinblick auf ihre gemeinsamen funktionalen Zwecke analysiert werden können und in diesem Sinne trotz enormer Unterschiede ihres je spezifischen Inhalts (Goodman 1967) als äquivalent zu betrachten sind.

Die kognitiven »Stufentheorien« von Piaget (1932; siehe auch Lickona 1976) und Kohlberg (1969 b) haben einen wichtigen Beitrag zur Untersuchung der moralischen Entwicklung geleistet, sind aber einer Untersuchung kultureller Unterschiede nicht ohne weiteres zugänglich, da sie ihren Schwerpunkt im wesentlichen auf eine akulturelle invariante Stufenfolge legen. Im Gegensatz zu den kognitiven Stufentheorien stehen Konzeptionen, die eine nichthierarchische Typologie vertreten (z. B. Bronfenbrenner 1962 a). Während diese Ansätze zwar das Studium interkultureller Unterschiede ermöglichen (da, wie es heißt, der ›Moraltyp‹ mit der jeweiligen Kultur variiert), waren sie nicht in der Lage, beobachtete Moralhierarchien im entwicklungsspezifischen oder im kognitiven Sinne angemessen zu behandeln. Darüber hinaus vermochten die typologischen Ansätze nicht, die operationalen Mechanismen zu spezifizieren, durch die mächtige soziokulturelle Einflüsse auf die individuelle Sozialisation wirken.

Der Zweck dieses Artikels ist der Wunsch, die vorhandenen Mängel im Studium kultureller Unterschiede des moralischen Urteilens und Verhaltens zu überwinden. Diesem Ziel entsprechend werden wir zuerst ein Modell der moralischen Entwicklung vorschlagen, das sowohl dem »Stufen-« als auch dem »Typisierungsansatz« Rechnung trägt. Zweitens werden wir ein Sozialisationsmodell vorstellen, das in der Lage ist, mit unserer Betrachtungsweise von moralischer Entwicklung zu operieren. Dieses Modell von Sozialisation und moralischer Entwicklung werden wir dann mit einer interkulturellen Perspektive verknüpfen, indem wir historische Fallbeispiele heranziehen, um den Zusammenhang zwischen großen sozialen Ereignissen und sozialen Organisationen einerseits und der individuellen, sozialen Entwicklung und Persönlichkeitsentwicklung – speziell der moralischen Entwicklung – andererseits zu illustrieren. Schließlich schlagen wir zur vorläufigen empirischen Überprüfung unserer Hypothese einen operationalen Mechanismus auf der soziokulturellen Ebene vor, der die kulturellen Unterschiede im moralischen Urteil und Verhalten erklärt.

1. Ein integratives Modell moralischer Entwicklung und Sozialisation

Das Bedürfnis nach einer Konzeption von Moral in Form eines strukturellen Schemas war groß; es läßt sich in fast allen Abhandlungen zum moralischen Urteil und über moralisches Verhalten, ob von Psychologen oder Philosophen, aufzeigen. Es wurde schon angedeutet, daß die beiden wichtigsten Ansätze zur moralischen Entwicklung in der modernen Psychologie Stufen- oder typologische Modelle entwerfen, wie sie von Kohlberg (1969 b) beziehungsweise von Bronfenbrenner (1962 a) vertreten wurden. Kohlbergs Theorie postuliert sechs hierarchische Entwicklungsstufen des moralischen Urteils, die – unauflösbar verknüpft mit der kognitiven Entwicklung – als invariante Sequenz betrachtet werden und durch das Zusammenspiel von Reifung und allgemeinen Umwelterfahrungen zustande kommen.

Im Gegensatz zu Kohlberg beschreibt Bronfenbrenner (1962 a) fünf Typen des moralischen Urteils und Verhaltens:

1. Selbstorientierung: Das Individuum wird in der Hauptsache durch Impulse der Befriedigung eigener Bedürfnisse motiviert, ohne die Wünsche und Erwartungen anderer zu berücksichtigen, es sei denn als Objekte zur Befriedigung eigener Zwecke.

2. Autoritätsorientierung: Das Individuum sieht die elterlichen Vorschriften und Werte als unveränderlich an und verallgemeinert diese Haltung auf moralische Standards, die ihm von anderen Erwachsenen und Autoritätspersonen auferlegt werden.

3. Orientierung an Gleichaltrigen: Das Individuum verhält sich im Rahmen seiner *peer group* als anpassungsfähiger Konformist. Diese ist größtenteils unabhängig von der Autorität der Erwachsenen und letztlich auch von jeder gesellschaftlichen Autorität. Verhaltensweisen werden von momentanen Änderungen der Gruppenmeinungen und -interessen gesteuert.

4. Orientierung an der Gemeinschaft: Das Individuum ist einer Anzahl dauerhafter Gruppenziele verpflichtet, die den individuellen Wünschen, Verpflichtungen und zwischenmenschlichen Beziehungen übergeordnet sind.

5. Orientierung an Objektivität: Die Werte eines Individuums sind funktional autonom, das heißt, sie sind in der sozialen Interaktion entstanden, aber im täglichen Umgang im Hinblick auf ihre Bedeutung und Anwendung nicht mehr von sozialen Repräsentanten abhängig. Das Individuum reagiert in Situationen eher auf der Basis von Prinzipien als auf der Ebene von Orientierungen an sozialen Repräsentanten.

Diesem sozialpsychologischen Schema fehlt jedoch eine entwicklungspsychologische Dimension. Der Prozeß, in dem eine Person oder Gruppe die eine oder andere Art der Orientierung erwirbt, wird nicht spezifiziert und bleibt unklar. Weiterhin wurde nicht deutlich, ob der eine Typus aus dem anderen hervorgeht bzw. ob es in der Entwicklung eine charakteristische Abfolge von Typen gibt.

Dieser Artikel versucht mit Hilfe einer Formulierung, die sowohl entwicklungsspezifische als auch soziale Komponenten beinhaltet, Stufen- und Typentheorie zu versöhnen. Das heißt, unsere Konzeption ergänzt den Ansatz von Kohlberg: Während seine Perspektive die gemeinsamen Merkmale von sozialen Umwelten und Institutionen zwischen und innerhalb von Kulturen betont, liegt unser Schwerpunkt auf den Unterschieden. Dies stellt den Versuch dar, die frühere Typenanalyse von Bronfenbrenner in ein Modell zu integrieren, das eine logische und entwicklungsspezifische Hierarchie einschließt. Kurz, wir schlagen ein *Sozialisationsmodell* für die moralische Entwicklung vor. Ebenso wie das Piaget-Kohlberg-Modell faßt diese Formulierung eine Reihe hierarchischer Stufen ins Auge. Doch ist in unserer Perspektive diese Hierarchie nicht etwa das Produkt stets und überall vorliegender Motive, sondern das Ergebnis einer Interaktion zwischen den heranreifenden Fähigkeiten und Motivationen des Kindes einerseits und den *besonderen* Merkmalen seines soziokulturellen Milieus andererseits.

Generell gehen wir von drei Entwicklungsebenen aus, deren Abfolge für alle Kulturen und Personen die gleichen sind. Den Ausgangspunkt bildet eine im wesentlichen amoralische Struktur, in der eine vor allem hedonistische Orientierung als Organisationsprinzip vorherrscht. Dies beinhaltet deutlich eine Ethik des Eigennutzes, der Dichotomie von Lust und Schmerz, von Manipulation und Mitteln, die zu keinem anderen Zweck als dem der eigenen Befriedigung dienen. In bezug auf die beiden oben erwähnten Ansätze korrespondiert diese Ebene etwa mit Kohlbergs prämoralischer Stufe 0 (Kohlberg/Selman 1972; Selman 1976) und mit Bronfenbrenners Typ der Selbstorientierung. Ein solches Individuum ist als »nicht sozialisiert« zu bezeichnen; es befindet sich in gewissem Sinne normativ, psychologisch und verhaltensmäßig außerhalb der menschlichen Gemeinschaft. Diese Ebene kann nur in der sehr frühen Kindheit als entwicklungsspezifisch »normal« betrachtet werden. Wie wir im folgenden sehen werden, führt die erste Entwicklung einer Zuneigung zu sozialen Agenten das Kind auf Ebene 2 des moralischen Verhaltens. Prämoralisches Verhalten, das bei älteren Kindern und Erwachsenen auftritt, ist in der Regel sowohl beim Individuum als auch für die Gesellschaft als pathologisch anzusehen. Weiter unten werden wir Beispiele solch pathogener Bedingungen betrachten.

Die zweite Ebene wird von moralischen Strukturen gebildet, deren dominante Charakteristik im Gehorsam und in der Orientierung an einem System sozialer Agenten besteht. Auf dieser Ebene wird das moralische Urteil eines Individuums von Individuen oder Gruppen geleitet, die für seine affektiven und sozialen Bedürfnisse von herausragender Bedeutung sind. Übertragen wir dies auf Kohlbergs Stufenschema, dann korrespondiert Ebene 2 im großen und ganzen mit den Stufen 1 bis 4. In Bronfenbrenners Typenanalyse umfaßt Ebene 2 die Orientierung an Autorität, an Gleichaltrigen und an der Gesellschaft.

Innerhalb von Ebene 2 sind folgende Beziehungen zwischen Autoritäts-, Gleichaltrigen- und Gemeinschaftsorientierung denkbar. Als erstes ist anzunehmen, daß es eine hierarchische Sequenz von Orientierungen gibt, die vom Individuum durchlaufen wird, was bedeutet, daß damit auch seine relative Position innerhalb dieser Stufenhierarchie bestimmbar ist. Zweitens, und das entspricht eher unserer eigenen Sichtweise, besteht die Möglichkeit, daß es innerhalb Ebene 2 alternative Sequenzen spezifischer Orientierungen gibt, und zwar sowohl innerhalb einer Kultur als auch zwischen verschiedenen Kulturen. Innerhalb eines sozialen Systems beispielsweise können einige Individuen zuerst eine Autoritäts- und dann eine Gleichaltrigenorientierung entwickeln, während andere genau die gegenteilige Entwicklung durchlaufen. Die dritte Möglichkeit besteht darin, daß viele Orientierungen nicht als Sequenzen angeordnet sind, sondern daß sie simultan existieren. In jedem Fall muß betont werden, daß prinzipiell die Kombinationsmöglichkeiten so zahlreich sind wie die interkulturell beobachtbaren bzw. als existent vermuteten sozialen Systeme. So können zum Beispiel westliche Gesellschaften in einem Prozeß der Entwicklung neuer sozialer Strukturen begriffen sein, der zu neuen Mustern moralischer Sozialisation führen kann. Ähnlich können Sozialisationsmuster des »neuen China« zu neuen Entwicklungen der moralischen Orientierungen führen. Wie die gesamte menschliche Entwicklung, so sind unserer Ansicht nach auch spezifische Formen der menschlichen Orientierung umformbar und anpassungsfähig, obwohl wir die drei strukturellen Ebenen der moralischen Entwicklung als in ihrer Abfolge konstant betrachten. Veränderungen zeigen sich in der spezifischen moralischen Haltung bzw. Orientierung, die ein Individuum auf einer bestimmten Ebene zeigt.[1]

Die dritte wesentliche Moralebene besitzt die »höchste« logische und entwicklungsspezifische Struktur. Auf dieser Ebene sind es weniger die sozialen Agenten, die das Handeln lenken, sondern Werte, Prinzipien und Ideen. Das Individuum verwendet ethische Verhaltensstandards in grundsätzlich rationaler Form und weitgehend abhängig von psychosozialen Faktoren. Nach Kohlberg entspricht dies der Prinzipien-, Vertrags- und Gewissensmoral (Stufe 5 und 6), in Bronfenbrenners Typenansatz der Orientierung an Objektivität. Das zentrale Problem besteht darin, die kulturellen Bedingungen zu bestimmen, die eine Bewegung von der ersten zur zweiten und von der zweiten zur dritten Ebene begünstigen. Jeder Aufstieg bringt jedoch verschiedene psychosoziale Fragen mit sich. Während von Moralformen auf Ebene 2 erwartet wird, daß sie sich in nahezu allen Individuen entwickeln (wenn nicht massive Störungen des Sozialisationsprozesses vorliegen), wird die Moralebene 3 so gefaßt, daß sie lediglich unter relativ eng gefaßten sozialen Bedingungen auftreten kann. Der Erwerb einer Moral auf Ebene 3 erfordert einen Rahmen, der einem Individuum genügend Möglichkeiten, Sicherheit und soziale Unterstützung für die Entwicklung von abstraktem Denken und Reflexion liefert, damit es teilweise konkurrierenden, teilweise einander überlappenden sozialen Verpflichtungen nachkommen kann. Das heißt, man braucht ein relativ hohes Maß an Freiheit und Sicherheit, um eine intellektuelle Lösung für konkurrierende soziale Loyalitäten zu entwikkeln, die dissonant genug sind, um ein gewisses Maß an Spannung zu erzeugen, aber doch nicht so unvereinbar sein dürfen, daß sie überwältigend wirken. Wir werden weiter unten noch in detaillierterer Form auf diese Bedingungen zu sprechen kommen. An dieser Stelle soll der Hinweis genügen, daß eine solche Konstellation sozialer Bedingungen nicht in jeder Kultur anzutreffen ist, weder auf der Ebene der Gruppe noch auf der des Individuums. Folglich handelt es sich hier weder um die Gegebenheit eines sozialen Systems an sich noch um die Lebensbedingungen spezifischer Personen.

2. Kulturelle Faktoren in der moralischen Sozialisation

Als nächstes werden wir uns mit jenen kulturellen Faktoren beschäftigen, die den Sozialisationsprozeß beeinflussen, und dabei darauf achten, inwieweit sie die Moralentwicklung gemäß der oben beschriebenen Drei-Ebenen-Hierarchie der Moral variieren lassen.

Unser Modell wirft folgende Fragestellung auf: Welche zufälligen Ereignisse des Sozialisationsprozesses tragen dazu bei, daß sich eine Entwicklung von der Ebene 1 zur Ebene 2 vollzieht? Welche Sozialisationsfaktoren bestimmen darüber, welcher Typ bzw. welche Typen moralischer Orientierung auf der Ebene 2 in Erscheinung treten? Welche Sozialisationsmuster stimulieren eine Entwicklung zu Ebene 3? Unter welchen spezifischen Voraussetzungen, sofern es solche gibt, kommt es zu einer ›Regression‹ von einer höheren zu einer niedrigeren Ebene?

Nach unserer Auffassung erfolgt eine Entwicklung von Ebene 1 zu Ebene 2 aufgrund von und stimuliert durch *Bindung und Zuneigung*, vermittelt in dem ersten Sozialisationsprozeß des Organismus, der das Gefühl der »Zugehörigkeit« zu sozialen Agenten bewirkt. In diesem Prozeß wird der individuelle Organismus zu einer enkulturierten Person. Ohne diese Entwicklung einer affektiven und kognitiven Orientierung an anderen Personen würde die Bereitschaft, ein Moralsystem zu übernehmen, das von sozialen Agenten definiert und verfügt wird, möglicherweise nicht entstehen. Diese Annahme wird von Untersuchungen gestützt, die zeigen, daß Interaktionsstrukturen und Reaktions- bzw. Einfühlungsmuster in der frühen Kindheit mit einem frühen Befolgen elterlicher Verbote verknüpft sind (Stayton/Hogan/Ainsworth 1971). Weiterhin zeigen Untersuchungen über die Langzeiteffekte einer frühen sozialen Vernachlässigung psychopathologische Muster, die man als amoralisch bezeichnen kann (Bowlby 1946). Gewöhnlich entwickelt sich Zuneigung zunächst zu den Eltern, richtet sich dann aber, als Folge der Interaktionsmuster in der frühen und mittleren Kindheit, auch auf andere soziale Agenten. Dieser Prozeß sozialer *Umadressierung* bzw. Übertragung führt zu unserer zweiten Fragestellung: Was gibt den Ausschlag, daß sich ein bestimmter Typ moralischer Orientierung auf der Ebene 2 entwickelt?

Nachdem die Anforderungen der primären Sozialisation erfüllt sind, entwickelt das Kind in den meisten Fällen zunächst eine am Erwachsenen bzw. an Autoritätspersonen orientierte Moral. Es scheint so, daß die jeweiligen Erziehungsmuster, unter denen das Kind aufwächst, dafür verantwortlich sind, welche Orientierung es entwickelt. A. Freud und Dann (1951) berichten zum Beispiel von einem Fall, in dem eine kleine Gruppe von Kindern in der frühesten Kindheit eine *peer*-Orientierung entwickelte, da sie ohne die regelmäßige und dauerhafte Pflege Erwachsener aufwuchs. Die Kinder, die elternlos in einem Konzentrationslager der Nazis heranwuchsen, schienen während dieser Zeit keine Orientierung an erwachsenen Personen zu entwickeln. Erst als sie infolge von Rehabilitationsmaßnahmen nach ihrer Befreiung in engen Kontakt mit und Einfluß von Erwachsenen kamen, begannen sie sich auch an ihnen zu orientieren. Ähnliches ist von der sowjetischen Kindererziehung zu berichten, die schon zu einem sehr frühen Zeitpunkt zu einer kollektiven Orientierung führt (Bronfenbrenner 1970a, 1970b), obwohl sie auf einer engen Mutterbindung aufbaut, die gleichzeitig weiter besteht.

Der spezifische Charakter der moralischen Orientierung eines Kindes auf Ebene 2 kann sich jedoch verändern. Daß die Orientierung am Erwachsenen am Anfang steht, liegt darin, daß in den meisten kulturellen Systemen – als Ergebnis von Mustern der Kindererziehung, wie sie die »Universalität« der Familie mit sich bringt (Murdock 1949) – die Bindung an spezifische Erwachsene die erste Form sozialer Orientierung darstellt. Diese Orientierung hängt jedoch von den umsorgenden Erwachsenen ab, und die Frage bleibt offen, ob die Loyalität des Kindes zu einer allgemeinen Erwachsenenorientierung oder zu einer anderen Form generalisiert wird. Hält die dominante Rolle des Erwachsenen im Leben des Kindes an, kann erwartet werden, daß die Autoritätsorientierung bestehen bleibt und sich weiterentwickelt. Entwicklung bedeutet hier, daß sich die Loyalität gegenüber den umsorgenden Erwachsenen systematisch auf die Erwachsenen im allgemeinen erweitert und im weiteren auf Institutionen und Autoritätspersonen ausdehnt. Für einen solchen Verlauf kann sich Kohlbergs Beschreibung aufeinanderfolgender Stufen (1969b) als brauchbarer Weg erweisen, kognitiv komplexere Züge der erweiterten Loyalität gegenüber Autorität darzustellen.

In Settings, in denen Erwachsene ihre interaktive und direktive Rolle aufgeben, steht zu erwarten, daß die Gleichaltrigen diese

Lücken füllen. In Settings, in denen Erwachsene ihre Autorität absichtlich Gruppen mit bestimmten sozial sanktionierten Werten und Zielen überlassen, ist zu erwarten, daß eine Orientierung an der Gemeinschaft dominiert. In jedem Fall ist aber die motivationale Basis der Orientierung die primäre Sozialisation, die Einbindung in die menschliche Gemeinschaft, die auf der Stärke von Zuneigung und Bindungen in der Kindheit basiert. Im Mittelpunkt stehen dann jene entscheidenden Ereignisse, durch die die Richtung dieser anfänglichen Bindungen infolge kulturell determinierter Sozialisationsmuster der Kindheit verändert werden.

Die Entwicklung der dritten Ebene – eine stärkere Orientierung an Prinzipien als an der Kontrolle durch soziale Agenten – beruht auf einer sozialen Struktur, die durch eine Vielzahl sozialer Agenten gekennzeichnet ist, mit denen sich das Kind verbunden fühlt und die es in *ziemlich* unterschiedlichen Richtungen »beanspruchen«. Allgemein bestand jedoch die Auffassung, daß stark widersprüchliche Erwartungen pathologische Folgen haben. Bateson u. a. (1956) zum Beispiel bezeichneten diese Situation als *double bind*, eine Situation, in der das Individuum sowohl verurteilt wird, wenn es eine Handlung ausführt, aber auch dann, wenn es diese unterläßt – halten diese Bedingungen länger an, können sie zu Schizophrenie führen. Nach unserer Auffassung aber wird die Entwicklung moralischen Urteilens verstärkt, sofern die umweltbedingten Unvereinbarkeiten nicht so gravierend sind. Vielmehr ist es gezwungen zu entscheiden, Gegensätze zu versöhnen und Widersprüche zu überwinden; kurz, es muß unabhängige Urteile fällen. Damit diese Lösungsmöglichkeit offensteht, muß der Konflikt kognitiv und affektiv handhabbar sein. Das erfordert zusätzlich zur Gegenwart unterstützender, aber unterschiedlicher Agenten in der nahen Umwelt von Familie und *peer group*, daß die Sozialstruktur selbst integriert ist. Das heißt, es kommt darauf an, daß die konkurrierenden sozialen Kräfte gemeinsam der sozialen und politischen Ordnung verpflichtet sind und ein Interesse am »öffentlichen Frieden« haben. Almond und Verba (1963) haben den Hintergrund einer solchen sozialpolitischen »Verschiedenartigkeit im Rahmen eines Konsensus« und die politisch desintegrativen Folgen von zuviel Gegensätzlichkeit und mangelnder Übereinstimmung untersucht und dabei auf Apathie, Anpassung und Absolutismus als mögliche Folgen verwiesen.

Ist diese prekäre Balance von Verschiedenartigkeit und Konsens erreicht, kann erwartet werden, daß das Individuum eine Orientierung an Prinzipien entwickelt – an abstrakten Werten, die nicht mehr an spezifische soziale Agenten gebunden sind –, die es dann in konkreten Situationen anwenden kann. Im Gegensatz dazu ist für eine Person der Ebene 2 eine Orientierung an sozialen Agenten vorrangig. Eine Sozialstruktur, die in der Lage ist, eine Moral der dritten Ebene hervorzubringen, ist durch die Ausbalancierung gegensätzlicher Kräfte gekennzeichnet; sie ist weder monolithisch noch anomisch, sondern am besten als pluralistisch charakterisierbar.

Mit *pluralistisch* meinen wir eine Struktur, in der soziale Agenten und Einheiten unterschiedliche Erwartungen, Sanktionen und Belohnungen für die Mitglieder einer Gesellschaft repräsentieren.

Diese Differenzen erzeugen Konflikte zwischen den einzelnen Gruppen, die größtenteils durch ein Muster »elementarer Regeln« (wie die Verfassung) und eine gemeinsame Verpflichtung gegenüber integrativen Prinzipien oder Zielen (wie eine religiöse Ethik) reguliert werden. In einer monolithischen Struktur hingegen sind alle sozialen Agenten und Einheiten um ein einziges Muster von Zielen bzw. Prinzipien angeordnet. Umgekehrt besteht in einer *anomischen* Struktur fast gar keine Integration; entweder gibt es keine sozialen Agenten bzw. Einheiten, oder sie stellen eine Vielzahl divergierender Kräfte ohne normativen oder institutionellen Zusammenhalt dar.

Pluralismus ließe sich auf verschiedene Aspekte des Sozialisationsprozesses anwenden, sowohl etwa auf die Familie – zwei Elternteile gegenüber einem, Großfamilie versus Kernfamilie – als auch auf Beziehungen zwischen der Familie und anderen sozialisierenden Systemen, wie *peer group*, Schule, Nachbarn, Gemeinde, Arbeitswelt und staatsbürgerliche und politische Organisationen. Es ist zu erwarten, daß dieser Pluralismus auch innerhalb einer Kultur als Funktion der sozialen Schicht variiert, das heißt von sozioökonomischen Faktoren abhängt, die die Chancen des Individuums beeinflussen, einer Vielzahl von Loyalitäten ausgesetzt zu sein, verschiedene kulturelle Erfahrungen zu machen und unterschiedliche Standpunkte in der Erziehung kennenzulernen.

Diese Annahme, daß Pluralismus die moralische Entwicklung erleichtert, wird von verschiedenster Seite belegt. Bronfenbrenner

(1961, 1970 a, b) und seine Mitarbeiter stellten fest, daß Kinder aus Familien, in denen beide Eltern starke und differenzierte Identitäten und Familienrollen innehatten, von ihren Lehrern eine hohe Bewertung in bezug auf Dimensionen wie Verantwortung, Autonomie, Unabhängigkeit im Urteil und die Fähigkeit, auf andere einzugehen, erhielten. Kinder aus Familien mit einem dominierenden Elternteil beziehungsweise solchen Familien, in denen keiner der Eltern einen nennenswerten Einfluß ausübte, zeigten hingegen relativ niedrige Werte in den genannten Bereichen.

Ähnliche Unterschiede fand Bronfenbrenner (1970 a, b) zwischen sowjetischen Jugendlichen, die nur mit einem einzigen Sozialisationsmuster in Berührung kamen (Schüler eines Internats), und solchen, die mit vielseitigeren Mustern konfrontiert wurden (Schülern aus Tagesschulen), und zwar in dem Maße, in dem sie ihre moralische Orientierung an erwachsenen Autoritäten ausrichteten. Die Schüler mit einem monolithischen sozialen Hintergrund zeigten stärker autoritätsorientierte moralische Urteile als die mit pluralistischem Hintergrund. Letztere – sie lebten zu Hause – waren nicht an einem einzigen sozialen Bezugspunkt orientiert, sondern mußten eine Balance finden zwischen konkurrierenden sozialen Agenten und Gruppen – in ihrem Fall zwischen den *peers* in der Schule und den Eltern zu Hause.

Die Untersuchungen von Baumrind (1967, 1971; Baumrind/Black 1967) liefern eine weitere Bestätigung der Pluralismushypothese. Baumrind entdeckte in Familien mit kleinen Kindern eine Struktur, die sie als *autoritatives Muster* beschrieb, das sowohl zu einer *permissiven* als auch zu einer *autoritären* Struktur im Gegensatz steht. Beide lassen sich durch die Dominanz eines der Teilnehmer in der Eltern-Kind-Beziehung charakterisieren: Im Falle einer permissiven Struktur ist es das Kind, das dominiert, in der autoritären ein Elternteil. In der autoritativ strukturierten Familie besteht dagegen eine reziproke, *interaktive* Beziehung zwischen Eltern und Kindern, die eine kreative Spannung erzeugt. Aus unserer theoretischen Perspektive korrespondieren die von Baumrind ermittelten autoritären und permissiven Strukturen mit einer monolithischen und anomischen Orientierung. Ihre Ergebnisse, daß autoritative Strukturen mit den höchsten Ebenen von Kompetenz, Verantwortung und anderen entwicklungsbedingten wichtigen Eigenschaften im Zusammenhang stehen (die mit Hilfe von Beobachtungen und Lehrerberichten ermittelt wurden), stimmen mit unseren Vermutungen über einen Zusammenhang zwischen Pluralismus und moralischer Entwicklung überein.

Eine indirekte Stützung des pluralistischen Modells liefern die Theorien Hunts (1965) und Whites (1963) sowie die empirischen Ergebnisse von Kagan (1971), die vermuten lassen, daß ein *innerer Mechanismus von Inkongruenz* als führende motivationale Komponente in der moralischen Entwicklung anzusehen ist. Dieser Mechanismus ist dafür verantwortlich, daß sich eine *optimale Diskrepanz* entwickelt. Laut Kagan wirken Informationen, die so undifferenziert sind, daß sie »langweilen«, bzw. so hochdifferenziert sind, daß sie »verwirrend und ununterscheidbar« werden, nicht aktivierend auf motivationale und exploratorische kognitive Prozesse dieses Inkongruenzmechanismus. Der optimale Input besitzt eine mittlere Komplexität und Differenziertheit, so daß er verknüpft werden könnte mit einem internen Standard, um seine Inkongruenz mit etablierten Schemata zu ermitteln.

Die Ergebnisse von Kagan unterstützen diese theoretischen Annahmen. Hunt (1965) geht sogar so weit, einen Zusammenhang anzunehmen zwischen diesem Mechanismus der Inkongruenz und den klassischen Konzeptionen menschlicher Rationalität von Aristoteles, Thomas von Aquin und Locke. Weiterhin stellt er einen Zusammenhang her zwischen diesem Mechanismus und Rationalität einerseits und den Theorien des politischen Pluralismus andererseits. Dies impliziert, daß pluralistische Strukturen mit einem Zustand optimaler Diskrepanz korrespondieren und sich kognitiv verstärken, im Gegensatz zu den nicht stimulierenden monolithischen und den eher verwirrenden anomischen Strukturen. Angesichts des funktionalen Zusammenhangs zwischen kognitiver und sozio-moralischer Entwicklung (siehe zum Beispiel Kohlberg 1967a, b; Lee 1971) scheint es weiterhin plausibel, daß eine pluralistische Struktur zur höchsten Ebene moralischer Entwicklung führt. Im Sinne Hunts kann man postulieren, daß dem Inkongruenzmechanismus menschliche Rationalität innewohnt und daß die Entwicklung dieser inhärenten Rationalität – wie sich besonders an der Moral darstellen läßt – durch pluralistische Strukturen erleichtert wird.

Wenden wir uns dem Problem der Regression von einer höheren auf eine niedrigere Ebene zu. Eine Regression von der 2. auf

die 1. Ebene ist dann zu erwarten, wenn primäre Sozialisationsagenten wegfallen bzw. nicht mehr funktionieren, so daß niemand vorhanden ist, der dem Individuum Widerstand leistet oder
Unterstützung entgegenbringt. Eine Regression von der 3. auf die
2. Ebene ist bei einem Zusammenbruch der pluralistischen Strukturen zu erwarten – entweder durch die Desintegration sozialer
Verpflichtungen, die die konkurrierenden Elemente eines sozialen Systems zusammenhalten, oder durch eine totale Integration
der einzelnen Elemente in eine monolithische Einheit. Es sei hier
angemerkt, daß ein Individuum auf der dritten Ebene, trotz des
Wegfalls der tragenden Bedingungen, sich unserer Ansicht nach
durchaus noch entsprechend verhalten kann – *wenigstens für
einen gewissen Zeitraum*. Dies gewährt dem System moralischer
Sozialisation ein gewisses Maß an Stabilität, sozusagen einen
positiven *cultural lag*. Kritisch wird es allerdings, wenn der
Pluralismus auf lange Sicht abnimmt: das Resultat wird letztlich
ein Abbau der dritten Ebene im gesamten sozialen System sein.
Ein entsprechendes Beispiel liefert Bettelheims Beschreibung
(1943) des moralischen Zusammenbruchs von Gefangenen in
Konzentrationslagern, die die Einstellungen, Handlungsweisen
und Kleidungsgepflogenheiten ihrer Peiniger und Bewacher
übernehmen.

Zusammenfassend läßt sich feststellen: Eine adäquate primäre
Sozialisation erfordert beständige Interaktion zwischen Eltern
und Kindern, aus denen die ersten Bindungen hervorgehen, die
für eine sozialorientierte Motivation notwendig sind. Diese An-
fangsmotivation in der Interaktion mit anderen wird erweitert
und zu einer allgemeinen Orientierung an einem spezifischen
sozialen Agenten ausgebaut – wie sie die zweite Ebene kennzeichnet. Diese Orientierung kann dann selbst zu einer Reihe
multipler sozialer Loyalitäten führen, die vom Individuum erfordern, daß es ein autonomes Muster handlungsleitender Prinzipien
entwickelt. Ein solches System vielfältiger, miteinander konkurrierender Loyalitäten kann zur Entwicklung einer objektiven
Orientierung beitragen. Ob diese Moral der dritten Ebene für die
gesamte Gesellschaft aufrechterhalten werden kann, hängt davon
ab, inwieweit pluralistische Strukturen im Gegensatz zu monoli-
thisch-totalitären bzw. anomisch-chaotischen vorherrschen.

Die folgende Tabelle stellt eine schematische Beschreibung eines
Sozialisationssystems dar, in dem sich die dritte Ebene der mora-

lischen Entwicklung als ein allgemeines Phänomen zu entwickeln
vermag. Sie zeigt die Ergebnisse der moralischen Sozialisation
und die entscheidenden Variablen auf jeder Stufe des Lebens-
zyklus. Damit beschreibt sie die Bedingungen, die zu einer
Entwicklung von der 1. Ebene auf die 2. Ebene (im Kleinkindalter
und der frühen Kindheit) und später dann auf die 3. Ebene führen
(in der späten Kindheit, Adoleszenz und im Erwachsenenalter).
Weiterhin verdeutlicht die Tabelle, daß eine pluralistische Umwelt – das heißt Teilnahme an unterschiedlichen und zunehmend
komplexeren sozialen Interaktionen und Netzwerken – von entscheidender Bedeutung für die gesamte soziomoralische Entwicklung und nicht nur für die Entwicklung von der 2. zur
3. Ebene ist.

Tabelle 1
Ein Modell zur Untersuchung des Zusammenhangs von sozial-
psychologischem Pluralismus und moralischer Entwicklung

Entwicklungs-ebene	Ergebnis mora-lischer Soziali-sation	entscheidende pluralistische Variablen
Kleinkind	Ausbildung von Bindun-gen, primäre Sozia-lisation	Normative und verhaltens-spezifische Muster der Pflege und Fürsorge führen zu einem immer komplexe-ren System reziproker Kind-Erwachsenen-Interak-tion.
Frühe Kindheit	Ausdehnung der ersten Bin-dungen in sich ständig vergrö-ßernden Krei-sen	*Interaktionsstruktur zwi-schen Kind und Anderen:* Zunehmende Erweiterung des Beziehungsmusters von der ersten Eltern-Kind-Dyade zu größeren sozialen Systemen in Übereinstim-mung mit dem »Modell op-timaler Diskrepanz«. Erste pluralistische soziale Muster mit unterschiedlichen Per-

Entwicklungs-ebene	Ergebnis mora-lischer Sozialisation	entscheidende pluralistische Variablen
		sonen, die Objekte der kindlichen Aufmerksamkeit und Anhänglichkeit sowie Quelle unterschiedlicher Erwartungen sind. Erste Fähigkeiten, aufgrund eines »objektiven kognitiven Reaktionsvermögens« auf unterschiedliche Einflüsse einzugehen.
Spätere Kindheit	Entwicklung von Beziehungen zu sozialen Gruppen, besonders zu den *peers* und anderen Kindergruppen	Stärkere Entwicklung *multipler* Beziehungen anstelle des vollständigen Aufgehens in einem Kollektiv
Adoleszenz	Lockerung der Beziehungen zu sozialen Gruppen, um sowohl eine objektiv prinzipienorientierte Moral als auch eine soziale Identität zu erwerben, die die Loyalität und Verpflichtung in den Beziehungen zwischen Indivi-	Integration des Individuums in Rollen und Erfahrungen der Erwachsenen. Relative Übereinstimmung zwischen den Zielen und Wertvorstellungen von *peer group* und Erwachseneninstitutionen: weder »kultureller Konfliktkurs« der *peer groups* gegen die sozialen Strukturen der Erwachsenenwelt noch eine Bevormundung der *peer groups* durch die Autorität der Erwachsenen. Bereitstellung von Möglichkeiten zu Erwachsenenaktivitäten,

Entwicklungs-ebene	Ergebnis moralischer Sozialisation	entscheidende pluralistische Variablen
	duum und Gesellschaft festigt	die mit vorangegangenen Sozialisationserfahrungen übereinstimmen.
Erwachsenen-alter	Aufrechterhaltung einer kreativen Spannung zwischen sozialer Identität und der Orientierung an objektiv-prinzipieller Moral	Soziale Absicherung alternativer Zugangsmuster zu ökonomischen und sozialen Ressourcen. Rückwirkung auf einen elterlichen Erziehungsstil, der Identität und Vielseitigkeit betont (das heißt weder eine permissive noch eine autoritäre, sondern autoritative Kindererziehung). Pluralismus für Erwachsene ermöglicht Pluralismus für Kinder.

3. Historische Beispiele für das Modell moralischer Sozialisation

Um die Arbeitsweise des oben beschriebenen Sozialisationsmodells zu verdeutlichen, wenden wir uns im folgenden einigen historischen Beispielen auf kultureller und sozialstruktureller Ebene zu. Mit ihrer Hilfe sollen folgende Aspekte des Modells illustriert werden:

1. Soziokultureller Zusammenbruch kann zu häufigem Vorkommen von Verhaltensweisen auf der 1. Ebene unserer Moralhierarchie führen, sowohl aufgrund einer Nichtsozialisierung von Kleinkindern als auch aufgrund einer Regression von der zweiten auf die erste Ebene.

2. Interventionen können für solche Individuen »heilsam« sein, die auf die 1. Ebene bzw. auf eine sozial weniger wünschenswerte Orientierung der 2. Ebene regrediert sind. Eine Neustrukturie-

rung der Sozialisationsumwelt des Individuums kann die Orientierung gegenüber sozialen Agenten sowohl verändern als auch überhaupt erst hervorrufen.

3. Ist der institutionelle Pluralismus eines sozialen Systems über einen längeren Zeitraum unterbrochen, so kann dies beim Individuum zur Regression des moralischen Verhaltens von der 3. Ebene auf die verschiedenen Typen innerhalb der 2. Ebene führen. Die Neuausrichtung des institutionellen Lebens einer Gesellschaft an totalitären Prinzipien kann beispielsweise in relativ kurzer Zeit erfolgen. Der Widerstand gegen solche Neuorientierungen bei Individuen und Gruppen ist infolge der Verpflichtungen gegenüber alternativen sozialen Loyalitäten stark.

Im Laufe der Geschichte gab es Fälle sozialer Brüche, die so extrem waren, daß sogar die »engsten Bindungen« des natürlichen Sozialisationsprozesses zerstört wurden. Beispiel hierfür sind etwa der soziale Aufstand und der Bürgerkrieg in der Sowjetunion zwischen 1919 und 1929. Es gab eine große Anzahl von Kindern und Jugendlichen, die ohne jegliche Verwandtschaftsbeziehung sich selbst überlassen blieben. Diese Kinder, die als *bezprizorniye* (wörtlich: »ohne jemanden, der sich um sie kümmert«) bezeichnet wurden, waren die verlassenen und heimatlosen Opfer des sozialen Chaos. Ihre Zahl – die nach manchen Schätzungen im Jahre 1922 *neun Millionen* betrug (Geiger 1968) – gibt das Ausmaß des sozialen Bruchs wieder; viele von ihnen waren die alleingelassenen Opfer verzweifelter, verwirrter und bedrängter Erwachsener. Das moralische Verhalten dieser Kinder und Jugendlichen wird von einem Beobachter dieser Periode folgendermaßen beschrieben: »Die heimatlosen Kinder boten nicht nur ein mitleiderregendes Bild, waren krank und erlitten Todesqualen, sondern sie wurden zunehmend zu einer öffentlichen Bedrohung, da sie als Banden in den Straßen umherstreiften und jegliche Art von Verbrechen und gewaltsamen Handlungen ausübten« (Geiger 1968: 74).

Diese Kinder hatten weder physische noch psychische Bindungen an die Erwachsenengesellschaft. Im Laufe der Zeit entwickelten sie offenbar eine negative Form der *peer group*-Orientierung. Die Rehabilitationsstrategien und -maßnahmen, wie sie der russische Pädagoge und Psychologe Makarenko (1955) für den Umgang mit den *bezprizorniye* entwickelte, stellen einige der wenigen bewußten Anstrengungen dar, die Aufgaben der primären

Sozialisation im Rahmen einer umfassenden Umadressierung einer antigesellschaftlichen *peer group*-Orientierung zu bewältigen. Makarenko erkannte die Notwendigkeit, bei ihnen eine psychologische Verantwortung gegenüber der menschlichen Gemeinschaft aufzubauen und ein Bewußtsein der Abhängigkeit von ihr zu wecken. Er sah dazu zunächst ein Kinderkollektiv vor, dann eine größere Gemeinschaft und zuletzt die totale Integration des Individuums in die soziale Struktur überhaupt. Auf der Grundlage dieser sozialen Identifikation sollten alle höheren Aspekte der Sozialisation beruhen, besonders das moralische Urteilen und Verhalten. Unter den spezifischen historischen Bedingungen, unter denen Makarenko arbeitete, war das Resultat seiner Bemühungen die Entwicklung einer disziplinierten und sich stark verantwortlich fühlenden Gruppe von Kindern und Jugendlichen. Im Laufe der Zeit wurde Makarenkos Strategie zum allgemeinen Sozialisations- und Erziehungssystem in der Sowjetunion, das Kinder und Jugendliche hervorbringen soll, die so stark sozialisiert und in die kollektive Identität integriert sind, daß ihre Verhaltensweisen und Einstellungen durch soziale Autoritäten überdeterminiert sind (Bronfenbrenner 1970 a, b).

Ein zweites Beispiel für den Bruch sozialer Strukturen und sozialer Identität liefert Israel. Ein wichtiger Punkt in den Erfahrungen, die hier gemacht worden sind, war die Integration von Juden unterschiedlichster ethnischer, rassischer und geographischer Herkunft in die allgemeine Kultur des Staates Israel. Dieser Prozeß war erfolgreich, obgleich es viele Schwierigkeiten gab und das Ausmaß der Integration bisweilen recht gering blieb. Die marokkanischen Juden sind ein Beispiel für problematische Sozialisationserfahrungen. In ihrer einheimischen Kultur und an ihrem Herkunftsort bildeten sie eine stabile Gruppe. Als sie nach Israel auswanderten, zeigten sich in vielen Fällen schwerwiegende Auflösungserscheinungen, sei es wegen ihrer Verpflichtung gegenüber zionistischen Prinzipien, sei es als Folge ihrer politischen Vertreibung. Der Prozeß der Ortsveränderung und die Statusschwierigkeiten, die sie in Israel erlebten, gingen mit Formen des moralischen Zusammenbruchs wie zum Beispiel Jugenddelinquenz einher (Willner 1969). Zunehmende Jugendkriminalität und Auflösung sowohl der persönlichen als auch der Gruppenorganisation scheint im allgemeinen die Folge sozialer Erschütterung und Zerrissenheit zu sein.

Ein weniger extremer, aber nichtsdestoweniger ernstzunehmender Zusammenbruch menschlicher Ökologie – gefolgt von Problemen sozialer Desorganisation, Entfremdung und gestörter moralischer Sozialisation – ist durch die zunehmende Entfremdung zwischen Erwachsenen und Kindern in den westlichen Industriegesellschaften zu beobachten. Die Ausführungen von Bronfenbrenner (1962 a) machten einen Rückgang der Interaktion zwischen Eltern und Kindern in allen Bereichen deutlich. Ähnliche Schlüsse lassen sich auch aus einer Reihe interkultureller Studien ziehen (Bronfenbrenner 1970 a, 1970 b; Devereux/Bronfenbrenner/Rogers 1969; Devereux/Bronfenbrenner/Suci 1962). Es zeigen sich Strukturen, die es nahelegen, daß altersdifferenzierte *peer groups* in zunehmendem Maße das Vakuum auffüllen, das die sich zurückziehenden Erwachsenen hinterlassen haben. Eine Untersuchung von Condry und Siman (1968) macht deutlich, daß Kinder jeder Alters- und Klassenstufe heute eine stärkere Bindung an *peers* zeigen, als es noch vor einem Jahrzehnt zu beobachten war. Die gleichen Autoren fanden in Übereinstimmung mit unserer eigenen These, daß die Beeinflußbarkeit durch die *peers* bei Kindern höher ist, wenn ein Elternteil oder beide Eltern häufig abwesend sind. Das Fehlen wichtiger Erwachsener scheint zu einer stärkeren Dominierung durch Gleichaltrige und zu einer wahrscheinlich größeren Orientierung an der *peer group* als Quelle moralischer Standards zu führen. Darüber hinaus scheint damit eine Tendenz zu unsozialen Verhaltensweisen wie Lügen, Hänseln anderer Kinder, Schuleschwänzen und sonstigem »illegalen Verhalten« verbunden zu sein. Bronfenbrenner (1973) bezeichnet dieses Muster der *peer*-Orientierung als Wurzel zunehmender Jugendkriminalität.

Architektonische und städteplanerische Einflüsse können ebenfalls zu einer Isolierung der Kinder von jenen sozialen Agenten führen, die sich in Alter und Herkunft von ihnen unterscheiden. In einem Vergleich »alter« Städte und »neuer Wohngebiete« fanden westdeutsche Wissenschaftler, daß sich Kinder, die in den Neubaugebieten der Vorstädte lebten, vom Leben isoliert fühlten und feindselige Gefühle gegenüber den Erwachsenen entwickelten, während Kinder aus den »alten« Städten eher eine integrierte soziale Identität besaßen und positivere Gefühle gegenüber Erwachsenen hegten (Bronfenbrenner 1973). Die neuen Vorstädte, die in der Regel als »Schlafstädte« bezeichnet werden, lassen deutlich vermuten, daß sie die Bedingungen für einen sozialen Pluralismus als notwendige Grundlage einer entwickelten moralischen Sozialisation nicht erfüllen.

Notwendig für die moralische Entwicklung scheint ein Prozeß zu sein, in dem soziale und persönliche Identität gemeinsam diejenige Grundlage bilden, auf der moralisches Verhalten basiert. Nach unserer Interpretation der Langzeitergebnisse von Makarenkos integrativem Sozialisationsprogramm (1955) ist anzunehmen, daß zwischen Identität und Moral keine einfache Beziehung besteht. Wenn, wie es deutlich der Fall zu sein scheint, eine zu geringe Integration des Individuums in die soziale Gruppe die psychosoziale Grundlage für moralisches Urteil und Verhalten untergräbt, wie verhält es sich dann mit dem gegenteiligen Extrem? Gibt es einen Punkt, an dem eine totale soziale Integration ebenso moralisch destruktiv auf das Individuum wirkt wie soziale Desorganisation?

Wenden wir uns noch einmal der Geschichte zu, so haben wir mit Hitlers Deutschland ein typisches Beispiel dafür. Es war das Ziel der Nazifizierung, das institutionelle und das persönliche Leben gleichzuschalten und im Dienst am Staat aufgehen zu lassen. Jeder Aspekt des öffentlichen und privaten Lebens der Menschen sollte in eine alles umfassende Ideologie eingebettet sein. Das Ergebnis war eine Verschmelzung aller moralischen Orientierungen zu einer einzigen, dem absoluten Gehorsam gegenüber Autorität. Auf diese Weise wurden die entgegengesetzten Kräfte von Orientierungen der zweiten und der Moral der dritten Ebene neutralisiert. Dieses Beispiel hebt in bemerkenswerter Weise die Bedeutung der pluralistischen Struktur hervor, die über den Einfluß, den sie auf die individuelle Sozialisation ausübt, hinausgeht. Das heißt, es bedarf eines pluralistischen Systems, damit sich ein höheres moralisches System entwickeln kann, das ein harmonisches Nebeneinander gesellschaftlicher Vielfalt ermöglicht (kein Systemelement maßt sich an, die pluralistische Vielfalt zu zerstören). Die Degeneration des moralischen Urteils in der gesamten Gesellschaft Nazideutschlands ist legendär und spiegelt das Bild eines Volkes, das in einem moralischen Debakel gefangen ist (Shirer 1960).

Mit dem Hinweis auf diejenigen, die ihre moralische Identität inmitten dieses Terrors aufrechterhielten und ihre ethischen Werte im moralischen Urteil und Verhalten bewahrten, kommen wir zur Hauptthese unserer Diskussion zurück. Berichte von denen, die gegen das Naziregime ›Widerstand‹ leisteten – ob von Juden in den Konzentrationslagern, die sich nicht entmenschlichen und ihrer Moral berauben ließen (Bettelheim 1943), oder von Geistlichen, die mit ihrer Kritik und ihrer Opposition fortfuhren (Bonhoeffer 1953) –, lieferten immer wieder Beweise für eine alternative bzw. konkurrierende Loyalität, für eine Art Identität, die nicht unter dem Einfluß des nazistischen Totalitarismus stand. Selbst bei denjenigen Offizieren der Wehrmacht, die Hitler zu töten versuchten, findet man ein alternatives Loyalitätsmuster, denn ihre Handlungen basierten auf der Verpflichtung gegenüber dem Offizierskorps, seinen Traditionen und dem Wunsch, es vor seiner Zerstörung zu bewahren (Shirer 1960). Sozialer Pluralismus bildet die Grundlage für ein reifes und unabhängiges moralisches Urteil und Verhalten, insofern er kompensatorische soziale Kräfte bereitstellt, die eine moralische Entwicklung auf der dritten Ebene ermöglichen und begünstigen. Dies führt uns wieder zu unserem zentralen Thema zurück: *Eine pluralistische – im Gegensatz zur monolithischen bzw. anomischen –, sozialpsychologische menschliche Umwelt ermöglicht reifes und unabhängiges moralisches Urteil und Verhalten.*

4. Empirische Illustration der Hypothese

Zum Schluß möchten wir eine vorläufige empirische Überprüfung unserer Hypothese anhand von Daten aus einem laufenden interkulturellen Untersuchungsprogramm an der Cornell-Universität vornehmen.

Dazu müssen wir als erstes nochmals unser Grundkonzept darstellen. Eine pluralistische Struktur liegt dann vor, wenn soziale Agenten und Gruppen unterschiedliche Erwartungen, Sanktionen und Belohnungen für die Mitglieder einer Gesellschaft repräsentieren. Diese Differenzen rufen zwischen den Individuen und Gruppen Konflikte hervor, die größtenteils durch ein Muster »elementarer Regeln« und durch eine allgemeine Anerkennung integrativer Prinzipien bzw. Ziele reguliert werden. Dagegen sind in einer monolithischen Struktur alle sozialen Agenten und Gruppen auf eine einzige Einheit von Zielen und Prinzipien ausgerichtet. Umgekehrt besteht in einer anomischen

Struktur fast gar keine Integration; soziale Agenten oder Gruppen sind entweder gar nicht vorhanden, oder sie repräsentieren eine Vielfalt divergierender Kräfte, die in keinem normativen bzw. institutionalisierten Zusammenhang stehen.

Nach dieser Typologie besaß die Sowjetunion der zwanziger Jahre eine anomische Struktur, während das Deutschland der Nazis durch ein monolithisches Muster gekennzeichnet war. Die Kennzeichnung solcher historischer Beispiele ist relativ einfach. Dagegen ist die systematische Analyse von Faktoren einer pluralistischen Struktur ein schwieriges Unterfangen. Auf der politischen Ebene haben Sozialwissenschaftler und Vertreter der politischen Philosophie versucht, sich mit diesem Problem auseinanderzusetzen, was sich als ein extrem dorniger Weg herausstellte (Garbarino 1968).

Aufgrund der systematischen Interdependenz zwischen soziokulturellen Strukturen und moralischer Entwicklung postulieren wir eine enge Beziehung zwischen den kulturellen Indizes eines soziopolitischen Pluralismus und einer bestimmten Ausprägung von individuellem Pluralismus, das heißt dem Ausmaß, in dem Individuen hinsichtlich moralischer Fragestellungen in miteinander konkurrierenden Loyalitäten zu verschiedenen sozialen Agenten stehen.

Moralischer Pluralismus wird als die Bedingung angesehen, die eine Entwicklung zur dritten Ebene ermöglicht. In dem Maße, in dem moralischer Pluralismus aus dem soziopolitischen Pluralismus einer spezifischen Situation entsteht, kann auch erwartet werden, daß die Personen in dieser Situation moralisches Urteil und Verhalten entwickeln, das auf der dritten Ebene angesiedelt ist. Unser erster Versuch, diese generelle Hypothese zu überprüfen, basierte auf dem Vergleich eines Index von soziopolitischem Pluralismus mit den Ergebnissen einer unabhängig davon durchgeführten Reihe von Untersuchungen zum moralischen Urteilsverhalten zwölfjähriger Kinder aus dreizehn Ländern.

Zur Bestimmung des moralischen Urteils wurde ein »moral dilemma test« (Bronfenbrenner 1970 a, b) verwendet, in dem die Kinder aufgefordert wurden, sich mit dreißig hypothetischen Konfliktsituationen auseinanderzusetzen, beispielsweise mit der folgenden:

›Lost Test‹: Du findest zusammen mit deinen Freunden zufällig ein Blatt Papier, das der Lehrer verloren haben muß. Auf diesem Blatt befinden sich Fragen und Antworten eines Tests, den ihr am nächsten Tag machen sollt. Einige von euch schlagen vor, nichts davon dem Lehrer zu sagen, damit alle bessere Noten bekommen. Was würdest du in diesem Falle tun? Angenommen, deine Freunde würden sich auf dieses Vorgehen einigen, würdest du mitmachen oder würdest du dich anders verhalten?

Ich würde mich anders verhalten:

| ganz sicher | ziemlich sicher | möglicherweise |

Ich würde mich wie meine Freunde verhalten:

| möglicherweise | ziemlich sicher | ganz sicher |

Andere Items des »moral dilemma test« handeln von Situationen wie: einen Film im Kino sehen, der von Freunden empfohlen, von den Eltern aber verboten wurde; die Hausaufgaben zu vernachlässigen, um mit Freunden zusammen zu sein; Schmiere zu stehen, während die Kameraden dem Lehrer einen Streich spielen; einen kranken Freund allein zu lassen, um mit der Clique ins Kino zu gehen; mit Freunden zusammen Obst zu stehlen; Kleider zu tragen, die von den Erwachsenen abgelehnt werden; fortzulaufen, wenn man eine Fensterscheibe zerschlagen hat. Diese Items wurden aus einer Reihe von Interviews und Pre-Tests entwickelt, in denen Eltern, Lehrer und Schüler aufgefordert wurden, Verhaltensweisen zu nennen, die Kinder und Erwachsene unterschiedlich beurteilen. Ausgewählt wurden diejenigen Items, die in einer Faktorenanalyse die stärkste Ausprägung in bezug auf den allgemeinen Faktor ›von den Erwachsenen geschätzte‹ versus ›mißbilligte‹ Verhaltensweisen zeigten und die die niedrigste Ausprägung hinsichtlich situationsspezifischer Faktoren besaßen. Jede Antwort wurde auf einer Skala -2.5 bis $+2.5$ bewertet, wobei ein negativer Wert denjenigen Verhaltensweisen gegeben wurde, die von Altersgenossen beeinflußt wurden. Drei Durchgänge wurden vorgenommen, von denen der Mittelwert benutzt wurde. So kann ein Kind im »moral dilemma test« Werte auf einer Skala von -25 bis $+25$ (bei 10 Items) erreichen, wobei 0 die ausgewogene Verteilung darstellt zwischen Verhaltensweisen, die sowohl von den *peers* als auch von den Erwachsenen beeinflußt wurden (Bronfenbrenner 1970 a, b).

Folglich zeigt ein hoher positiver Wert eine starke Orientierung an Konformität mit der erwachsenen sozialen Autorität, während hohe negative Werte auf einen hohen Grad an Konformität mit und Orientierung an der *peer group* hinweisen. Ein Wert nahe Null ist dann das Indiz für eine Art ›moralischer Pluralismus‹; das heißt, erwachsene Autorität und Autorität der *peers* konkurrieren miteinander. (Wir haben keine hohen *peer*-orientierten Werte erwartet, da die Probanden alle schulpflichtige Präadoleszente waren und die Tests in der Schulumgebung durchgeführt wurden).

Unser Index des soziopolitischen Pluralismus wurde aus einer interkulturellen Analyse soziopolitischer Merkmale gewonnen, die von Vincent (1971) durchgeführt wurde. Vincent unternahm eine Faktorenanalyse von 91 Variablen, wobei er eine Gesamtheit von 129 Korrelationen untersuchte. Er konnte 19 Faktoren ermitteln. Der Faktor, der für den größten Anteil der Gesamtvarianz (21%) verantwortlich war, wurde als »unterentwickelt« bezeichnet. Der zweite (orthogonale) Faktor, an dem wir vor allem interessiert waren, war für 14.9% der gesamten Varianz verantwortlich und wurde als »demokratisch« bezeichnet. Für unsere Zwecke werden wir diesen Faktor als *Pluralismus* bezeichnen, eine Interpretation, die sich rechtfertigt, wenn man die Variablen überprüft, die eine hohe Korrelation mit diesem Faktor aufweisen. Tabelle 2 beschreibt diese Variablen.

Die in unserer Hypothese angenommene Beziehung zwischen Pluralismus und moralischem Urteil kann überprüft werden, indem ein Zusammenhang hergestellt wird zwischen den Pluralismuswerten eines Landes und den Werten der Kinder dieses Landes im oben genannten ›moral dilemma test‹. Ein hoher positiver Wert des Pluralismusfaktors verweist auf eine hohe Ebene des soziopolitischen Pluralismus, ein hoher negativer Wert auf eine niedrige Pluralismusstufe. Aus diesem Grunde nehmen wir an, daß zwischen den Pluralismuswerten und den Dilemmawerten eine starke negative Beziehung besteht; *hohe* Werte des Faktors ›politischer Pluralismus‹ sind verknüpft mit niedrigen Werten des ›moral dilemma test‹, das heißt mit Werten, die im Bereich von Null liegen und damit eher eine pluralistische als eine monolithische Orientierung kennzeichnen. Die nachfolgende Tabelle zeigt die Werte aus 13 Ländern aus der Cornell-Studie. Für diese dreizehn Länder liegt die Korrelation zwischen den Plura-

Tabelle 2: Variablen, die mit dem Pluralismusfaktor hoch
korrelieren

1. Wirksame verfassungsmäßige Beschränkungen	(.96)
2. Allgemeines, auf Konkurrenz beruhendes Wahlsystem	(.89)
3. Repräsentative Regierung	(.86)
4. Gruppengegensätze sind möglich	(.86)
5. Ausgedehnte horizontale Machtverteilung	(.85)
6. Effektive allgemeine Gesetzgebung	(.85)
7. Schwache Exekutive	(.83)
8. Die Polizei ist politisch nicht bedeutsam	(.80)
9. Weitgehende Aggregation von Interessengruppen durch die Legislative	(.80)
10. Freie Meinungsäußerung	(.78)
11. Begrenzte Interessenartikulierung institutionalisierter Gruppen	(.71)
12. Nichtelitäre politische Führung	(.69)
13. Neutralität des Militärs in politischen Fragen	(.67)
14. Nichtkommunistisch	(.61)
15. Seltene Interessenbekundungen durch anomische Gruppierungen	(.52)
16. Zweikammerngesetzgebung	(.43)
17. Stimmabgaben in den Vereinten Nationen zusammen mit den westlichen Verbündeten	(.40)
18. Schwache politische Enkulturation	(.39)
19. Die Macht ist vertikal verteilt	(.35)

Quelle: nach Vincent (1971: 270)

lismuswerten und den Werten des ›moral dilemma test‹ bei −.89:
*das heißt, je ausgeprägter der soziopolitische Pluralismus, desto
geringer ist die Autoritätsorientierung der Kinder bzw. desto
größer ist der moralische Pluralismus.* (Eine nähere Überprüfung
dieser Daten zeigt jedoch, daß diese Korrelation vor allem auf den
dichotomen Bruch zwischen ›Ost‹ und ›West‹ zurückzuführen
ist, denn *innerhalb* eines jeden dieser beiden vorrangigen soziopolitischen Gesellschaftstypen ist nur ein geringer Zusammenhang zwischen politischem Pluralismus und den Werten der
Kinder im »moral dilemma test« feststellbar.)

Tabelle 3: Werte des Pluralismusfaktors und des »moral dilemma test«

Land	Pluralismus-Faktor[1]	»moral dilemma test«[2]
Vereinigte Staaten	1.25	2.22
Bundesrepublik Deutschland	1.18	2.83
Schweiz	1.13	−2.09
Niederlande	1.11	1.18
Schweden	1.08	.41
Japan	1.05	3.75
Großbritannien	.94	2.63
Israel	.83	1.50
Kanada	.78	4.32
UdSSR	−1.63	13.52
Tschechoslowakei	−1.73	9.46
Ungarn	−1.79	14.06
Polen	−1.83	6.14

[1] Skala von −2.11 bis +1.25; minus kennzeichnet fehlenden Pluralismus, plus kennzeichnet Pluralismus
[2] Mittelwert aus drei Testdurchgängen

Obwohl die oben dargestellte empirische Analyse unsere Hypothese unterstützt, bleiben noch zahlreiche Fragen unbeantwortet. Als erstes ist zu fragen, welche Dynamik zwischen dem Pluralismus auf der Ebene der soziopolitischen Ökologie von Institutionen und einem Pluralismus im Bereich der sozialpsychologischen Ökologie des Kindes und seiner Familie besteht. Nach unserer Ansicht liefern die in Tabelle 1 dargestellten hypothetischen Prozesse und Zusammenhänge eine Erklärung dieser Fragestellung. Man könnte auch den Einfluß von politischem Wandel auf das Erziehungsverhalten von Eltern untersuchen, vor allem in Zeiten drastischer Veränderungen, wie beispielsweise im Nazideutschland und in der sich anschließenden Nachkriegszeit und Phase der Entnazifizierung. Eine solche Analyse könnte Auskunft geben über die Auswirkungen der politischen Atmosphäre auf Lehrer, Eltern und andere Sozialisationsagenten. Ebenso kann damit die Bedeutung hervorgehoben werden, die die Mitgliedschaft von Erwachsenen in formalen Organisationen als stabilisierender Faktor für ihr eigenes moralisches Urteil und Verhalten und damit folglich auch für die Sozialisation ihrer Kinder besitzt.

Zweitens, welche Faktoren sind für die individuellen Differenzen innerhalb einer spezifischen Gesellschaft verantwortlich, sowohl im Hinblick auf das Ausmaß, in dem die betreffenden Individuen in einer pluralistischen sozialpsychologischen Ökologie leben, als auch darauf, inwieweit Individuen in der Lage sind, solche Ökologien zur Stimulierung ihrer eigenen moralischen Entwicklung zu nutzen? Wir müssen aufmerksam jene Faktoren beobachten, die die Fähigkeit des Individuums beeinträchtigen, sich pluralistische Strukturen zunutze zu machen. Daß diese Fähigkeit unterschiedlich ausgeprägt ist, lassen Untersuchungen vermuten, die auf die Fähigkeit zielen, von Entscheidungssituationen zu profitieren (Condry 1971), beziehungsweise Untersuchungen zur Sozialisation des Gefühls, seine Umwelt kontrollieren (Rotter 1966) und mit kognitiver Komplexität und Dissonanz umgehen zu können (Festinger 1957).

Ebenso konnte gezeigt werden, daß Faktoren wie die Größe einer Erziehungsinstitution bedeutende Auswirkungen haben auf die Häufigkeit und Vielfältigkeit nichtschulischer Aktivitäten von Jugendlichen (Barker/Gump 1966). Eine Teilnahme an solchen Aktivitäten ist einerseits mit dem Gefühl der Verantwortung des Schülers für Schule und Mitschüler und andererseits mit einem Gefühl der Befriedigung verknüpft, das aus dieser Partizipation resultiert (Barker/Gump 1966). Ähnliche Untersuchungen sind notwendig, um die Auswirkungen von Partizipation in verschiedenen institutionellen und kulturellen Gruppierungen im Hinblick auf das moralische Urteil und Verhalten von Eltern und Kindern in bezug auf Erziehungspraktiken von Eltern, Lehrern und anderen Sozialisationsagenten zu ermitteln.

Schließlich kann – obwohl wir in der Lage sind, eine erste Analyse der Effekte monolithischer Strukturen auf moralisches Urteil und Verhalten vorzunehmen – wenig über die Auswirkungen anomischer Strukturen ausgesagt werden. Wir haben darauf verwiesen, daß in den westlichen Industriegesellschaften als Folge abnehmender interaktiver und direktiver Erwachsenenrollen Teilbereiche von Anomie feststellbar sind. Es ist allerdings schwierig, diese Phänomene auf der Ebene der gesamten Kultur zu analysieren, da ein soziales System diesen Zustand vermutlich nicht lange zuläßt. Wir sind auf historische Ereignisse verwiesen wie jene, die für die *bezprizorniye* verantwortlich sind, um den Zusammenhang zwischen anomischen Strukturen und moralischer Entwicklung zu untersuchen. Sind wir eines Tages in der Lage, die Bedingungen, die zu monolithischen und anomischen Strukturen führen, besser zu verstehen, können wir möglicherweise diejenigen Bedingungen operationalisieren, die notwendig sind, soziokulturelle Vielfalt und damit auch moralischen Pluralismus zu entwickeln und zu unterstützen.

Anmerkung

1 Interkulturell von besonderer Bedeutung ist die Verteilung unterschiedlicher Arten der moralischen Orientierung und Ebenen innerhalb einer Gesellschaft sowie die Verteilung der Modelltypen. Eine solche Verteilung kann nämlich als die herausragende Gesellschaftsstruktur und Ideologie eines sozialen Systems angesehen werden. Wenn man Muster und Struktur der moralischen Entwicklung einer bestimmten Kultur verfolgt, erhält man einen Index des sozialen Systems. Notiert man weiterhin die relative Häufigkeit, mit der von Personen dieser Kultur typische und atypische Muster gezeigt werden – in Abhängigkeit von Geschlecht, sozioökonomischem Status, Alter, ethnischer Zugehörigkeit usf. –, können wir ein relativ vollständiges Bild des moralischen Systems einer Kultur und wichtige Anhaltspunkte über ihre gesamte Sozialisationsstrategie gewinnen.

Literatur

Almond, G./Verba, S. (1963), *The Civic Culture. Political Attitudes and Democracy in Five Nations*, Boston: Little and Brown.

Barker, R./Gump, P. (1966), *Big School*, Stanford, Ca.: Stanford University Press.

Bateson, G./Jackson, D./Haley, J./Weakland, J. (1956), »Toward a theory of schizophrenia«, in: *Behavioral Science* 1: 251-264. Deutsch in: *Schizophrenie und Familie*, Frankfurt/M.: Suhrkamp 1969.

Baumrind, D. (1967), »Child care practices anteceding three patterns of preschool behavior«, in: *Genetic Psychology Monographs* 75: 43-88.

Baumrind, D. (1971), »Current pattern of parental authority«, in: *Developmental Psychology* 4: 1-103.

Baumrind, D./Black, A. E. (1967), »Socialization practices associates with dimensions of competence in pre-school boys and girls«, in: *Child Development* 38: 291-327.

Benedict, R. (1934), *Patterns of Culture*, New York: New American Library. Deutsch: *Urformen der Kultur*, Reinbek 1957.

Bettelheim, B. (1943), »Individual and mass behavior in extreme situations«, in: *Journal of Abnormal and Social Psychology* 38: 417-452.

Bonhoeffer, D. (1953), *Letters and Papers from Prison*, New York: Macmillan. Deutsch: *Widerstand und Ergebung. Briefe und Aufzeichnungen aus der Haft*, Neuausgabe München 1970.

Bowlby, J. (1946), *Forty Juvenile Thieves. Their Character and Home Life*, London: Hogarth.

Bronfenbrenner, U. (1961), »Some familial antecedents of responsibility and leadership in adolescents«, in: Petrullo, L./Blass, B. (Hg.), *Leadership and Interpersonal Behavior*, New York: Holt, Rinehart and Winston, 239-272.

Bronfenbrenner, U. (1962 a), »The role of age, sex, class and culture in studies of moral development«, in: *Religious Education* 57 (4, Research Supplement): 3-17.

Bronfenbrenner, U. (1962 b), »Soviet methods of character education«, in: *American Psychologist* 17: 550-564.

Bronfenbrenner, U. (1970 a), »Reaction to social pressure from adults versus peer among Soviet day-school and boarding-school pupils in the perspective of an American sample«, in: *Journal of Personality and Social Psychology* 15: 179-189.

Bronfenbrenner, U. (1970 b), *Two Worlds of Childhood*, New York: Russel Sage Foundation.

Bronfenbrenner, U. (1973), »Development research and public policy«, in: Romanshin, J. M. (Hg.), *Social Science and Social Welfare*, New York: Council of Social Work Education.

Condry, J. (1971), *Freedom, Choice and the Development of Individuation.* Unveröffentlichtes Manuskript, Cornell University, Ithaca, N. Y.

Condry, J./Siman, M. (1968), *An Experimental Study of Adult versus Peer Orientation.* Unveröffentlichtes Manuskript, Cornell University, Ithaca, N. Y.

Devereux, E. C./Bronfenbrenner, U./Rogers, R. (1969), »Child rearing in England and the United States: A cross-national comparison«, in: *Journal of Marriage and the Family* 31: 257-270.

Devereux, E. C./Bronfenbrenner, U./Suci, G. (1962), »Patterns of parent behavior in America and West Germany: A cross-national comparison«, in: *International Social Science Journal* 14: 488-506.

Ferguson, J. (1958), *Moral Values in the Ancient World*, London: Methuen.

Festinger, L. (1957), *A Theory of Cognitive Dissonance*, Stanford, Ca.: Stanford University Press.

Garbarino, J. (1968), *Political and Religious Authority and the Democratic Political System*. Unveröffentlichtes Manuskript, St. Lawrence University, Canton, N. Y.

Geiger, H. (1968), *The Family in Soviet Russia*, Cambridge, Mass.: Harvard University Press.

Goodman, M. (1967), *The Individual and the Culture*, Homewood, Illinois: Dorsey.

Hunt, J. (1965), »Intrinsic motivation and its role in psychological development«, in: Levine, D. (Hg.), *Nebraska Symposium on Motivation*, Lincoln: University Nebraska Press, 189-282.

Kagan, J. (1971), *Change and Continuity in Infancy*, New York: Wiley.

Kohlberg, L. (1967 a), »The impact of cognitive maturity on the development of sex-role attitudes in the years four eight«, in: *Genetic Psychology Monographs* 75: 91-165.

Kohlberg, L. (1967 b), »Moral and religious education and the public schools: A developmental review«, in: Sizer, T. (Hg.), *Religion and Public Education*, Boston: Houghton-Mifflin, 164-183.

Kohlberg, L. (1969 a), »The relations between moral judgement and moral action: A developmental view«. Unveröffentlichter Vortrag im Institute of Human Development, University of California at Berkeley, März 1969.

Kohlberg, L. (1969 b), »Stage and Sequence: The cognitive-developmental approach to socialization«, in: Goslin, D. A. (Hg.), *Handbook of Socialization Theory and Research*, Chicago: Rand McNally, 347-480. Deutsch in: ders., *Zur kognitiven Entwicklung des Kindes*, Frankfurt/M.: Suhrkamp 1974.

Kohlberg, L./Selman, R. (1972), »Preparing school personnel relative to values: A look at moral education in the schools«, Washington, D. C.: Eric Clearinghouse on Teacher Education, Januar 1972.

Lee, L. C. (1971), »The concomitant development of cognitive and moral modes of thought: A test of selected deducations from Piaget's theory«, in: *Genetic Psychology Monographs* 83: 93-146.

Lickona, T. (1976), »Research on Piaget's theory of moral development«, in: Lickona, T. (Hg.), *Moral Development and Behavior*, New York.

Makarenko, A. S. (1955), *The Road of Life*, Moskau: Foreign Language Press. Deutsch: *Der Weg ins Leben*, Berlin 1985.

Melden, S. J. (1967), *Ethical theories*, Englewood Cliffs, N. Y.: Prentice-Hall.

Murdock, G. (1949), *Social Structure*, New York: Macmillan.

Piaget (1932), *Le jugement moral chez l'enfant*, Paris: Alcan; deutsch: *Das moralische Urteil beim Kinde*, Zürich: Rascher 1958, Frankfurt/M.: Suhrkamp 1973.

Rotter, J. B. (1966), »Generalized expectancies for internal versus external control for reinforcement«, in: *Psychological Monographs* 80 (1, Whole No. 609).

Selman, R. L. (1976), »Social-cognitive Understanding: A guide to educational and clinical practice«, in: Lickona, T. (Hg.) (1976).

Shirer, W. (1960), *The Rise and Fall of the Third Reich*, New York: Simon and Schuster. Deutsch: *Aufstieg und Fall des Dritten Reiches*, München: Knaur.

Sidgwick, H. (1960), *Outlines of the History of Ethics*, Boston: Beacon Press.

Stayton, D./Hogan, R./Ainsworth, M. (1971), »Infant obedience and maternal behavior: Origins of socialization reconsidered«, in: *Child Development* 42: 1057-1069.

Vincent, J. (1971), »Scaling the universe of states on certain useful multivariate dimensions«, in: *The Journal of Social Psychology* 85: 261 bis 283.

White, R. (1963), »Ego and reality in psychoanalytic theory«, in: *Psychological Issues* 3 (Nr. 3), New York: International Universities Press.

Willner, D. (1969), *Nation Building and Community in Israel*, Princeton, N. J.: Princeton University Press.

Rainer Döbert und Gertrud Nunner-Winkler
Wertwandel und Moral

Ingleharts *Silent Revolution* hat eine lebhafte Debatte über Wertwandel in den modernen Industriegesellschaften ausgelöst. Diese Diskussion beschränkte sich dabei weitgehend auf einen von sozio-ökonomischen Veränderungen abhängigen Austausch von inhaltlichen Wertorientierungen: Postmaterialistische Werte (zum Beispiel »Ideen zählen mehr als Geld«; »freie Rede«; »mehr politische Mitbestimmung«) sollen materialistische Werte (etwa »starke Verteidigungskräfte«; »Verbrechensbekämpfung«; »stabile Wirtschaft, Wirtschaftswachstum«) in dem Maße ablösen, wie die Befriedigung von Sicherheits- und Versorgungsbedürfnissen nicht mehr als gefährdet erlebt wird. Ohne die von Inglehart anvisierten Phänomene leugnen zu wollen, soll im folgenden gezeigt werden, daß Wertwandel nicht auf einen bloßen Austausch von Wertinhalten reduziert werden kann. Der von Weber analysierte Rationalisierungsprozeß betrifft nicht zuletzt den Geltungsmodus von Orientierungssystemen. Die Veränderungen in dieser Dimension werden zutreffender als »Enttraditionalisierung« denn als »Wertwandel« bezeichnet. Wir wollen diesen Prozeß der Enttraditionalisierung an zwei Beispielen diskutieren: an der Abtreibungs- und der Kriegsdienstproblematik. In beiden Fällen hat es eine öffentliche Diskussion gegeben – der Wandel ist also weniger unauffällig verlaufen als bei dem von Inglehart anvisierten Austausch von Wertprioritäten. Dennoch gibt es auch hier einen weniger sichtbaren Teil des Gesamtprozesses: die öffentliche Diskussion kann von der Bevölkerung differentiell rezipiert werden. Wovon Unterschiede der Rezeption abhängen, soll im folgenden untersucht werden. Wir rekurrieren dabei auf Daten aus Repräsentativuntersuchungen zu den beiden Themenbereichen sowie auf Ergebnisse einer von uns durchgeführten Untersuchung über Identitätsbildung in der Adoleszenz, in der auch die Einstellung zur Abtreibung und zur Kriegsdienstverweigerung erfragt wurde. Da es sich bei den von uns gewählten Beispielen – im Gegensatz zu den eher als Ich-Zielen zu begreifenden Werten von Inglehart – um moralisierbare Fragen handelt, liegt es nahe, auf die im allgemeinen für die Lösung von moralischen Dilemmata relevanten Dimensionen zurückzugreifen, um die Details des Rezeptionsprozesses aufzuklären. Dabei handelt es sich um Interessenlagen, die moralischen Entscheidungen entgegenstehen; die Einsozialisierung in bestimmte normative Traditionen, die bestimmte Entscheidungsrichtungen präformieren können; schließlich um die Struktur des moralischen Bewußtseins, die die Aufgeschlossenheit für bestimmte Argumentationszusammenhänge fundiert.

1. Wertwandel als gesellschaftlicher Prozeß

Unter dem Titel Wertwandel können sich Veränderungen des normativen Systems von sehr unterschiedlicher Reichweite verbergen. Die für einen gegebenen Lebensbereich traditionell geltende Norm kann durch neue Normen völlig ersetzt werden; sie kann ihr Gewicht teilweise zugunsten anderer Normen verlieren, indem sich eine neue Hierarchisierung der Werte durchsetzt; sie kann schließlich ihre Geltung ersatzlos verlieren, so daß ein Handlungsbereich, der bislang normativ reguliert war, völlig der Instrumentalisierung anheimfällt. Alle diese Veränderungen betreffen den *sachlichen Geltungsbereich* von Normen; sie können wiederum von unterschiedlich großen Teilgruppen oder der Gesamtgesellschaft getragen werden; die Variationen in dieser Dimension betreffen den *sozialen Geltungsbereich* von Normen. Das von Inglehart anvisierte Phänomen vereinigt Aspekte der sachlichen und der sozialen Geltung: ein wachsender Anteil der Bevölkerung moderner Industriegesellschaften schwenkt auf postmaterialistische Inhalte um.

Mindestens ebenso wichtig wie die beiden bisher genannten Dimensionen ist jedoch der *Geltungsmodus* von Normen: fraglos gegebene Traditionen können auf ihre Begründbarkeit und Legitimität geprüft werden, wodurch sich traditionales Handeln in wert- oder zweckrationales Handeln umbildet (Enttraditionalisierung). Weiterhin können Normen durch unterschiedlich starke *Sanktionsmechanismen* abgestützt werden (Entdifferenzierung von Recht und Moral). Vom Individuum her gesehen, stellt sich immer die Frage, wie weit und aus welchen *Motiven* es sich gegenüber dem herrschenden Normensystem konform verhalten will: ob aus Eigeninteresse, aus Angst vor Sanktionen bei Abweichung oder aus wertrationalen Gründen. Jede soziale Regelung ist eingebettet in ein komplexes soziales Netzwerk und hat somit auch immer latente Funktionen und unbekannte Nebenfolgen. Erweiterte *Information* über diese faktischen Kosten und Nebenwirkungen von Normen können Auswirkungen in jeder der oben angeführten Dimensionen von Wertwandel haben; umgekehrt kann auch die Suche nach Informationen selbst eine Folge von Wertwandel sein: Die Enttraditionalisierung, die zu zweck- und wertrationalen Handlungskoordinationen führt, hat auch immer einen erhöhten Informationsbedarf zur Folge. Insofern sind die Ausweitung des Wissenschaftssystems und der Medien als zentrale Produzenten und Verteiler von Informationen Folge und Ursache von Wertwandel zugleich (Meulemann 1981).

Am Beispiel der Diskussion um den § 218 sei kurz veranschaulicht, wie die genannten abstrakten Dimensionen von Wertwandel inhaltlich aufgefüllt werden können. Die erste erfaßte Veränderung im *sachlichen Geltungsbereich von Normen*, das heißt die völlige oder teilweise Ersetzung von traditionell für einen bestimmten Sachverhalt geltenden Normen durch neue Orientierungen. »Abtreibung« fällt in der traditionellen kirchlichen Lehre ausschließlich unter den Wert »Erhaltung und Schutz des ungeborenen Lebens«. Die Protagonisten der Gegenbewegung setzten dagegen die Norm der »Freiheit zur selbstverantwortlichen sittlichen Entscheidung«, die von bestimmten Teilen der Frauenemanzipationsbewegung zum »Recht auf freie Selbstbestimmung« verschärft wurde. Das gesamte Spektrum möglicher Stellungnahmen ist heute noch in den Positionen der unterschiedlichen Verbände vertreten. Die katholische Kirche vertritt den Schutz des ungeborenen Lebens am kompromißlosesten. Da nach ihrer Auffassung »menschliches Leben ... mit der Keimzellenverschmelzung, also im Augenblick der Empfängnis (beginnt)«, gilt: »Von diesem Tag an ist das Leben unantastbar. Die Mutter hat kein Verfügungsrecht über das ungeborene Leben, denn das Kind im Mutterleib ist nicht Teil des Körpers der Mutter, sondern es ist eigenes und selbständiges Leben« (BMJFG, Bd.92/2: 68). Ein Abbruch ist allenfalls zu rechtfertigen – und dies ist das einzige Zugeständnis, das die katholische Kirche im Verlauf der Kontroverse um den § 218 gemacht hat –, wenn das Leben der Mutter durch das Austragen des Kindes physisch bedroht ist. Zumutbarkeitsüberlegungen in bezug auf das künftige Leben des Kindes werden nicht zugelassen: der Wert des Kindes besteht »in jener Würde, die ihm aufgrund seiner Eigenständigkeit und Unvertretbarkeit zukommt ... Gerade diese Würde ist es, die eine stellvertretende Entscheidung über die ›Zumutbarkeit‹ dieses Lebens ... ausschließt« (Schaeffler 1978, zit. nach BMJFG, Bd. 92/2: 68).

Die evangelische Kirche versucht, unter Berufung auf konkurrierende Werte (spätere menschenwürdige Lebensführung von Mutter und Kind), Ausnahmen zu der auch von ihr anerkannten Norm des Schutzes des ungeborenen Lebens denkbar zu machen: »Das Ziel der Erhaltung werdenden Lebens hat auch die Frage nach Erhaltung der leiblichen und seelischen Entfaltungsmöglichkeiten von Mutter und Kind einzubeziehen. Der Schutz des Lebens im weitesten Sinne führt zu der Erkenntnis, daß auch die Verweigerung eines Schwangerschaftsabbruchs im Einzelfall schuldig machen kann. Eine Strategie der ›reinen Hände‹ kann es in diesem schwierigen ethischen Problem nicht geben ... Schon die Verweigerung der Liebe gehört zur Dimension des Tötens. Das 5. Gebot zielt also nicht nur auf die Erhaltung des Lebens, sondern auch auf das Herstellen von Bedingungen für Menschlichkeit des Lebens.« Angesichts dieses Dilemmas votiert sie dafür, »der Schwangeren zu helfen, eine vor ihrem Gewissen für ihre Situation verantwortbare Entscheidung zu treffen, die ihre Lebenskraft nicht überfordert und die bei ihr, eventuell auch beim Kind, keine späteren psychischen Schäden befürchten lassen muß« (BMJFG, Bd. 92/1: 155). Eine Ausnahme vom Tötungsverbot ist also nicht nur zu rechtfertigen, wenn das physische Überleben der Mutter gefährdet ist, sondern auch dann, wenn zu erwarten ist, daß die künftige Lebensform Mutter oder Kind psychisch überfordern würde. Läßt sich die Legitimität einer Ausnahme nach katholischer Auffassung quasi wissenschaftlich objektiv (durch das sachkundige Urteil des Arztes als Experten) feststellen, so ist es nach evangelischer Auffassung die betroffene Frau selbst, deren sittlichem Urteilsvermögen die angemessene Einschätzung einer potentiellen Überforderung letztlich überlassen bleiben muß. Für beide Kirchen fällt also der Schwangerschaftsabbruch unter das Tötungsverbot. Die weitere Fassung von »Leben« in der evangelischen Kirche als nicht bloß physisches Überleben, sondern als psychisch verkraftbare Lebensform erfordert die Einführung des Prinzips der Entscheidung der Frau. Dies meint jedoch nicht die freie Entscheidung der Frau darüber,

ob sie ein Kind wolle oder nicht, sondern die »sittlich verant-
wortliche« Entscheidung darüber, ob eine Ausnahme vom Tötungsverbot zu rechtfertigen sei.

Die weltlichen Verbände hingegen, die Schwangerschaftskon-
fliktberatung durchführen, subsumieren Abtreibung fast ausschließlich unter die Norm der freien Selbstbestimmung. Um
zwei Beispiele zu geben: Der Bremer Landesverband von »Pro
Familia« interpretiert die »Notlagenindikation« so extensiv, daß
letztlich die Frau frei entscheiden kann: »Als soziale Notlage
muß alles gelten, was gegen die Bedürfnisse und Lebensperspekti-
ven der Frauen gerichtet ist und sie gefährdet« (BMJFG, Bd. 92/
1: 180). Die Arbeiterwohlfahrt plädiert dafür, Frauen in Not
einen straffreien Abbruch zu gewähren, denn »alleine von Frauen
wird gefordert, ihre Bedürfnisse und Interessen zugunsten der
Kinder zurückzustellen. Ungewollt schwangere Frauen können
einen Schwangerschaftsabbruch erwägen, weil sie ihre Lebenssituation, ihre beruflichen und nichtberuflichen Erwartungen einerseits, mit der Geburt und verantwortlichen Erziehung eines
Kindes andererseits nicht in Übereinstimmung bringen können«
(BMJFG, Bd. 92/1: 139). In diesen offiziellen Stellungnahmen
wird auf das Tötungsverbot zwar noch Bezug genommen: der
Schwangerschaftsabbruch wird formal als »Ausnahme« konstruiert. Eine Analyse der Gründe, die die »Ausnahme« zu rechtfertigen erlauben, zeigt jedoch, daß der Wert der Selbstbestimmung
das Primat gewonnen hat. In dem Slogan der militanten Frauen-
bewegung »Mein Bauch gehört mir« ist der Bezug auf den Wert
des »ungeborenen Lebens« überhaupt nicht mehr sichtbar. Diese
Position hält selbstverständlich am Tötungsverbot fest, bestreitet
jedoch, daß dieses auf die Abtreibung anwendbar ist, da es sich
bei dem Foetus noch nicht um menschliches Leben handele.

Die Verbandsstellungnahmen artikulieren die möglichen Positionen in bezug auf den sachlichen Geltungsbereich der beim
Problem des Schwangerschaftsabbruchs konkurrierenden Normen: Schutz des ungeborenen Lebens, Recht auf freie Selbstbestimmung. Wie sieht es nun mit dem *sozialen Geltungsbereich*
dieser Normen aus? Eine Analyse der Einstellungen zur Abtreibung in den letzten zwanzig Jahren in der BRD zeigt folgende
Veränderungstendenzen: Das Tötungsverbot wird nicht mehr in
der ursprünglichen Striktheit anerkannt, indem mehr und mehr
Ausnahmen zugelassen werden; gleichzeitig schiebt sich die

Norm der freien Selbstverantwortung zunehmend in den Vordergrund, so daß die Relevanz des Tötungsverbots für die Schwangerschaftsunterbrechung tendenziell völlig aus den Augen verloren werden kann. Um diese Haupttrends durch einige Zahlen zu belegen:

1953 waren noch 44% der Bevölkerung gegen eine Schwangerschaftsunterbrechung, selbst im Falle einer Vergewaltigung (vgl. von Friedeburg, zit. nach Hochheimer 1963: 102). Diese Zahl fällt 1963 in Reaktion auf den Entwurf eines Strafgesetzbuches von 1962 (vgl. DER SPIEGEL 1963) auf 35%. Im März 1971 hatte sich die Zahl der Abtreibungsgegner wieder auf 39% gesteigert, um dann in Reaktion auf eine Neueröffnung der Reformdebatte und auf massive Proteste von Frauengruppen (Aktion § 218: »Wir haben abgetrieben«) allein bis September 1971 deutlich auf 29% abzufallen (vgl. STERN-Umfrage 1971). Dieser Abwärtstrend setzte sich kontinuierlich fort: 1973 waren nur noch 15% strikt gegen Schwangerschaftsunterbrechung (vgl. Allensbach 1973), eine Zahl, die zumindest bis 1977 stabil zu sein scheint (14%) (BMJFG, Bd. 75: 327). Die Ergebnisse unserer (nicht repräsentativen) Untersuchung von 112 männlichen und weiblichen Hauptschülern, Realschülern und Gymnasiasten zwischen 14 und 22 Jahren (im Jahre 1976) kommen ganz gut mit diesen Daten zur Deckung: 8% sprachen sich für ein absolutes Abtreibungsverbot aus; 15% für eine restriktive (Gefahr für das Leben der Mutter/Vergewaltigung), 35% für eine weite Ausnahmeregelung (soziale Notlagenindikation) und 42% schließlich für die Fristenregelung oder völlige Freigabe.

Dieser Einstellungswandel hat sich offensichtlich in Abhängigkeit von und im Zusammenhang mit der öffentlichen Diskussion im Zuge der Reformversuche des § 218 vollzogen. Dabei ging es nicht nur um ein rein immanentes Abwägen von Werten, Rechten und Pflichten; die Diskussion selbst ist ausgelöst worden nicht zuletzt durch die Verbreitung und *Information* über Kosten und Konsequenzen unterschiedlicher gesetzlicher Regelungen für die Gesamtgesellschaft (bevölkerungspolitische Argumente, etwa Probleme der Rentenfinanzierung oder der Überbevölkerung), für bestimmte Teilgruppen innerhalb der Gesellschaft (Privilegierung der höheren Schichten bei Verhütung und Gesetzumgehung), für die betroffene Frau (psychologische Belastungen, Einschränkungen beruflicher und sonstiger Entfaltungsmöglichkeiten) und schließlich auch für das Kind (fehlschlagende Sozialisation).

Daß detaillierte Informationen über konkrete Kosten und Folgelasten die Einstellung tatsächlich beeinflussen, läßt sich den Ergebnissen der Untersuchung von Zundel u. a. (BMJFG, Bd. 92/3: 219) entnehmen. Es zeigte sich nämlich, daß dort, »wo die Befragten von der abstrakten Norm absehen und mit konkreten Situationen konfrontiert werden, sie differenzierter und toleranter urteilen«. So hatte man die Probanden zunächst abstrakt nach ihrer Einstellung zum Schwangerschaftsabbruch befragt und gefunden, daß 28% Abtreibung entweder überhaupt nicht oder allenfalls bei »Gefahr für Leben und Gesundheit der Mutter« zulassen wollten. Denselben Befragten wurden sodann etwas konkretere Indikationsbeschreibungen vorgelegt, und nun verschoben über zwei Drittel ihre Toleranzgrenzen und ließen auch »die Gefahr, daß das Kind geistig oder körperlich geschädigt zur Welt kommt«, oder »wenn das Kind bei einer Vergewaltigung gezeugt wurde«, als Indikationen zu (BMJFG, Bd. 92/3: 216). Noch konkretere Situationsbeschreibungen führen zu noch stärkerer Liberalisierung. Beispielsweise sprachen sich 83% gegen eine Schwangerschaftsunterbrechung aus, »wenn die Eltern wegen eines weiteren Kindes auf bestimmte Dinge verzichten müssen«; diese Zahl fiel auf 57% bei der Vorlage einer konkreten Fallbeschreibung ab, in der eine Familie gezwungen war, wegen eines weiteren Kindes auf ein bereits im Bau befindliches Eigenheim zu verzichten, das den bereits vorhandenen Kindern mehr Entfaltungsmöglichkeiten gewähren sollte. Mit der Schilderung solcher Situationsdetails werden Kosten, die zunächst nicht in Rechnung gestellt worden waren, sichtbar und führen dazu, daß die Befragten eher bereit sind, für solche Fälle eine »Ausnahme« zuzulassen. Prozesse dieser Art müssen aufgrund der ausführlichen öffentlichen Debatte abgelaufen sein. Weite Teile der Bevölkerung mußten zur Erkenntnis gelangen, daß ihre Einstellung der ganzen Komplexität der Abtreibungsproblematik nicht gerecht wurde und daß weitere Aspekte in die eigenen Überlegungen einzubeziehen sind. Dies ist – auf der Makroebene des Einstellungswandels – ein Beispiel für den oben postulierten Wechselwirkungszusammenhang zwischen Wertwandel und Informationsverbreitung. Wie sich solche Einstellungsänderungen als Folge einer Kenntnisnahme von Kosten auf der Ebene des individuellen Bewußtseins vollziehen und welche anderen Motive die Einstellung mitbestimmen, soll in Teil 2 detaillierter untersucht werden.

Die Reform des § 218 war in erster Linie eine Veränderung der *Sanktionsandrohungen* für den Schwangerschaftsabbruch. Schwangerschaftsabbruch ist nunmehr legal, wenn die Schwangere einwilligt und er nach ärztlicher Erkenntnis zur Abwehr einer schwerwiegenden Beeinträchtigung des körperlichen oder seelischen Gesundheitszustandes angezeigt ist. Dabei sind die gegenwärtigen und zukünftigen Lebensverhältnisse der Schwangeren zu berücksichtigen. Diese sozialmedizinische Indikation gilt auch als erfüllt, wenn nach ärztlicher Erkenntnis die Voraussetzung der »kindlichen«, der »ethischen« oder der »Notlagenindikation« vorliegen (Drucksache des Deutschen Bundestags 8/3630: 19). Straffreiheit wird der Schwangeren auch zugesichert, wenn der Abbruch in den ersten 22 Wochen der Schwangerschaft nach Beratung von einem Arzt vorgenommen wird; von einer Bestrafung der Schwangeren kann das Gericht auch absehen, wenn sie sich zur Zeit des Eingriffs in besonderer Bedrängnis befunden hat. Die beiden letzteren Fälle benennen nur persönliche Strafausschließungsgründe, die die Rechtswidrigkeit der Handlung nicht aufheben. Der Gesetzgeber will jedoch ganz explizit diese Zurücknahme der Strafandrohung nicht als Ausdruck einer Veränderung der für den Schwangerschaftsabbruch geltenden Normen verstanden wissen: »Der Lebensschutz der Leibesfrucht genießt grundsätzlich für die gesamte Dauer der Schwangerschaft Vorrang vor dem Selbstbestimmungsrecht der Schwangeren« (16). Die Position des Gesetzgebers ähnelt also der von der evangelischen Kirche vertretenen Auffassung: die relevante Norm ist das Tötungsverbot; außergewöhnliche Belastungen vermögen Ausnahmen zu rechtfertigen. Allerdings stellt der Gesetzgeber die Entscheidung darüber, ob die Ausnahme zu rechtfertigen sei, nicht dem sittlichen Urteilsvermögen der betroffenen Frau, sondern einer – implizit unterstellten – »objektiven« Expertenkompetenz des Arztes und der Beratungsstellen anheim. Diese Veränderungen in der Sanktionsandrohung werden jedoch in der Öffentlichkeit – so einige Kritiker der Reform – trotz der gegenteiligen Intention des Gesetzgebers mißdeutet als staatliche Einräumung eines Rechtsanspruchs der Frau auf die Durchführung des Schwangerschaftsabbruchs. So etwa beklagt der Caritas-Verband in seinem Gutachten zu den Erfahrungen mit der Reform »eine zunehmend negative Entwicklung«: »Die Abtreibung wird zur Normalität; teilweise sogar als Rechtsanspruch ausgelegt. ›Unerwünscht‹ und ›ungeplant‹ ohne objektiv schwerwiegende Belastung reicht oft bereits aus« (BMJFG, Bd. 92/1: 141). Soweit diese Diagnose zutrifft, belegt sie den Einfluß staatlicher Sanktionsandrohungen auf das moralisch-sittliche Empfinden der Bevölkerung: »was nicht bestraft wird, ist Rechtens«; dies ist eine naheliegende – wenngleich verfehlte – Schlußfolgerung.

Doch unabhängig davon, ob in der Öffentlichkeit eher das vom Gesetzgeber anvisierte »Ausnahmemodell« oder das von der Caritas diagnostizierte und beklagte »Selbstbestimmungsmodell« vorherrschen – eines hat die Veränderung in der gesetzlich festgelegten Sanktionsstruktur zweifellos bewirkt: daß nämlich mit der Legalisierung einer zumindest weit dehnbaren Ausnahmeregelung und der Errichtung eines entsprechenden offiziellen institutionellen Apparates (Beratungsstellen) Abtreibung eine faktische Verhaltensoption geworden ist. Es gibt jetzt einen legitimen Spielraum für bewußtes Entscheiden, wo man sich früher dem Wirken der Natur und den Vorschriften religiöser Traditionen hätte beugen müssen. Damit setzt sich ein Aspekt des von Weber beschriebenen globalen gesellschaftlichen Trends zur Rationalisierung im Bereich des reproduktiven Verhaltens und des ihm entsprechenden Wertsystems durch. Sofern sich das »Selbstbestimmungsmodell« durchsetzt, kann man diese Veränderungen des geltenden Wertsystems – wie es in der an Inglehart anschließenden Wertwandeldiskussion üblich ist – zwar als die Einführung eines neuen Wert*inhalts* betrachten. Demnach wäre lediglich – analog dem Übergang von materialistischen zu postmaterialistischen Orientierungen – ein Übergang vom absolut gesetzten Wert des ungeborenen Lebens zum Wert der freien Selbstverwirklichung der Frau zu verzeichnen. Dies ist zweifellos ein Aspekt dieses gesellschaftlichen Wandlungsprozesses. Man muß jedoch sehen, daß hier ein Wert besonderer Art neu in diesen Diskussionszusammenhang eingeführt worden ist, nämlich ein Wert, der nicht auf seinen Inhaltsaspekt reduzierbar ist, sondern der unmittelbar auch eine *Verfahrens*norm darstellt. Dieser Aspekt wird besonders klar in der Auffassung der evangelischen Kirche betont: das Selbstbestimmungsrecht der Frau legt nicht inhaltlich fest, welche Entscheidung die Frau treffen sollte, es definiert nur das Verfahren, mittels dessen die Entscheidung getroffen wird. Welche Entscheidung die einzelne Frau treffen wird, hängt von ihren eigenen inhaltlichen Orientierungen ab, die nun allerdings nicht mehr durch die Gesellschaft oktroyiert werden. Wie immer die einzelne Frau ihren Entscheidungsspielraum nutzt – die Werte, an denen sie ihre Entscheidung orientiert, und die konkrete Entscheidung als Resultat ihrer Überlegungen haben einen anderen Geltungs*modus* als rein traditionsorientierte Entscheidungen. Das gilt selbst für Fälle, in denen die Betroffenen sich an der Tradition, hier der Lehrmeinung der katholischen Kirche, orientieren. Wie das folgende Zitat aus einem unserer Interviews mit einem jungen Mädchen zeigt, wird auch die traditionsgeleitete Orientierung reflexiv verflüssigt. Vp 90: »Bis zum dritten Monat sollte jedermann selbst entscheiden. Für mich ist es Mord – ich tät's nicht. Aber für andere ist es kein Mord.« Es dürfte auch selbstverständlich sein, daß diese Veränderung des Geltungsmodus nicht ohne weiteres durch neue kulturelle Moden rückgängig gemacht werden kann, da solche Modewellen zunächst immer am Orientierungsinhalt ansetzen und nicht die Denkmodalität betreffen; es gibt Anzeichen dafür, daß innerhalb der subkulturellen Gruppierungen, die ursprünglich die Vorreiter für die Freigabe der Abtreibung gestellt haben, antimodernistische Gegenströmungen auftreten, die mit einer Aufwertung der Mutterrolle verbunden sind. Wenn dadurch Schwangerschaftsunterbrechung seltener vollzogen werden sollte, so wäre das doch nicht gleichbedeutend mit einer Rückkehr zu einer rein traditionalen Lebensführung: denn hier entscheidet das Individuum sich frei und bewußt für das Austragen des Kindes. In diesen Fällen von Wertwandel werden also nur Inhalte ausgetauscht, *ohne* daß der Geltungsmodus der Orientierungen tangiert wurde.

Für das zweite von uns untersuchte Beispiel, die Einstellung zum Wehrdienst, möge es genügen, nur die im vorliegenden Kontext zentrale Dimension von Wertwandel herauszugreifen, nämlich die Dimension des Geltungsmodus. Für die Ableistung des Wehrdienstes gilt inzwischen, ähnlich wie für das Austragen einer Schwangerschaft, daß es sich nicht mehr um die Erfüllung einer unhinterfragbaren Selbstverständlichkeit oder einer staatsbürgerlichen bzw. moralischen Pflicht handelt, sondern um eine unter anderen Handlungsmöglichkeiten bewußt ausgewählte Verhaltensoption. Auch in dieser Entscheidung hat sich der Prozeß der Enttraditionalisierung niedergeschlagen. Eine der Ursachen für diese Entwicklung ist die Verbreitung des Wissens, daß eine ursprünglich nur für einige wohl definierte Sonderfälle eingeführte Ausnahmeregelung faktisch von vielen genutzt wird; hier wird wirksam, was als »normative Kraft des Faktischen« bezeichnet wird: Ist erst einmal – aus beliebigen externen Gründen – ein Verhaltensänderungsprozeß in Gang gesetzt, so gewinnt dieser bald eine sich selbst verstärkende Wirksamkeit: Das Wissen darum, daß andere »abweichende« Verhaltensentscheidungen treffen, hat zur Folge, daß auch das der tradierten Routine folgende Verhalten als Realisierung einer bewußten Entscheidung begriffen werden muß: man hätte ja – offensichtlich – auch anders handeln können. Damit wird, was bislang als selbstverständlich galt, begründungspflichtig.

Um diese Behauptung wenigstens zu plausibilisieren, seien kurz einige Daten zitiert: Die Zahl der Anträge auf Anerkennung als Kriegsdienstverweigerer nahm seit Einführung der allgemeinen Wehrpflicht folgende Entwicklung (vgl. dazu Hecker und Schusser 1980: 189). Im Zeitraum 1957-1966 schwankt sie zwischen 2.500 und 5.500, um dann mit dem Jahr 1968 schlagartig anzusteigen:

1967 –	5.963
1968 –	11.952
1969 –	14.420
1971 –	27.657
1972 –	33.792
1973 –	35.192
1974 –	34.150
1975 –	32.565
1976 –	40.643

In unserer Untersuchung zeigt sich, daß nur 30% der männlichen Befragten klar entschieden sind, ihren Wehrdienst abzuleisten. 21% schwanken noch in ihrem Abwägen von pro und contra; die restlichen 48% wollen (zum Zeitpunkt der Befragung, das heißt zum Teil noch etliche Jahre, bevor die Entscheidung ansteht) den Wehrdienst nicht ableisten. Über zwei Drittel der Befragten betrachten also die Ableistung des Wehrdienstes nicht als selbstverständlichen Abschnitt im Lebenslauf, sondern als offene Entscheidungssituation, in der Gründe abgewogen werden.

2. Die differentielle Rezeption des Wertwandels

Wenn die oben entfaltete These triftig ist, daß ein zentraler, in der an Inglehart anschließenden Diskussion eher vernachlässigter Aspekt von gesellschaftlichem Wertwandel der Prozeß der Enttraditionalisierung ist, so stellt sich auch die Frage nach der differentiellen Rezeption dieses Wandels durch die Gesellschaftsmitglieder neu. In Ingleharts Modell wird Wertwandel primär als Ersetzung materialistischer durch postmaterialistische Werte (oder zumindest deren Unterordnung) gedeutet. Eine Erklärung findet dieser Austausch von Wert*inhalten* in sozioökonomischen Veränderungen bestimmter Gesellschaften und einer universellen menschlichen Motivhierarchie: An Maslow anknüpfend, geht Inglehart von einer Bedürfnishierarchie aus, in der zuunterst Bedürfnisse nach physischer Sicherheit und materiellem Wohlstand stehen; dann folgt das Bedürfnis nach sozialer Anerkennung und schließlich das Bedürfnis nach Selbstverwirklichung und die Forderung nach einer vollen Realisierung demokratischer Grundrechte. Nur wenn »niedrigere« Bedürfnisse abgesättigt sind, werden höhere Bedürfnisse artikuliert. Dies ist nach Ingleharts international vergleichenden Analysen von Repräsentativumfragen bei den Bevölkerungsgruppen der Fall, die in den »formativen«, das heißt in den ersten Lebensjahren die Erfahrung von selbstverständlichem Wohlstand oder gar Überfluß gemacht haben. In Ingleharts Modell prägt also eine frühkindliche Wohlstandserfahrung eine motivational verankerte Präferenz für »neue« Wertinhalte. Ganz im Gegensatz zu dieser Vorstellung einer durch sozialstrukturell bedingten Privilegierung erzeugten, nicht weiter reflektierten Affinität zu bestimmten Wertinhalten wird man im Enttraditionalisierungsmodell von bewußtseinsfähigen Lernprozessen und einer differentiellen Sensibilität für die immanente Rationalität von Argumentationszusammenhängen ausgehen müssen. Wovon diese abhängen und wie sie eine differentielle Rezeption des Wertwandels steuern, soll im folgenden untersucht werden.

Methoden

Die zu analysierenden Daten entstammen einer 1976 durchgeführten Untersuchung von 112 männlichen und weiblichen Hauptschülern, Realschülern und Gymnasiasten zwischen 14 und 22 Jahren. In teilstrukturierten Interviews wurden die Jugendlichen über eine Vielfalt von Problemen befragt (Familie, Schule, Freunde, Lebensorientierungen, moralisches Bewußtsein, Abwehrstile, politische Sozialisation). Im Kontext der Fragen zur politischen Sozialisation wurde unter anderem die Einstellung zur Bundeswehr erhoben und die Legitimität von Gesetzen und möglichen Übertretungen am Beispiel des damals gerade reformierten § 218 diskutiert. Die Fragen zu diesen beiden Komplexen lauteten im einzelnen:

Es hat in letzter Zeit Diskussionen über den § 218 gegeben (Erklärung, wenn nötig). Welche Lösung des Abtreibungsproblems würdest du für richtig halten? Findest du, daß Abtreibung erlaubt sein sollte oder nicht?

Wenn die Einstellung des Befragten sichtbar geworden war, wurde er gebeten, mögliche Gegeneinwände zu seiner eigenen Position zu benennen; gegebenenfalls konfrontierte ihn der Interviewer mit Argumenten der jeweiligen Gegenposition, also etwa:

Handelt es sich nicht um Mord oder Tötung?
(bei völliger Freigabe) – oder:
Muß die Frau das Kind auch austragen, wenn sie vergewaltigt wurde/ihr Leben auf dem Spiel steht/das Kind behindert ist/die finanziellen Ressourcen nicht ausreichen?

Zum Komplex Wehrdienst versus Verweigerung wurden die Jungen gefragt:

Du wirst eines Tages auch vor der Entscheidung stehen, ob du zur Bundeswehr gehen willst. Hast du da schon überlegt, was du dann machst? Kannst du dir vorstellen, daß du verweigern würdest? Würdest du versuchen, dich mit einem Attest darum zu drücken? Glaubst du, daß es irgendwelche Konsequenzen für dich hätte, wenn du verweigern würdest? Würdest du freiwillig zur Bundeswehr gehen? Was glaubst du, warum die meisten verweigern oder freiwillig zur Bundeswehr gehen? Es wird doch diskutiert, ob man die Überprüfung von Verweigerern aufheben soll, was hältst du davon?

Für die Mädchen wurde folgende Abwandlung vorgenommen:

In Israel werden auch die Frauen zur Armee eingezogen. Wenn das in Deutschland ebenso wäre, was würdest du tun?

Die Antworten auf diese Fragen wurden wie folgt vercodet:

Entscheidungsrichtung

§ 218: Keine Abtreibung/enge Ausnahmeregelung (Mutterleben gefährdet, Vergewaltigung, Kind mit Erbschäden); weite Ausnahmeregelung (soziale Notlagenindikation)/freie Entscheidung (Fristenlösung oder völlige Freigabe).

Bundeswehr: Zur Bundeswehr gehen/noch unentschieden mit Gründen pro und contra Bundeswehr/nicht zur Bundeswehr gehen.

Begründungsstruktur

Komplexität der Argumente: Es wurde die zur Begründung einer Position verwendete Zahl von Argumenten ausgezählt (Beispiel: als je ein Argument zählt im Falle einer Befürwortung von Abtreibung die Nennung der folgenden Gesichtspunkte: ein ungewünschtes Kind leidet/das Leben der Mutter wird zerstört/andere Länder geben die Abtreibung frei/der Staat hat nicht das Recht, in die Privatsphäre einzugreifen usw.).

Einstufung der Argumente als instrumentalistische bzw. aus Überzeugungen abgeleitete Überlegungen, zum Beispiel:

Überzeugungsargumente contra Bundeswehr: ich will nicht töten/Gewalt ist kein Konfliktlösungsmittel/Verteidigung ist heute nicht mehr möglich/der Zivildienst ist sinnvoller;

pro: es ist Pflicht;

instrumentalistische Argumente contra Bundeswehr: der Wehrdienst bedeutet Drill und Unterordnung/Zeitverschwendung;

pro: die Bundeswehr bietet attraktive Ausbildungsmöglichkeiten/konkrete Vorteile (Abfindung, Führerschein)/der Zivildienst ist unangenehmer.

Als unabhängige Variablen wurden neben rein sozialstatistischen Informationen folgende Variablen in die Analyse einbezogen:

Zwei Aspekte des moralischen Bewußtseins
– Stufe der moralischen Entwicklung. Die Einstufung erfolgte aufgrund der Antworten auf ein hypothetisches moralisches Dilemma (Euthanasie) in Anlehnung an Kohlbergs Codiervorschriften.
– Verläßlichkeit. Damit ist eine stufenunspezifische Bereitschaft gemeint, im Prinzip dem Individuum zugängliche moralische Einsichten auch im Handeln durchzuhalten, also weder bewußt moralische Werte außermoralischen Zielsetzungen unterzuordnen noch defensiv die Situationswahrnehmung so zu verzerren, daß außermoralische Interessen sich im Ge-

wande moralischer Rechtfertigung (zum Beispiel durch Verleugnung, Rationalisierung) durchsetzen können. Den Befragten wurden drei hypothetische Handlungskonflikte vorgelegt, in denen die Interessenlage des Aktors mit einer anerkannten Norm kollidiert (zum Beispiel Fahrerflucht). Die Einstufung nach Verläßlichkeit erfolgte aufgrund der Antworten auf die Frage: »Was würdest du in dieser Situation tun?« Befragte, die in allen drei Situationen eine moralische Handlungsweise angaben, wurden als »verläßlich«, Befragte, die in allen drei Situationen eine interessenkonforme, aber normwidrige Handlungsentscheidung benannten, als »Strategen« vercodet (vgl. Döbert/Nunner-Winkler 1983).

Intrafamiliales Milieu
Die Einstufung der Eltern-Kind-Beziehung erfolgte aufgrund der Schilderungen, die die Befragten in den entsprechenden (offenen, gesprächsförmigen) Interviewpassagen abgaben (in Reaktion auf Fragen der Art: »Wie kommst du im allgemeinen mit deinen Eltern aus? Wenn es Konflikte gibt, worum geht es dabei?« usw.). Darüber hinaus wurde den Befragten eine standardisierte Liste von Konfliktlösungsstilen vorgelegt, auf der sie die für ihre Eltern typischen anzukreuzen hatten. Eine Clusteranalyse dieser Antworten erbrachte eine Einteilung der Eltern nach den Dimensionen der Konflikthäufigkeit und -heftigkeit sowie Symmetrie der Paarbeziehung bzw. einseitiger Dominanz eines Partners.

Ergebnisse und Diskussion

Das wichtigste Ergebnis wurde bereits oben referiert: die Mehrzahl der Jugendlichen betrachtet beide Situationen als offene Entscheidungssituation, in denen es allein von ihnen abhängt, welche Option sie wählen wollen. Die traditionellen Regelungen, die im Falle der Schwangerschaft das Austragen des Kindes und im Falle des Wehrdienstes die Erfüllung der staatsbürgerlichen Pflicht zur kaum bezweifelbaren Selbstverständlichkeit gemacht hätten, werden nur noch von einer Minderheit vertreten (Abtreibung: 8% striktes Verbot; Wehrdienst: 21% Ableistung »selbstverständlich«). Selbst wo das Individuum die tradierten Normen noch als für sich verbindlich erachtet, werden diese häufig nicht einfach durch Berufung auf »geheiligte Traditionen« legitimiert (Abtreibung ist »eine Sünde«), sondern im Wissen um mögliche Gegenpositionen argumentativ ausgewiesen. So etwa begründet Vp 1 ihre eher restriktive Einstellung zur Abtreibung wie folgt: »Ich finde es nicht richtig, daß jede Frau entscheiden soll, ob sie jetzt das Kind abtreibt oder nicht ... Man kann sich's ja vorher

irgendwie überlegen ... Ich glaube schon, daß das Leben eigentlich schon begonnen hat. Das ist zwar eine Glaubenssache – man
kann das weder wissenschaftlich beweisen noch leugnen –, aber
das hängt auch irgendwie mit unserer ganzen menschlichen Entwicklung zusammen: Es war ja immer die Todesstrafe die höchste
Strafe, die angewandt wurde – die ganze Geschichte hindurch.
Und wenn man jetzt sagte, wir können abtreiben – dann ist das ja
irgendwie ein Stilbruch.«

Wovon hängt es nun ab, ob ein bestimmtes Individuum eine
eher restriktive oder eher liberale Einstellung zur Abtreibung
bzw. eine eher stützende oder eher kritische Einstellung zur
Bundeswehr einnimmt? Wie oben bereits angedeutet, suchen wir
nicht in motivationalen Grundgestimmtheiten Ursachen für differentielle Wertpräferenzen, sondern in Lernerfahrungen Gründe
für unterschiedliche Überzeugungsstrukturen. Die Überzeugungen, die ein Individuum vertritt, stellen einen Ausschnitt aus dem
»vollständigen« Argumentationsraum dar, wobei das Individuum
aus der Menge möglicher Argumente bestimmte selegiert, differentiell gewichtet und integriert, so daß eine (mehr oder weniger)
eindeutige Schlußfolgerung im Sinne einer bestimmten Einstellung pro/contra möglich wird. Welche Argumente nun wahrgenommen werden und welche besonderes Gewicht erhalten, hängt
von unterschiedlichen Lernprozessen ab. Es gibt ein »Inhaltslernen« als Folge einer Einsozialisierung in vorgegebene (dogmati-
sche) Traditionen, das dazu führt, daß die institutionalisierten
Prinzipien vom Individuum internalisiert werden, also von vornherein ein nur schwer kritisierbares Übergewicht gewinnen; es
gibt »Erfahrungslernen«, das solchen Argumenten, die eigene
Lebenserfahrungen artikulieren, eine unmittelbare Evidenz ver-
leiht. Schließlich gibt es eine differentielle Sensibilität für bestimmte Argumenttypen, die durch Aspekte des moralischen
Bewußtseins vermittelt ist: Einmal ist dabei an die Haan/Gilli-
gan-These geschlechtsspezifischer Ethiken zu denken, nach der
Männer nur auf abstrakte Prinzipien, Frauen vorrangig auf konkrete Umstände fokussieren; zum zweiten geht es um das durch
die Stufe der moralischen Entwicklung angezeigte »Strukturlernen«, aufgrund dessen zunehmend mehr Gesichtspunkte berücksichtigt und ausbalanciert und neben Konsequenzen im Nahbe-
reich auch komplexe Ursache-Folgeketten auf der Systemebene
in Rechnung gestellt werden können; schließlich geht es um den

Aufbau von »Verläßlichkeit«, die das relative Gewicht von moralischen und außermoralischen Erwägungen bestimmt. Es soll nun im einzelnen nachgezeichnet werden, inwieweit die Einstellungen durch diese unterschiedlichen Lernprozesse, des Inhalts-, Erfahrungs- und Strukturlernens sowie dem Erwerb einer eher moralischen oder eher strategischen Grundorientierung, erklärt werden können.

1. Inhaltslernen

Eine der prominentesten sozialen Institutionen der Tradierung von Wertsystemen ist die Kirche; daneben würde man auch von der Schule (neben ihrer Förderung von Strukturlernprozessen) noch einen gewissen Einfluß auf die Übernahme vorgegebener normativer Orientierungen erwarten. Wie sieht es nun aus mit dem Zusammenhang von Religionszugehörigkeit oder Schultypus und der Einstellung zur Abtreibung bzw. zur Bundeswehr?

Bei der Abtreibung ergibt sich ein klares Bild, das auch mit den Ergebnissen anderer Untersuchungen gut zusammenstimmt. Die Katholiken votierten überproportional für eine restriktive Abtreibungsgesetzgebung. Ihr Anteil (in diesem überwiegend katholischen bayerischen Sample mit einem Gesamtanteil von 70,6% Katholiken) fällt von 100% in der Gruppe »totales Abtreibungsverbot« über 81% bzw. 73% für die »enge« bzw. »weite Ausnahmeregelung« bis auf 55% in der Gruppe »freie Entscheidung«. Dieser Zusammenhang verstärkt sich, wenn man die religiöse Erziehung als intervenierende Variable hinzuzieht: in der Gruppe »völlige Freigabe« sind nur 14% religiös erzogene Probanden enthalten. Dieser Anteil steigt über 24% und 53% bei der weiten bzw. engen Ausnahmeregelung auf 78% in der Gruppe »totales Abtreibungsverbot«.[1]

Der Zusammenhang zwischen Zugehörigkeit zur katholischen Kirche und der Wahl der eher »traditionalen« Lösung bei der Frage der Wehrpflichterfüllung ist nicht so ausgeprägt wie bei der Abtreibungsdiskussion. Dennoch zeigt sich, daß in der Gruppe derer, die die Wehrpflicht relativ fraglos akzeptieren, der Anteil der Katholiken deutlich höher ist (85%) als in den kritischer eingestellten Gruppen »teils/teils« (57%) und »nicht gehen« (69%).[2] Dieser Zusammenhang dürfte jedoch – anders als im Falle der Abtreibung – nicht Produkt eines spezifischen inhaltlichen Lernprozesses sein: schließlich gibt die Kirche für diese Entscheidung auch keine klare Handlungsanweisung. Es dürfte sich in diesem Zusammenhang eher eine allgemeine äußerliche Konformität mit herrschenden Konventionen widerspiegeln. Bezieht man nämlich die Variable »religiöse Erziehung« ein, so verstärkt sich dieser Zusammenhang nicht nur nicht, sondern kehrt sich sogar um: in der Gruppe »nicht gehen« haben 56% eine religiöse Erziehung erfahren, in der Gruppe »zur Bundeswehr gehen« dagegen nur 45%; der niedrigste Anteil, nämlich 29%, findet sich in der Gruppe »teils/teils«. Dieses Ergebnis kann man wohl als Indiz dafür interpretieren, daß die Probanden insbesondere der letzten Gruppe ihre Handlungsentscheidung weniger an Überzeugungen als an einer strategischen Abwägung von Vor- und Nachteilen orientieren (vgl. dazu unten die Diskussion unter dem Stichwort »Verläßlichkeit«). Daneben spricht der höhere Anteil religiös Erzogener in der potentiellen Verweigerungsgruppe auch dafür, daß religiöse Bindung selbst da die Entscheidung noch mitbeeinflußt, wo religiöse Motive zur Begründung nicht mehr explizit angeführt werden (nur ein einziger Befragter beruft sich auf ein explizit religiöses Motiv).[3] Wir hätten es hier also mit einem »säkularisierten Nachhall« einer an religiös-ethischen Prinzipien orientierten Erziehung zu tun.

Der *Schultypus* trägt in unseren Daten zur Erklärung der Einstellung zur Abtreibung kaum etwas bei. Die Hauptschüler sind allenfalls etwas stärker in den beiden restriktiven Gruppen vertreten, jedoch in der Gruppe »völlige Freigabe« keineswegs unterrepräsentiert.[4] Für die Frage der Kriegsdienstverweigerung hingegen ist – wie auch alle Repräsentativbefragungen zeigen – der Schultypus ein wichtiger Faktor. In unserem Sample erwägen 78% der Gymnasiasten im Vergleich zu nur 44% der Real- und Hauptschüler, den Wehrdienst zu verweigern.[5] Dies dürfte eine Folge von Strukturlernen (Einübung in Argumentieren – vgl. unten: Moralstufe, und auch: Verläßlichkeit) und Inhaltslernen (Konformität mit herrschenden Normen) sein. An den Gymnasien überwiegt insgesamt eine pazifistische Orientierung: Die »Meinungsführer« vertreten überwiegend eine kritische Einstellung zur Bundeswehr; über Verweigerung wird häufiger diskutiert als über die Bundeswehr (vgl. Warnke/Mosmann 1976 a und b; DJI-Bericht: 51 ff.); Gymnasiasten haben im Bekanntenkreis häufiger Kriegsdienstverweigerer. Und noch unabhängig von der

Gültigkeit der für diese Orientierung vorgetragenen Argumente (Strukturaspekt) wird schon die bloße Tatsache, daß diese die herrschende Meinung sei, einen Einfluß auf die Entscheidungsfindung der Abiturienten haben (Inhaltsaspekt).[6] Daß ein gewisser Gruppendruck vom einzelnen durchaus verspürt wird, zeigt eine Bemerkung eines unserer Befragten: »In unserer Klasse gehört schon fast Mut dazu, wenn man für die Bundeswehr ist.«

2. Erfahrungslernen

Für die Einstellung zur Abtreibung spielt das affektive Klima in der Familie eine gewisse Rolle. Jugendliche, die von ihren Eltern Ablehnung oder Gleichgültigkeit erfahren haben, votieren deutlich seltener für die restriktiven Lösungen (0% keine Abtreibung; 7% enge Ausnahmeregelung) als Kinder, die sich zu Hause angenommen und geliebt fühlen (11% keine Abtreibung; 15% enge Ausnahmeregelung); sie vertreten überwiegend die weite Ausnahmeregelung (60% vs. 24% bei Befragten mit positiver Familienerfahrung), das heißt eine Regelung, nach der auch Folgelasten einer unerwünschten Schwangerschaft für die Mutter oder das Kind als mögliche Indikationsgründe zulässig sind. Wie das folgende Zitat von Vp 3 plastisch zum Ausdruck bringt, kann die liberale Einstellung zur Abtreibung bei diesen Jugendlichen quasi als Resümee ihrer eigenen Lebenserfahrungen gelesen werden: »Bis zum 3. Monat hätte man es erlauben sollen ...; wo man kein Kind will, dann soll man es eben bleiben lassen ... oder wo die Leute zu jung sind, wie es bei meiner Mutter war, wie sie mich gekriegt hat.« Auf die Einwände des Interviewers: »Aber wenn Ihre Mutter Sie abgetrieben hätte, dann wären Sie jetzt nicht da?« erwidert er: »Na ... teilweise wäre ich froh, wenn ich nicht da wäre. In einem Heim leben ist nicht gerade gut ... Wissen S', in ein Heim kommt man schnell rein; rauskommen ist das schwierigste ... Bei mir ist das so: mein (Stief-)Vater hat was dagegen, daß ich zu meiner Mutter komm'«.

Das intrafamiliale Milieu beeinflußt auch die Einstellung zur Bundeswehr: Wir finden einen höheren Prozentsatz von Jugendlichen mit ungebrochen positiver Einstellung zur Bundeswehr in Familien, in denen die Beziehungen zwischen Eltern und Kindern und zwischen den Eltern untereinander harmonisch und konfliktfrei sind.

In beiden Problemkontexten läßt sich der Einfluß der Familien-
konstellation auf die Einstellung des Jugendlichen als Erfahrungslernen begreifen: Es sind die eigenen Lebenserfahrungen, die
bestimmten Gesichtspunkten oder Erwägungen eine unmittelbare Plausibilität und daher ein besonderes Gewicht verleihen. Im
Fall der Abtreibung ist es das Argument, ein ungewolltes Kind
habe zu leiden, das für Jugendliche, die gerade dies am eigenen
Leibe verspüren mußten, ein besonderes Gewicht besitzt. Ähnlich mag es sich bei dem häufig als Verweigerungsgrund vorgetragenen Argument, Gewalt sei kein geeignetes Konfliktlösungsmittel, verhalten: es kann als Resümee der Erfahrung von Konflikten
gelten, die der Jugendliche mit seinen Eltern selbst ausgetragen
oder insbesondere auch in Auseinandersetzungen der Eltern untereinander beobachtet hat. Ein solch explizit formulierbares
Argument gegen die Bundeswehr dürfte allerdings nur quasi »die
Spitze des Eisbergs« einer durch eine konfliktreiche Familienerfahrung geprägten kritischen Einstellung zur Bundeswehr sein.
Studien zur politischen Sozialisation haben gezeigt, daß eine
unhinterfragte Basisloyalität zu den gesellschaftlichen Grundin-
stitutionen Produkt der Generalisierung eines ungebrochenen
Vertrauensverhältnisses zu den frühkindlich erfahrenen Autoritäten ist: aus dem »guten Vater« wird der »gute, wohlwollende
Präsident« (vgl. Greenberg 1970). Diese Basisloyalität wurde im
Falle konfliktreicher Familien entweder frühkindlich unzurei-
chend fundiert oder aber – und für diese These haben wir an
anderer Stelle Belege vorgetragen (vgl. Döbert/Nunner-Winkler
1975; vgl. auch Roeder 1977, DJI-Bericht: 196 f.) – im Verlauf
einer heftigen Adoleszenzkrise kritisch hinterfragt und aufgebro-
chen.

3. Durch »Morallernen« vermittelte differentielle Sensibilität für
Typen von Argumenten

3.1 Exkurs: Haans und Gilligans These von den »Zwei Moralen«

Ausgehend von der Beobachtung, daß nach Kohlbergs Codier-
verfahren Frauen im Schnitt einer niedrigeren Moralstufe (Stufe
3) zugeordnet werden als Männer (Stufe 4), postulieren Haan und
Gilligan die Existenz einer Moral, die mit der an Kants »rigori-
stisch universalistischer Prinzipienmoral« orientierten Kohlberg-

schen Moral in Konkurrenz stünde. Die Kohlbergsche Moral liefere ein »rationales, autonomes, orts- und zeitunabhängiges Entscheidungsmodell« (Gilligan 1980: 7); seine »Gerechtigkeitsprinzipien (sind) kontextfrei und generieren objektiv richtige Lösungen für moralische Probleme« (Murphy und Gilligan 1980: 83); sie verlangen Geltung »irrespective of personal social context« (Haan 1978: 287). Zentrale Charakteristika des Gegenmodells einer »interpersonellen Moral« (Haan) bzw. einer »Ethik der Fürsorglichkeit und Verbindlichkeit« (Gilligan) sind Kontextorientierung und eine verantwortungsethische Haltung: in moralischen Urteilen werden spezifische Details der konkreten Handlungssituation oder Besonderheiten der involvierten Personen berücksichtigt; vorrangiges Ziel ist die Minimierung des gesamten verursachten Schadens. Beide Autorinnen behaupten, Kohlbergs rigide Prinzipienmoral sei typisch für das männliche, die Gegenmoral flexibler Kontextorientierung für das weibliche Denken.

Diese Konzeptualisierung zweier kontrastierender Ethiken soll nun in mehrfacher Hinsicht einer Kritik unterzogen werden. Dabei wollen wir nicht verhehlen, daß diese Kritik auch von einem außerwissenschaftlichen Vorurteil motiviert ist: nämlich daß es *eine* Moral gibt oder *keine*. Damit ist Relativismus in gewissen, wohldefinierten Bereichen nicht ausgeschlossen; im Gegenteil, nur so kann man daran festhalten, daß sich legitime Zonen des Relativismus mit *Gründen* ausgrenzen lassen. Was hier als »Gegenmoral« vorgetragen wird, ist unserer Meinung nach angemessener als Applikationsproblem einer universalistischen Moral zu konzeptualisieren, das heißt als Problem der Anwendung moralischer Prinzipien auf konkrete Situationen. Doch nun zu der Kritik im einzelnen.

1. Kontextorientierung ist notwendige Implikation einer Ethikkonzeption, die Ausnahmen zuläßt. Genau dies gilt für Kohlbergs Theorie. Im Gegensatz zu Kant, für den negative Pflichten (du sollst nicht töten, stehlen, lügen usw.) unter *keinen Umständen* Ausnahmen zulassen und daher absolut kontextfrei angewendet werden können (berühmt geworden ist sein Diktum, ein Mann dürfe einen Mörder auch dann nicht belügen, wenn diese Lüge das Leben seines Freundes retten könnte), fordert Kohlberg im »Heinz-Dilemma« die Übertretung einer negativen Pflicht (du sollst nicht stehlen) geradezu als Pflicht, wenn allein dadurch ein

Leben zu retten ist. Nun kann man wohl davon ausgehen, daß Kohlberg die Pflicht, Leben zu retten, nicht als *unbedingte* Pflicht verstanden wissen will (und aufgrund ihrer Fassung als »positive« Pflicht auch gar nicht kann) – wenngleich seine Formulierung »es wäre richtig, auch für einen Fremden zu stehlen, denn das Recht auf Leben sollte universal allen Menschen zugebilligt werden, deren Leben gerettet werden könnte, und zwar unabhängig von persönlichen Bindungen«, ein solches (Selbst-) Mißverständnis, das auch Haans und Gilligans Kritik herausforderte, zu implizieren scheint. Als unbedingte Pflicht gefaßt nämlich wäre das eine Aufforderung zu einer Robin-Hoodschen Revolutionierungsstrategie: Wir alle wären gehalten, alles Geld, das wir besitzen, zu spenden und darüber hinaus Banken und alle Mitbürger, die mehr als das Allernotwendigste besitzen, zu berauben, um den Hungertod für die Völker der Dritten Welt abzuwenden. Kohlberg muß also wohl in seinem Lösungsvorschlag die Berücksichtigung eines Situationsaspektes zumindest implizit voraussetzen, nämlich des Aspekts einer »partikularistischen« Nähe zu dem Betroffenen, und sei es auch nicht die einer verwandtschaftlichen oder freundschaftlichen Nähe, so doch zumindest die einer situativen Mitbetroffenheit aufgrund der Involviertheit im gleichen örtlich-zeitlichen Situationskontext mit dem, dessen Leben auf dem Spiel steht (vgl. dazu Nunner-Winkler 1984).

Daß diese Zulässigkeit von Ausnahmen nicht nur ein logisches Implikat von Kohlbergs eigenen Moralvorstellungen ist, sondern auch expliziter Bestandteil seiner Theorie, läßt sich auch unter Rekurs auf Codierungsanweisungen belegen. Um ein Beispiel zu geben:

In dem »Joe-Dilemma« mutet ein Vater seinem Sohn trotz eines gegenteiligen Versprechens zu, auf die Teilnahme an einem Ferienlager zu verzichten und ihm gar noch das dafür gesparte Geld zu überlassen. Als postkonventionell wurden von Kohlberg unter anderem Antworten vercodet, die folgendes Begründungsmuster aufweisen: »Joe sollte sich überlegen, ob er dem Vater nicht das Geld gibt (auch wenn seine normalen Verpflichtungen seinem Vater gegenüber wegen dessen Unfairneß nicht gelten), weil die langfristigen Konsequenzen für alle Beteiligten dann am besten wären. Es werden klar die Konsequenzen für beide beteiligten Personen bedacht« (Kohlberg 1975: 22). Was hier die Postkonventionalität der Antwort ausmacht, ist genau die als Kern der »Gegenmoral« postulierte Fähigkeit, unter Berücksichtigung der situativen Umstände (Konsequenzen für beide Beteiligten) eine *Ausnahme* zu machen, nämlich auf das Einklagen eines Versprechens zu verzichten. Genau diese Fähigkeit, angemessene Ausnahmen machen zu können, erlaubt es, Prinzipienorientierungen, die auf strukturellem Lernen aufbauen, von solchen, die bloßes Inhaltslernen reflektieren, zu unterscheiden. Im Gegensatz nämlich zu lerntheoretischen Erklärungen von »Moral« als bloßer Übernahme vorgegebener Normen faßt der kognitivistisch-rekonstruktivistische Ansatz Moralentwicklung als »progressive understanding of the purpose, function and nature of social arrangement« (Rest 1983: 562), und ein moralisches Prinzip beherrschen heißt, seinen interaktiven Sinn durchschauen, die Anwendung »sinngemäß« steuern und entsprechende Ausnahmen machen zu können. Umgekehrt aber gilt auch, daß bloße Flexibilität und Kostenminimierung – und dies sind die einzigen Merkmale, die Haan und Gilligan als für ihre Gegenmoral konstitutiv benennen –, wenn sie nicht von allgemeinen Grundprinzipien angeleitet werden, von rein situativem Opportunismus kaum abzugrenzen sind.

2. Bislang ist festzuhalten: sowie Ausnahmen von Prinzipien als legitimierbar angesehen werden, ist eine Berücksichtigung konkreter Situationsdetails unerläßlich, um entscheiden zu können, ob eine Ausnahmeregelung geboten oder doch zumindest vertretbar ist. Nun wäre es allerdings immer noch denkbar, daß, obgleich rein *logisch* die Zulässigkeit von Ausnahmen eine Berücksichtigung konkreter Umstände erfordert, dennoch die *faktische* Bereitschaft, möglichst alle Randbedingungen und Kosten in die Urteilsfindung einzubeziehen, geschlechtsspezifisch variiert. Dann wäre zwar die These unterschiedlicher Ethiken widerlegt, nicht aber die Annahme von Unterschieden im »moralischen Charakter«: Der eher weiblichen Bereitschaft, bei der Anwendung von moralischen Regeln oder Prinzipien primär auf die Kosten zu fokussieren, stünde die eher männliche Neigung gegenüber, in erster Linie auf die strikte Einhaltung von Rechten und Pflichten – weitgehend ohne Ansehung der Konsequenzen – zu achten.

Läßt sich zumindest diese etwas eingeschränktere These belegen? Gilligan selbst führt Daten aus ihrer Untersuchung von

Frauen an, die eine Schwangerschaftsunterbrechung in Erwägung ziehen. Dabei kann sie überzeugend nachweisen, daß die Frauen tatsächlich die konkreten Folgen und Situationsumstände explizit in ihre Erwägungen einbeziehen. Allerdings ist kritisch anzumerken, daß einige dieser Überlegungen nicht für die moraltheoretische Urteilsfindung (was die moralisch gebotene Handlungsweise sei) benutzt werden, sondern vielmehr für die lebenspraktische Handlungsentscheidung (welche reale Handlungsweise werde ich wählen im Konflikt zwischen moralischen Werten und außermoralischen Interessen oder Ich-Zielen). Doch unbeschadet dieser Einschränkung gilt, daß die Frauen situative Details und Begleitumstände auch in ihre immanent moralischen Überlegungen in einem hohen Ausmaß einbezogen.

Unsere Analyse der Argumentationsstrukturen von weiblichen und männlichen Probanden bei der Diskussion der Abtreibungsproblematik auf der einen und der Kriegsdienstverweigerung auf der anderen Seite lassen jedoch auch die eingeschränktere These, es gebe geschlechtsspezifische Unterschiede in der Fokussierung der moralischen Aufmerksamkeit, unplausibel erscheinen. Unsere Daten legen eine umfassendere Interpretation nahe, die auch Gilligans Ergebnis zu erklären vermag: Was darüber entscheidet, ob die ethiktheoretisch für alle Urteilenden unerläßliche Berücksichtigung konkreter Situationsumstände auch tatsächlich geleistet wird, ist nicht die Variable Geschlechtszugehörigkeit, sondern die Variable »Betroffenheit«. In unseren Interviews zeigte sich, daß es bei der Kriegsdienstverweigerung die Jungen, bei der Abtreibungsproblematik die Mädchen waren, die konkrete Kosten und Folgelasten weitaus häufiger in ihre Überlegungen einbezogen. Doppelt so viele Mädchen wie Jungen (48% vs. 24%) weisen bei der Abtreibungsdiskussion auf Kosten hin, die im Falle einer ungewollten Schwangerschaft für die Frau entstehen (zum Beispiel: die Mutter ist zu jung; sie kann ihre Ausbildung nicht mehr abschließen; ihr Leben könnte zerstört werden); und auch die Folgen, die dem ungewünschten Kind erwachsen, werden weit häufiger von Mädchen als von den Jungen bedacht (38% vs. 22%).[7] Genau umgekehrt liegen die Dinge bei der Diskussion der Kriegsdienstverweigerung: hier sind es ganz überwiegend Mädchen, die ausschließlich rein abstrakte moralische Überlegungen anstellen (etwa der Art wie: man soll nicht töten, Kriege sind sinnlos, Verteidigung ist nicht möglich, usw.) (63% Mäd-

chen vs. 23% Jungen). Der größte Prozentsatz der Jungen hingegen erwähnt – neben prinzipiellen moralischen Erwägungen –
auch oder gar ausschließlich konkrete Kosten der Verweigerung
bzw. der Ableistung des Wehrdienstes (59% Jungen vs. 12% der
Mädchen; etwa: der Wehrdienst ist Zeitverschwendung; er verlangt Einordnung in eine autoritär strukturierte Hierarchie und
Unterordnung unter Drill sowie gedankenlose Befehlsausfüh-
rung; Verweigerung verlangt eine schwer zu bewältigende Recht-
fertigungsprozedur; die Tätigkeit in Krankenhäusern und Alters-
heimen ist beschwerlich; usw.).

Nun wiederholt sich auch in unseren Daten die doppelte Bedeutung solch rein pragmatischer Kosten-Nutzen-Kalküle: einerseits
spielen sie häufig eine klar außermoralische Rolle bei der konkreten Handlungsentscheidung für gegebene Lebensprobleme, das
heißt im Rahmen einer Abwägung moralischer Werte gegen
außermoralische Interessen. Im vorliegenden Kontext waren sie
jedoch, zumindest zum Teil, auch eingebettet in moralische Diskurse über die Rechtfertigbarkeit allgemeiner Regelungen (Sollte
Abtreibung erlaubt sein? Sollte man Überprüfungsprozeduren
für Verweigerer haben?).

Diese Ergebnisse sind also zum Teil eine Replikation der Ergebnisse Gilligans: auch in unseren Daten zeigt sich, daß Frauen
entschieden häufiger Kostenüberlegungen in Abhängigkeit von
konkreten Situationsumständen anstellen – im Abtreibungsdi-
lemma. Die Tatsache, daß sich dieses Verhältnis von abstrakten,
prinzipienorientierten Argumenten zu konkreten, situationsbe-
zogenen Überlegungen bei Männern und Frauen im Falle der
Kriegsdienstverweigerung genau umkehrt, zeigt, daß *nicht* die
Geschlechtszugehörigkeit entscheidend ist, sondern daß es vielmehr eine Frage der akuten Betroffenheit ist. Gilligan hat ihre
These mit einem Dilemma belegt, von dem Frauen stärker betroffen sind. Diese Deutung der Gilligan-Daten – daß nämlich Betroffenheit und nicht Geschlechtszugehörigkeit darüber entscheidet, ob konkrete Randbedingungen und absehbare Folgen eine
angemessene Berücksichtigung finden, ob also Prinzipien flexibel
gehandhabt werden – stimmt mit der Auffassung von Hare
zusammen, nach der Lebenserfahrung die Basis moralischer Entwicklung ist: »The thesis of universalizibility does not require
moral judgment to be made on the basis of highly general moral
principles ... Moral development ... consists in the main in

making our moral principles more and more specific, by writing into them exceptions and qualifications to cover kinds of cases for which we have had experience« (1963: 40). Damit wird, was hier zunächst als durch eine geschlechtsspezifische Moralorientierung bedingte spezifische Sensibilität für prinzipalistische bzw. konsequenzenorientierte Überlegungen eingeführt worden war, als Produkt von »Erfahrungslernen« erkennbar; und umgekehrt gilt: was oben als Erfahrungslernen diskutiert wurde, ist auch ein Teilaspekt von moralischem Lernen, sofern Moral darin besteht, unter Berücksichtigung aller entstehenden Kosten eine gerechte Lösung zu finden.

3.2 Stufen der moralischen Entwicklung

Stadien der soziokognitiven Entwicklungstheorie stellen »strukturierte Ganzheiten«, generalisierte Denkstile dar. Die moralische Entwicklung ist dabei eine Art »Supervariable«, sofern für den Erwerb eines bestimmten Moralniveaus die entsprechenden kognitiven und soziokognitiven Entwicklungsprozesse als je schon vollzogen vorausgesetzt werden. Es ist also fast schon eine tautologische Implikation, zu erwarten, daß die Stufe der moralischen Entwicklung einen Einfluß darauf hat, auf welche Art und Weise ein gegebener Argumentationsraum genutzt wird, das heißt, welche Gesichtspunkte auf welchem Komplexitätsniveau wahrgenommen und miteinander ausbalanciert werden. Doch wie sehen die Zusammenhänge im einzelnen aus?

Beginnen wir mit der Abtreibungsproblematik. Schon ein erstes noch relativ grobes und äußerliches Maß der Komplexität der Argumentation erweist die postkonventionellen Befragten als überlegen: im Schnitt benutzen sie ein Argument mehr (nämlich 4.0) als die Präkonventionellen (2.9), um ihre Position zu begründen. Doch informativer als dies rein formale Maß ist eine inhaltliche Analyse der jeweils bezogenen Position und ihrer Begründung. Postkonventionelle Befragte votieren deutlich seltener (11%) als konventionelle (30%) oder präkonventionelle (26%) Befragte für die restriktiveren Fassungen des § 218 (keine oder nur enge Ausnahmen); die meisten sprechen sich für die weite Ausnahmenregelung aus. Diese subsumiert Abtreibung unter das Tötungsverbot, räumt jedoch die Rechtfertigbarkeit von Ausnahmen durch gute Gründe ein. Daß gerade die postkonventionellen

Befragten sich relativ häufig für diese Position entscheiden, stimmt mit der oben angestellten Überlegung zusammen, daß moralische Höherentwicklung auch und insbesondere die Fähigkeit beinhaltet, zunächst rigide – auch qua Inhaltslernen verfestigte – Normen und Regeln flexibel zu handhaben. Doch auch wo die postkonventionellen Befragten die weitestgehende Lösung, nämlich die völlige Freigabe wählen, tun sie dies häufig mit Gründen, die erkennen lassen, daß sie die Entscheidung als moralisierbare begreifen, weil sie im Bewußtsein halten, daß hier die Tötungsproblematik hereinspielt. Entweder nämlich benennen sie Gründe, die potentiell eine Ausnahme rechtfertigen könnten (45% verweisen auf die Leiden eines ungewünschten Kindes), oder sie fordern die Freigabe nur, weil sie finden, der Staat habe kein Recht, stellvertretend für den Bürger zu entscheiden und ein allgemeines Verbot zu oktroyieren, sei es, weil nicht klar ist, ob es sich überhaupt um Töten handelt (nur postkonventionelle Befragte verweisen darauf, daß es wissenschaftlich noch nicht entschieden sei, wann das Leben beginne), sei es, weil sie finden, über die Legitimität von Ausnahmen sei kein universeller Konsens erzwingbar. So etwa argumentiert Vp 57: »Abtreibung sollte frei sein. Das Verbot ist vom Staat her ein Eingriff in die persönliche Sphäre einer Privatperson, wobei der Staat ein Schema hat, das für jeden gültig ist, obwohl im Einzelfall immer andere Motive und Gesichtspunkte gelten.« Nur 27% der postkonventionellen Befragten (im Gegensatz zu 60% der präkonventionellen in der Gruppe »Freigabe«) begreifen die Entscheidung über Abtreibung als gar nicht oder jedenfalls nicht stärker begründungspflichtig als die Entscheidung, überhaupt ein Kind zu wollen oder nicht, wie etwa Vp 60 (postkonventionell): »Es ist jedermanns Sache. Ein Kind bedeutet die Aufgabe der persönlichen Eigeninitiative und des persönlichen Lebens«, oder Vp 48 (präkonventionell): »Es ist eine persönliche Einengung für die Frau. Wenn sie's nicht will, ist es ihr Entschluß.« Im allgemeinen aber gilt, daß das mit der Wahl der Position »völlige Freigabe« in Anspruch genommene Selbstbestimmungsrecht der Frau moralentwicklungsabhängig eine ganz unterschiedliche Deutung erfährt: auf postkonventionellem Niveau wird darunter zumeist die Unvertretbarkeit des Individuums bei der verantwortlichen Abwägung von möglichen Rechtfertigungsgründen verstanden, etwa im Sinne der Formulierung von Vp 4: »Die Regierung kann nicht beurteilen, ob die Frau *berechtigte* Gründe hat.« Auf präkonventionellem Niveau geht es zumeist um eine – nicht weiter begründungspflichtige – Freiheit, »tun und lassen zu können, was man will« – in den Worten der Vp 41: »Es muß doch der Frau selbst überlassen sein, ob sie es jetzt machen lassen kann oder nicht. Ich meine, sich in anderer Leute Angelegenheiten einmischen. Das kann doch einem Regierungstypen scheißegal sein.«

Auch bei der Frage nach der Kriegsdienstverweigerung zeigt sich, daß der Einfluß der moralischen Entwicklung sich stärker an der Begründung als an der Wahl selbst ablesen läßt: Stufenunabhängig waren etwa die Hälfte aller Befragten entschlossen, den Wehrdienst zu verweigern; die postkonventionellen Befragten sind allerdings deutlich unterrepräsentiert bei den Befragten, die schon eine klare Entscheidung für die Bundeswehr getroffen haben. Daß dies eine Folge davon ist, daß prinzipielle Argumente für die Bundeswehr dem Jugendlichen in seinem Lebensraum nicht entgegengehalten werden, zeigt die folgende Analyse der stufenspezifischen Präferenz von Argumenten. An Argumenten für die Verweigerung werden vorgetragen: ethische Argumente, wie »nicht töten« (20×); politische Argumente, wie »Krieg ist sinnlos«, »Gewalt ist kein Konfliktlösungsmittel«, »eine Verteidigung ist nicht möglich« (25×); pragmatische Kostenüberlegungen, wie »Wehrdienst bedeutet Unterordnung und Drill« und »bringt berufliche Nachteile« (29×). Für die Ableistung des Wehrdienstes wurden genannt: ethische Argumente, wie »Pflicht« (3×), »Verteidigung unserer Lebensform« (1×); pragmatische Vorteile, wie »Weiterbildungsmöglichkeit«, »Verdienstchancen«, »die Befriedigung technischer Interessen« (23×).

Die Befragten wurden in vier Gruppen eingeteilt, je nachdem, welchen Argumentationstyp sie verwenden: *nur* Überzeugungsgründe (das heißt *nur* ethische oder politische Überzeugungen/ Überzeugungen *und* pragmatische Erwägungen/*nur* pragmatische Erwägungen/keine weiteren Gründe, weil es um selbstverständliche Pflichterfüllung geht). Diese vier Gruppen unterscheiden sich nun in ihrem moralischen Bewußtsein deutlich: Die Präkonventionellen haben ihren Spitzenwert bei den reinen Instrumentalisten (nur pragmatische Gründe), die Konventionellen bei den Traditionalisten (Selbstverständlichkeit) und die Postkonventionellen bei dem Mischtypus, der moralische und instrumentelle Gesichtspunkte auszubalancieren sucht. Dieses Ergebnis entspricht durchaus den Stadiendefinitionen, wobei wir das Konzept der Postkonventionalität nicht – wie häufig üblich – mit einem Gesinnungsrigorismus in eins setzen, der sich über eigene Bedürfnisse total hinwegsetzt.

3.3 Verläßlichkeit

Ein noch deutlicherer Zusammenhang ergibt sich zu einem anderen Aspekt des moralischen Bewußtseins, nämlich zur Verläßlichkeit, also der Bereitschaft, als gültig anerkannte moralische Normen auch unter dem Druck widerstreitender eigener Interessen im Handeln durchzuhalten. Probanden der Extremgruppe, der diese Bereitschaft in hohem Maße abgeht, nennen wir »Strategen«, die über sie in hohem Maße verfügen, »Verläßliche«. Wenn sich nun zeigt, daß 69% der Verläßlichen zumindest auch Überzeugungen in ihre Entscheidungen einfließen lassen, und Strategen zu 67% ausschließlich instrumentelle Erwägungen anstellen, so scheint es sich zunächst nur um ein Indiz für die Konstruktvalidität der Unterscheidung von Strategen und Verläßlichen zu handeln. Doch es ist auch ein Indiz, daß der Argumentationsraum, mit dem der Jugendliche sich konfrontiert sieht, einseitig ausgearbeitet ist: traditionellerweise war die Ableistung der Wehrpflicht, da es sich doch um eine selbstverständliche allgemeine Staatsbürgerpflicht handelte, nicht weiter begründungsbedürftig. Die bloße Tatsache jedoch, daß eine ins Gewicht fallende Zahl dieser »Selbstverständlichkeit« öffentlich sichtbar nicht nachkommt, läßt auch den Eintritt in die Bundeswehr als Resultat einer Wahl und damit als rechtfertigungspflichtig erscheinen. Und da erweist es sich, daß zur Begründung dieser Option der Jugendliche fast nur auf instrumentelle Erwägungen zurückgreifen kann; prinzipielle Überlegungen finden sich in ausgearbeiteter stringenter Form nur auf der Seite der Verweigerer. Nun hat sich zweifellos das Angebot materieller Anreize und insbesondere auch das Angebot von Aus- und Fortbildungsmöglichkeiten für die Gewinnung von Freiwilligen als sehr erfolgreich erwiesen – und zwar um so erfolgreicher, je schwieriger die Lage auf dem privaten Arbeitsmarkt für die Jugendlichen wurde. Dennoch fragt es sich, ob eine so komplexe Organisation überwiegend mit Angehörigen auskommen kann, die ein eher äußerlich-instrumentelles Verhältnis zu ihrer Rolle haben. Insbesondere auf den

mittleren und höheren Ebenen einer Hierarchie sind »Rollenerwartungen« notwendigerweise sehr allgemein und abstrakt formuliert, und eine sinnvolle Deutung und angemessene Ausfül-
lung solcher Rollen ist nur möglich aufgrund einer Identifikation
mit den Zielen und Aufgaben einer Organisation. Und gerade
solche Personen wird eine Organisation dann nur schwer zu
rekrutieren vermögen, wenn die prinzipiellen Überlegungen, die
»überzeugenden« Argumente, nur auf der Gegenseite als gut
ausgearbeitet wahrgenommen werden.

Anmerkungen

1 30% der Katholiken unseres Samples befürworten eine enge Ausnahmeregelung. Dies entspricht ganz gut den Ergebnissen einer etwa zum
  gleichen Zeitpunkt durchgeführten Repräsentativerhebung, die ergab,
  daß 32% der befragten Katholiken sich für eine enge Ausnahmeregelung aussprachen (BMJFG, Bd. 92/3: 208). Von den Protestanten
  sprachen sich nur 10% für eine restriktive Ausnahmeregelung aus.
  Dieser niedrigere Anteil der Protestanten dürfte über die Variable
  »religiöse Erziehung« vermittelt sein: die Protestanten entstammen
  sehr häufig Mischehen und haben weit seltener eine religiöse Erziehung empfangen.
2 Ein etwas höherer Anteil von Katholiken unter den Wehrdienstlei-
  stenden bzw. ein deutlich niedrigerer Anteil unter den Zivildienstleistenden wird auch in anderen Studien erwähnt. Ein exakter Vergleich
  ist aufgrund der unterschiedlichen Gruppenzuordnungen nicht möglich: in unserer Studie haben die Befragten größtenteils die Wehr-
  dienstverweigerung nur erwogen, jedoch noch nicht beantragt.
3 Hübner (1972) zählt unter den angegebenen Verweigerungsgründen
  6% »religiöse« Gründe. Vgl. DJI-Bericht: 202. Vgl. auch die Untersuchung Krölls (1977), der ebenfalls feststellt, daß der Einfluß religiöser
  Beweggründe in den Jahren 1968-1970 stark zurückgeht. In der
  Untersuchung von Nagel/Starkulla (1977, DJI-Bericht: 205) sind es
  immerhin 18% der Zivildienstleistenden, die ihren Entschluß zur
  Kriegsdienstverweigerung religiös begründeten.
4 Dieses Ergebnis steht in gewissem Kontrast zu der in der Repräsentativuntersuchung (BMJFG, Bd. 92/3: 219) berichteten deutlichen
  Differenz in der Liberalität zwischen Hauptschülern und Hochschul-
  absolventen. Man kann vielleicht vermuten, daß für diesen Diskussionszusammenhang die Hochschule die Rolle spielt, die das Gymna-
  sium für die Frage der Kriegsdienstverweigerung hat: es werden
  gleichzeitig subkulturelle Deutungsmuster und formale Denkmittel,

die eine systematische Begründung der eigenen Position erlauben und erzwingen, vermittelt.

5 Nach Korte u. a. (1976) ist die »Wehrbereitschaft« bei Abiturienten (45% bei den Jahrgängen 1973/74) deutlich geringer als bei Volksschulabsolventen (1973: 51%, 1974: 56%) und Mittelschulabsolventen (1973: 50%, 1974: 54%). (Vgl. DJI-Bericht: 193).

6 In anderen Studien gibt es Hinweise darauf, daß die Väter von Verweigerern und von Freiwilligen die jeweilige Entscheidung ihrer Söhne eher unterstützen. Also auch hier würde direkte Wertetransmission wirksam sein (vgl. INFAS 1983: 23 ff.; vgl. auch Kröll 1977, DJI-Bericht: 195).

7 Es ist zu beachten, daß hier das Konzept »Betroffenheit« in einer weiten Bedeutung, nämlich als potentielle und nicht als unmittelbare Betroffenheit gefaßt ist. Mit dieser Betroffenheitsthese paßt nun auch das Ergebnis einer Repräsentativuntersuchung von Zundel u. a. (BMJFG, Bd. 92/3) zu Einstellungen zum Schwangerschaftsabbruch gut zusammen. Sie fanden, daß »die von Alter und Geschlecht her problemnächsten gebärfähigen Frauen zu liberaleren Ansichten als der Durchschnitt der Bevölkerung (tendieren)« (236). Daß es sich hierbei nicht um eine bloße »Interessenvertretung« Betroffener handelt, erhellt aus folgendem zusätzlichen Ergebnis: Während Befragte – wie oben bereits berichtet – im allgemeinen bei konkreteren Situationsschilderungen eher Ausnahmen zugestehen, neigen die Subgruppen von Befragten, deren eigene Lebenssituation in der Fallschilderung abgebildet wird (das heißt zum Beispiel geschiedene Frauen/kinderreiche Familie usw. bei Fällen, in denen eine geschiedene Frau/kinderreiche Familie usw. einen Schwangerschaftsabbruch erwägt), durchaus nicht zu einer »permissiveren« Lösung, sondern reagieren mit größerer Unsicherheit. Dieses Ergebnis notieren die Autoren als überraschend und bieten keine weitere Erklärung an. Man könnte es jedoch wie folgt lesen: In der Unsicherheit spiegelt sich das Wissen darum, daß Betroffene immer in der Gefahr sind, sich selbst allzu großzügige Entschuldigungen zuzugestehen, und der Versuch, genau dies peinlichst zu vermeiden, und zwar in einer Situation, in der man anderen eine Ausnahmeregelung durchaus zubilligen würde. Stellt man also in Rechnung, daß die unmittelbar Betroffenen quasi sich selbst zur Vorsicht anhalten, um eine Urteilsverzerrung aufgrund eigener Interessenlage zu vermeiden, so ist die »Betroffenheitsthese« wieder unbefangener als moralisch relevante Dimension erkennbar: wer (potentiell) betroffen ist, nimmt Kosten sensibler wahr, die auch von einem Unbeteiligten als legitime Rechtfertigungsgründe für Ausnahmen anerkannt würden.

Literatur

Bundesministerium für Jugend, Familie und Gesundheit (BMJFG), Schriftenreihe Band 75 (1981), *Psycho-soziale Entstehungsbedingungen unerwünschter Schwangerschaften*, Stuttgart: Kohlhammer.

Bundesministerium für Jugend, Familie und Gesundheit (BMJFG), Schriftenreihe Band 92/1, 2, 3 (1981), *Materialien zum Bericht der Kommission zur Auswertung der Erfahrungen mit dem reformierten § 218 StGB*, Stuttgart: Kohlhammer.

Döbert, R./Nunner-Winkler, G. (1975), *Adoleszenzkrise und Identitätsbildung*, Frankfurt/M.: Suhrkamp.

Döbert, R./Nunner-Winkler, G. (1983), »Moralisches Urteilsniveau und Verläßlichkeit. Die Familie als Lernumwelt für kognitive und motivationale Aspekte des moralischen Bewußtseins in der Adoleszenz«, in: G. Lind/H. A. Hartmann/R. Wakenhut (Hg.), *Moralisches Urteilen und soziale Umwelt*, Weinheim/Basel: Beltz.

Drucksache des Deutschen Bundestags 8/3630, *Bericht der »Kommission zur Auswertung der Erfahrungen mit dem reformierten § 218 des StGB«, Stellungnahme der Bundesregierung* vom 31. 1. 1980.

von Friedeburg, L. (1963), zitiert nach Hochheimer, W. (1963).

Gilligan, C. (1980), »Do the Social Sciences have an Adequate Theory of Moral Development?« Unveröffentlichtes Manuskript, Harvard University.

Greenberg, E. S. (Hg.) (1970), *Political Socialization*, New York.

Haan, N. (1978), »Two Moralities in Action Contexts: Relationships to Thought, Ego Relation, and Development«, in: *Journal of Personality and Social Psychology* 36, 3: 286-305.

Hare, R. M. (1963), *Freedom and Reason*, Oxford University Press; dt. *Freiheit und Vernunft*, Frankfurt/M.: Suhrkamp 1983.

Heck, A. (1972), zitiert nach Bundesministerium für Jugend, Familie und Gesundheit, Schriftenreihe Band 92/2 (1981), *Materialien zum Bericht der Kommission zur Auswertung der Erfahrungen mit dem reformierten § 218 StGB*, Stuttgart: Kohlhammer.

Hecker, K./Schusser, H. (1980), *Bundeswehr und Zivildienst, Aspekte der Ausbildung und Sozialisation*, München: Deutsches Jugendinstitut.

Hochheimer, W., »Sexualstrafrecht in psychologisch-anthropologischer Sicht«, in: F. Bauer u. a. (Hg.) (1963), *Sexualität und Verbrechen*, Frankfurt/M.: Fischer, 84-117.

Hübner, W. (1972), zitiert nach Hecker, K./Schusser, H. (1980).

Infas, Institut für angewandte Sozialwissenschaft Bad Godesberg (1983), *Junge Männer '82. Bericht*, Bonn-Bad Godesberg.

Inglehart, R. (1977), *The Silent Revolution*, Princeton.

Institut für Demoskopie Allensbach (1973), *Allensbacher Berichte* 20.

Klages, H./Kmieciak, P. (Hg.) (1979), *Wertwandel und gesellschaftlicher Wandel*, Frankfurt/New York: Campus.

Kohlberg, L. (1975), »Interview zum moralischen Urteil. Teil III: Auswertungsmanual – Form A, Übersetzung: Eckensberger/Eckensberger/Reinshagen.

Korte, H.-J. (1976), zitiert nach Hecker, K./Schusser, H. (1980).

Kröll, A. (1977), zitiert nach Hecker, K./Schusser, H. (1980).

Kudera, S. (1982), »Das Bewußtsein der Deutschen. Empirische Ergebnisse und arbeitssoziologische Argumente zu einigen Interpretationsklischees der Meinungs- und Werteforschung«, Hochschule der Bundeswehr, München, Forschungsbericht 82.03.

Meulemann, H. (1981), »Wertwandel, kulturelle Teilhabe und sozialer Wandel. Eine Synopse der Wertewandlungen in der BRD zwischen 1949 und 1980 und ein Ansatz zu ihrer sozialstrukturellen Erklärung«, Universität Köln.

Murphy, J. M./Gilligan, C. (1980), »Moral Development in Late Adolescence and Adulthood: A Critique and Reconstruction of Kohlberg's Theory«, in: *Human Development* 23: 77-104.

Nagel, E.-J./Starkulla, H. W. (1977), zitiert nach Hecker, K./Schusser, H. (1980).

Nunner-Winkler, G. (1984), »Two moralities? A critical discussion of an ethic of care and responsibility versus an ethic of rights and justice«, in: J. L. Gewirtz und W. M. Kurtines (Hg.), *Morality, Moral Behavior and Moral Development*, New York.

Rest, J. (1983), »Morality«, in: P. H. Musser (Hg.), *Handbook of Child Psychology*, III, New York: John Wiley & Sons.

Roeder, H. (1977), zitiert nach Hecker, K./Schusser, H. (1980).

Schaeffler, R. (1978), zitiert nach Bundesministerium für Jugend, Familie und Gesundheit, Schriftenreihe Band 92/2 (1981).

Der Spiegel (1963), 37: 16.

Stern-Magazin (1971), 24, 46: 260.

Warnke/Mosmann (1976 a und b), zitiert nach Hecker, K./Schusser, H. (1980).

Zundel, E., u. a. (1980), zitiert nach Hecker, K./Schusser, H. (1980).

Fritz Oser und Wolfgang Althof
Der moralische Kontext als Sumpfbeet möglicher Entwicklung

Erziehung angesichts der Individuum-Umwelt-Verschränkung

> Mein wesentlicher Gesichtspunkt ging jetzt allererst
> darauf, die Kinder durch die ersten Gefühle ihres
> Beisammenseins und bei der ersten Entwicklung ih-
> rer Kräfte zu Geschwistern zu machen, das Haus in
> den einfachen Geist einer grossen Haushaltung zu-
> sammenzuschmelzen und auf der Basis eines solchen
> Verhältnisses und der aus ihm hervorgehenden Stim-
> mung das rechtliche und sittliche Gefühl allgemein
> zu beleben.
>
> *J. H. Pestalozzi, Stanser Brief 1799*

1. Lebenspraxis und moralische Entwicklung

Eines der fraglichsten Probleme der moralischen Erziehung besteht in der nicht genügend bekannten Wirkung des sozialisatori-
schen Kontextes. Zwar bezweifelt heute kaum jemand, daß artifi-
zielle moralische Texte im Stile des Euthanasiedilemmas[1], des
Kohlbergschen Heinz-Dilemmas[2] oder des Adoptionsdilemmas[3]
äußerst geeignet sind, unter Handlungsentlastung die moralische
Struktur als sozial-kognitive Kompetenz einer Person herauszu-
filtern. Aber dies sagt nichts über den Einfluß des Kontextes und
die jeweilige Ermöglichung sozial-moralischen Wachstums durch
eben diesen Kontext. Der Kontext wird als eine Art soziologisches Apriori behandelt, das unkontrolliert in die Entwicklung
eingeht. Biographische und geschichtlich-politische Veränderungen haben danach zwar die Entwicklung beeinflußt, aber sie
spielen keine Rolle für das aktuelle Handeln und die Bestimmung
der jeweiligen mehr oder weniger stabilen, vom Kontext abgeho-
benen Strukturen.

Nun aber wird ebenso apriorisch angenommen, daß der Kontext für erzieherische Beeinflussung wichtig sei, daß er, wie ein

Sumpfbeet für Pflanzen, die sozial-moralische Entwicklung hemmen oder fördern könne. Diese Annahme bleibt allerdings ohne Konsequenzen: Für die erzieherische Veränderung der sozial-moralischen Struktur müßten Lebenspraxis und konkretes Handeln wiederum in einen sittlichen Zusammenhang treten und als solche den strukturellen Kern der subjektiven moralischen Kompetenz herausfordern, beeinflussen, in Frage stellen, auflösen, neu verbinden, verändern. Denn nur die Lebenspraxis ermöglicht die Einbringung einer die Struktur verändernden Komponente (strukturbildende Beeinflussung), nur sie kann bewirken, daß angelerntes moralisches Wissen valide wird, mehr als Wissen ist und in die semantische Tiefenstruktur der Persönlichkeit eintaucht, nur sie kann die Struktur selbst direkt unter Handlungszwang nehmen und erschüttern.

Weil wir nun einerseits die erwähnte Vernachlässigung des Kontextes feststellen, andererseits der Kontext als Praxis das wichtigste erzieherische Handlungsfeld darstellt, möchten wir die Hypothese aufstellen, daß Veränderung und Verbesserung der sozial-moralischen Kompetenz nur dann effektiv möglich sind, wenn die Inhalte der Moralität Inhalte der Betroffenen selbst sind und wenn das, was moralisch relevant ist, für jedes betroffene Subjekt einer Gemeinschaft relevant ist. In diesem Sinne ist der Kerngedanke dieses Aufsatzes der Zusammenhang von Diskurs als »Insel im Meer der Praxis« (vgl. Habermas 1983: 116) und von Handlungsdruck im Sinne von lebensnotwendigen Akten in konkreten Gemeinschaften, in konkreten sozial-moralischen Systemen, als Entscheidungen usw.

2. Hohe moralische Intentionalität als Kontextparameter

Personen, die moralisch wachsen, die sich sozial-moralisch verändern, beziehen sich auf etwas, das außerhalb von ihnen liegt, auf ein Referenzfeld oder ein System anderer Referenzsubjekte, die konkret sind und die eine konkrete Entscheidung *verlangen*. Diesen moralischen Entscheidungsdruck bezeichnen wir als moralische Intentionalität. Moralische Intentionalität ist immer gegeben durch Anforderungen des Kontextes (oder durch internalisierte Anforderungen des Kontextes) in einem moralischen Handlungsrahmen. Die Diskussion moralischer Dilemmata erfordert den Handlungszwang nicht; sie ist interessant, aber »bedeutungslos« für die unmittelbaren Folgen des Lebens. Hohe Intentionalität hingegen beinhaltet hohe regulative Erwartungen. Selbst dort, wo die Person durch die Diskussion moralischer Dilemmata »ihre Meinung ändert«, muß die neu erworbene Struktur ihre Feuerprobe erst noch bestehen. Und es ist deshalb bis heute noch nicht eindeutig erwiesen, ob durch Diskussion von »künstlichen« Dilemmata Strukturveränderungen überhaupt möglich sind. Kohlberg (1981: 66; 1984) spricht vom »psychologischen Trugschluß«, der darin besteht, psychologische Theorien der Veränderung einfach auf erzieherische Probleme übertragen zu wollen. Es geht also um den Aufprall einerseits der subjektiven Moralstruktur auf den Kontext und andererseits der Intentionalität dieses Kontextes auf das Subjekt. Sichtbar wird beides im echten Konfliktfall; beides kann struktural gedacht werden. Echte Konfliktfälle sind solche, die die direkte Verantwortung für die Konsequenzen einer Entscheidung erfordern, und zwar vor allem gegenüber einer Gruppe von Referenzsubjekten. Wir bezeichnen diese als Referenzsystem.

Man kann nun zwei gegenteilige Hypothesen aufstellen: Auf der einen Seite bewirkt ein hohes Ausmaß an konkreter Intentionalität Urteile, die nicht konstant sind (hohe Segmentierung; vgl. unten) und die nicht vollständig sind (hohes Kompetenz-Performanz-Gefälle). Das ist der nachteilige Effekt.

Auf der anderen Seite ist hohe Intentionalität aber auch der Garant dafür, daß Lebenspraxis verändert wird und daß durch diese Veränderungen (bzw. durch die Folgen der je vorgenommenen Entscheidung) auch die subjektiven sozial-moralischen Strukturen verändert werden bzw. Erziehung effektiv wird. Dies jedenfalls bis Stufe 4. Nach Stufe 4 ist Entwicklung vermutlich nicht mehr eine Sache von moralischer Intentionalität, sondern eine Sache des »Willens« als vorausentworfener Bedingung und der den Willen begründenden Vernunft.

Wir haben gesagt, daß Intentionalität des Kontextes mit einem Referenzsystem verbunden sei. Wie manifestiert sich aber dieses Referenzsystem? Zunächst können dreierlei Arten gedacht werden: einmal als verborgenes Normsystem, das eingehalten und das in jeder Situation vorerst einmal kommunikativ-apriorisch zur Geltung gebracht wird; oder aber als jeweilige Gruppe von Personen, in der das Individuum lebt, also als Klasse, Schule, als

Peers, als Fabrikbelegschaft, als Kirche oder umfassend als Gesellschaft. Die Koordination der »moralischen Intentionalitäten« der Mitglieder dieser jeweiligen Gruppe ist im moralischen Konfliktfall gefährdet. Sie muß rekonstruktiv erarbeitet werden, damit Verantwortung, Sorge und Partizipation sowie letztlich universale Solidarität überhaupt ermöglicht werden. Sofern Mitglieder Normen festlegen oder Erwartungen an den einzelnen haben, bringen sie die Intentionalität des Kontextes zur Geltung. Der jeweilige Bewußtseinsgrad ist dabei kaum relevant. Drittens kann die geschichtlich jeweilige Situation, in der ein bestimmtes Handeln gefordert ist, als Bezugspunkt genommen werden.

Die erwähnten Referenzsysteme moralischer Intentionalität sind natürlich je anders, ob eine Gruppe oder ein mittelgroßes System, wie etwa die Schule, oder die Gesellschaft als Ganzes gemeint ist. Denn in einer kleinen Gruppe verändert sich das geltende Regelsystem schneller, es ist von den Beteiligten modifizierbar, während es in größeren Systemen – und vor allem in der Gesellschaft – kaum sichtbar modifiziert werden kann; das Ausmaß an Intentionalität ist dort meistens konstanter und eindeutig schwach oder stark.

Wie aber kann man sich nun den Zusammenhang von moralischem Referenzsystem und subjektiver Moral vorstellen? Die subjektive moralische Kompetenz muß sich mit dem Referenzsystem arrangieren. Das bedeutet, daß jene Koordination der Handlungsmöglichkeiten, die das Subjekt als gerecht empfindet, mit den intentionalen Zulässigkeiten eines Systems in Übereinstimmung gebracht werden muß. Die jeweilige Realisierung hängt dabei von der Stärke der sittlichen Intentionalität des Systems als solchem ab. Als Arzt in angetrunkenem Zustand ins Auto zu steigen, um bei Notruf das Leben eines Menschen zu retten, kann subjektiv als Tat begründet werden; es hängt von der Intentionalität des Systems ab, in dem wir leben, wie wir unsere ethischen Erwartungen mit denen dieses Systems koordinieren können. Die Entscheidung des Arztes und der Leute, die mit ihm in dieser Situation sprechen, ist jener Ort, an dem moralisch unter Verzugszwang gehandelt und gelernt wird, denn die moralische Intentionalität der Situation ist hoch, der Entscheidungsdruck groß.[4] Der Arzt selbst muß seinen moralischen Anspruch in den Kontext hineinverlegen, um dann eine Handlung überhaupt erst möglich werden zu lassen. Und es wird hier deutlich, daß hohe

Intentionalität eines Kontextes mit einer tieferen Moralstufe – etwa das geltende Recht einer Diktatur – die Realisierung und Durchsetzung subjektiv gesehener universeller Prinzipien eben in diesem Kontext erschwert. Dies mag etwa die Situation von Besatzern im Kriegsfall klarmachen. Konformität wäre da ein »einfaches« und »zweckmäßiges« Verhaltensschema.

Das erwähnte Arrangement des moralischen Subjekts (in einer kritischen Situation) mit dem sittlichen System, in dem es steht und auf das es in dieser kritischen Situation einwirkt, erfordert drei Arten von Analysen: *Einmal* muß die Struktur dieses Systems (und nicht nur des Subjekts im Sinne der Entwicklungsstufe) untersucht werden. Es kann sein, daß dieses System selbst eine Stufe 2-Struktur hat, die sich in geltenden Normen niederschlägt. Es kann sein, daß Gesetze nicht gerecht sind und ihr Gehalt nur geltendes Recht, nicht aber Prinzipien universaler Gerechtigkeit widerspiegelt. *Zweitens* muß nicht bloß erhoben werden, wie das Subjekt allgemeine moralische Kompetenzen rekonstruiert, sondern wie das Regelsystem einer bestimmten Gruppe, der Gesellschaft usw., auf es einwirkt und wie das Subjekt es perzipiert. Nehmen wir an, der Lehrling perzipiert das Regelsystem der Lehrwerkstatt als relativ gut mit seiner subjektiven Stufe 3-Moral übereinstimmend. Nehmen wir ferner an, das Regelsystem sei sehr straff mit Regeln der Entlassung, des Gehorsams, der Pünktlichkeit usw., deren unangetasteter Geltung der einzelne ohne weiteres geopfert werden kann. Dann hat dieser Lehrling offenbar eine falsche – unangemessene – Optik seines Referenzsystems, und zwar nicht nur aus entwicklungspsychologischen, sondern auch aus subjektiven Wahrnehmungsgründen. *Drittens* muß der faktische Bildungswert der jeweiligen Entscheidungssituation unter Druck, das heißt der jeweiligen Koordination, herausgearbeitet werden.

Zusammenfassend müssen wir ein Defizit in der Moralerziehung feststellen: Das Problem heutiger entwicklungspsychologischer Theorien über die Konzeptionen sozialer und moralischer Regeln ist begrenzt durch den subjektivistisch betonten Ansatz, in dessen Rahmen die Dialektik von persönlicher Regelstruktur und Struktur sozialer Referenzsysteme nicht erhoben und beide theoretisch und forschungspraktisch nicht zueinander in Beziehung gesetzt werden (vgl. Selman 1980).

3. Am Anfang war das Handeln

Kontexte mit stark akzeptierten geltenden Normen oder mit starken Gruppenerwartungen haben wir als hoch intentional bezeichnet. Aber auch Situationen mit hohem moralischen Handlungsdruck können wir als hoch intentional einschätzen. Subjektives und Objektives prallen dann aufeinander, und im Brennpunkt verschmilzt beides koordinativ. Die interpretative Leistung in diesem Brennpunkt kommt aber erst im Handeln wirklich zum Ausdruck.

Nehmen wir an, eine Person müsse sich entscheiden, ob sie den Militärdienst verweigern will, dies aus Überzeugung und mit dem Wunsch, durch diese Handlung einen Akt des Friedens zu setzen. Zuerst sieht die Person die Handlungsalternativen »ja« bzw. »nein« zum Militärdienst. Dies ist ein *Vorausentwurf* mit intuitiven, heuristischen und ganzheitlichen Zügen, der zugleich oberflächliche Begründungsgewohnheiten impliziert. Der Vorausentwurf der Handlung ist intentional, das heißt, er beinhaltet eine noch zu vollziehende, konkrete Entscheidung. Die nachfolgende Begründung schließt auch Umstände ein, die selbst nichts mit Gerechtigkeit, wohl aber mit moralischer Intentionalität zu tun haben, etwa, ob es überhaupt rechtlich möglich ist, jemanden gegen seinen Willen zum Militärdienst zu zwingen, was für ein Rechtsschutz einer Person zusteht, was dieser Entschluß für ihre berufliche Karriere bedeutet, was für eine Wirkung diese Entscheidung für seine Familie, seine Kinder hat. Der Vorausentwurf der Handlung ist das, worauf sich Begründung erst bezieht. Indem dieser Vorausentwurf die Folgen für alle Referenzsubjekte der Gruppe betrifft, hat er vermutlich auch erzieherischen Wert; denn die Begründung bezieht sich auf andere, das sie begleitende Wissen wird sozial fruchtbar, geht durch den Handlungsdruck in die Tiefenstruktur ein und verändert so den Kontext.

Nun zeichnet sich aber ein Konflikt ab: Je weniger Intentionalität ein moralisches Dilemma in bezug auf konkretes Handeln enthält, um so mehr Moralität im Sinne der Befragung rationaler Regeln und Prinzipien der Gerechtigkeit und ihrer möglichen Reversibilität gehen in die Beurteilung des Dilemmas ein. Im Idealfall der Behandlung von moralischen Konflikten sprechen wir von Diskurs, einer letztlich utopischen Form von Gleichberechtigung, Partizipation und gerechter Verteilung in einer an

Richtigkeit (oder Wahrheit, Wahrhaftigkeit) interessierten Prozedur. Je mehr aber andererseits der Handlungszwang und die Lebenspraxis miteinbezogen werden, um so weniger tritt Moralität in ihrer reinen Form auf, um so mehr helfen andere interaktive Regeln (etwa gegenseitige soziale Unterstützung), die Entscheidung herbeizuführen, um so höher ist die Intentionalität dessen, was als Moral trotzdem hervorkommt. Wir haben also einerseits kompetente Gerechtigkeitsaussagen ohne Wirkung aus der Praxis und auf die Praxis, andererseits weniger reflektierte und stets von anderen sozialen Werten verschüttete Gerechtigkeitsfragen, die aber höchst wirkungsvoll werden, weil sie kontextbezogen sind.

Zwei empirische Gegebenheiten mögen dies unterstützen: Fragt man *erstens* erwachsene Personen, ob sie bei folgenden Situationen zuerst an die Handlung oder zuerst an die moralische Begründung denken, so zeigt sich folgendes – in Tabelle 1 dargestelltes – Bild (eigene Studie): Je mehr moralische Intentionalität in der Situation impliziert ist, um so stärker denken die Personen von Anfang an in Kategorien der Rechtfertigung. Oder umgekehrt: Je weniger moralische Intentionalität, je weniger existentiell das Dilemma und je mehr die Entscheidung bloß soziale, nicht aber moralische Konsequenzen hat, um so mehr glauben die Personen, daß sie in einer Entscheidungssituation zuerst an Handeln als schneller Regulierung der Angelegenheit denken, dies vermutlich, weil beim entsprechenden Vorausentwurf die moralischen Konsequenzen auf der Hand liegen oder leicht festzustellen sind.

Zweitens hat eine Untersuchung gezeigt, daß konkretere Probleme weniger lang diskutiert werden, da der Handlungsdruck das Begründen erschwert. So diskutieren Schüler ein konkretes Verteilungsdilemma (gerechte Verteilung von Eintrittskarten unter einschränkenden Bedingungen) weniger lang als ein Wahldilemma (Anstellung eines Lehrlings unter einschränkenden Bedingungen) und dieses wieder weniger lang als das künstliche sogenannte Adoptionsdilemma.[5] Faktoren, die die Begründung in Gang halten, sind Handlungsdruck, Widerspruchsfreude einzelner Mitglieder und moralische Sensibilität (vgl. Oser 1981: 445). Dort also, wo der Handlungsdruck am stärksten ist, fallen die Gerechtigkeitsstatements eher einer globalen Begründung anheim, gehen im Kontext unter.

Tabelle 1: Prozentualer Anteil der Personen, die in der jeweiligen Situation zuerst an die mögliche Handlung oder aber an die mögliche Begründung der Handlung denken

	Handeln zuerst	urteilende Begründung zuerst	N
Kranken Kollegen besuchen	85%	15%	78
Disziplin herstellen	83%	17%	77
Heinz-Dilemma	45%	55%	78
Fehlen bei Lehrverpflichtung	38%	62%	76
Abtreibung verhindern	22%	78%	76
Militärdienst verweigern	16%	84%	79

4. Verkürzte Subjekt-Objekt-Dichotomie

Vor allem dann, wenn wir mehr über Transformation und Strukturgenese erfahren wollen, müssen uns die prozessualen Aspekte der gegenseitigen Durchdringung von Individuum und Umwelt vermehrt interessieren: die Wege, auf denen Strukturen valide aufgebaut, als kognitive Regulationssysteme stabilisiert und infolge essentieller Erschütterungen in Frage gestellt und überwunden werden, sind abhängig von Handlungssituationen, die kontextuell sind und intentional zur Entscheidung zwingen. Viele »Strukturgenetiker« werden sich der fundamentalen interaktionistischen Implikationen ihres eigenen Ansatzes neu erinnern müssen, statt den Bezug etwa auf Mead zur bloßen Redewendung verkommen zu lassen. James Youniss vertritt noch eine Minderheit, wenn er eine Lesart sozialkognitiver Entwicklung sensu Piaget vorschlägt (zum Beispiel Youniss 1980; 1984), derzufolge soziales Wissen und Denken von Beginn an innerhalb eines

Netzes interpersonaler Beziehungen erworben, auf diese Beziehungen gerichtet und durch sie motiviert ist. Soziale Kognition ist danach ko-konstruiert und insofern genuin sozial, nicht allein »das Ergebnis selbstreflexiver Bemühungen« (Youniss 1984: 42). Diese Auffassung mag als Wiedergabe eines Grundgedankens des strukturgenetischen Paradigmas »authentisch« sein oder nicht; sie deckt jedenfalls die Unzahl von Daten ab, die illustrieren, wie wenig man zum Beispiel kindlichen Egozentrismus dahingehend verstehen darf, Kinder würden Denkstrukturen monologisch und nicht durch im sozialen Raum stattfindendes, durch ihn geprägtes Handeln aufbauen.

Man wird genauer unterscheiden müssen, welchen Status man sozialen – das heißt sozial-strukturellen oder im mikrosoziologischen Sinne kontextuellen – Faktoren zuschreibt, wenn man sie als »soziale Anregungsbedingungen« oder aber als »konstruktive Bedingungen« behandelt. Dieses Problem betrifft alle drei erwähnten Analysebereiche. Im Zusammenhang mit der begrifflichen Unterscheidung von (struktureller Urteils-)Kompetenz und Performanz auf Urteils- oder Handlungsebene wird mittlerweile eher darüber nachgedacht, inwiefern die weithin *gleichen* sozioökologischen Faktoren Entwicklung in Gang setzen und ihre Verläufe determinieren, die auch »überdauernde Interpretationskontexte für soziale Situationen« (Edelstein/Keller 1982: 38) konstituieren und auf diese Weise performanzbestimmend wirken.

Es wäre von sträflicher Unangemessenheit, die prozessuale Relevanz sozialer Interaktion weiterhin zu ignorieren bzw. sie als »soziale Anregungsbedingung« auf den Stellenwert progressiver oder regressiver Einwirkung auf Strukturen zu reduzieren. Ganz offenkundig ist es für strukturalistische Entwicklungspsychologen alles andere als von Nachteil, sich althergebrachte und – wie es scheinen mag – höchst profane Fragestellungen aus dem Bereich der Sozialisationsforschung zu vergegenwärtigen. Ebenso offensichtlich ist aber auch, daß deren konventionelle Varianten, insofern sie auf korrelationsstatistische Zusammenhänge zwischen Massen sozialstruktureller oder institutioneller Gegebenheiten und Massen des sich entwickelnden (bzw. sozialisierten) Subjekts abheben (selbst wenn sie das so akribisch tun wie die kontextorientierten Analysen von Bertram 1978), keine Antwort auf unsere Frage nach der Genese der Struktur geben können.

Eher tragen sie dazu bei, aus der gewichtigen entwicklungstheoretischen Erkenntnis *»keine Struktur ohne Genese* (und keine Genese ohne Struktur)« (vgl. Piaget 1964: 268 ff.) ein handliches, aber reduktionistisches *»keine Struktur ohne Korrelation«* (mit Umgebungsfaktoren) werden zu lassen. Die Korrelationsorientierte Aussagengewinnung qua Dependenzanalyse kann die Frage nach der Art der vermittelnden psychischen Prozesse und nach der aktiven Beteiligung des Individuums am Prozeß seiner Sozialisation nicht empirisch beantworten, sondern umgeht in der Regel selbst den Versuch, sie begrifflich zu erfassen und in explikative Konstrukte zu bringen. Diese Erkenntnis ist nicht neu (vgl. zum Beispiel Lehr 1968; Geulen 1973). Es scheint aber offensichtlich schwierig, zur gleichen Zeit sowohl dem latenten Soziologismus eines Sozialisationsbegriffs der »Sozialmachung« zu entgehen, wenn man sich einmal für die Einführung einer soziologischen Perspektive entschieden hat, wie andererseits der universalistischen Schlagseite des Kognitivismus der rationalen Strukturen, denen, wie es scheint, – innere und äußere – motivational wirksame Elemente per Anleihe aus fremden Begriffs- und Erklärungssystemen zugeordnet werden müssen (vgl. Damon 1984).

Wie kann man sich den Problemen der lebenspraktischen Verschränkung von moralischen oder sozial-kognitiven mit Kontextstrukturen nähern? Wir setzen nicht sehr viel Hoffnung in Versuche, die Elemente zu isolieren, die an der Umsetzung von kognitiven Strukturen in lebenspraktisches Handeln »beteiligt« sind (vgl. zum Beispiel Rest 1984). Die Schwäche bisheriger Analysen »performanzbestimmender« Faktoren besteht darin, daß übersehen wird, wie sehr die faktische Verschränkung der analytisch als getrennt angenommenen Variablen qualitativ eigene Verhältnisse schafft (vgl. auch Lind, Sandberger und Bargel 1983: 45 f.).

Was aber gibt es für eine konkrete Lösung? Theoretisch notwendig scheinen uns vor allem Versuche, die *Interpenetration* von Individuum und Umwelt auf fundamentalerer Ebene zu erfassen – was erfordert, von einem anderen Modell als dem der bloßen Vermittlung als getrennt angenommener Einheiten in der Ontogenese der Person und der Aktualgenese des Handelns auszugehen. Wie wir angedeutet haben, schlagen wir nun vor, das Postulat des Interaktionismus, das bisher – wie gesagt – im strukturgenetischen Begriffsgebäude zu ausschließlich als unpräzise Hintergrundvariable oder lediglich als Folgeproblem des kompetenztheoretischen Modells behandelt wurde (Urteil – Handeln; Performanz – Kompetenz), als zentrales strukturtheoretisches Binnenelement zu begreifen. Unter diesem Blickwinkel mag sich ein Ansatz als vielversprechend erweisen, der sich in etwas gewaltsamer und eigenmächtiger, gegenwärtig noch eher induktiver als programmatisch gemeinter Anlehnung an Bourdieu als »praxeologischer Funktionalismus« bezeichnen ließe (vgl. Bourdieu 1979, auch 1982). *Im Kontext selbst werden hier jene Funktionen, die moralische Begründungspartikel verdeckt implizieren und zugleich Handlung ermöglichen, aufgedeckt.* Im Kontext selbst wird Intentionalität in den erwähnten Referenzsystemen sozial-moralischer Stufe, Regelset und geschichtliche Spezifität einer definierten Gruppe erhellt.

5. Selbstverständliche Geltung vs. kognitive Distanz: Lebenspraxis und moralisches Urteil

Habermas (1983, 1984) beschreibt, wie der ethische Universalisierungsgrundsatz Formalisierung und Dekontextualisierung des Urteils in dem Sinne erforderlich macht, daß rationaler, unvoreingenommener Diskurs normative Geltungsprüfungen unter Abstraktion von partikularen Interessen der (potentiell) Betroffenen vornimmt. Diese Verfahrensregel impliziert – und diesen Punkt betont Habermas sehr – nicht einen Dispens des Bewußtseins konkreter Lebenswelt: Lebensformen, -ziele, -gewohnheiten, -geschichten und -umstände, die gesellschaftlichen, kulturellen und persönlichen Aspekte von Lebenswelt, bleiben dem Argumentierenden gegenwärtig. Sie werden nur sozusagen auf Distanz gebracht (vgl. Habermas 1984: 224), ihrer selbstverständlichen Geltung für deontische Entscheidungen entkleidet.

Die Entflechtung von Moralität und Sittlichkeit, die Gerechtigkeitsfragen von Fragen des »guten Lebens«, verallgemeinerungsfähige Interessen von bloßen lebenspraktischen Evidenzen zu isolieren gestattet, hat aber auch Nachteile: Der Rationalitätsgewinn wird auf Kosten eines praktischen Defizits ermöglicht durch den »Verlust an Deckung durch kulturelle Selbstverständlichkeiten, lebensweltliche Gewißheiten überhaupt. Damit trennen sich moralische Einsichten von den kulturell eingewöhnten empirischen Motiven« (Habermas 1984: 230). Moralische Urteile verlieren die motivationale Kraft von Meinungen, die von Hintergrundgewißheiten der Lebensgeschichte gedeckt sind. Deswegen sind sie unvollständig, oft partikulär und in andere Beurteilungskategorien verflochten.

Habermas spricht denn auch von der Spaltung von Moralität und Sittlichkeit, die für die Teilnehmer eines praktischen (intra- oder intersubjektiven) Diskurses entsteht, der zu Normenprüfung unter Verwendung universalistischer Kriterien auf Formalisierung der Verfahrensweise angewiesen ist. Er spricht von der spezifischen Einsamkeit des postkonventionellen moralischen Subjekts und macht dabei als Hypothese deutlich, daß präkonventionelle und konventionelle moralische Denkweisen eben *nicht* formalisiert, sondern unauflöslich kontextverwoben sind. Und dies trotz der Tatsache, daß sie vom Individuum selbst aufgebaut sind und daß sie auch – weil sie Verallgemeinerungen von Regeln und Perspektiven sehr wohl einschließen – nicht frei von Anwendungsproblemen sind. Methodisch *formalisierend* verfährt die strukturorientierte Beschreibung solcher Bewältigungsweisen moralischer Konflikte; die strukturalistische Abstraktion ist ein Element entwicklungstheoretisch-rekonstruktiver Methodologie (vgl. Garz 1984). Auf der Ebene des *Beschriebenen* (des Denkens empirischer Subjekte) wäre es aber ein Kurzschluß, das Verfahren mit der Aussage zu verwechseln und Raum für die Unterstellung zu geben, moralische Urteile seien inhalts- und kontextunabhängig auch nur denkbar (vgl. Garz 1984).

Wenn sich Fragen der Moral als Fragen konkreter Sittlichkeit stellen, die sich von der Faktizität der durch das »Gewebe einer existenzprägenden und identitätssichernden Alltagspraxis« (Habermas 1983: 189) gebundenen Leitvorstellungen der Art, die Habermas »Ideen des guten Lebens« nennt, nicht distanzieren können, dann macht dies auf ganz fundamentale Weise klar, daß entwicklungspsychologisches Verständnis individueller Moralität ebenso wie jeder pädagogische Versuch ihrer Beeinflussung angewiesen ist auf ein Verständnis der Interpenetration zwischen moralischer Struktur und Lebenswelt – oder dem, was wir in engerer Bezugnahme auf den Ort pädagogisch sinnvoll zu behandelnder moralischer Konfliktlagen »Kontext« nennen. Dabei ist die besprochene Intentionalität des Kontextes jener Beitrag, der die jeweiligen Stufen inhaltlich und affektiv bestimmt. Dies gilt um so mehr, wenn man sich vergegenwärtigt, daß eine umfassende Geltungsprüfung, die die Fähigkeit zur Herstellung hypothetischer Relationen voraussetzt, gegenüber normativen Systemen nicht in gleichem Maße wie gegenüber Lebensformen denkbar ist, in denen die eigene Identität wurzelt. »Keiner kann der Lebensform, in der er sozialisiert worden ist, in derselben Weise reflektiert zustimmen wie einer Norm, von deren Gültigkeit er sich überzeugt hat« (Habermas 1981: 166). Wenn es nämlich stimmt, daß Konzepte des »guten Lebens« tief verankerter Bestandteil von Kulturen und Persönlichkeiten sind, wenn es überdies stimmt, daß sie in enger lebenspraktischer Fusion mit Denkmustern des moralisch Richtigen stehen, dann bedeutet eine Infragestellung dieser Denkwelten – wenigstens in Teilen – eine Infragestellung der Kohärenz und Kontinuität persönlicher und sozialer Identität (vgl. Habermas 1983: 189; Strauss 1974: 152 ff.).[6] Und dies wiederum hat Einfluß auf jede vom Individuum gewollte/nicht gewollte und vom Kontext geforderte/nicht geforderte Handlung.

6. »Praxeologischer Funktionalismus«: eine Anleihe bei Bourdieu

Zwei Extreme haben wir dargestellt: Einmal die blutleere, dekontextualisierte, moralische Entwicklungsstruktur des Individuums und dann die als Epiphänomen der gesellschaftlichen Entwicklung vorgestellte soziologistisch verstandene Sittlichkeit (vgl. Hartmann 1983: 11, in bezug auf Durkheim). Wir plädieren statt für das eine oder das andere in Richtung auf eine *funktionalistische Position*. In ihr sind folgende Grundannahmen wichtig: (1) Soziales Denken und sozio-moralische Orientierungen lassen sich nicht durch akkumuliertes Inhaltslernen erklären. Der konstruktivistische Gedanke einer vom Subjekt aktiv gestalteten, aber eben in intersubjektiven Zusammenhängen stattfindenden Entwicklung braucht den Begriff qualitativer – ordnender und regulierender – Struktur. Entwicklungslogische Rekonstruktion und eine Erhebungstechnik (Intensivinterview), die das Denken über das in logischer Hinsicht beschränkte Ensemble von moralischen Themen, Institutionen und Prinzipien der Konfliktlösung eruiert, enthüllen tiefenstrukturelle Universalien solchen Denkens (und analog »deskriptiver« Fähigkeiten zu sozialer Perspektivenübernahme). (2) Die Art der entwicklungstheoretischen Definition und Erhebung der individuellen Moralstufen erlaubt aber keine Aussagen über Konsistenz und konkrete Weise ihrer Erarbeitung und »Aktualisierung« in Erfahrung, Deutung und handelnder Bewältigung realer Situationen (vgl. auch Auwärter/Kirsch 1984: 172 f.). Die Quellen, aus denen sich die spezifische Weise der Strukturierung der sozio-moralischen Welt speist, sind nicht an einen besonderen Erfahrungstyp gebunden, sondern vielfältig und allgegenwärtig. Es besteht eine tiefgehende Verschränkung der allgemeinen Merkmale der Konstitution des Selbst sowohl mit dem Aufbau moralischer Strukturen in der Ontogenese als auch mit deren inhaltlicher Ausprägung. Lebenspraktische Zusammenhänge konstituieren einen Bedeutungshintergrund, auf dem etwa die interessegeleiteten Fairneßprinzipien der 2. Stufe oder die Bindungsorientierung der Stufe 3 konkreten subjektiven Sinn und motivationale Kraft erhalten. *Das bedeutet: Die Urteilsformationen sind einerseits aktive Konstruktionen des Subjekts. Sie sind zugleich der Vernetzung von Identität und Lebenswelt funktional. Erst die Störung dieser funktionalen Relation macht Transformationen der sozio-kognitiven Struktur notwendig.*

Wir halten es für nützlich, zu Zwecken der Illustration und Verständigung einen Schritt über die Grenzen der Disziplinen zu tun und bei Bourdieu zu sehen, wie der komplexe Wechselbezug von Alltagspraxis, Gesellschaftlichkeit und Moralität abzubilden ist. Bourdieus *Entwurf einer Theorie der Praxis* ist ein auf integrierte, traditionale Gesellschaften bezogener ethnologischer Beitrag, also für uns auf keine Weise unmittelbar instrumentalisierbar. Seine Theorie erlaubt es jedoch, Bezüge herzustellen. Die Fruchtbarkeit ihres Versuchs, die Begrenztheiten nur-phänomenologischer Erkenntnis und objektivistischer Analyse (nach Art der französischen Strukturalisten) zu überwinden und beider Produktivität auf höherer Ebene – der der »praxeologisch« genannten Erkenntnis – aufzuheben (vgl. Bourdieu 1979: 146 ff.), erweist sich in der konkreten analytischen Methode.

Für Bourdieu ist der Versuch objektivistisch (und in einer zu einfachen, dichotomischen Vorstellung von Subjekt und Objekt befangen), »zwischen Struktur und Praxis ein Verhältnis des Virtuellen zum Aktuellen, der Partitur zur Ausführung, des Wesens zur Erscheinung« (1979: 184) zu konstruieren.

Bourdieu macht uns darauf aufmerksam, wie die Sphäre des Faktischen, der Bereich der reinen (Verständigung über) Tatsachenfragen einerseits und die Sphäre des Normativen andererseits ineinander übergehen: in Sitten, interpersonellen Erwartungen und Handlungsregeln, in sprachlicher Bewältigung von Alltag und expliziten Konfliktzuständen. Dies gilt für ihn um so ausgeprägter, je stabiler und impliziter die objektiven Strukturen lebensweltlichen (hier: kulturellen und gesellschaftlichen) Kontextes sind und je ungebrochener die Herrschaft dessen ist, was er *Doxa* nennt (vgl. 1979: 324 ff.): dessen, »was außer Frage steht und was jedes Individuum aus der bloßen Tatsache heraus, daß es in Einklang mit dem sozial Schicklichen handelt, dem gegenwärtigen Stand der Dinge zuschreibt« (1979: 151). Für Bourdieu ist das Handeln der Menschen genauso struktural wie kontextual. In ihm scheint die Intentionalität der Gebräuche und Sitten auf. In ihm verknüpfen sich Alltagsverständnis und mitgebrachtes Wissen zu einem moralischen Gleichgewicht, das real herstellbar ist und niemals Utopie bleibt.

In der von Bourdieu beschriebenen islamisierten nordafrikanischen Gesellschaft der Kabylen läßt sich nachweisen, in welchem Maße als unantastbar und undiskutierbar geltende sittliche Standards erst unter dem Kriterium ihrer funktionellen Relevanz zugleich für die kollektive wie für die private Raison verständlich sind. Im Brennpunkt des in dieser Kultur zentralen *Habitus* stehen Begriffe der Ehre. »Das Ethos der Ehre widersetzt sich schon seinem Prinzip nach einer universalen und formalen Moral« (Bourdieu 1979: 44), es erfordert vielmehr ein feingesponnenes Netz von kategorialen Deutungen dessen, was als schickliches und angemessenes Verhalten zu gelten hat. Sittliche Praxis kann nur verstanden werden, wenn man die Vorstellungen der Handlungssubjekte von ihrer Welt und von eben dieser Praxis auf die funktionale Logik von Praxisformen zu beziehen versucht. Hier wird erkenntlich, wie wenig weit eine Analyse trägt, die sich letztlich auf Deskription von Systemen objektiver Relationen oder von alltagstheoretischen oder -sprachlichen Repräsentationen allein beschränkt.

Für Bourdieu ist Lebenswelt – anders als im phänomenologischen/ethnomethodologischen Verständnis – keine Realität *sui generis*, sind praktische Taxonomien, Repräsentationen und symbolische Systeme keine puren Realisationen objektiver Beziehungen, sondern Versuche, praktische Kohärenz im Umgang mit je vorgefundenen Bedingungen herzustellen. Bewußte Zugänglichkeit sozialen Wissens und der Regeln seiner Anwendung wird um so notwendiger (und tendenziell um so eher möglich), je ausgeprägter intersubjektive Situationen – durch Unklarheit, Ambivalenz, problematischen/kontroversen Gehalt – ausdrücklich interpretative Konstruktion von Bedeutungen herausfordern. Ein auf sozialstruktureller Ebene dafür notwendiges Merkmal ist Komplexität; auf kommunikativer Ebene ermutigen Reflexivität und Rationalität interpretative Abstimmungen.

Die naive Eingebundenheit in die Lebenswelt ist unwiederbringlich dahin, wenn infolge von Krisen oder der Erfahrung von Möglichkeiten des Andersseins sich die Frage nach der Legitimität des bisher ungeprüft Hingenommenen aufdrängt, wenn das Kollektiv sich nicht mehr im Zirkel von praktischem Konformitätsdruck und symbolischer Überhöhung als quasi-natürliche Gegebenheit reproduzieren kann (vgl. 1979: 239 ff.) Doch ist mit der Entstehung der Möglichkeit, überhaupt Legitimationsfragen aufzuwerfen, noch längst nicht entschieden, ob die materiellen und formalen Voraussetzungen gegeben sind, Diskurse zu einem Eingriff der Menschen in die Verhältnisse – und damit wiederum erst für sie praktisch sinnvoll – werden zu lassen.

Praktische Diskurse mögen je nach gesellschaftlicher Verfassung als Häresie oder pure Sandkastenspiele behandelt werden. Die äußere Struktur des sozialen (Teil-)Systems vermag sich dann dem Subjekt gegenüber als »immer schon so gewesen« darzustellen, sich gegenüber Geltungsprüfungen und selbst reflexiven Vergewisserungen ihrer eigenen Überlieferung abzuschotten.

7. Verschränkung von Kontext und Subjekt in praktischer Moralität

Unsere »praxeologische« Vorstellung besagt, daß die moralischen Strukturen des Subjekts in funktionalem Verhältnis zu seiner Lebenswelt stehen. Was bedeutet es dann, wenn wir beobachten, daß sich gesellschaftliche Teilsysteme gegenüber Legitimationsprüfungen abschotten? Konkrete, handlungswirksame Moralität wird von der Fähigkeit des Individuums geprägt sein, verschiedene Lebensbereiche zu integrieren. Der Preis für das Nichtgelingen – das in dem Maße wahrscheinlich wird, in dem Gesellschaften desintegriert sind – zeigt sich unter anderem in Segmentierungsphänomenen (vgl. Döbert/Nunner-Winkler 1975; Senger 1983).

Wird der Aufbau der zum Beispiel von Senger betonten motivationalen Komponente – also die Entwicklung exakt dessen, was wir oben als moralische Intentionalität bestimmten – in der gegebenen Lebenswelt hintertrieben (etwa durch die Erfahrung, daß jede andere Haltung als die der, wenigstens äußerlichen, Pflichttreue oder des »do ut des« nur zu Schwierigkeiten führt, als Schwäche, Renitenz, Besserwisserei oder idealistische Theoretisiererei ausgelegt wird), kann moralische Kohärenz nur um den Preis des – vollständigen oder zumindest inneren – Bruchs mit dieser Lebenswelt hergestellt werden. Dies bedeutet eine Bedrohung der Person, der durch Segmentierung und kognitive Ausgrenzung gleichzeitiger, aber konkurrierender Denkweisen begegnet werden kann. Die Folgen haben Pädagogen alltäglich vor Augen: In der Schule gelten eigene Gesetze, die für Kinder und Jugendliche scheinbar selten genug auf andere Lebensbereiche übertragbar sind. Die von Kohlberg initiierte *Just Community* an der Cambridge Cluster School erreichte es ziemlich schnell, eine Norm gegen Diebstahl in der Schule konsensfähig zu machen; über das Verhalten der Jugendlichen in den Straßen von Boston besagte das gar nichts. Dies ist die eine Seite der Medaille. Die andere besteht darin, daß jedes Subjekt ein Gleichgewicht finden muß zwischen jenen Koordinationshandlungen, die lebensweltlich unmittelbar gefordert sind, und jenen reflexiven Operationen, die das eigene Tun kritisch prüfen. Wir werden diese Problematik, die weit mehr berührt als ein pures kognitives Transferproblem, anhand einiger empirischer Beispiele diskutieren.

Vorher möchten wir nochmals den von Bourdieu entwickelten Grundgedanken aufgreifen: Die erwähnten Segmentierungsstudien arbeiten mit dem impliziten Theoriemodell, daß in Handlungen oder kontextuellen Urteilen Brüche zwischen struktureller Kompetenz und moralischer Performanz feststellbar sind. Dieser Gedanke geht – und darüber spekulieren auch die betreffenden Autoren (vgl. zum Beispiel Kraemer-Badoni/Wakenhut 1983: 191 f.; Senger 1983: 201) – nicht weit genug. Deren Untersuchungen an Wehrpflichtigen, die nur einen begrenzten Abschnitt ihres Lebens in einer Umwelt verbringen, deren Besonderheiten sozusagen einen persönlichen Ausnahmezustand etablieren, sind möglicherweise nicht geeignet, die Wirkungen alltäglicher Lebenspraxis abzubilden. Die Beschäftigung mit Angehörigen tendenziell »totaler Institutionen« mag heuristische Extremgruppenvergleiche ermöglichen. Dabei ist aber noch nicht berücksichtigt, daß unter Umständen die moralisch relevanten Elemente »durchschnittlicher« Lebenswelten einander auf restringierende Weise ergänzen oder daß die subjektive Valenz bestimmter Lebensbereiche derart beherrschend sein kann, daß *weder* Versuche der Integration unterschiedlicher Erfahrungsfelder naheliegen *noch* auch nur Segmentierungsleistungen provoziert werden. Ein Gutteil der – häufig unverstandenen – Realität von Kindern bezieht sich auf diesen Zusammenhang: ihre Schwierigkeiten mit einer scheinbar im voraus geordneten Welt, in der alles in sinnvollem Zusammenhang steht – nur, daß das Kind den Sinn so oft nicht begreift (siehe Klein 1977).

Ein letztes Beispiel der Kontextverschränkung praktischer Moralität: Wenn die subjektiv relevanten Lebensbereiche nach dem Ethos der Stärke, des Wettbewerbs und des Erfolgs strukturiert und perzipiert sind, wenn – öffentliches und selbst privates – soziales Miteinander als Nullsummenspiel begriffen wird, als Phänomen, das »Gewinner« und Opfer notwendig einschließt (vgl. Döbert/Nunner-Winkler 1976: 175 ff.), dann ist strukturelle Stagnation des moralischen Bewußtseins auf präkonventionellem Niveau nicht nur eine Funktion des minderen soziokognitiven Anregungsgehalts der Umwelt, sondern auch Ergebnis des funktionalen Zusammenhangs der benutzten Stufen zur lebensweltlichen Verortung des Individuums. Noch die demonstrative Unbetroffenheit (*coolness*) von Jugendlichen gegenüber jeder Art von interpersoneller oder gesellschaftlicher Verpflichtung ist ein – durch den verbreiteten Eindruck von Chancenlosigkeit erklärbares – spiegelverkehrtes Abbild des säkularisierten Calvinismus der »Leistungsgesellschaft«, demzufolge man seinen Pflichten gegenüber der Gemeinschaft vor allem eben durch Leistung und Erfolg nachkommt.

Derjenige, der die Gesetze zum Beispiel des heimlichen Curriculums der Schule nicht erfüllen kann oder will, riskiert vieles. Sportunterricht ist ein Beispiel für die Kluft zwischen »offizieller« und »usueller« Praxis (vgl. zu dieser Begrifflichkeit: Bourdieu 1979: 89 ff.): als Medium nicht nur der Körperertüchtigung, sondern des sozialen Lernens gedacht, wird er nicht selten zum Feld bitterster Erfahrung von Unterwerfung oder Ächtung. Bei Mannschaftsspielen gewinnt man trotz der »Flaschen«, und man verliert ihretwegen; sportschwache Schüler sind Opfer von Hohn, Spott und Aggression, nicht selten Sündenböcke in allen möglichen schulischen Bereichen (vgl. Storf 1982). Soziales Lernen im Sinne traditioneller Curricula findet hier nicht statt, wenigstens nicht in Richtung auf Integration und Erwerb von Rücksichtnahme und Hilfsbereitschaft (vgl. auch Kegan 1982: 46 f.).

Das Beispiel zeigt, auf welche Weise konkretes Denken und Handeln von dem im kritischen Erfahrungsfeld Denk-Möglichen und »von der Beziehung, in deren Kontext gehandelt wird« (Youniss 1980: 62), abhängen. Erst eine Betonung funktionaler Aspekte erlaubt ein Verständnis der Prozesse, die Personen bei moralischen Problemen konkret zu durchlaufen haben. Erst die Betonung funktionaler Aspekte zeigt, über welche Erfahrungen Strukturen aufgebaut oder in Frage gestellt werden. Erst sie vermag zu erklären, warum unter verschiedenen psychosozialen Konstellationen die lebenspraktische Ausformung struktureller Niveaus erhebliche inhaltliche Unterschiede aufweist – eine Ausformung, die mehr als nur Performanz und nicht nur Inhalt bedeutet, weil sie auch die Operativität von Perspektivenübernahme und Inferenz betrifft.

8. Vier Beispiele zur Verschränkung von Kontext und Subjekt im praktischen moralischen Handeln

Vier Studien zur moralischen Erziehung mit abgestuftem Sittlichkeitsgrad möchten wir vorstellen:

a) die Studie der HASMU[7]-Gruppe in der Landwirtschaftsschule in Grangeneuve
b) die Just-Community-Versuche von Kohlberg[8],
c) die Studie der HASMU-Gruppe mit Banklehrlingen,
d) eine geplante »Mediatorenstudie« der moralischen Erziehung im Betrieb.

Die Auswahl dieser Studien geschieht nach einer vorgestellten Hierarchie zunehmender Kontextualisierung des Erziehungsvorganges: die Bauernschule war am stärksten *dekontextualisiert*, die

Just-Community *schafft* den Kontext, die Bankstudie *betont* den Kontext. Die Mediatorenstudie war so gedacht, daß der Erziehungsvorgang *im Kontext selber* abläuft und der Lehrmeister an Ort und Stelle mit Lehrlingen sozial-moralisch handelt. Wenn der soziale Kontext von Studie zu Studie bedeutungsvoller wird, bedeutet das auch eine Art Intentionalitätsabstufung.

8.1 Intervention mit Landwirtschafts-Lehrlingen

Die erste Studie, die wir vorstellen möchten, hat Pilotcharakter. Zuerst eine kurze Beschreibung des Ablaufs:

Bei 120 Lehrlingen in sechs Klassen der Landwirtschaftsschule »Grangeneuve« (Freiburg, Schweiz) wurden in einem Vortest erhoben: Selbstbild/ Idealbild/Fremdbild, Locus of control, Interessen, Selbstvertrauen, Umstellungsbereitschaft, Arbeitszufriedenheit, Autonomiegewährung, Verantwortungsbewußtsein, Ausmaß an Krisen, moralisches Urteil (diese Variable auch im Nachtest). In fünf dreistündigen Sitzungen wurden die Lehrlinge mit Dilemmata, mit Rollen- und Verteilungsspielen, mit Autoritätsproblemen (Milgram-Experiment), mit Problemen aus dem eigenen Leben konfrontiert. Diese letzteren waren etwa Kontakt mit Mädchen, Autoritätskonflikte, Geldfragen, Freizeitproblematik bei Lehrlingen in der Landwirtschaft, Lernschwierigkeiten, Militär, finanzschwache Landwirte, Milchkontingentierung usw. Vier Klassen dienten als Experimentalgruppe, zwei als Kontrollgruppe. Bei der Interventionsgruppe wurden zwei Bedingungen unterschieden. Die erste bestand darin, daß verschiedene Auslöser zur Diskussion dargeboten wurden (hypothetische und berufsspezifische Dilemmata, Planspiel, Film mit sozial-moralischem Konflikt). Die zweite Experimentalgruppe erhielt genau dasselbe Programm, doch wurde die Diskussionszeit kürzer gehalten, um zusätzliches Wissen, nämlich die Argumentationsmuster nach Kohlberg, zu vermitteln. Eigene Argumentationen sollten mit anderen verglichen werden.

Will man eine allgemeine Bewertung (vgl. Schläfli 1981), so läßt sich diese in folgenden Punkten zusammenfassen:
– Die Lehrlinge bewerteten die Sitzungen so, daß sich eine Gleichverteilung ergab, das heißt, sie schätzten die fünf Sitzungen als etwa gleich wichtig, aktuell, interessant ein.
– Etwa 50% der Lehrlinge fanden die Intervention nützlich.
– Es konnten zwei Gruppen unterschieden werden, solche, die motiviert waren, sozial-moralische Probleme ihres Umfeldes zu diskutieren, und solche, die nur mitmachten, wenn Sachfra-

gen unter dem funktionellen oder utilitaristisch-ökonomischen
Gesichtspunkt zur Diskussion standen.

– Stufenmäßig fanden wir eine Diversifikation von 1 bis 4½ vor;
  meistens lagen die Lehrlinge auf den Stufen 2, 2½ und 3.
– Die Klassenstruktur- bzw. die Klima- und Arbeitsstilunter-
  schiede waren enorm. Wir haben aber diese Unterschiede nicht
  quantifiziert.
– Lehrer und Schulleitung, ja selbst die Vereinigung der Lehrmeister haben die Interventionsarbeit sehr unterstützt und mit
  allen Mitteln gefördert. Dies ist ein einmaliges, wichtiges Fazit.

Unter dem Gesichtspunkt der Resultate läßt sich sagen, daß
natürlich in fünf Sitzungen eine effektive Erhöhung des moralischen Urteils nur als Trend möglich, aber realistischerweise auch
nicht angestrebt war (Experimentalgruppe: Zunahme von durchschnittlich 6.4 Moral-Maturity-Punkten, Kontrollgruppe lediglich 0.1 Punkte; Interrater-Übereinstimmung bei ½ Stufe =
98.13%). Eine solche Studie ist immer nur ein Versuch, einen
ersten Anstoß zu einer Entwicklung zu geben. Es geschehen hier
Dinge, die nicht unmittelbar meßbar sind (zum Beispiel, daß
Schüler moralische Probleme aus dem landwirtschaftlichen Bereich in den Pausengängen diskutiert haben, daß die Erkenntnis
eigener moralischer Fehler ausgesprochen wurde, daß sich eine
Sensibilität der Großbauern für die Anliegen der Kleinbauern
entwickelte), die aber in Aussagen der Lehrlinge selbst zum
Ausdruck kamen.

Von diesen geschehenen Dingen ist aber noch etwas anderes
wichtig: Wie haben die Bauernlehrlinge zum Beispiel ein Dilemma diskutiert, bei dem es darum ging, ob selbst bei »Vergif-
tung« des Bodens und der Früchte eben doch Unkraut- und
Insektenvertilger gespritzt und Kunstdünger verwendet werden
sollen?

Das Selbstverständnis des Bauernlehrlings ist, daß Rentabilität
über Existenz bzw. Nichtexistenz (besonders der Kleinbauern)
entscheidet. Er muß danach – wenn auch reduziert – Vertilger
anwenden. Modernisierung des Betriebes besteht zum Teil gerade
darin, Maschinen zur Giftzerstäubung anzuschaffen. Es besteht
der Glaube, daß die Chemiker schon wissen, welches und wieviel
von diesem Gift angewendet werden dürfe, »sonst würde es ja
nicht verkauft«. Idealvorstellungen über biologischen Anbau
werden lächelnd zur Kenntnis genommen – und Insistenz des

Unterrichtenden stößt auf Antworten wie: Sagen Sie mir, wie man größere Bohnen erhält, ohne zu düngen, und wie man die Säue fetter macht ohne künstliche Nahrung, dann werden wir »moralischer«. Die Tiere und die Pflanzen werden, sofern sie gezüchtet bzw. gepflanzt werden, als Güter gesehen, die veräußert werden müssen, als Handelsware. Und wenn der Landwirt schon mehr arbeitet als jeder andere, so soll er die Erleichterung des Düngens und Spritzens mit Maschinen erhalten.

Auf diesem »funktionalen« Hintergrund, der Handeln recht klar definiert, diskutiert der Lehrling sein »Spritz-Dilemma«. Und es ist klar, daß – im Gegensatz zum Heinz-Dilemma, bei dem nur wenige Menschen dazu kommen, je ein Medikament zu stehlen, um Leben zu retten – hier jeder *a priori* involviert und durch die Intentionalitäten des Kontextes weitgehend bestimmt ist.

Deswegen wird nun auch deutlich: Das Landwirts- bzw. Spritz-Dilemma provoziert im allgemeinen tiefere Stufenwerte als das klassische Heinz-Dilemma. Zugleich wird die Entscheidung als sicherer empfunden, und motivational schafft es weniger Unruhe und weniger Bedrückung.

Für reale moralische Situationen reichen offenbar niederstufige Argumente aus, um ein Lösungsgleichgewicht zu finden. Oder anders gesagt: Die Bauerngeschichte impliziert zwar leichtere Entscheidung, tiefere Stufenargumente, niedrigere emotionale Beunruhigung, aber sie überträgt auch einen Lebenskontext des Lehrlings in den Schulraum. Die Problematik des Kontext-Dekontextualisierungs-Dualismus liegt greifbar vor. Da die Lehrlinge nur zwei Tage in der Schule sind, ansonsten aber im Betrieb lernen, haben sie zugleich die Vorstellung aufgebaut, die Schule müsse Mittel für die Lösung bestimmter Probleme im Betrieb bereitstellen. Da aber wirkliche moralische Intentionalität nur im Betrieb selbst anzutreffen ist, gerät die positive Absicht der Schule in eine Krise, und die einzige Möglichkeit der Veränderung moralischer Strukturen lag bei uns noch im verzweifelten Versuch, einerseits betriebsnahe Dilemmata zu konstruieren und zu verwenden, die prompt auch Unterschiedliches in bezug auf moralische Kompetenz bewirkten, andererseits Probleme der Lehrlinge selber aufzugreifen, die aber aus mangelndem pädagogischem Bezug nicht sehr tief führten. Da die Schule nicht das Regelsystem des Bauernbetriebes wiederzugeben vermag, da die

Symbole der Autoritätsverhältnisse, der Arbeitszufriedenheit, der außervertraglichen Interaktion, des guten Lebens schließlich zum Teil weder in die Dilemmata, aber schon gar nicht in den Kontext der Schule eingebracht werden können, ist strukturelle Transformation subjektiver moralischer Strukturen zwar möglich, aber noch lange nicht valide abgesichert. Es geschieht der erwähnte Bruch in der moralischen Kohärenz. Valide Absicherung wäre erst dann gegeben, wenn die neue Struktur unter Handlungsdruck Bewährungsproben ausgesetzt worden ist oder gerade durch solche Bewältigungsproben hindurch gewonnen wird. Die Geltungsansprüche, die im Bauernbetrieb normgeleitetes Handeln regulieren, müßten in die Diskussion von Dilemmata eingebracht werden und in ihrer Intentionalität zur Wirkung kommen. Nur dadurch würden sie selbst berührt und dem Subjekt tatsächlich ausgesetzt. Umgekehrt würde das Subjekt ihnen ausgesetzt und somit auf Begründung verwiesen, die lernträchtig ist. Aber dies wäre nur auf dem Hof selbst möglich, in der Einbettung in das wirkliche, situationale Sumpfbeet.

Für einen solchen Austausch müßte also die sozial-moralische Erziehung der Landwirtschaftslehrlinge auf deren Hof verlegt werden, das heißt vor allem auch in das Bewußtsein jener, die für das Wohl des Lehrlings ganzheitlich verantwortlich sind: die Lehrmeister. Die Schule für Landwirtschaftslehrlinge ist in diesem Zusammenhang wie ein künstlicher Satellit. Die curricularen Inhalte der Schule selbst haben keinen substantiellen Gehalt für sozial-moralische Kommunikation unter dem Gesichtspunkt der Transformation.

Erst das Bauern-Dilemma hat sichtbar gemacht, was dieser Gehalt sein könnte. Erst wenn die Geltungsansprüche des durch Lehrmeister, Mitarbeiter, Gewerkschaft, Arbeitsvertrag usw. gebildeten Kontextes berührt würden, würden universalisierende Begründungsversuche wirklich zur Erschütterung bestehender Verhältnisse führen. Und letztlich muß man auch zugeben, daß das Erheben der erwähnten Urteilsmerkmale (Selbstbild, Idealbild, Fremdbild usw.) nur sinnvoll ist, wenn diese in Verbindung mit objektiven Systemgegebenheiten des jeweiligen Bauernbetriebs gebracht werden können.

Im Zusammenhang mit der Bauernstudie wurde auch eine Untersuchung zu drei Dilemmata in zwei unterschiedlichen Schultypen – mit 14jährigen Sekundarschülern und 17½jährigen Lehrlingen – durchgeführt (vgl.

Abb. 1: Graphische Darstellung der Zusammenhänge zwischen den Faktoren »Dilemma« und »Schultyp« in bezug auf die Variable *Moral Maturity Score* (MMS)

(nach Baumgartner 1981)

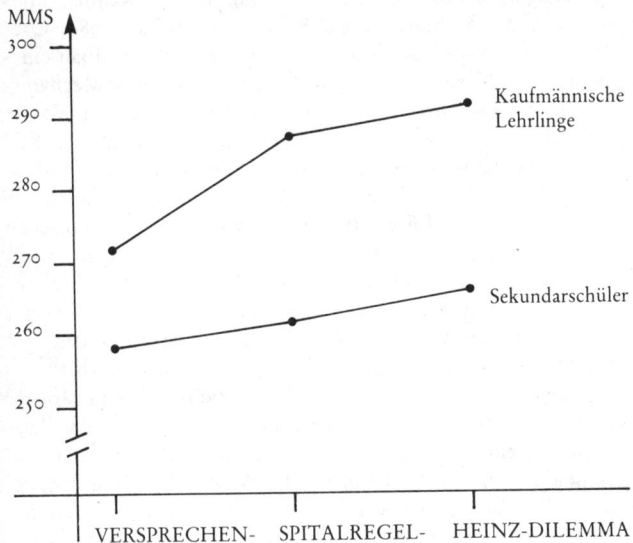

Baumgartner 1981). Das »Versprechen-Dilemma« handelt von einem Mädchen, das ihrem Bruder versprochen hat, bei den Hausaufgaben zu helfen, während ihr Freund sie ins Kino abholt; das »Spitalregel-Dilemma« beschreibt eine Krankenschwester, die beruflichen Zugang zu Drogen hat, aber ihrem drogensüchtigen Bruder, der elend leidet, keine Drogen geben will; und das »Heinz-Dilemma« von Kohlberg handelt vom möglichen Einbruch, um eine krebsheilende Medizin zu stehlen und das Leben der Frau zu retten.

Die Stufenwerte in Abb. 1 zeigen die Tatsache, daß abstraktere Dilemmata eine höhere Moralstufe erreichen als konkrete. Konkrete, lebensbezogene Dilemmata bringen Elemente des Kontextes ein. Ihre Komplexität wird psychisch anders wahrgenommen: Der Handlungsdruck scheint größer, die Verflechtungen mit anderen Werten intensiver, die möglichen Alternativen reicher und vielschichtiger, der Erfahrungsbezug direkter.

8.2 Der Just-Community-Ansatz sensu Kohlberg

Als zweites Beispiel für lebensweltlichen Einbezug des Kontextes in die jeweiligen partikulären Entscheidungen möchten wir Kohlbergs Ansatz einer sogenannten Just Community erwähnen (Higgins u. a. 1983; Kohlberg 1984; Hickey und Scharf 1980; Oser 1981: 375 ff.). Als Hauptziele sind zu nennen: der Aufbau eines gemeinsamen Normsystems und der entsprechenden Mechanismen der Normkontrolle auf der Basis demokratischer Vorgehensweisen, ferner der Aufbau eines positiven moralischen Klimas bzw. von Phasen der je größeren Übernahme sozialer Verantwortung für das Ganze und seine Teile und schließlich die dadurch implizierte Entwicklung des individuellen moralischen Urteils. Kohlberg nennt als wesentliche Grundlage dieses Ansatzes die Theorie von Durkheim, die das Konzept des Aufbaus kollektiver Normen und einer elementaren Gruppensolidarität postuliert; dieser Ansatz sei als Zusatz zur Stufentheorie der Gerechtigkeit kraftvoller als jene von Dewey oder Mead.

So überzeugend die Resultate sind (vgl. die Beiträge in Mosher 1980 und Higgins u. a. 1983): Der Salto mortale, der hier vollzogen wird, beinhaltet keinen Einbezug der Lebenswelt in die Entscheidungspraxis, auch nicht eine Anwendung allgemeiner, universalisierbarer Normen auf einen Lebenskontext, sondern die totale Veränderung dieses Lebenskontextes selbst. Es wird ein pädagogischer Schonraum im Sinne der großen pädagogischen Utopien von Goethes Provinz über die Landerziehungsheime bis hin zu den demokratischen Schulversuchen unserer Zeit abgesteckt. In diesem Schonraum ist alles möglich, kann die Moral des anderen, die Entwicklung oder Übernahme von Gruppennormen und das System als solches thematisiert werden. Der Lehrer kann seine Autonomie zugunsten der Demokratie aussparen, und die verantwortlichen Instanzen können sich beruhigt von der »Ungefährlichkeit« des Ansatzes überzeugen, bleibt doch die Schule eine »School Within A School« oder ein »Cluster« in einem größeren Ganzen, das seine Existenz nicht gefährdet sieht.

An sich ist der Ansatz pädagogisch genial: Statt Einbezug wird Veränderung stimuliert, statt Anwendung wird ein neues System geschaffen, statt Rationalität zu ermitteln, wird sie generiert, dies am Objekt der Gemeinschaft selbst. Andererseits sind die Grenzen sofort ersichtlich: Der staatliche Kontext wird nicht berührt, die Schule als Ganzes nicht miteinbezogen, das System von täglich applizierten sittlichen Regeln, in dem erst eine Just Community möglich werden konnte, nicht affiziert.[9] Denn die notwendige Rationalisierung des täglichen Umfeldes wird auf den erwähnten Schonbereich eingeschränkt. Was die Schulkultur ansonsten an Entscheidungen produziert, was politisch lebensweltlich täglich ausgetragen wird – meist der Konventionalität verhaftet –, kann nicht systematisch in diesen Schonraum eindringen oder dies nur insofern, als Zufälligkeiten es begünstigen. Unter entwicklungspsychologischem Gesichtspunkt handelt Kohlberg vollständig richtig. Unter moraltheoretischem wird ein großes Handlungsfeld der täglich neu werdenden Sittlichkeit aus dem Konzept ausgespart. Die pädagogische Begrenzung hat eine neue Eingrenzung vorgenommen (vgl. auch Power 1977). Sie schafft ein Sumpfbeet, das mit klaren Ameliorationen arbeitet und so in der Wirklichkeit eine andere Wirklichkeit stimuliert.

8.3 Die Studie mit Banklehrlingen

Die dritte, hier kürzer als die beiden ersten dargestellte Studie zeigt noch intensiver, daß sittlicher Kontext und subjektive Moralität einerseits, moralische Praxis und moralische Abstraktion andererseits aufeinanderprallen können. Die Studie bezieht sich wiederum auf die Bildungsarbeit mit Lehrlingen, aber diesmal wird sie hineinverlegt in den Betrieb, und der Versuch der Schaffung einer »gerechten Gemeinschaft« im Sinne von Kohlberg wird durch eine Intensivwoche in diesem Betrieb anvisiert (Beschreibung der Studie vgl. Oser und Schläfli 1984; Oser und Schläfli 1986; Schläfli und Klaghofer 1984).

Die Interventionskurse wurden im Herbst 1981 mit Baseler Banklehrlingen in je zwei Kursen durchgeführt. Zwei Wochen vor dem Vortest wurden die Lehrlinge ausführlich über das Vorhaben informiert; von 53 Lehrlingen entschieden sich 50 zur Teilnahme am Kurs. Vor und nach dem Kurs wurden Daten zur Persönlichkeitsstruktur und zum moralischen Urteil, aber auch zu den einzelnen Kurszielen erhoben. Am ersten Kurs nahmen die Lehrlinge des zweiten Lehrjahres und die Bürolehrlinge teil, am zweiten Kurs waren Lehrlinge des ersten und dritten Lehrjahres anwesend. Pro Kurs stand eine ganze Arbeitswoche zur Verfügung. Pro Tag wurde ca. acht Stunden gearbeitet – dabei oft in Gruppen. Um zu gewährleisten, daß die Lehrziele auch in den Gruppenarbeiten optimal verfolgt wurden, halfen drei Gesprächsleiter mit. Eine weitere Gruppe diente zur Kontrolle. Sechs Monate später wurden Post-Post-Daten erhoben. Methoden waren: Zuerst Diskussion künstlicher, später echter Betriebsdilemmata, Rollenspiele, Erarbeiten von Werthierarchien, Informationsvermittlung usw. Ziele waren: Stimulierung einer höheren Stufe sensu Kohlberg, moralische Sensibilisierung (moralischen Standpunkt finden), Stimulierung des Wertwandels, Stimulierung der Konfliktsensitivität, moralische Metakognition (theoriegeleitete Reflexion über das eigene Urteilen), Stimulierung von Toleranz und Offenheit, Stimulierung eines besseren sozialen Klimas. Beinahe alle Ziele wurden erreicht; der Kurs kann als äußerst erfolgreiches Feldexperiment bezeichnet werden (vgl. Schläfli 1984).

Was läßt sich daraus zu unserem Thema ableiten? Wir sind mit dieser Arbeit in den moralischen Geltungsbereich eines schweizerischen Bankwesens eingedrungen. Unsere Mitarbeiter waren geschult, Universalisierungen vorzunehmen, aber sie prallten mit ihrer guten Absicht auch gegen die Intentionalität eines bestehenden Normsystems. »Knabbert« man aber diese Normsysteme an, so macht man sich unbeliebt, denn sie sind hundertfach bewährt. Betreibt man sozial-moralische Erziehung, ohne diese Systeme zu befragen, ohne sie miteinzubeziehen, so fallen versuchte Universalisierungen ins Meer der Abstraktionen und bleiben wirkungslos. Oser bezeichnete dies als das Grenzgänger-Syndrom des Moralerziehers (vgl. Oser/Schläfli 1986). Dieses Grenzgänger-Syndrom macht körperlich fühlbar, daß der überlieferte Bestand in Normen zerfallen kann. Das, was prinzipienorientierte Prüfung sozialer Geltungsansprüche sein sollte, bleibt »in der dünnen Luft guter Meinungen hängen« (Habermas 1984: 230). Das System setzt sich zur Wehr, stempelt substantielle Befragung als Häresie ab, erhöht Konventionen und Organisationsinteresse dem Lehrling gegenüber zu unhintergehbaren Grundentscheidungen, »deren Subjekt alle Welt und niemand ist, da sie schon in alle Ewigkeit getroffen sind« (Bourdieu 1979: 330).

Weil das Arbeitsleben des Lehrlings einerseits in ein nicht hinterfragtes gültiges, intentionales Wert- und Normsystem eingebettet ist und weil andererseits die subjektive Überzeugungskraft von Lehrlingen im Konfliktfall gering ist, besteht die Gefahr, daß damit nur noch das Gültige zur Geltung gebracht wird und die Legitimation der eigenen Entscheidung angesichts des

Systems sittlicher Normen als zu mühsam, zu gefährlich betrachtet wird. Der Austausch wird abgeschwächt.

Nun aber hat sich im Laufe unserer Kurswoche gezeigt, daß Lehrlinge immer weiter weg von künstlichen Dilemmata hin zur eigenen moralischen Problematik vorstoßen wollten bzw. zum internen sozial-moralischen Regelsystem der Bank durch das Vorbringen eigener Konflikte, selber »anknabbern« wollten, um sich dadurch zu verändern, um ein »freieres«, »legitimeres« Verhältnis durch Vermittlung der eigenen Überzeugung mit diesem System von intentionalen Normen zu erlangen. Und da die Lehrlinge zu ca. 95% auf den Stufen 2, 2½ und vor allem 3 sensu Kohlberg stehen, geschah dieser Prozeß in den meisten Fällen dadurch, daß die Normen nicht in Frage gestellt, sondern zweckmäßig interpretiert wurden. Plötzlich wurde auch von den Rechten und nicht bloß von den Pflichten der Lehrlinge gesprochen, also auch gesehen, daß eine gelungene Lehrzeit nur dann zustande kommt, wenn die einzelnen Identitäten die vorliegende moralische Forderung sinnvoll rationalisieren dürfen, und dies in ihrer höchstmöglichen Stufe.

Wir sehen die Gefahr des Ganzen, ja geradezu die Gefahr pädagogischen Leichtsinns angesichts des Zieles der höchstmöglichen Entwicklungsstufe: Gehen wir tatsächlich in den Betrieb und schaffen wir tatsächlich eine Atmosphäre der Gerechtigkeit und des Vertrauens, so wird ein Großteil unserer Arbeit darin bestehen, die latenten moralischen Normen aufzudecken und in unsere Konfliktsituationen sinnvoll einzubauen. Der totalen Rationalisierung der Lebenswelt unter dem Gesichtspunkt der Universalisierung moralischer Normen geht also in Wirklichkeit eine Aufarbeitung bisher unbewußt geltender Normsysteme voraus. Diese werden zugunsten des einzelnen von diesem vorerst mit Geltungsansprüchen beschossen, dann uminterpretiert und schließlich in eigener Weise als Legitimationsschema in die eigene Struktur integriert.

Nun kann man mit Recht sagen, ohne Lebensbezug und Handlungszwang geschehe keine moralische Erziehung. Man muß aber auch zugleich anfügen, daß die strukturale Sichtweise die Bemühungen einer moralischen Kultur langsam ernster nehmen sollte als die der Prinzipien höchstmöglicher Universalisierung im moralbegründenden philosophischen Geschäft.

Die letzte und *vierte* Studie wurde nur entworfen, aber nie ausgeführt. Sie ist vielleicht zu gefährlich, oder die Geldgeber und Experten wollen ihren Sinn nicht verstehen.

Es geht bei dieser Studie darum, daß die Lehrmeister selber so geschult werden, daß sie mit den Lehrlingen an Ort und Stelle bei auftretenden sozial-moralischen Konflikten die Auseinandersetzung mit Normen stimulieren und eine Erziehung zu höherer Stufe des sozial-moralischen Urteils so anstreben, daß durch die konkrete Situation hindurch im Betrieb die Strukturen transformiert werden und dadurch auch Moralerziehung ihre Realisierung findet. Also nicht mehr außenstehende Spezialisten (Moralerzieher und Moralphilosophen, eine Forschungsgruppe) bewirken den Einfluß, sondern über ein Mediatorensystem handeln die Meister selbst, und dies mitten in der Arbeit, mitten im Regelsystem, dort, wo seine Intentionalität auf das moralische Subjekt stößt (vgl. das in Abb. 2 wiedergegebene Konzept).

Für den Lehrmeister bedeutet dieser Vorschlag eine Berufsrollenverschiebung: Er soll sich nicht mehr nur verantwortlich fühlen für den sachlichen Ausbildungsgehalt, sondern auch für den sozial-moralischen angesichts des Regelsystems, in das er genauso wie der Lehrling eingebettet ist. Er ordnet mit den Lehrlingen das »Sumpfbeet« und strukturiert dadurch die subjektive Moral, was bedeutet, daß die sozial-moralische Erziehung in seinem Bereich nicht mehr dem Zufall überlassen wird und ein Gleichgewicht zwischen Sittlichkeit und Moral entsteht.

In Anlehnung an Perrez (1982; Perrez u. a. 1979) und Keupp (1976) bedeutet »Mediatorenstudie« aber auch, daß die Fragen nach der Langzeitwirkung von moralerzieherischen Interventionen zufriedenstellend beantwortet werden. Die Lehrmeister als »Mediatoren« sollen ja als Bindeglied zwischen Forschung und Lehrlingen eingeschaltet werden und die Dauer des Unterfangens sich über Jahre ausdehnen. Der Einfluß der Forschergruppe kann dann sukzessiv abgebaut werden, und der Betrieb kann autonom die erwähnte Langzeitwirkung der sozial-moralischen Strukturtransformation garantieren.

Daß das Projekt nicht realisiert werden konnte, hängt – wir haben es schon angedeutet – vermutlich mit seiner Offenheit zusammen: Es bedarf großen Vertrauens in die pädagogische Kreativität des Lehrmeisters. Einerseits kann er den Kontext zur Durchsetzung bringen, dann zerstört er die Wachstumsmöglichkeit von Lehrlingen. Andererseits kann er die Strukturen der Lehrlinge

Abb. 2: Das Konzept autonomer betrieblicher Verschränkung von Kontext und subjektiver Moral durch die Person des Lehrmeisters (projektiert)

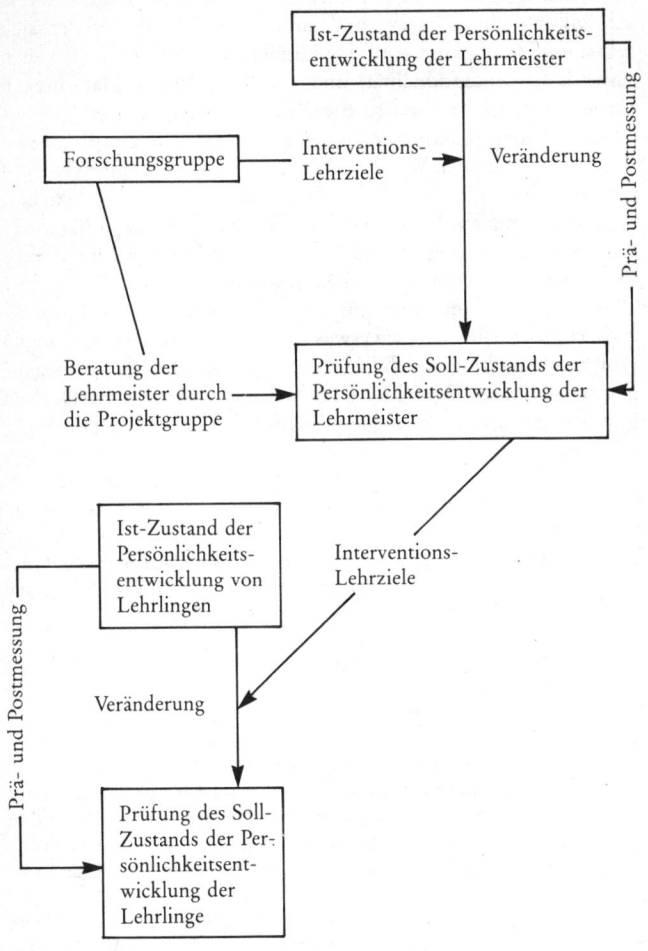

zum Durchbruch bringen. Dann schafft er betriebliche »Anarchie«. Also muß er lernen, mit dem Grenzgänger-Syndrom umzugehen; dazu soll ihm die Forschergruppe verhelfen. Was aber das Wichtigste ist: Der Lehrmeister ist der Garant für die Verschränkung von Kontext und subjektiver Moral, weil er sich selbst im Kontext und unter Handlungszwang befindet, also auch unter hoher Intentionalität, und sozial-moralische Handlungen fördert oder hemmt und so Erziehung ermöglicht.

Das »Mediatorenkonzept« ist eine pädagogische Utopie. Sie ist die der intentionalen Wirklichkeit nächste Form des interventiven Einflusses. Es gibt hier keine Spiele mehr, nichts Artifizielles. Jede Handlung hat Wirkungen, deren Konsequenzen im konkreten »Sumpfbeet« liegen und deren Bedeutung nicht mehr umkehrbar ist. Erziehung ist Leben geworden.

Der Leser versteht nun am Schluß den Begriff »Sumpfbeet« besser: Es ist jener Ort, wo etwas wuchert, wo es Überlagerungen gibt, wo Handlungen sich kreuzen, ergänzen, einander entgegengesetzt verlaufen. Nur hier kann das sozial-moralische Denken zum Ordnen des moralischen Tuns werden.[10]

Anmerkungen

1 Das Euthanasiedilemma handelt von der möglichen Sterbehilfe des Arztes, wenn die kranke Person im Namen ihrer Würde um eine Überdosis Morphium bittet (vgl. Lind 1978: 201).

2 Dies ist das klassische von Kohlberg entwickelte Dilemma, bei dem die Problemstellung so liegt, daß Heinz, der eine krebskranke Frau hat und wegen finanzieller Not ein lebensrettendes Medikament nicht erwerben kann, sich die Frage stellt, ob er einbrechen soll, um das Medikament zu stehlen. Nur auf diese Weise könnte er das Leben seiner Frau retten (vgl. Kohlberg 1981: 12).

3 Das Adoptionsdilemma handelt von einer Frau, die ihr Kind aus Gründen der Armut in Adoption gibt, es später wiederfindet und in einem Prozeß Anspruch auf das Kind erhebt, da sie jetzt finanziell besser steht und selbst für das Kind aufkommen kann (vgl. Oser 1981: 62 ff.).

4 Es ist eigenartig, wie wenig ein moralisches Dilemma sensu Kohlberg diese Intentionalität berührt. Oft sagen zwar die Versuchspersonen, Heinz solle das Medikament stehlen, wenn sie aber in der gleichen Situation stünden, würden sie es vermutlich nicht über sich bringen, so zu handeln. Die Angst würde sie daran hindern.

5 Die Unterschiede sind F = 29.27; df 2,273, p<.001; $\bar{x}_1$ = 4,01; $\bar{x}_2$ = 5,32; $\bar{x}_3$ = 5,71, für Problem 1, 2 bzw. 3, wobei eine Einheit für 5 Minuten steht.

6 Diese Implikation der Tatsache, daß praktische Urteile nicht einfach Anwendungen von Kompetenzen auf Situationen darstellen, sondern Integrationen moralischer Fragen mit Fragen der Evaluation des eigenen Lebens, erklärt übrigens auch die heillose Verwirrung, die entsteht, wenn man – wie Smetana (1981; 1982) zum Abtreibungsproblem – Menschen auffordert zu erklären, ob sie eine Problematik eher als persönliche oder als moralische verstehen. Unsere Kategorie der »Intentionalität« soll dem Umstand Rechnung tragen, daß eine im Prinzip moralisierbare Frage als persönlich um so relevanter erlebt wird, je unabweisbarer ihr moralischer Gehalt wahrgenommen wird.

7 HASMU heißt »Humanisierung der Ausbildung von Lehrlingen durch die Entwicklung des moralischen Urteils«. Es handelt sich um ein Forschungsprojekt im Rahmen des Schweizerischen Nationalen Forschungsprogrammes »Éducation et vie active«. Leitung: F. Oser; Mitarbeiter: E. Hinder, G. Kanig, R. Klaghofer und A. Schläfli.

8 In bezug auf Kohlberg ist zu sagen, daß seine neuesten Arbeiten zur sogenannten Just Community der partikularen Inhalte als wichtig erachten (seit 1978) und überhaupt den Wandel vom Urteil einzelner zum Urteil einzelner über ihre konkrete Gruppe (eben Just Community in Gefängnissen, Schulen, Forschungsteams usw.) vollzogen haben.

9 Oder aber nur zum Beispiel bei Streitigkeiten mit dem Schuldirektor als Grenzziehungsproblematik, als Bestimmung dessen, was hüben und drüben seine jeweilige Rolle zu spielen hat.

10 Der Titel des Buches von H. Aebli *Denken: Das Ordnen des Tuns* (1981) hat diesem Schluß-Satz natürlich Pate gestanden.

Literatur

Auwärter, M. und Kirsch, E. (1984), »Zur Ontogenese der sozialen Interaktion. Eine strukturtheoretische Analyse«, in: Edelstein/Habermas (1984: 167-219).

Baumgartner, B. (1981), »Inhaltliche und methodische Determinanten des moralischen Urteils«, unveröff. Lizentiatsarbeit, Fribourg: Universität Fribourg.

Bertram, H. (1978), *Gesellschaft, Familie und moralisches Urteil. Analysen kognitiver, familialer und sozialstruktureller Bedingungszusammenhänge moralischer Entwicklung*, Weinheim/Basel: Beltz.

Bourdieu, P. (1979), *Entwurf einer Theorie der Praxis auf der ethnologischen Grundlage der kabylischen Gesellschaft*, Frankfurt/M.: Suhrkamp.

Bourdieu, P. (1982), *Die feinen Unterschiede. Kritik der gesellschaftlichen Urteilskraft*, Frankfurt/M.: Suhrkamp.

Damon, W. (1984), »Struktur, Veränderlichkeit und Prozeß in der sozialkognitiven Entwicklung des Kindes«, in: Edelstein/Habermas (1984: 63-112).

Döbert, R. und Nunner-Winkler, G. (1975), *Adoleszenzkrise und Identitätsbildung*, Frankfurt/M.: Suhrkamp.

Döbert, R. und Nunner-Winkler, G. (1978), »Performanzbestimmende Aspekte des moralischen Bewußtseins«, in: Portele, G. (Hg.), *Sozialisation und Moral*, Weinheim: Beltz.

Döbert, R. und Nunner-Winkler, G. (1982), »Formale und materiale Rollenübernahme: Das Verstehen von Selbstmordmotiven im Jugendalter«, in: Edelstein/Keller (1982: 320-374).

Edelstein, W. und Habermas, J. (Hg.) (1984), *Soziale Interaktion und soziales Verstehen. Beiträge zur Entwicklung der Interaktionskompetenz*, Frankfurt/M.: Suhrkamp.

Edelstein, W. und Keller, M. (Hg.) (1982), »Perspektivität und Interpretation. Zur Entwicklung des sozialen Verstehens«, in: dies. (1982: 9-43).

Edelstein, W. und Keller, M. (1982), *Perspektivität und Interpretation. Beiträge zur Entwicklung des sozialen Verstehens*, Frankfurt/M.: Suhrkamp.

Garz, D. (1984), *Strukturgenese und Moral. Rekonstruktive Sozialisationsforschung in den Sozial- und Erziehungswissenschaften*, Opladen: Westdeutscher Verlag.

Geulen, D. (1973), »Thesen zur Metatheorie der Sozialisation«, in: Walter, H. (Hg.): *Sozialisationsforschung*, Band 1: Erwartungen, Probleme, Theorieschwerpunkte, Stuttgart/Bad Cannstatt: Frommann, 85-101.

Habermas, J. (1981), *Theorie des kommunikativen Handelns*, Band 2: Zur Kritik der funktionalistischen Vernunft, Frankfurt/M.: Suhrkamp.

Habermas, J. (1983), *Moralbewußtsein und kommunikatives Handeln*, Frankfurt/M.: Suhrkamp.

Habermas, J. (1984), »Über Moralität und Sittlichkeit – Was macht eine Lebensform ›rational‹?«, in: Schnädelbach, H. (Hg.): *Rationalität. Philosophische Beiträge*, Frankfurt/M.: Suhrkamp 1984, 218-235.

Hartmann, H. A. (1983), »Was ist sozial an der Moral? Moralität und Ethik – sozialwissenschaftlich betrachtet«, in: Lind/Hartmann/Wakenhut (1983: 7-24).

Hickey, J. E. und Scharf, P. L. (1980), *Toward a just correctional system*, San Francisco: Jossey-Bass.

Higgins, A., Power, C. und Kohlberg, L. (1983), *Moral atmosphere and moral judgment. The influence of the school on moral reasoning and action*, unveröffentlichtes Papier für die »Society for Research in Child Development« (SRCD), Detroit.

Hinder, E. (Hg.) (1981), *Projekt »Humanisierung der beruflichen Ausbildung durch die Entwicklung des sozial-moralischen Urteils«: HASMU-Bulletin* 1/81, Fribourg: Universität Fribourg (Eigendruck).

Hinder, E. und Kanig, G. (1982), *About measuring moral judgment.* Vortrag für das International Symposium on Moral Education, Fribourg/CH.

Kegan, R. (1982), *The evolving self. Problem and process in human development*, Cambridge, Mass.: Harvard University Press.

Keller, M. (1982), »Die soziale Konstitution sozialen Verstehens: Universelle und differentielle Aspekte«, in: Edelstein/Keller (1982: 266-285).

Keupp, H. (1976), *Abweichungen und Alltagsroutine*, Hamburg: Hoffmann & Campe.

Klein, C. (1977), *How it feels to be a child (The myth of the happy child)*, New York: Harper & Row.

Kohlberg, L. (1981), *Essays on moral development.* Bd. 1: The philosophy of moral development. Moral Stages and the Idea of Justice, New York: Harper & Row.

Kohlberg, L. (1984), »The just community approach to moral education in theory and practice«, in: Berkowitz, M. W. und Oser, F. (Hg.), *Moral education. Theory and application*, Hillsdale, New Jersey: Erlbaum.

Kraemer-Badoni, T. und Wakenhut, R. (1983), »Moral und militärische Lebenswelt«, in: Lind/Hartmann/Wakenhut (1983: 179-192).

Lehr, U. (1968), »Sozialisation und Persönlichkeit«, *Zeitschrift für Pädagogik* 14: 583-599.

Lind, G. (1978), »Wie mißt man moralisches Urteil? Probleme und Möglichkeiten der Messung eines komplexen Konstrukts«, in: Portele, G. (Hg.), *Sozialisation und Moral. Neuere Ansätze zur moralischen Entwicklung und Erziehung*, Weinheim/Basel: Beltz, 171-214.

Lind, G., Hartmann, H. A. und Wakenhut, R. (Hg.) (1983), *Moralisches Urteilen und soziale Umwelt. Theoretische, methodologische und empirische Überlegungen*, Weinheim/Basel: Beltz.

Lind, G., Sandberger, J.-U. und Bargel, T. (1983), »Moralisches Urteilen, Ich-Stärke und demokratische Orientierungen«, in: Lind/Hartmann/Wakenhut (1983: 43-58).

Mosher, R. L. (Hg.) (1980), *Moral education. A first generation of research and development*, New York: Praeger.

Oser, F. (1981), *Moralisches Urteil in Gruppen. Soziales Handeln. Verteilungsgerechtigkeit*, Frankfurt/M.: Suhrkamp.

Oser, F. und Schläfli, A. (1984), »Das moralische Grenzgängersyndrom: Eine Interventionsstudie zur Förderung sozial-moralischer Identität bei Lehrlingen«, in: Oerter, R. (Hg.), *Lebensbewältigung im Jugendalter*, Weinheim/Basel: Beltz.

Oser, F. und Schläfli, A. (1986), »Und sie bewegt sich doch: Zur Schwierigkeit der stufenmäßigen Veränderung des moralischen Urteils am Beispiel von Schweizer Banklehrlingen«, in: Oser, F., Fatke, R. und Höffe, O. (Hg.), *Transformation und Entwicklung. Grundlagen der Moralerziehung*, Frankfurt/M.: Suhrkamp 1986.

Perrez, M., u. a. (1979), »The mediator counseling system in school and family: 1. Implementation of the system«, in: *Behavioural Analysis and Modification* 3: 239-248.

Perrez, M. (1982), »Wirksamkeit des Mediatorenkonzeptes im Rahmen der Schule«, in: *Zeitschrift für Klinische Psychologie und Psychotherapie* 30: 343-353.

Piaget, J. (1964), »Genese und Struktur in der Psychologie der Intelligenz«, in: ders., *Theorien und Methoden der modernen Erziehung*, Frankfurt/M.: Fischer 1974, 265-277.

Power, C. (1977), »Moral atmosphere interview«, Arbeitspapier, Cambridge, Mass.: Harvard University.

Rest, J. (1984), »The major components of morality«, in: Kurtines, W. M. und Gewirtz, J. L. (Hg.), *Morality, moral behavior, and moral development*, New York: Wiley 1984, 24-28.

Schläfli, A. (1981), »Zur Förderung des sozial-moralischen Urteils in der Interventionsstudie am landwirtschaftlichen Bildungszentrum in Grangeneuve«, in: Hinder (1981: 3-9).

Schläfli, A. (1984), »Förderung der sozial-moralischen Kompetenz bei Lehrlingen: Eine Interventionsstudie«, unveröff. Dissertation, Universität Fribourg.

Schläfli, A. und Klaghofer, R. (1984), *Humanisierung der beruflichen Ausbildung durch die Entwicklung des sozial-moralischen Urteils: HASMU-Bericht 1980-1983*, Fribourg/CH (Eigendruck).

Selman, R. L. (1980), *The Growth of Interpersonal Understanding*, New York: Academic Press; deutsch: *Die Entwicklung des sozialen Verstehens*, Frankfurt/M.: Suhrkamp 1984.

Senger, R. (1983), »Segmentierung des moralischen Bewußtseins bei Soldaten«, in: Lind/Hartmann/Wakenhut (1983: 193-210).

Smetana, J. G. (1981), »Reasoning in the personal and moral domains: Adolescent and young adult women's decision-making regarding abortion«, in: *Journal of Applied Developmental Psychology* 2: 211-226.

Smetana, J. G. (1982), *Concept of self and of morality. Women's reasoning about abortion*, New York: Praeger.

Storf, V. (1982), »Sportschwache Schüler: ›Hintern hoch, du nasser Sack‹«, in: *betrifft: erziehung* 15 (2): 58-63.

Strauss, A. (1974), *Spiegel und Masken. Die Suche nach Identität*, Frank-furt/M.: Suhrkamp.

Youniss, J. (1980), »Sozialisation und soziales Wissen«, in: Eckensberger, L. H. und Silbereisen, R. K. (Hg.), *Entwicklung sozialer Kognitionen: Modelle, Theorien, Methoden, Anwendung*, Stuttgart: Klett-Cotta, 49 bis 63.

Youniss, J. (1984), »Moral, kommunikative Beziehungen und die Ent-wicklung der Reziprozität«, in: Edelstein/Habermas (1984: 34-60).

Bibliographische Notiz

Émile Durkheim, »Einführung in die Moral« (»Introduction à la morale«), zuerst posthum von Marcel Mauss veröffentlicht, in: *Revue philosophique* 89 (1920), S. 79-97. Wieder in: Émile Durkheim, *Textes*. Bd. 2: *Religion, morale, anomie*, hg. von Victor Karady, Paris: Minuit 1975, S. 313-331.

Émile Durkheim, »Der Individualismus und die Intellektuellen« (»L'individualisme et les intellectuels«), zuerst in: *Revue bleue*, 4, x (1898). Wieder in: Émile Durkheim, *La science sociale et l'action*, hg. von J. C. Filloux, Paris: Presses Universitaires de France 1970.

Jean Piaget, »Die moralische Regel beim Kind«, (»La règle morale chez l'enfant«), *Stiftung Lucerna* 2, 1928: 32-45.

Jean Piaget, »Die moralische Entwicklung von Jugendlichen in primitiven und ›modernen‹ Gesellschaften« (»The moral development of the adolescent in two types of society, primitive and ›modern‹«), Vorlesung vom 24. 7. 1947 in Sèvres im »Seminar on Education for International Understanding«, Paris: UNESCO 1947 (Typoskript).

Jean Piaget, »Die Entwicklung des Solidaritätsgeistes und des Gerechtigkeitsbegriffs beim Kind« (»Le développement de l'esprit de solidarité chez l'enfant« und »La notion de justice chez l'enfant«), in: *Troisième Cours pour le personnel enseignant*. Comment faire connaître la Société des Nations et développer l'esprit de coopération internationale. Protokoll der Vorträge vom 28. Juli bis 2. August 1930, Paris: Bureau international d'éducation 1930.

Ann Colby und Lawrence Kohlberg, »Das moralische Urteil: Der kognitionszentrierte entwicklungspsychologische Ansatz«, in: *Psychologie des 20. Jahrhunderts*, Bd. VII: *Piaget und die Folgen*, München: Kindler 1978, 346-366. Übersetzt von Wolfgang Rohl.

Ernest Wallwork, »Moralentwicklung bei Durkheim und Kohlberg« (»Moralization in Durkheim and Kohlberg«). Erstveröffentlichung.

James Garbarino und Urie Bronfenbrenner, »Die Sozialisation von moralischem Urteil und Verhalten aus interkultureller Sicht« (»The Socialization of Moral Judgment and Behavior in Cross-Cultural Perspective«), in: T. Lickona (Hg.), *Moral Development and Behavior*, New York: Holt, Rinehart & Winston 1976.

Die erste Übersetzung der englischen Texte (mit Ausnahme des Beitrags von Colby und Kohlberg) fertigte Renate Steinbrinck, die der französischen Texte Maria Henriette Bertram. Um die Begrifflichkeit zu vereinheitlichen, wurden alle Übersetzungen von Birgit Bertram, Hans Bertram und Hans-Peter Müller überarbeitet. Auf die besondere Problematik der bisherigen uneinheitlichen Wiedergabe der Durkheimschen Terminologie im Deutschen sei hier nur verwiesen. Martina Gille hat die Texte mehrfach geschrieben. Birgit Bertram und Renate Borrmann-Müller übernahmen die Schlußredaktion.